Hilarion Petzold, Renate Frühmann (Hrsg.)

Modelle der Gruppe
in Psychotherapie und psycho-sozialer Arbeit

Band I

Reihe Vergleichende Psychotherapie
Band 7

Herausgegeben von
Prof. Dr. Dr. Hilarion Petzold, Düsseldorf
(Verfahren humanistischer Therapie)
in Verbindung mit
Prof. Dr.phil. Klaus Grawe, Bern
(Verhaltenstherapie)
Prof. Dr.med. Eckard Wiesenhütter, Salzburg
(Psychoanalyse)

Hilarion Petzold, Renate Frühmann (Hrsg.)

Modelle der Gruppe

in Psychotherapie und psycho-sozialer Arbeit

Bd. I

JUNFERMANN-VERLAG · PADERBORN

1986

C. Junfermannsche Verlagsbuchhandlung, Paderborn 1986
Lektorat: Christoph Schmidt
Einband-Gestaltung und Layout: Christof Gassner

Gesamtherstellung: Junfermannsche Verlagsbuchhandlung und Verlagsdruckerei, Paderborn.

CIP-Kurztitelaufnahme der Deutschen Bibliothek
Modelle der Gruppe in Psychotherapie und psychosozialer Arbeit
Hilarion Petzold; Renate Frühmann (Hrsg.)
Paderborn: Junfermann, 1986
Reihe Vergleichende Psychotherapie; Band 7)
ISBN 3-87387-258-7
NE: Petzold, Hilarion (Hrsg.)

ISBN 3-87387-258-7
ISSN 0720-0560

Für Kenneth D. Benne & Leland P. Bradford,
denen ich ein Stück lebendiger Geschichte der Gruppendynamik und ein breites Praxiskonzept in der psychologischen Gruppenarbeit verdanke.

Hilarion Petzold

Für Hildegund Heinl & Raoul Schindler,
die für meinen Weg als Psychotherapeutin und Gruppendynamikerin von zentraler Bedeutung waren.

Renate Frühmann

Für alle, mit denen wir in Gruppen lernen, zusammenarbeiten und engagierte Mitmenschlichkeit erfahren konnten.

R. & H.

INHALT

Teil II Formen therapeutischer Gruppenarbeit

Teil III Anwendungsbereiche

Hilarion Petzold, Renate Frühmann

VORWORT DER HERAUSGEBER

In den vorliegenden Bänden haben wir theoretische und methodische Ansätze zur Gruppe und zur therapeutischen und psychosozialen Gruppenarbeit zusammengestellt mit dem Ziel, einen möglichst umfassenden Überblick darüber zu geben, was "Gruppe" im Verständnis der verschiedenen Verfahren und im Bereich der verschiedenen Anwendungsgebiete darstellt und welche Methoden und Formen sich im Praxisfeld etabliert haben. Eine solche Information schien uns insbesondere auf dem Hintergund einer "Gruppenkultur" sinnvoll, die sich seit Mitte der Sechziger Jahre entwickelt hat. Therapeutische Gruppen, Selbsterfahrungsgruppen, didaktische Gruppen, Wachstumsgruppen usw. sind in immer neuen Varianten und immer neuen Namen aufgetaucht. Offenbar besteht ein Bedürfnis für derartige Angebote. Das Verschwinden von "gewachsenen Gruppen", von Großfamilien, Nachbarschaften, Freundeskreisen, religiösen Gemeinschaften und traditionellen Vereinen mag hier neben anderem eine wichtige Ursache für diese Entwicklung sein. Die klassischen Formen der Psychotherapie, die als Formen der Einzeltherapie konzipiert und praktiziert worden waren, sind diesem Trend offenbar nachgekommen, indem in ihrem Rahmen nach und nach Formen der Gruppenarbeit entstanden sind - oft ohne konsistente theoretische Fundierung. Vielleicht ist diese Entwicklung selbst Ausdruck eines Versuches, die Isolation und Vereinzelung zu überwinden, von denen auch Psychotherapeuten betroffen sind, denn die Einzelsitzungen ersetzen kein Gruppenleben.

Phylogenetisch gesehen, ist der Mensch ein Gruppenwesen. Der Zerfall von Gruppenstrukturen muß ihn bedrohen oder motivieren, neue Gruppenformationen zu bilden. Gruppen haben in komplexen "pluralistischen" Gesellschaften eine identitätssichernde Funktion. In ihrer Überschaubarkeit erlauben sie Identifizierung und Identifikation: man weiß, wer man ist, wo man hingehört. Dies ist sicherlich für viele Menschen eine Motivation, an Gruppen teilzunehmen. Sie leiden an ihrer Vereinzelung. Sie fühlen sich in ihrer Identität durch die Unüberschaubarkeit und emotionale Ungesichertheit ihres Gesellschaftsgefüges bedroht. Vielleicht ist dieses ein Grund, daß sich immer neue Formen in der psychologischen Gruppenarbeit bilden. Sie geben ihren Mitgliedern - seien es Therapeuten, Leiter oder Klienten - ein Gefühl der Zugehörigkeit, eine Art "Heimat".

Selbst in traditionell einzeltherapeutischen Verfahren, wie z.B. in der analytischen Psychologie C.G. Jungs (Seifert 1985) oder der rational orientierten und auf individuelles "overt behavior" gerichteten Verhaltenstherapie (Dziewas, Schwoon, dieses Buch), ist man inzwischen zu Modellen der Gruppenbehandlung gekommen, und auch in einer der letzten Bastionen, die auf die individuelle Existenz der sich im therapeutischen Dialog erfahrenden Person gerichtete Daseinsanalyse, beginnt man mit therapeutischer Gruppenarbeit. Bei einer solchen Entwicklung ist es sinnvoll, sich darauf zu besinnen, was Gruppen sind, was sie vermögen und was in ihnen abläuft. Diese Fragen sind insbesondere für die ursprünglich einzeltherapeutischen Verfahren von Bedeutung. Als Gruppentherapie war ja nur das Psychorama Morenos (1934, 1937) und das Therapeutische Theater Iljines (1909, 1942) konzipiert worden. Dem Psychodrama liegt denn auch ein elaboriertes Gruppenkonzept zugrunde. Eine Persönlichkeitstheorie, die den Menschen als "soziales Atom" ansieht, als "inter-actor", verlangt als Konsequenz die Behandlung in Gruppen und von Gruppen (vgl. Ernst, dieses Buch). Neuere Ansätze, das Psychodrama als Einzeltherapie einzusetzen, überzeugen nicht. In ähnlicher Weise muß man annehmen, daß Probleme auftauchen, wenn man von einem einzeltherapeutischen Modell zur Gruppenbehandlung übergeht.

Diese Probleme zeigen sich auch in Arbeiten der vorliegenden Bände. Die Psychoanalyse Freuds und auch viele in ihrer Folge entstandenen Verfahren, wie z.B. die Transaktionsanalyse und die bioenergetische Analyse, waren als Einzelverfahren entwickelt worden. Ähnliches gilt auch für die Gesprächstherapie von Rogers. Anthropologie, Persönlichkeitstheorie und Krankheitslehre dieser Verfahren sehen den Menschen als "Monade", eine Konzeption, die z.B. bei Freud bis in die Behandlungspraxis hinein Konsequenzen hatte. Das Setting der Couch - der Therapeut sitzt hinter dem Patienten - macht nur ein Minimum an direktem Kontakt möglich.

In der Psychotherapie steht dem "individualistischen Paradigma" Freuds das "sozialwissenschaftliche Paradigma" Morenos gegenüber. Eine vermittelnde Position nehmen die Individualpsychologie Adlers mit ihrer Betonung des Gemeinschaftsgefühls und die Gestalttherapie von Perls und Goodman ein mit ihrer Auffassung, daß Figur und Hintergund, Person und Kontext unlösbar miteinander verbunden sind. Das Problem des Bezugs von Individuum und Gesellschaft, von Person und Gruppe stellt sich jedem gruppenpsychotherapeutischen Verfahren, ja jeder Form von Psychotherapie. Man kann die einzelnen Ansätze geradezu danach beurteilen und klassifizieren, wie sie dieses Problem angehen und lösen: durch Einzelanalyse in der Gruppe, als Einzeltherapie vor dem Hintergund der Gruppe, als Therapie der Gesamtgruppe und damit auch der Gruppenmitglieder, als Behandlung der Gruppe als solcher.

Nicht nur in psychotherapeutische und soziotherapeutische Kontexte hat psychologische Gruppenarbeit Eingang gefunden. Auch in der Erwachsenenbildung, Pädagogik und Geragogik (Bubolz 1983) ist das Potential von Gruppen, Haltungen und Einstellungen zu verändern, kooperativ zu lernen und Lebenswirklichkeit zu gestalten, entdeckt worden. Durch Gruppen kann die "personale und kreative Aktualisierung des Wissens in die Alltagswirklichkeit mit all ihren Schwierigkeiten und Konflikten" einbezogen werden (Bradford 1973). So werden in der psychologischen Gruppenarbeit die Grenzen zwischen Therapie und Agogik fließend. Die gruppenanalytischen Konzepte der englischen Schule (Bion, Rice u.a.) wurden mit dem Tavistock-Modell unmittelbar in der Erwachsenenbildung eingesetzt. Morenos Methoden wurden im Grenzbereich von Psychotherapie, Soziotherapie und Pädagogik entwickelt und in der Folge beständig in diesen drei Bereichen verwendet. Lewin und seine Schüler entlehnten therapeutische Momente für ihre Gruppendynamik, die zunächst vorwiegend in der Weiterbildung Verbreitung fand. So "verschieben sich die Grenzen des Bereiches der traditionellen 'Erziehung' zu Verfahrensweisen, die ehemals der 'therapeutischen Behandlung' von Personen und Gruppen vorbehalten waren, deren Entfremdung vom Leben der Gesellschaft ernsthafte Formen angenommen hatte. Eine solche therapeutische Ausrichtung aber erweist sich als gültige Grundlage für ein erzieherisches Konzept, das sich die Reduktion der Entfremdung in unserer Zeit zum Ziel gesetzt hat" (Benne 1973, 17).

Wenn auch die Beiträge dieses Sammelwerkes auf psychotherapeutische, soziotherapeutische und psychosoziale

Formen der Gruppenarbeit zentriert sind und agogische Modelle und Anwendungsbereiche nur in einigen Arbeiten dargestellt werden, so zeigen sich die Übergänge von Agogik und Therapie bzw. die Verbindung von therapeutischen und pädagogischen Elementen in der Mehrzahl der dargestellten Ansätze und Praxisfelder.

Interessanterweise wirkte die andragogisch ausgerichtete Gruppendynamik mit ihren in der Praxis gewonnenen Interventionsmethoden, aber auch mit ihren theoretischen Konzepten wieder auf die Gruppenpsychotherapie zurück, indem gruppendynamischen Aspekten größere Beachtung geschenkt wurde (Sander 1978), wenngleich nicht in dem Maße, wie dies wünschenswert wäre Bei einer Durchsicht der Literatur fällt auf, daß besonders auf soziologische, aber auch auf sozialpsychologische Modelle der Gruppe relativ selten Bezug genommen wird, obgleich sich hier wichtige Anregungen fänden. Dies ist ein Mangel, der schwer wiegt und dem wir durch das Bereitstellen von Übersichtsarbeiten begegnen wollen. Die Methodenimmanenz der einzelnen Ansätze und der minimale Bezug auf Konzepte anderer Verfahren oder aus der sozialpsychologischen Forschung ist ein Charakteristikum vieler Gruppenmethoden in diesem Sammelwerk. Gerade weil aber die einzelnen Verfahren in reiner Form dargestellt wurden, hat der Leser die Möglichkeit, Bezüge herzustellen - dies liegt in der Zielsetzung dieser beiden Bände sowie der Reihe, in der sie erscheinen.

Seit den Pionierarbeiten Morenos, der britischen Gruppenanalytiker und der gruppendynamischen Schule Lewins sind Jahrzehnte ins Land gegangen, und die Flut der Literatur kann mit der Flut der ständig neu entstehenden Verfahren kaum Schritt halten. All dies ist Ausdruck eines wachsenden Bedarfs nach Gruppenangeboten, aber auch einer wachsenden Klientelisierung der Bevölkerung. Hier tut kritische Reflexion not, werden Übersicht und Vertiefung dringend erforderlich. Wir haben uns deshalb bemüht, ein breites Spektrum von Ansätzen von den psychoanalytischen bis zu den verhaltenstherapeutischen Formen der Gruppenarbeit vorzustellen, wobei aufgrund des Faktums, daß für die psychoanalytischen und tiefenpsychologischen Verfahren gute Übersichten vorliegen (Heigl-Evers 1978; Kutter 1985), ein Schwerpunkt bei den Ansätzen humanistischer, sozialpsychologisch fundierter und behavioraler Verfahren liegt. Weiterhin werden Sonderformen wie Supervisions-, Balint-, Selbsterfahrungs- und Selbsthilfegruppen einbezogen und wird der Einsatz von Gruppenmethoden in ausgewählten Praxisfeldern dargestellt. Über die Leitthemen: Was ist Gruppe? Wie wirken Gruppen? Welches explizite und implizite Verständnis von Gruppe und Gruppenprozessen liegt zugrunde? Was bedeuten Gruppen für den Menschen (ganz gleich ob gesund oder krank, alt oder jung)? lassen sich Verbindungen und Gemeinsamkeiten feststellen.

Wir hoffen, daß besonders die Gruppentherapeuten der einzelnen Schulen und Verfahren durch die Lektüre der verschiedenen Beiträge Anregungen erhalten, ihre Modelle zu hinterfragen, zu präzisieren, zu vertiefen, aber auch zu relativieren. Da Vollständigkeit nicht erreicht werden konnte und auch nicht intendiert war, mußten wir Schwerpunkte setzen und hoffen, daß uns dies in ausgewogener Weise gelungen ist. Der einführende Beitrag von J.B. Pontalis gibt unsere eigene Position wieder, nämlich daß der ideologische Hintergrund von Gruppenmethoden beständig kritisch reflektiert werden muß. Der Übersichtsartikel von J. Fengler hat das Ziel, Gruppentherapeuten und Gruppenleitern die komplexen Implikationen des Gruppenbegriffes, wie er insbesondere in sozialpsychologischen Arbeiten entwickelt wurde, zu vermitteln. Wir verbinden damit die Hoffnung, daß diese für Theorie und Praxis gruppentherapeutischer Verfahren fruchtbar gemacht werden können. Unsere eigenen Arbeiten haben das Ziel, auf der Basis unseres therapeutischen Hintergrundes Integrationsmodelle vorzulegen, die wir im Verlaufe unserer Praxis in verschiedenen Arbeitsfeldern entwickelt haben - nicht zuletzt durch eine siebenjährige kontinuierliche Zusammenarbeit in Therapie-, Ausbildungs- und Supervisionsgruppen.

Wir hatten zunächst in unseren Großfamilien, dann als Mitglieder, später als Leiter in Jugendgruppen Erfahrungen gesammelt - diese frühe Gruppensozialisation ist in ihrer Bedeutung nicht zu unterschätzen. Seit Mitte der sechziger Jahre haben wir uns in verschiedenen gruppendynamischen, -analytischen und gruppentherapeutischen Verfahren ausgebildet und als Therapeuten und Gruppenleiter mit unterschiedlichen Methoden experimentiert. Mit dem Hintergrund dieser mehr als zwanzigjährigen Praxis und langer Erfahrung als Ausbilder in Gruppentherapie und Gruppendynamik sind wir an dieses Sammelwerk harangegangen. Dennoch hat uns das Zusammentragen der Beiträge und Materialien eine Fülle neuer Information gebracht. Wir sen theoretisch und methodisch-praktisch zu befassen, und wir hoffen, daß es unseren Lesern ähnlich ergehen wird.

Bücher wie diese haben ihre Geschichte. Anstöße, Hinweise, Auseinandersetzungen führen zu ihrem Zustandekommen, und so wäre mancher Dank abzustatten: unseren Lehsern in der Gruppentherapie, unseren Patienten und Klienten. Wir möchten vor allem aber unseren Mitarbeitern an diesem Sammelwerk für ihre Kooperation und ihre Geduld danken - die editorischen Arbeiten haben sich über lange Zeit hingezogen. Dank schulden wir in besonderer Weise unseren Freunden und Kollegen in der Gruppenarbeit aus dem Fritz Perls Institut, den Moreno Instituten, dem ÖAGG und SGGG: Hildegund Heinl, Sylvester Walch, Jürgen Lemke, Ruedi Signer, Waltraut Rönner, Astrid Schreyögg, Gretel Leutz, Heika Straub u.a. Sie haben in Gesprächen und in gemeinsamer Gruppenarbeit zur Klärung unserer Konzepte, Interventionspraxis und Haltung in Gruppen Wesentliches beigetragen.*

Hilarion Petzold
Renate Frühmann
Fritz Perls Institut, Düsseldorf

* Die Literaturhinweise zum Vorwort finden sich im Literaturverzeichnis des Nachworts im Bd. II.

Teil I Gruppenmodelle der psychotherapeutischen Schulen

Jean-Bertrand Pontalis

DIE GRUPPENTECHNIKEN: VON DER IDEOLOGIE ZU DEN PHÄNOMENEN

Man mag die schon erdrückende Literatur zur Gruppendynamik oder zu jeder anderen "Aktionsforschung" (action research) über das Leben kleiner Gruppen ansehen, man mag Spezialisten verschiedener Schulen diskutieren hören, man mag endlich an Gruppenexperimenten mit anscheinend ganz verschiedenen Zielen teilnehmen (Diskussionsgruppen, Diagnosegruppen, Psychotherapiegruppen), es ist frappierend, wenigstens einen gemeinsamen Zug bei ihnen allen zu finden: die ständig auftretende Vermischung der beobachteten oder interpretierten Gegebenheiten mit der Ideologie, d.h. mit einer bestimmten Gesamtheit von Werten und Vorstellungen. Diese Verwirrung und gegenseitige Duchdringung ist so tief, daß man schlecht sieht, was an Fakten übrigbleiben könnte, wenn man die Ideologie auch nur im geringsten ausklammerte.

Läßt eine solche Bemerkung nicht die Unkenntnis der Bedingungen erkennen, unter denen sich jede sozialpsychologische Untersuchung notwendigerweise abspielen muß? Es gebe nämlich niemals eine absolut unparteiische Beobachtung. Jede Untersuchung über Gruppen, wenn sie wirklich eine Untersuchung ist, d.h. mehr als eine Datensammlung, schließe notwendigerweise eine Idee in ihrem Funktionieren, eine wenigstens annähernde Vorstellung davon ein, was ihre Ziele sein sollen. Man würde uns sogar zweifellos zugestehen, daß schon das Projekt einer methodischen Analyse kleiner Gruppen eine Vorstellung von der Gesellschaft im Ganzen und ihren grundlegenden Antrieben voraussetzt, die als regulativer Begriff fungiert.

Nichtsdestoweniger darf man diese allgemeinen und konfusen Wahrheiten nicht zum Vorwand nehmen, alles zu rechtfertigen, zum Beispiel normative Prämissen unter dem Deckmantel einer Arbeitshypothese, oder die Ideologie einer so-

* Aus: J.-B. Pontalis, Nach Freud, Suhrkamp, Frankfurt 1968, S. 208-223; Nachdruck mit freundlicher Genehmigung des Suhrkamp Verlages.

zialen Gruppe, indem man sich auf die Notwendigkeit einer Begriffsbildung beruft, sofern man nicht bei einem chaotischen Empirismus stehen bleiben will; andernfalls - und das geschieht oft - würde man für "wissenschaftlich" erwiesene Fakten halten, was unter den Bedingungen der theoretischen und technischen Abhängigkeit, unter denen man arbeitet, nur Artefakt sein kann: man sieht da einen Beweis, wo nur Übernahme einer Ideologie vorliegt.

Anstatt die Gefahr einer solchen Vermischung anzuerkennen, bemäntelt man sie und weist immer wieder nachsichtig darauf hin, daß Theorie und Praxis untrennbar sind, oder man greift auf den Begriff des Modells zurück, der die Tendenz hat, sich in jedem Zusammenhang brauchen zu lassen. Aber ein Autor, der des Empirismus kaum verdächtig ist und nicht nur die Bequemlichkeit, sondern auch die Fruchtbarkeit begrifflicher Modelle zu zeigen verstanden hat, hat kürzlich diese methodologischen Grundregeln erneut formuliert: "Auf der Ebene der Beobachtung lautet die Hauptregel - man möchte sogar sagen die einzige -, daß alle Tatsachen genau beobachtet und beschrieben werden müssen, ohne daß den theoretischn Vorurteilen gestattet wird, Natur und Bedeutung zu verändern... Die bewußten Modelle - die man allgemein 'Normen' nennt - (zählen) zu den armseligsten, die es gibt, wegen ihrer Funktion, die mehr darin besteht, den Glaubensinhalten und Bräuchen zur Dauer zu verhelfen, als ihre Quellgründe freizulegen."[1]

Wie, wenn diese Funktion der Normen sich gerade da auswirkte, wo man bei der Untersuchung der kleinen Gruppen lediglich zu beobachten glaubt? Hängt vielleicht, auch wenn man versichert, sich nur auf ein System von Definitionen zu stützen, das die Ergründung der Phänomene erleichtern soll, die Analyse des "Lebens" der Gruppen in Wahrheit von Vorstellungen und Werten ab, die sich ihrerseits der Analyse entziehen und sich so selbstverständlich geben, daß sie nicht einmal immer formuliert werden? In diesem Fall setzte man sich völlig der Kritik aus, die häufig gegen die zeitgenössische Sozialpsychologie gerichtet wird: wenn sie Interesse beanspruchen kann, dann nur ein abgeleitetes, nämlich als verschleierter Ausdruck der Gesellschaft, aus der sie hervorgeht, als sekundäres Produkt, das, weit davon entfernt, uns die brauchbare Analyse einer bestimmten Ebene der gesellschaftlichen Beziehungen zu liefern, seinerseits als eines der Elemente des sozialen Mythos, des unglücklichen Versuches einer Gesellschaft, sich für sich selbst in ihrer Ganzheit darzustellen, interpretiert werden muß.

Eine Kritik, die umso unangenehmer ist, als die Untersuchungen der Sozialpsychologie grundsätzlich den Zweck haben, die zwischenmenschlichen Beziehungen ans Licht zu bringen, wie sie sich jenseits der offiziellen Darstellungen abspielen, die sie entstellen (wie es jedem bei den "großen Gelegenheiten", den leuchtenden Höhepunkten des sozialen Lebens klar wird). Da die Psychosoziologie mit kleinen Gruppen arbeitet, könnte sie enthüllen, wie das Soziale in der Wirklichkeit des Lebens aussieht, und indem sie in gewissem Maße experimentierend vorgeht, könnte sie gewisse Determinanten dieses Lebens analysieren - ohne deswegen ein Urteil über die "Natur" des Sozialen zu präjudizieren, was Aufgabe der allgemeinen Soziologie ist.[2] Diese Orientierung, die letztlich darauf abzielt, den Abstand zwischen dem Offiziellen und dem Offiziösen zu reduzieren, und also dazu führen könnte, die Bilderbuchwelt der bloß formalen Beziehungen und Strukturen in Frage zu stellen, wird ihr nur dann als Verdienst angerechnet werden können, wenn es ihr gelingt, zunächst den Vorwurf des Artifiziellen zu entkräften.

Dieser Vorwurf ließe sich so formulieren: die beobachteten Mechanismen sind vollkommen abhängig von der Situation, in der sie erscheinen. Nun ist aber diese Situation künstlich geschaffen. Nimmt man das Beispiel der Training group (Diagnosegruppe), so wird man sich fragen, welchen Wert wohl eine "Diagnose" haben kann, die sich auf ein Amalgam von Personen stützt, die für wenige Stunden zusammengekommen sind, die keine gemeinsame Aufgabe, keine gemeinsame Vergangenheit und Zukunft haben, höchstens eine mehr oder weniger kärgliche Orientierung über ihr Funktionieren "als Gruppe", wobei die Motive der Teilnehmer wie die des Leiters und der Beobachter unklar bleiben? Gewiß kann man immer, besonders wenn man sich wie auf ein Geländer auf die Begriffe stützt, die die Gruppendynamik einem zur Verfügung stellt, ohne Widerspruch fürchten zu müssen,eine bestimmte Abfolge von Handlungen, einen bestimmten Prozeß, eine bestimmte Beziehung innerhalb der Gruppe diagnostizieren. Aber das wären alles Interpretationen, die sich keinesfalls übertragen lassen und immer an das Beziehungssystem gebunden bleiben, das sie erst ermöglicht. Das Experiment wäre in sich geschlossen - am Ende würde man nur das vorfinden, was man am Anfang hineingelegt hat -, und die Realität wäre endgültig ausgeklammert. Tatsächlich lassen die Praktiker der Gruppentechniken oft an die Anfänger im Judo denken, die gut sind, wenn sie es mit einem Partner zu tun haben, der auf sie eingeht, die aber bei dem, der das Spiel nicht mitspielt, machtlos sind.

Eine solche Kritik, in so massiver Form vorgetragen, scheint schwer zu widerlegen.[3] Aber tatsächlich schließt sie mehrere Einwände ein, die nicht alle akzeptabel sind. Eliminieren wir zunächst den Einwand des Artifiziellen in seiner Allgemeinheit. Ganz wörtlich genommen würde er jede methodische Annäherung und a fortiori jede Analyse unmöglich machen. Daniel Lagache hat das am Beispiel der Psychoanalyse gezeigt.[4] Nur muß gleich hinzugefügt werden, daß man ihn nicht zurückweisen kann, ohne sich ipso facto einer bestimmten Anzahl von Forderungen zu unterwerfen, deren erste es ist, daß man nie aus den Augen verlieren darf, was man gerade festzusetzen im Begriff ist. Der Rückgriff auf die Sprache des Experimentalismus darf hier nicht als Vorwand für den Forscher dienen, sich bei seinem Tun in Sicherheit zu wiegen. Indem man versichert, daß man seine variablen Größen kontrolliert, überzeugt man sich ohne viel Mühe vom wissenschaftlichen Wert der eigenen Arbeit, vernachlässigt aber die Gesamtheit des nicht "Kontrollierten", die wir Ideologie genannt haben und die jede Untersuchung über die kleinen Gruppen beeinflußt. Es handelt sich ja nicht darum, einzuwenden: "Die Diagnosegruppen existieren nicht in der Natur", also sind alle Schlüsse, die man aus ihnen ziehen will, von vornherein mit Nichtigkeit geschlagen - sondern man muß die Frage stellen: Was tut man, wenn man solche Gruppen bildet? Dann erst kann man sich über Techniken unterhalten. Man vergleicht gelegentlich, was die Beziehung zwischen den begrifflichen Modellen anbelangt, die Gruppentechniken und die psychoanalytische Technik; das mag man tun, aber nur unter der Bedingung, daß man nicht vergißt, daß es die Erfahrung war, die Freud Fragen gestellt hat und den Analytikern immer weiter stellt, eine in höchstem Maße verwirrende, offene und problematische Erfahrung; daher die Verschiedenheit der Modelle, sogar die Metaphern Freuds, deren provisorischer, veränderlicher und nur fragmentarischer Charakter uns immer wieder in Erinnerung gebracht wird. Es hängt immer von uns ab, ob das Wissen ein Wegweiser ist oder ob es sich zwischen uns und die Phänomene stellt.

Es wäre also zunächst von Nutzen, offen darzulegen, woran sich das "Wissen" über die kleinen Gruppen orientiert hat. Wir wollen uns hier auf schematische Hinweise beschränken.

Man könnte zunächst im makroskopischen Maßstab eine bestimme Anzahl von Determinanten unterscheiden:

a) Diejenigen, die von der Ausrichtung der Gesamtheit der Wissenschaften vom Menschen abhängen; in Anlehnung an das Modell einer Biologie, die als eine "allgemeine Theorie der Beziehungen zwischen den Organismen und der Umwelt" (Canguilhelm) verstanden wird, gelangen sie dazu, die Kommunikation des Menschen mit einer spezifischen Umgebung zum Gegenstand zu nehmen.

b) Soziologische Gesichtspunkte im eigentlichen Sinn: die Untersuchung, jenseits der förmlichen, fest konstituierten Einrichtungen, von sozialen Beziehungen, die im Entstehen begriffen und selbst schöpferisch sind. Die Verlängerung ins Ideologische ist hier offensichtlich, ohne deswegen logisch impliziert zu sein: im Kontrast zu einer unpersönlichen, unterdrückenden gesellschaftlichen Organisation gäbe die kleine Gruppe das Beispiel einer plastischen Einheit mit einem sehr hohen Teilnahmeindex; am Horizont zeigte sich die Hoffnung, in der Anpassung der Menschen an die kleinen Gruppen, denen sie angehören, die sozialen Konflikte sich auflösen zu sehen.[5)]

c) Was mit der Entwicklung der Psychologie zusammenhängt: die Betrachtung der interpersonalen Phänomene führt dahin, das Individuum nicht mehr als absoluten Monarchen erscheinen zu lassen, sondern als Glied einer Beziehung, als Relais eines Netzes, als den Ort und Moment eines Prozesses.

d) Motive ökonomischer Art: die Entwicklung der industriellen Organisation fordert dazu auf, die "menschlichen Faktoren" zu betrachten, den Geist des Befehls zu verändern, die Hierarchie zu reorganisieren, das Betriebsklima zu prüfen usw.[6)] Um solche Ziele zu erreichen, dienen die kleinen Gruppen zugleich als Material zum Experimentieren und als normativer Bezugspunkt.

e) Ideologische Motive im eigentlichen Sinn: Prävalenz der Demokratie, oder wenigstens einer Auffassung von Demokratie, die sie auf die freie Diskussion beschränkt; man setzt Einigkeit über die Institutionen voraus und beabsichtigt nur noch, die Verhaltensweisen zu verändern, um die Zusammenarbeit zu erleichtern.[7)]

Eine Diskussion über die Psychologie der kleinen Gruppen auf diesem Niveau von Allgemeinheit zu beginnen, heißt sich dazu verurteilen, große ideologische oder Lehrgebäude einander gegenüberzustellen. Es hätte mehr Sinn, sie auf dem Niveau der tatsächlich gebrauchten Begriffe zu führen.

Zunächst der Begriff der Gruppe. Daraus, daß es feststellbare Gruppenphänomene, Gruppenwirkungen gibt (was nicht bedeutet, daß sie mit Genauigkeit gekennzeichnet, noch weniger, daß ihre Beschreibung und ihre Analyse sehr weit getrieben worden wären - wir sind hinter der Ethologie zurück), leitet man die Vorstellung ab, daß die Gruppe eine Individualität ist. Erinnern wir uns unserer ersten Schritte, jener Qual, vom "Klima der Gruppe", von "Zielen der Gruppe", von ihrem Fortschreiten, von der Sackgasse, in die sie gerät, von der Führerschaft, die sie ablehnt, wie von tatsächlichen Gegebenheiten sprechen zu hören. Das sind alles Metaphern, wird man sagen, und es wäre naiv, sie wörtlich zu nehmen; und dann wird der Anthropomorphismus, ja Mystizismus verurteilt, dessen gewisse Autoren, allzu eifrige Anhänger der Gruppentheorie, sich schuldig machen sollen. Tatsache ist, daß man, zunächst von dieser ständigen Bezugnahme auf die Gruppe als auf ein großes Gespenst verwirrt, schnell dazu kommt, dieses Gespenst Fleisch und Blut annehmen zu lassen, seine Ortsveränderungen, seine Konsistenz, seine Verwandlungen zu erkennen; und es kommt die Zeit, so wird man ermuntert, da man nicht mehr Individuum, sondern Gruppe denkt. Aber ist man wirklich auf eine neue Dimension der Existenz gestoßen, hat wirklich eine Lehre oder Instruktion stattgefunden? Hat man nicht mit den Prämissen zugleich die Schlußfolgerung übernommen? Liegt nicht darin die ganze "Entdeckung"?

Es muß sofort gesagt werden, daß diese Fragen nicht von einem zähen Individualismus herrühren, der durch die anscheinend unbegrenzte Fähigkeit gewisser Leute, das Wort Gruppe auszusprechen, gereizt ist... Genauso wenig handelt es sich darum, einen Begriff einem anderen entgegenzustellen,[8] vielmehr darum, ein Mißverständnis zu zerstreuen. Die Psychosoziologie der Gruppe sieht die Gruppe ursprünglich ausgestattet mit den symbolischen Werten und den Arbeitswerten, die ihr tatsächlich erst zukommen, wenn sie nicht als Absolutes fungiert. Aber was ist es eigentlich, das die Existenz einer menschlichen Gruppe garantiert? Ihre institutionelle Funktion, ihr Platz in einem symbolischen Universum. Ein Verwaltungsrat, bevor er eine Gruppe von Menschen ist, die diskutieren, ist ein Verwaltungsrat, eine Art von Institution, die für sich allein schon eine ganze Konzeption von den sozialen Beziehungen, von der Verteilung der Macht und vom Funktionieren der Unternehmen voraussetzt. Die Psychosoziologie (aber zweifellos muß man hier weniger einem Entwurf als vielmehr den geistigen Gewohnheiten die Schuld geben) hätte die Tendenz, diese offenbaren Tatsachen zu vergessen und sich zum Beispiel die Gesamtheit der kleinen menschlichen Gruppen nach dem Modell solcher provisorischen Einheiten vorzustellen, wie sie einzelne Individuen bilden, die für begrenzte Zeit durch eine gemeinsame Aufgabe oder Gefahr miteinander verbunden sind: Patrouille auf verlorenem Posten, zwölf Männer in Wut, Forschungsreisende bei ihrer Arbeit... Man hat oft gewissen amerikanischen Autoren vorgeworfen, in ihren Berichten über Experimente nicht deutlich zwischen "künstlich" eingerichteten und "natürlichen" Kleingruppen zu unterscheiden. Aber weniger ein Mangel an methodischer Strenge ist hier zu tadeln als vielmehr ein Postulat: daß nämlich das Strukturgesetz einer Gruppe dieser immament sei. Sie könnte immer in sich selbst (in ihrem Typ des Leadership, in den Beziehungen ihrer Mitglieder untereinander, usw.) die Ursachen ihres schlechten Funktionierens, und in der Auflösung ihrer Spannungen die notwendige und ausreichende Bedingung ihrer Vorwärtsentwicklung finden. So in ihrer absoluten Existenz und nicht in ihrer Abhängigkeit von dem sozialen Ganzen betrachtet, sorgt die Gruppe für regulative Verbindungen, die die Zusammenarbeit garantieren. Man wiederholt also in aller Gelassenheit, daß die Diagnosegruppen nichts anderes tun, als lediglich die unterschwelligen Mechanismen des Lebens aller Gruppen zu "vergrößern", "rein herauszuarbeiten".

Man kann sich auch wundern über das ständige Hinübergleiten von "technischen Problemen, die im Hinblick auf feste Kriterien nur eine einzige Lösung zulassen" ("die Aufgabe des Führers besteht in diesem Fall darin, eine Entscheidung zu rechtfertigen und durchzusetzen, die sich auf andere Kriterien als die Übereinstimmung der Betroffenen stützt und damit legitimiert"[9]), zu anderen Situationen, in denen die Übereinstimmung ihrerseits das Problem darstellt. Dieses Hinübergleiten ist bedeutungsvoll: man tut so, als ob in jedem Fall die Teilnehmer eine homogene Gesellschaft bildeten und nichts mehr zu tun wäre, als Mißverständnisse zu zerstreuen, Risse in einem normalerweise gleichmäßig gewebten Stoff zu flicken, erstarrte oder unangemessene Rollen abzuändern. An sich wären die Bedingungen für eine vollständige Kommunikation schon jetzt erfüllt, und um ihnen tatsächlich zu entsprechen, genügte es, die eingebildeten Hinternisse abzubauen, die einen natürlichen Prozeß blockieren, verzögern oder verwirren. Daher rührt in der Psychosoziologie die ständige Versuchung, die soziale Dynamik auf die Unsicherheitsfaktoren des Gemeinschaftslebens zurückzuführen. Die Gruppe, wenn sie als einziges Bezugssystem genommen wird, entzieht sich prinzipiell jeder Problematik, jedem Zweifel.

So sieht man die Gruppenexperimente zwischen einem nur auf Verfeinerung bedachten Soziotechnizismus und einem erbaulichen Biologimus hin- und herschwanken, der in der Geschichte nichts als eine immanente Finalität sucht, nichts als die Verwirklichung, in der Reihenfolge des Auftretens der verschiedenen Verhaltensweisen, eines Entwicklungs"plans". Der Begriff der Gruppe, deren sichtbarer Repräsentant der Leiter ist, wirkt als "Idee", als praktische Aufgabe (in diesem Sinn kann man innerhalb der Training group eine Ur-Gruppe sehen: außerhalb jeder Tagesordnung steht die Gruppe selbst auf der Tagesordnung); sie wird sich fortschreitend verwirklichen und aus den verschiedenen Anreizen, die sich bieten, die Auswahl derjenigen fordern, die den Forderungen ihrer tatsächlichen Verwirklichung entsprechen.[10]

Indes, wo hört die Ideologie auf, wo beginnt das Experiment? Wie könnte man sich hinter der "Technik" verschanzen, wenn die Technik in ihrer Entwicklung und ihren Methoden, in ihren Formeln und der Formulierung ihrer Anhänger von der Ideologie bestimmt ist? Wohlgefällig hebt man gelegentlich die Vielzahl der Richtungen in der Psychosoziologie der Gruppen (Lewinsche, soziometrische, psychoanalytisch inspirierte, usw.) hervor. Aber die Verschiedenheit der Ansätze und Begriffe ist nur dann positiv, wenn sie die Schwierigkeit der Betrachter ausdrückt, von komplexen und verwirrenden Erscheinungen Rechenschaft zu geben; andernfalls spiegelt sie lediglich die Vorliebe wider, die jeder Einzelne für ein bestimmtes Begriffswerkzeug, für ein bestimmtes Vokabular haben mag. Nun besteht zwischen den verschiedenen Gruppentechniken eine bemerkenswerte Übereinstimmung hinsichtlich der Funktion der Gruppe, der Rolle des Leiters, der Vorstellung, die man sich von den ablaufenden Prozessen macht, und des Gewinns, den man sich davon verspricht. Jenseits der terminologischen Differenzen, die übrigens die Tendenz zeigen, mit der Ausbreitung des psychoanalytischen Vokabulars (einem Unglück unserer Zeit) zurückzugehen, bleibt die Teleologie dieselbe.

Man kann sich davon überzeugen, wenn man die am weitesten verbreiteten Auffassungen von der Gruppenpsychotherapie betrachtet, wie sie in den einschlägigen Veröffentlichungen[11] dargestellt werden und wie wir sie bei einem neuen Experiment, dem wir beiwohnen konnten, angewandt sahen. Das Beispiel ist insofern interessant, als es das, was in anderen Gruppentechniken implizit bleibt, herausarbeitet; es läßt Züge klar hervortreten, die anderswo verschwommen bleiben.[12]

Was zunächst an solchen Auffassungen erstaunt, ist die Beharrlichkeit, mit der der Psychotherapeut die Aufmerksamkeit der Teilnehmer immer wieder auf die Gruppe lenkt; die Gruppe als Einheit ist es, die diese Entscheidung trifft, an dieses Thema herangeht, diesen Mißerfolg hat. Sie ist als Ganzes von allem, was sich "hier und jetzt" ereignet, betroffen. Daher ist die Scheidung zwischen dem (oder den) Therapeuten und den Kranken aufs äußerste reduziert, da ja jeder seine "Probleme" und seine "Bedürfnisse" habe; das geschieht in einer Weise, die dem Außenstehenden oft recht heuchlerisch erscheint. Man vernachlässigt nichts - wohlwollendes Lächeln, Eingeständnis der eigenen feelings, usw. -, um die "gesellschaftliche Integration", in der man die Bedingung für die "personale Integration" sieht, zu erleichtern, um den social hunger zu stillen, den Slavson als konstitutiv für das menschliche Individuum ansieht; indem man den Ausdruck der Verlangens, von der Gruppe akzeptiert zu werden, begünstigt und ihm Befriedigung gewährt, gibt man den Kranken Sicherheit und nimmt ihnen Schuldgefühle. Nach dem Nutzen befragt, den sie aus einer therapeutischen Gruppe gezogen haben, heben sie besonders die Verminderung ihres Einsamkeits- und Schuldgefühls hervor, die Verbesserung ihres insight in sich und den anderen, das Akzeptieren ihrer Probleme: "wir sitzen alle im selben Boot", sagen sie. Das erste Ergebnis des Gruppenexperimentes wäre also, dieses Gefühl herbeizuführen.

Was den Therapeuten - den Leader - betrifft, so ist er ein Prinzip der Stabilität, der Beständigkeit, die Gestalt gewordene "gute Form" (oder das starke Ich), das physische Zeichen dafür, daß es sich hier nicht um eine Ansammlung voneinander getrennter und in sich selbst gespaltener Individuen handelt, sondern um eine Einheit, die sich in seiner Person schon inkarniert hat. Von vornherein zeigt er an, daß ein Individuum eine Untergruppe ist, also integriert werden muß. Es stellt die Zukunft und die Norm der

Mitglieder der Gruppe dar. Er ist nur ein Delegierter, und er wird - in dem Maße, wie sich die Gruppe aktualisiert - der Gruppe selbst das Feld überlassen: statt "leader-centered" wird die Therapie "group-centered", und am Schluß ist der Therapeut nur noch ein Ich in einer Republik von Ichs.[13])

Ein Autor hat nicht ohne Mut ein Verzeichnis der Verfahren aufgestellt, die einen solchen Vorgang unterstützen sollen.[14]) Zum Beispiel: mit Hilfe von Worten und Gesichtsausdruck Sympathie zeigen, die Vornamen benutzen, dazu ermutigen, Widerstände gegen die Diskussion persönlicher Probleme in der Gruppe zum Ausdruck zu bringen, der Gruppe helfen, sich ein gemeinsames Problem zu suchen, die Diskussion im wesentlichen auf der Ebene des Emotionalen halten, die Zerstreuung verhindern, Versuche des Leadership begünstigen, usw. Im Detail der Vorschriften läßt sich die Intention am besten fassen.

Ein anderer Autor - aber hundert von ihnen lesen, heißt im Grunde nur einen einzigen lesen - resümiert die Rolle des Therapeuten folgendermaßen: er gibt der Gruppe das Gefühl, ihr beschützender Verwandter zu sein; er paraphrasiert mehr, was die Patienten sagen, als daß er es interpretierte (die "client-centered therapy" von Rogers: annehmen, was der Patient sagt; noch einmal darlegen, was er gesagt hat; klären, was er empfindet); er vollzieht die Integration der Gruppe, indem er zu Analogien greift, die es erlauben, die Sitzungen miteinander zu verbinden; er hat einen Strukturplan des Wachstums der Gruppe im Kopf (daher hebt er die Phasen ihres Verhaltens hervor); schließlich bleibt seine Haltung immer geschmeidig und tolerant; er nimmt die realitätsfernen Bedürfnisse und feindlichen Gefühle der Patienten in der Weise auf, daß er sie "mit ihrer eigenen Unreife und ihrer Furcht vor einer Selbstzerstörung als Individuum" konfrontiert.[15])
Die Gruppenpsychotherapie ist Psychotherapie durch die Gruppe. Ursprünglich wurde der Ausschluß aus dem Gesellschaftsverband als eine Krankheit betrachtet, als eine Züchtigung, die in die Gesamtheit der Gesellschaft eine Störung des Gleichgewichts trug, das der Schamane mit seinen Riten wiederherzustellen hatte. Hier, im Innern einer kleinen, aber ausdrücklich als die wirkliche Gesellschaft präfigurierend definierten Gruppe, wird der Patient aufgefordert, seine nicht oder schlecht determinierten Zustände zu überwinden und zu strukturieren.[16])

Die Gruppe ist der einzige Träger der Therapie, der Therapeut spiegelt lediglich die Veränderungen ihrer Struktur wider und verkörpert ihre Finalität.

Man lese hiernach noch einmal Freuds Analyse der Gruppenphänomene (in"Massenpsychologie und Ich-Analyse", 1921). Man weiß - und das ist das einzige Element, mit dem wir uns hier beschäftigen wollen -, daß Freud über den (im 3. Kapitel ausdrücklich formulierten) Einwand hinweggeht, nach dem die Menge, eine künstliche, provisorische, unorganisierte Masse, nicht als ein brauchbares Muster der Gesamtheit menschlicher Gruppen genommen werden könne. Freud konzentriert nämlich seine Analyse auf die Suggestion, in der er nicht, wie es in der voranalytischen Psychologie der Fall war, ein erklärendes Prinzip, sondern ein Produkt sieht; sie resultiert tatsächlich aus "libidinösen Bindungen" zwischen Mitgliedern der Masse - d.h. aus Kräften, die deren Zusammenhalt garantieren -, Bindungen, die selbst Ergebnis des Verhältnisses eines jeden von ihnen zu dem Leader sind. Die kollektive Identifikation, die "affektive Ansteckung", oder was man seither die "Reduktion auf das Man" genannt hat, sind also sekundär für diese Beziehung, die man in der hypnotischen Beziehung isolieren kann, welche schon eine "Gruppe zu zweit" bildet, und in der man das Subjekt sein "Ichideal" durch ein Objekt, den Therapeuten, ersetzen sieht.

Man sieht, daß für Freud nichts existiert, was sich vergleichen ließe mit einem usprünglichen "Herdentrieb" oder einem "social hunger", der bewirken würde, daß das Individuum sich unvollständig fühlt, solange es keiner Gruppe angehört. Ihm zufolge ist die Beziehung zum Leader und das kollektive Gefühl, das daraus erwächst, der Nerv der Gruppe.[17] Eine Analyse, die man unzureichend oder fesselnd finden kann (besonders wenn man bedenkt, daß Freud damit die erste - antizipierende - psychologische Erklärung des Nazismus gibt); aber das ist nicht unser Thema. Wenn wir uns hier auf sie beziehen, dann deshalb, weil sie deutlich macht, daß es eine bestimmte Form des Lebens in der Gruppe ist, was die kollektive Identifikation herbeiführt. Freud stützt seine ganze Analyse nur aus dem Grund auf die offensichtlich summarische Beschreibung Le Bons, weil er bei ihm in einer scharf herausgearbeiteten, grellen Weise die Wirkungen der Gruppe in den Fällen beschrieben sieht, in welchen die Funktion des Ichideals voll zur Entfaltung kommen kann (mag dann ein autoritärer Leader dasein oder nicht; daß es statt des Führers die

Gruppe ist, die mit den positiven Werten ausgestattet wird, macht das Spiel der Identifikation nur um so geschmeidiger und handlicher). Nun kommen gerade innerhalb solcher Gruppen - deren Eingliederung in das wirkliche soziale Leben, das Mauss 1924 vor Psychologen als "eine Welt symbolischer Beziehungen" bezeichnete, vernachlässigt wird - die Gruppentechniken in besonderem Maße zur Anwendung. Verdammen sie sich also nicht dazu, weder die sozialen Vorgänge zu erfassen, die außerhalb ihres Zugriffs liegen, noch die interpsychologischen Beziehungen, die sie nur durch das Gesetz der Gruppe gebrochen[18] wahrnehmen können? Außerdem, wir haben darauf hingewiesen, fungiert die Gruppe hier nicht als Institution, sondern als "imaginäre" Schulung, was es nicht weniger schwer macht, die Bedeutung der Vorgänge zu beurteilen, die sich in ihr abspielen.

Technik, Schulung - wir hören, wie diese - wesentlich relativen - Ausdrücke immer mehr absolut gebraucht werden, als ob das möglich wäre, ohne daß man als ergänzende Bestimmung die Enthüllung der Wahrheit hinzudächte... Aber führen Gruppenexperimente dorthin? In den ungünstigsten Fällen hat man hier die befriedigende oder erbitternde Empfindung, in die Kunst des psychologischen Manövers einzudringen; in durchschnittlichen Fällen lernt man, gewisse Mechanismen zu objektivieren, ohne die Garantie, daß man sie wird meistern können, und gewisse Züge aufzufinden, mit dem Risiko, daß einem alle diejenigen entgehen, die in den Kategorien (Leadership, Kohäsion, Abweichung usw.) keinen Platz haben. Schließlich gibt es - wir sagen es absichtlich in dieser angenäherten, unwissenschaftlichen Form - Gruppen, nach unserer Meinung die besten, in denen etwas geschieht, die voller Leben sind.

Die heutige Unsicherheit über die Aufgaben, die den Diagnosegruppen zu stellen sind (Erlernen der Arbeit zu mehreren, psychosoziologisches insight, Veränderung des sozialen Verhaltens), ist bedeutsam, vielleicht auch ermutigend.[19] Denn wenn man sie beseitigen und sich nicht darauf beschränken will, gegensätzliche oder nicht notwendig miteinander verbundene Ziele nebeneinanderzustellen, wird man dazu kommen, die Gruppentechniken von der Ideologie zu befreien, die sie hervorgebracht hat (und das Verlangen, anerkannt zu werden, nicht mehr auf die Befriedigung zu reduzieren, von einer Gruppe angenommen zu werden), die Begriffe dem Niveau der Phänomene anzupassen, im "Monitor" jemanden zu sehen, der interpretiert, aber nicht suggeriert - wie es notwendig der Fall ist, wenn er mehr oder weniger offen als Modell auftritt. Schließlich ist klar, daß man für ein brauchbares gruppenpsychologisches Experiment nicht von vornherein ein Ergebnis festlegen darf; dies könnte beispielsweise sein, daß die Teilnehmer die Haltlosigkeit der Psychologie (was ihre Prätentionen betrifft), die kleinen Gruppen in ihrer Funktion als Alibi und Köder, die Unreduzierbarkeit der Konflikte entdecken. Eine Technik kann erst dann den Anspruch erheben, irgendeine Bildung zu begünstigen (was auf jedem Gebiet Infragestellen und Entdekken bedeutet), wenn sie ihrerseits und in bezug auf sich selbst dieses Infragestellen vollzieht, auf das sie sich gründet und das ihr zugleich den Weg der Entdeckung öffnet.

---

1) *Claude Lévi-Strauss, Strukturale Anthropologie, Frankfurt 1967, S.303f.*

2) *Wir haben nicht vor, hier die Kritik an der Analyse der kleinen Gruppen wiederaufzunehmen, wie sie im Hinblick auf die Forderungen der Soziologie vorgebracht worden ist. Wir verweisen den Leser auf einen Aufsatz von F. Bourricaud, wo es vor allem heißt: "Bei der Untersuchung der kleinen Gruppe ohne Vergangenheit, ohne festen geographischen Ort läuft man Gefahr, nur noch auf abstrakte, oberflächliche psychologische Mechanismen zurückzugreifen, die Stereotypen zutage zu fördern, und sich die räumliche Tiefe, die zeitliche Breite der sozialen Wirklichkeit entgehen zu lassen." ("L'analyse microscopique dans la sociologie américaine contemporaine") in Cahiers internationaux de sociologie, 1952, Nr. 13).*

Man macht unbestreitbar einen schlechten Gebrauch von der Sozialpsychologie, wenn man das soziale Leben auf Psychologie reduziert. Aber unsere Absicht ist nicht, das hier noch einmal darzulegen. Denn wie man bemerkt hat, "hängt die Mystifikation nicht an dem Prinzip einer Sozialpsychologie als solchem". Wir meinen deshalb, daß man sich zunächst über die ideologischen, theoretischen und technischen Voraussetzungen der Gruppenexperimente klarwerden sollte - eine immer notwendige Klärung bei jeder Untersuchung, bei der der Beobachter mit seinem persönlichen, politischen und sozialen Gesichtskreis so offensichtlich mit der Beobachtung verbunden ist.

3) *Es sei denn, die Gesellschaft im Ganzen "spielte mit", d.h. sie formte die Beziehungen, die sich in ihr entfalten, nach denselben Begriffen und denselben Normen.*

Aber selbst das würde die "Ergebnisse" der Psychologie der kleinen Gruppen nicht bestätigen; höchstens bewiese es den Drang nach einer zusammenhängenden Mythologie.

4) *D. Lagache, "Les artifices de la psychanalyse", Études philosophiques, 1956, Nr. 4.*

5) *Vgl. zu diesem Abschnitt den zitierten Aufsatz von F. Bourricaud.*

6) *Vgl. beispielsweise das Werk von Norman Maier, Principes des relations humaines. Über die "reaktionäre" Anwendung der Sozialpsychologie in den Betrieben, vgl. M. Crozier, "Human engineering", in Les Temps Modernes, 69.*

7) *Oder wie es die Gestalttheorie ausdrückt: "Die Demokratie ist eine gute Form: negativ, indem sie die Spannungen auf ein Minimum herabsetzt, positiv, indem sie in den Standpunkten der verschiedenen Individuen ein Verfahren bietet, sich zu integrieren und zusammenzufügen", schreibt F. Bourricaud bei der Besprechung des berühmten Experiments von Lippitt und White und der sogenannten Methode der menschlichen Beziehungen, wie sie mit beunruhigendem Vertrauen in dem Werk von N. Maier zum Ausdruck kommt (in Cahiers internationaux de sociologie 19, 1955).*

8) *"Man hat vielleicht nicht genügend bemerkt, daß die Etymologie des Worts aus dem Begriff Individuum eine Negation macht. Das Individuum ist ein Sein an der Grenze zum Nicht-Sein, indem es etwas ist, das nicht weiter zerlegt werden darf, ohne seine eigenen Merkmale einzubüßen. Es ist ein Minimum an Sein. Aber kein Sein an sich ist ein Minimum. Das Individuum setzt notwendig in sich seine Beziehung zu einem größeren Sein voraus, es verlangt nach einem Hintergrund von Kontinuität, auf dem seine Kontinuität sich abhebt." (G. Canguilhem, "La théorie cellulaire", in La Connaissance de la vie). Die Vorherrschaft des biologischen Modells - als Norm, wenn nicht sogar als Begriffsapparat - bei den Untersuchungen über die kleinen Gruppen scheint uns unbestreitbar.*

9) *F. Bourricaud, "La démocratie dans les petits groupes", in Cahiers internat.sociol. 19, 1955.*

10) *Wie sollte man darin nicht ein Wiederaufleben, mit schärferer begrifflicher Unterscheidung, des organizistischen Gesellschaftsbegriffs sehen, den J. Vuillemin folgendermaßen zusammenfaßt: "Die Gesellschaft ist definiert durch die Gesamtheit der Kräfte der Kohäsion, der Stabilität und der Regulierung, die der menschlichen Natur*

das Siegel des Organischen aufdrücken, während das psychologische Individuum der Schauplatz der Kräfte der Auflösung und der Regellosigkeit wird, die sich den ersteren Kräften entgegenstellen und die es zu versittlichen gilt, indem man sie sozialisiert." (L'être et le travail", Paris 1949, S.114).

11) Z.B. im International Journal of Group Psychotherapy (USA).

12) Wir wollen klarstellen, daß wir hier die Gruppen-Psychotherapie nur erwähnen, um in aller Kürze einen ideologischen Gesichtskreis herauszuarbeiten. Es geht also nicht darum, ihr Prinzip zu kritisieren, oder gar darum, ihre Resultate zu beurteilen.

13) Es wird nicht erstaunen, daß diese Auffassung auf die erbaulichste Pädagogik hinausläuft. Nehmen wir ein Beispiel: "Die Art und Weise, in der der Therapeut den Situationen in der Gruppe begegnet, dient den Patienten als Beispiel. Seine ruhige Art und sein sicheres Auftreten bilden einen lebendigen Beweis für die Kraft seines Ich und seiner Objektivität." (S.R. Slavson, "A Contribution to a Systematic Theory of Group Psychotherapy", in Internat. Journal of Group psychotherapy 4, Nr. 1, 1954).

14) D.-W. Baruch,"Description of a Project in Group Therapy", in Journal of Consulting Psychology, 1945. Es lohnt sich, diese Liste ganz und in der Originalsprache durchzulesen.

15) C. Beukenkamp, "The Nature of Orality as revealed in Group Psychotherapy", in Intern. Journal of Psychoth., 5, Nr. 4, 1955.

16) Deshalb heben manche Autoren die unbedingte Überlegenheit der Gruppen-Psychotherapie über die individuelle hervor: die Erfahrung sei stärker heterogen, also stärker strukturierend, es gebe weniger an freier Assoziation (sic), eine bessere Erprobung an der Realität, usw.

17) Das ist das Wesentliche und reicht aus, jede Gruppe zu definieren. Trotzdem muß man natürlich je nach der Natur der Identifikationen noch spezifische Gruppenstrukturen unterscheiden.

18) Dieser optischen Analogie bedient sich Freud, um die Zensur zu definieren.

19) Diagnosegruppe - der Ausdruck weist in seiner kondensierten Form auf einen Doppelsinn hin: einmal, und wesentlich, handelt es sich sehr wohl um eine Diagnose, und zwar des Zustands der Gruppe (ihre offenbaren oder verborgenen Konflikte, ihre Erwartungen und Enttäuschun-

gen, die Motive ihrer Befriedigung, d.h. also das Bild, das sie von sich selbst hat, ihre wirklichen Verhaltensweisen, ihre Organisation, und wie diese jenen entgegengesetzt sein kann, usw.); aber auch - wie könnte man das leugnen? - um eine andere, verborgenere Diagnose, die dem Experiment seine Auswirkung in jedem Einzelnen sichert, die Diagnose des Einzelnen selbst, und zwar in dem Maße, in dem unser Vermögen zur Initiative und zum Verstehen auf die Probe gestellt wird, wie das, was wir in die Gruppe hineinbringen, geschätzt wird, wie wir in ihr gesehen, gehört, ertragen werden.

Jörg Fengler, Köln

SOZIOLOGISCHE UND SOZIAL-PSYCHOLOGISCHE GRUPPENMODELLE

1. Definitionsmerkmale der Gruppe

Das Thema "Gruppenmodelle" erscheint auf den ersten Blick leicht zu behandeln. Verschiedene Autoren aus Sozialpsychologie und Soziologie haben sich dem Thema gewidmet. Wer in Gruppen arbeitet, orientiert sich implizit oder explizit an einem bestimmten Modell der Gruppe, und entsprechend ist sein Intervenieren akzentuiert. Bei näherer Betrachtung wird aber sichtbar, daß weder über den Gegenstand - und entsprechend über den zu wählenden Rahmen einer Abhandlung - noch über angrenzende und deshalb nur am Rande zu behandelnde Phänomene Einigkeit unter den Fachvertretern herrscht.

Es scheint deshalb sinnvoll, zunächst Konsens mit dem Leser darüber herzustellen, von welcher Art sozialer Gebilde wir im folgenden sprechen werden. Wodurch die Gruppe im Kern zu kennzeichnen ist, ist umstritten; jedoch haben sich im Laufe der letzten 60 Jahre einige Kriterien herausgeschält, die heute wiederholt und mit Mehrheit als Kennzeichen von Gruppen genannt werden. Diese Merkmale der Gruppe sind: Relative Kleinheit und Einheit, face to face-Kontakt, gemeinsame Ziele und Werte, Rollen, Funktionen und Positionen und relative Dauer.

1.1 Relative Kleinheit und Einheit

Relative Kleinheit meint eine Anzahl von Gruppenmitgliedern, die als noch überschaubar anzusehen ist, also etwa 3 - 25 Personen. 2 Personen stellen noch keine Gruppe dar, allerdings ist auch dies nicht unumstritten. Gelegentlich wird in einer gewissen begrifflichen Sorglosigkeit von "Zweiergruppen" gesprochen; ich halte dies jedoch nicht für einen Vorteil. Natürlich hat auch das Paar eine Dynamik, eben eine Paar-Dynamik; viele Phänomene der Gruppe treten in ähnlicher Weise auch bei Paaren auf. Auch beruht die Dynamik der Gruppe zu einem nicht geringen Teil auf Ursachen, Erscheinungsweisen und Folgen von Paarbildungen. Aber das Paar unterscheidet sich von der Gruppe in einer Hinsicht sehr entscheidend: Jeder der beiden Partner ist in ganz spezifischer Weise auf den anderen angewiesen. Die Beziehung ist auf die Alternativen Kommunikation, Rückzug und Wendung nach außen beschränkt, wogegen in Konstellationen ab drei Personen Rückzug, wechselnde Paarbildungen, Aktivitäten zu dritt und Kontakt zu vierten Personen außerhalb ein ungleich bunteres, vielfältigeres Bild von Möglichkeiten bietet.

Die Abgrenzung nach oben hat ebenfalls ihren Sinn. Natürlich ist nicht eine Zusammenkunft bis zu 25 Personen eine Gruppe, und mit dem 26. Teilnehmer begänne eine Masse oder etwas anderes dem Individuum Verdächtiges sich zu entwickeln. Wohl aber kann man sagen: Wird die Zahl der Teilnehmer größer, dann beginnen die Vorgänge, die wir als typische Gruppenphänomene betrachten, unscharf zu werden und entziehen sich der Beobachtung. Eher finden sie dann wieder in kleineren Sub-Gruppen statt, die sich schnell und ohne Förderung von außen von selbst innerhalb der Teilnehmer-Gesamtheit bilden. Aus dieser Erfahrung heraus ist es vielleicht sogar möglich, bei der Festlegung der Obergrenze auf die Nennung einer bestimmten Anzahl ganz zu verzichten und nur zu sagen: Von einer Gruppe sprechen wir, solange die Mitglieder sich als Einheit betrachten und solange nicht dauerhaft und irreversibel Subgruppen ein stärkeres Gewicht gewinnen als die Gesamtgruppe.

Zur Erläuterung dieses Kriteriums ist ein Rekurs auf das Phänomen Kohäsion dienlich, also die Fähigkeit der Gruppe, Mitglieder zu binden und bedeutsam bzw. identitätsstiftend für ihre Mitglieder zu sein (Fengler 1979). In der Regel ist dies bei Gruppen mittlerer Größe in besonderem Maße der Fall, also bei Gruppen mit 6 - 1 Mitgliedern. Vielleicht ist dies, abgesehen von anderen Kompetenzen der Gruppe mittlerer Größe wie Überlegenheit bei Leistungen des Suchens und Definierens (Hofstätter 1972), der Grund dafür, daß Teams, Therapie- und Trainingsgruppen etc. meistens eine solche Größe haben.

Aber keine Regel ohne zahlreiche Ausnahmen: Die soziale Konstellation mit der größten Kohäsion ist vermutlich die langjährige Partnerschaft oder Ehe, die Mutter-Kind- oder Vater-Kind-Beziehung und die Krisen und Zeiten überdauernde Freundschaft von zwei Menschen. - Andererseits scheint es auch bei großen Menschenansammlungen ein deutliches Zugehörigkeitsgefühl geben zu können. Pratt, der 1908 mit den Patienten seiner Tuberkulose-Station Gespräche über die Krankheit führte, berichtet von einem Teilnehmer, der wortlos dabeisaß, aber nach mehreren Sitzungen sich erhob, der Versammlung dankte und zum Ausdruck brachte, wie sehr ihm die Gespräche geholfen hätten(Battegay 1968).

1.2. Face-to-face-Kontakt

Dieses Bestimmungsstück zielt darauf ab, beim Studium der Gruppe der unmittelbaren Interaktion der Beteiligten den Vorzug zu geben vor anderen Formen des Kontaktes wie Briefen und Telefonaten, die ja in der Regel vorrangig in Paarbeziehungen vorkommen. Tatsächlich erfolgt die schriftliche Kommunikation über Entfernungen überwiegend digital, und die Antwort des in dieser Weise Angesprochenen trifft mit erheblicher Verzögerung ein. Im unmittelbaren Blick- und Körperkontakt dagegen laufen die Interaktionssequenzen rasch ab, gegenseitige Korrektur kann schnell erfolgen. Freilich ist auch für Konflikte vermehrt Gelegenheit, und für deren Klärung mag die raumzeitliche Nähe nicht immer von Vorteil sein. Wo Kommunikation nur schriftlich und über große Entfernungen erfolgt, besteht andererseits Gelegenheit zu Idealisierungen und Verteufelungen, also der Entwicklung stereotyper Fremdbilder, die im Nahkontakt eine Korrektur erfahren. Das ist zumindest implizit vermutlich ein Grund für den Wunsch von Politikern, Jugendliche für internationale Austauschreisen zu werben.

In Gruppen, die sich gegeneinander abgrenzen, vermag der face-to-face-Kontakt zu einer Verminderung von Vorurteilen (Sherif, Sherif 1969) und von sozialer Distanz zu führen. Gleichzeitig kommt ein Gefühl der Gemeinsamkeit auf, das als Wir-Gefühl bezeichnet wird (Fengler 1979) und mit vermehrten Erlebnissen von Ähnlichkeit und einer Konvergenz der Ziele und Werte, Erlebens- und Verhaltensweisen einhergeht sowie ein positives Gruppenautostereotyp nach sich zieht.

Neuere Entwicklungen der Nachrichtentechnologie haben uns die sogenannte Konferenzschaltung beschert, also das Gruppengespräch über große Entfernungen, bei dem die Gesprächspartner sich gegenseitig auf Bildschirmen sehen. Mit Ausnahme der körperlichen Nähe sind hier alle Bedingungen erfüllt, die die Gruppe ausmachen sollen. Vorerst bleibt aber ein Gefühl des Künstlichen dabei nicht aus: Das technische Medium läßt den Kontakt noch ungewohnt erscheinen.

1.3. Gemeinsame Ziele und Werte

Gemeinsame Ziele sind zwar konstituierend für Gruppen, aber dieses Kriterium reicht - so wie die anderen - nicht aus, Gruppen bereits hinreichend zu definieren. Gemeinsame Ziele sind Bindemittel und Motor des Gruppengeschehens. Sie motivieren zum Verbleiben und zur Mitarbeit, zur regelmäßigen Teilhabe, Kooperation und zu (aufopferungsvollem oder eigennützigem) Einsatz. Daß eine Gruppe gemeinsame Ziele hat, schließt nicht aus, daß jeder zugleich oder in erster Linie seinen eigenen persönlichen Vorteil verfolgt und im Blick hat. Wohl aber muß es einen Kuchen geben, von dem es sich gemeinsam leichter und erfolgreicher ißt, als wenn jeder es auf eigene Faust versucht.

Der Begriff "gemeinsame Ziele" weckt zunächst positive Konnotationen; aber auch Personen, die einander in destruktivem Tun und in gegenseitiger Feindschaft begegnen, sind als Gruppe anzusprechen. So mag z.B. in einer harmonischen Familie die Etablierung einer gesellschaftlich angesehenen Position und die Erziehung der Kinder zu gemeinschaftsfähigen Mitbürgern das Ziel sein. Im Falle zerrütteter Verhältnisse ist die Tatsache der Familienfehde allein noch kein Grund dafür, die Familie nicht mehr als Gruppe zu bezeichnen. Das gemeinsame Ziel aller Beteiligten, sich das Leben gegenseitig möglichst schwer zu machen und ein trennungsverunmöglichendes "Spiel ohne Ende" (Watzlawick, Beavan, Jackson 1968) zu spielen, ist so wie das andere ein Gruppenspiel.

1.4. Rollen, Funktionen und Positionen

Beabsichtigen wir, von Gruppen zu sprechen, so gehen wir davon aus, daß in dem untersuchten Sozialgebilde Rollen und Positionen in Erscheinung treten, die aufeinander bezogen sind. Das ist zunächst nicht gruppenspezifisch: Auch beim Militär, dem vermutlich größten organisierten Zusammenschluß von Personen, gibt es eine klar gegliederte Verteilung von Rollen, Funktionen und Positionen, ohne daß wir ein Heer als Gruppe bezeichnen würden. Es muß also der Gruppe etwas Spezifisches zueigen sein, was die in ihr auftretenden Rollen, Funktionen und Positionen angeht, und wir kommen hier der anthropologischen Besonderheit und dem anthropologischen Wert der Gruppe auf die Spur: Die Gruppe ist der Ort, an dem das Individuum seine Eigenständigkeit bewahren und erweitern kann und gleichzeitig eine soziale Bezogenheit erfährt, die über eine solipsistische Haltung hinausweist, oder, wie Hofstätter (1972) es ausdrückt: "die bewahrte eigene Freiheit und die Schonung der Freiheit des anderen". Das ist eine Stärke der Gruppe, wie sie weder im Rückzug aus der Gemeinschaft noch im Eintauchen in kollektive Organisationen, Behörden, Parteien oder Programme in vergleichbarer Weise möglich ist.

Rollenerwerb und Rollenverhalten bedeuten entsprechend, daß ein persönlicher Gestaltungsspielraum verbleibt und der Rollenträger nicht einfach als Summe der Gruppenerwartungen fungiert und funktioniert. Funktionsübernahme läßt die Möglichkeit offen, daß eine Funktion im Zuge von Veränderungen im Gruppengefüge auch wieder abgegeben werden kann. Position bedeutet, daß der Positionsträger sich selbst und andern die Möglichkeit einräumt, seinen Status eher prozessual als statisch, eher reflektierbar und veränderbar denn als zementierten Besitz zu betrachten. Man spricht dann von "funktionaler Autorität" (Däumling, Fengler, Nellessen, Svensson 1974).

1.5 Relative Dauer

Dieses Kriterium weist wohl die größte Bandbreite auf. Manche Gruppen bestehen mehrere Jahrzehnte lang; andererseits mag es berechtigt sein, schon da von einer Gruppen-Reaktion zu sprechen, wo mehrere Menschen in der Schlange am Bahnhofsschalter sich in gemeinsamer Entrüstung gegen jemanden formieren, der sich vorzudrängen versucht. Es ist hier wie bei den anderen Kriterien: Ansatzweise werden Gruppenphänomene auch schon dann sichtbar, wenn das Kriterium nur zum Minimum erfüllt ist. Deutlicher zeigen sie sich, wenn mehr Zeit vergeht und dieser Zusammenschluß von Menschen prägnantere Konturen gewinnt.

1.6 Gruppen im Alltag

Betrachten wir nun tatsächliche Zusammenschlüsse von Menschen: Wo begegnen uns Gruppen, wenn wir diese Bestimmungsstücke zugrundelegen? Führungsgremium, Team, Arbeitskolonne, Kollegium, Therapiegruppe, Trainingsgruppe, Beraterstab, Familie, Selbsthilfegruppe - das sind echte Gruppen. Ich habe nie einen besonderen Vorteil darin gesehen, zwischen Großgruppe und Kleingruppe zu unterscheiden: Alle Gruppenphänomene zeigen sich überall, jedoch in unterschiedlicher Deutlichkeit.

Wenn wir die fünf Kriterien an Gruppen anlegen, mit denen wir im Alltag zu tun haben, so sehen wir, daß nie alle Kriterien in gleicher Eindeutigkeit erfüllt sind. Der Selbsthilfegruppe mag man angesichts größerer Fluktuation eine deutliche Rollen-Funktions- und Positionsverteilung absprechen. Der Trainigsgruppe fehlt bei 5-tägigem Zusammensein vielleicht genügend Dauer. Das Führungsgremium sieht sich vielleicht nur zweimal im Jahr, so daß ihm face-to-face-Kontakt abgesprochen werden kann; eine Fakultätssitzung mag sporadisch über 30 Mitglieder haben und doch Gruppenphänomene aufweisen. Diese Einschränkungen machen sichtbar: Gruppe ist kein ein für alle Mal feststehendes einheitliches Phänomen, sondern eine Sammelbezeichnung für eine Reihe sozialer Sachverhalte, die sich unter diesem Begriff sinnvoll und kommunikationsdienlich zusammenfassen lassen. Gemeinsam ist wohl allen, die von Gruppen sprechen, die Annahme, daß dieses Gebilde imstande sei, bestimmte Leistungen zu vollbringen, möglicherweise besser als der Einzelne. Von dieser Frage soll der letzte Abschnitt dieses Kapitels handeln.

1.7. Die Gruppe als Leistungseinheit

In vielen Arbeiten wird die Gruppe, ohne daß eine bestimmte Theorie zugrunde liegt, als ein generell oder speziell ungewöhnlich leistungsfähiges Gebilde angesehen. Hofstätter (1972) hat verdienstvollerweise schon sehr früh solche Arbeiten klassifiziert und drei Arten von Leistungen angeführt, bei denen die Überlegenheit der Gruppe unübersehbar ist: Physische Leistungen des Tragens und Hebens, Suchleistungen sowie Bestimmungsleistungen bei der Definition dessen, was Realität ist. Bei physischen Leistungen können wir dies gut nachvollziehen, wiewohl sie in unserem Leben außer bei Umzug, Renovierung und Gartenarbeit eine immer geringere Rolle spielen. Daß vier Augen mehr sehen als zwei und sechs mehr als vier, ist uns ebenfalls bekannt. Daß aber eine Mehrzahl von Menschen meist besser als der Einzelne weiß, was richtig ist, mag unser Selbstbewußtsein als frei entscheidende und urteilende Individuen kränken. Dennoch weisen empirische Arbeiten unzweideutig die Richtigkeit der Annahme nach. In Paul Watzlawicks Buch "Wie wirklich ist die Wirklichkeit?" (1980) wird diese gleichsam empirische Wirklichkeitsbestimmung überzeugend dargestellt.

Dabei stoßen wir zunächst auf die Notwendigkeit, den Begriff Realität neu zu definieren. Unser Alltagsverständnis neigt dazu, das für Realität zu halten, was wirklich sei, in dem ziemlich sicheren Gefühl, im Einzelfall wohl beurteilen zu können, was wirklich ist. Für wirklich halten wir das, was wir mit Händen greifen können, was uns einleuchtet, was stimmig erscheint, und die sogenannten Tatsachen. Die Sprache unserer Diskussionen ist reich an Formulierungen, die uns helfen sollen, Realität in dieser naiven Weise festzusetzen:

- Wir müssen doch mal ganz realistisch die Dinge so sehen, daß ...
- Das siehst du völlig unrealistisch ...
- Tatsache ist doch, daß ...
- Werde du erst mal fünfzig, dann wirst du die Dinge auch anders sehen, usw.

In allen diesen Fällen gehen wir davon aus, daß wir selbst eine besonders innige, gleichsam naturgegebene Beziehung zu einer außerhalb unserer selbst stehenden Realität hätten, zu der wir den widerstrebenden Gesprächspartner herüberziehen müßten. Dieser gleichsam naive Kinderglaube, unsere Weise, die Welt zu erkennen, sei zugleich der Königsweg beim Erkennen der Welt, hat schon von Kant eine unabweisbare Kritik erfahren. So einfach, wie unser Alltagsdenken vermuten läßt, scheint es mit den Möglichkeiten, Realität zu erkennen, also nicht her zu sein. Kant findet einen Ausweg aus der Aporie durch den Aufweis der sogenannten "Kategorien", also formaler Dimensionen, die nach seiner Auffassung alles Denken und Erkennen bestimmen.

Einen ganz anderen Weg ist die Sozialpsychologie gegangen. Sie hat schon früh darauf verzichtet, Realität als universelle Kategorie zu untersuchen. Stattdessen hat sie (1) Realität als unterschiedliche Grade der Annäherung an einen Maßstab quantitativ abgestuft und (2) Realität als situativ durch Konsens herbeizuführende Bestimmungsleistung definiert. Insbesondere der 2. Vorgang hat das anhaltende Interesse der Gruppenforscher und Kommunikationspsychologen gefunden. Dabei begibt sich der Wissenschaftler in die unangenehme Situation, im Verfolg seiner Forschungsfrage zugleich den Boden ins Wanken zu bringen, auf dem er selbst steht. Wenn Realität nicht mehr ist als eine konsensbedürftige Lagebeurteilung, wie steht es dann mit der Realitätsnähe dieser Theorie? Solche Selbstzweifel haben Wissenschaftler aber nicht davon abgehalten, die Richtigkeit der Theorie an zahlreichen Experimenten zu demonstrieren. Als klassisches Beispiel gilt das Ash-Experiment: wenn 4 Versuchspersonen gebeten werden, einige Striche nach ihrer Länge zu vergleichen und 3 (Eingeweihte) unter den Vieren geben mit ernstem Gesicht immer wieder konform falsche Auskünfte, so beginnt der vierte nach einiger Zeit an seiner Geisteskraft zu zweifeln.

Eine kleine Übung, die ich selbst wiederholt in Seminaren zur Personalführung durchgeführt habe, erweist die Überlegenheit der Gruppe bei Bestimmungsleistungen exemplarisch in der schönsten Weise: Den Teilnehmern werden zehn etwa daumennagelgroße Flächen unterschiedlicher Form vorgegeben. Sie werden gebeten, zunächst jeder für sich die Flächen nach Größe zu ordnen. Danach beraten sie gruppenweise und erstellen eine gemeinsame Rangordnung der Flächen. Tabelle 1 zeigt die Ergebnisse (höhere Ziffern bedeuten stärkere Abweichung von der richtigen Lösung, sind also Fehlerpunkte; niedrige Zahlenwerte bedeuten eine gute Annäherung an die richtige Lösung).

	Gruppe 1	Gruppe 2	Gruppe 3	Gruppe 4
Einzelschätzung	12,12,21,24	6,13,14,14	8,14,14,33	8,11,11,16
arithmetisches Mittel	20,25	12	20	11,50
Gruppenschätzung	12	8	12	4

Tab. 1: Ergebnisse einer Flächenschätzung: Zahl der Fehlerpunkte.

Tab. 1 läßt erkennen: Die Einschätzungen weisen immer eine große Variationsbreite auf. Das arithmetische Mittel stellt keine eigentliche Verbesserung dar, sondern nur eine Egalisierung: Die schlechteren werden besser, die Besseren schlechter. Immerhin mag es auf diese Weise möglich sein, einen inkompetenten Ausreißer einzufangen, der mit seinem Urteil ganz danebenliegt, z.B. aus Gruppe 3 der Teilnehmer mit 33 Fehlerpunkten. Andererseits wird im arithmetischen Mittel auch ein fachkundiger Ausreißer behindert, z.B. aus Gruppe 3 das Mitglied mit nur 8 Fehlerpunkten, das im Gruppenmittel sich auf 20 verschlechtert.

Das Gruppengespräch scheint hier bezüglich der Gruppenschätzung ganz andere Dinge zu bewirken: Daß die weniger kompetenten Gruppenmitglieder auf diese Weise eine Anregung erfahren, haben wir erwartet und gehofft, und es bestätigt sich durchweg. In Gruppe 2 verschlechtert sich der Beste nur ganz wenig (um 2 Punkte), die Gruppe als Ganze verbessert sich demgegenüber doppelt soviel um 4 Punkte. In Gruppe 1 bleibt der Beste so gut, wie er war (12+12); Er zieht zugleich alle anderen zu sich heran. Am geheimnisvollsten geht es in Gruppe 4 zu. Da verbessert sich der Beste noch um 4 Punkte, hat also gleichsam auch noch etwas von den Schwächeren, ganz so, wie man mit Hilfe von Wärmepumpen aus der Temperaturdifferenz zwischen kühlen und kalten Substanzen Wärme erzeugt.

Natürlich sind die Aufgaben, die Gruppen zu lösen haban, in der Regel komplexer als die Schätzung von Flächen, die sich übrigens auch mit Millimeterpapier durchführen ließe und so objektivierbar wäre. Die Ergebnisse sind oft nicht so eindeutig wie hier. Oft ist in der Gruppenarbeit zwischen Vor- und Nachteil in verschiedenen Alternativen abzuwägen. Dennoch ist die Demonstration von bestürzender Gültigkeit gerade da, wo die bilderbuchartige Lösung ausbleibt und die Gruppe sich zur falschen Lösung entschließt: Auch in tatsächlichen Arbeitsgruppen und Teams kommt es nicht so selten vor, daß die Mitglieder mit der geringsten Kompetenz über die besten sprachlichen Mittel verfügen - oder über die Macht, ihre eigene Meinung kompetenzunabhängig durchzusetzen.

Die Fähigkeiten der Gruppe entfalten sich nicht immer und überall. Hofstätter (1953) nennt die Bedingungen, die erfüllt sein müssen, damit die Überlegenheit der Gruppe zum Zuge kommen kann: Unabhängigkeit, Kommunikation und Akzeptanz. Das bedeutet: Die Gruppenmitglieder müssen unbeeinflußt voneinander ihre Meinung bilden können; sie müssen sodann Gelegenheit haben, sich über ihre Gedanken miteinander auszutauschen; und es muß eine Haltung gegenseitiger Akzeptanz herrschen, d.h. das Gespräch muß dadurch geprägt sein, daß sie sich gegenseitig für vernunftfähige Wesen halten.

Lieberman (1977) nennt fünf Fähigkeiten der Gruppe:

- die Fähigkeit der Gruppe, Kohäsion bzw. ein Gefühl der Zusammengehörigkeit zu entwickeln,
- die Fähigkeit der Gruppe, Verhalten zu kontrollieren (zu belohnen und zu bestrafen),
- die Fähigkeit, für die individuelle Person die Realitäten zu bestimmen,
- die Fähigkeit, starke Gefühle zu provozieren und freizusetzen (emotionale Ansteckung),
- die Fähigkeit, einen Kontrast zu schaffen für den sozialen Vergleich und soziales Feedback zu geben.

Wenn man einmal versucht, diese Leistungsvorteile der Gruppe an den Bereichen Lehren/Lernen, Beratung, Training und Therapie zu überprüfen, so kann man in der vorformulierten generellen Form durchaus zustimmen. Aber auch konkretisiert in den einzelnen Arbeitsbereichen ist die Überlegenheit der Gruppe unabweisbar:

- Die Gruppe ermöglicht die Wiederholung von Erfahrungen aus der Primärgruppe Familie.
- Die Gruppe ermöglicht multiple Übertragungen.
- Die Gruppe gibt Gelegenheit zum Kennenlernen und zur Gestaltung aggressiver und libidinöser Impulse.
- Die Gruppe gibt Gelegenheit zur Realitätsprüfung.
- Die Gruppe spornt an.
- Die Gruppe ermöglicht es, einen Sachverhalt von verschiedenen Seiten zu beleuchten.
- Die Gruppe schafft einen Ausgleich gegen Irrtümer, Fehlentwicklungen und Fehleinschätzungen.

Insgesamt wird angenommen, daß die Gruppe der Nachsozialisation förderlich zu sein vermag (Brocher 1970), wie sich im besonderen in Therapiegruppen und Trainingsgruppen auch nachweisen läßt. Andererseits wird der Gruppe auch viel Destruktives zugetraut. Aus der Familientherapie ist die Vermutung bekannt, die Familie wirke schizophreniefördernd (Bateson et al. 1969). Inzwischen können wir diese Annahme präzisieren: Bestimmte krankmachende Kommunikationsstrukturen können, wenn sie in der Familie, am Arbeitsplatz, in Institutionen sozialer Kontrolle wie Schule, Militär, Fürsorge, Erziehungsheim und Gefängnis auftreten, in Verbindung mit zahlreichen anderen Belastungsfaktoren seelische Erkrankungen fördern. Die Macht der Familie bzw. Gruppe erfährt so eine realistische Relativierung.

Es wäre vielleicht übersichtlicher, die folgende Darstellung auf solche Gruppen zu beschränken, wie sie in Therapie und Erwachsenenbildung gehäuft vorkommen: 6 - 15 Teilnehmer und große Dauer. Aber in vielen klinischen und pädagogischen Feldern werden andere Gruppengrößen bevorzugt; die zeitliche Kontinuität der Zusammenkünfte schwankt erfahrungsgemäß erheblich. So soll die Darstellung aus dem Blickwinkel unterschiedlicher Theorien und unterschiedlicher Gruppenarten aufweisen, welche Modelle seit etwa 1920 auf diesem Gebiet entwickelt worden sind.

2. Modelle der Gruppe

Dieses Kapitel handelt von den Arten, in denen sich verschiedene Autoren die Gruppe vorgestellt haben. Dabei wird der Modellbegriff weit gefaßt. Nicht immer hat der Autor eine komplette Theorie oder eine Hierarchie empirisch überprüfbarer Hypothesen vorgelegt. Dennoch mag ein Gruppenmodell in seiner Anschaulichkeit und Lebendigkeit die Forschungsarbeit der Wissenschaftler und die Interventionen der Praktiker beflügeln und so Bedeutung für die Fachdiskussion erlangen. Die Abfolge der Darstellung stellt kein Werturteil dar. Vielmehr wurde versucht, solche Ansätze gemeinsam darzustellen, die verwandte Züge aufweisen und/oder auseinander hervorgegangen sind. Dabei ist eine persönliche Stellungnahme unerläßlich. Sie soll in jedem Einzelfall ausgesprochen werden.

2.1 Rollentheorien der Gruppe

In unserem Alltag versuchen wir häufig, unser soziales Leben mittels typisierender Rollenbenennungen übersichtlicher zu gestalten. So bezeichnen wir einen unangenehm Strebsamen als Streber, die übertrieben Hilfsbereite als Krankenschwester, den lauthals sich seiner Vorzüge und Leistungen Lobenden als Angeber, den besonders Befähigten als Genie. Die Rollenzuschreibung bewirkt dabei mehrerlei: Sie charakterisiert den anderen in knapper Weise; sie bringt zwischen ihn und uns eine Portion Distanz, die aus Bewunderung, Neid oder Abneigung herrühren mag; und sie leistet ein Stück Entindividualisierung. Die Person tritt nun nicht mehr so sehr persönlich in Erscheinung, sondern als Typus oder Vertreter einer bestimmten Geisteshaltung. Insofern entlasten offenbar solche alltäglichen Rollenzuschreibungen unseren seelischen Haushalt: Sie ermöglichen es uns, die Vielfalt der auf uns einstürmenden Informationen zu reduzieren, wie es von Forschern der social perception-Richtung beschrieben worden ist. Auch die Bezeichnungen "väterlich", "mütterlich", "brüderlich" sind von dieser Art: Wir charakterisieren damit ein Verhalten als "nach Art eines Vaters" und wenden uns damit an einen sozialen Konsens hinsichtlich dieses Merkmals, ohne der unendlichen Vatiotionsbreite in der Gestaltung der Vaterrolle Beachtung zu schenken; wir benutzen gleichsam eine konsensfähige Kürzelsprache.

Eine der fruchtbarsten Betrachtungsweisen der Gruppe besteht darin, sie als Versammlung von Rollenträgern zu sehen. Der Begriff Rolle faßt dabei ein Bündel von Verhaltenserwartungen und Verhaltensgestaltungen unter einem prägnanten Begriff zusammen, gleichsam als fest umrissene Einheit: die Rolle des Klassenclowns, die Rolle des charmanten Gewinners, die Führerrolle, usw. Die Unterschiede einer Rolle im Vergleich zu anderen Rollen werden dabei übermäßig betont: Führer und Geführte, Aktive und Passive, Redner und Schweiger, Lämmer und Wölfe haben - derart begrifflich überpointiert - scheinbar nichts mehr miteinander gemein. So führt der Begriff der Rolle auch leicht zu einer vereinfachenden Betrachtung. Natürlich übt in Wirklichkeit nicht, wie die Begriffe es nahelegen, nur ein einziges Gruppenmitglied die Tätigkeiten und Verhaltensweisen aus, die einer bestimmten Rolle zugeordnet werden, sondern jedes Gruppenmitglied jeweils in unterschiedlichem Ausmaß. Diese übertriebene Prägnanz, die die Gruppe einfach und überschaubar erscheinen läßt, ist vermutlich eine der Ursachen für die Beliebtheit von Rollentheorien.

Der Begriff "Rolle" hat immer einen stark interaktionellen Akzent; d.h. jede Rolle ist immer bezogen auf andere Rollen. Mit dem Begriff "Funktion" wird dieses Bedeutungsumfeld nicht mit gleicher Stringenz verbunden. Aber in der Sache besteht kein Unterschied: Jede Gruppenfunktion ist, wie jede Rolle, stets auf die Gruppe bezogen und kommt im Kräfteparallelogramm der Gruppe zum Tragen. Die folgende Liste zeigt, wie Teilnehmer einer Selbsterfahrungsgruppe untereinander am zweiten Tag als Rollenträger benannt wurden (unterstrichen die Selbstbezeichnung):

Gruppenleiter: emsiger Lehrer; sympathischer Prof(i); deus ex machina; der Verstehende; Lausbub; Talmudausleger; Jagdhund; Wissen ist Macht; der Aussortierer; liebevoller Zynist; Guru; edler Aufklärer; großer Vetter - Kapitän für große Fahrt; der Aufpassende; guter Geist.
Teilehmerin A: Dornröschen; Abwarterin; Unsichtbare; Dornröschen; Beobachterin; Nippfigur; die Maliziöse; die Sphinx; Dornröschen; Madonna/Zuschauer; Sphinx; Schatzkästlein; braves Mädchen; stilles Wasser; Exotin.
Teilnehmerin B: vor und zurück; Mutige; vorlaut; die Erste; Antriebswelle; Animateurin; Jeanne d'Arc; Startläuferin; die Unschuldige; Vorschwimmerin/Vorreiterin; Reiter; Managerin; zeigt, was in der Gruppe möglich ist; Wasserstrudel; Klassenbeste.
Teilnehmerin C: Kreditnehmerin; Leidende; heimliche Mörderin; suchender Angsthase; Versicherungsagentin; Turmspringerin/Taucherin; Kreuzung aus Mimose und Venusfliegenfalle; Opfer; die Widerstanskämpferin; Hilfesuchende/ Schreierin; Frustrierte; Sucherin; Frau mit magischem Blick und zu wenig Bodenhaftung; Kräuterhexe; Nörglerin.
Teilnehmer D: multi-pairing; Kontaktbedürftiger; will nicht mehr Papi sein; der Tänzer; Angsthase; Fernseher; "Der Mann, der die Frauen liebte"; der freundliche Herr; der Spitzfindige; Schelm; midlife-crisis-Opa; Reparateur; immer noch Papi; der Gutmütige; will und kann nicht.
Tielnehmerin E: weder so noch anders; die Ehrliche; Verwirrerin; von Weitem Kommende; Spätaufsteherin; ———; trockener Tränensee; Träger; Stilleben; Lehrerin/Aufpasser; Ausländerin, der Anker; Überraschung, die noch nicht ausgepackt ist; scheues Reh; brave Schülerin.
Teilnehmerin F: Sorgerin und Planerin; Durchblickerin; kocht heiße Themen; Kumpelin; Windfang; Versicherungspräsidentin; Quelle; graue bzw. farbige Eminenz; die Originale; Offenlegerin; Fräulein vom Vermittlungsamt; Motor; Urmutter; kompetentes Mordsweib; Salz in der Suppe.
Teilnehmerin G: zu weit vor - zu weit zurück; intellektuelle Traumfrau; traut sich; die Schöne; Schlußredakteurin; Vorreiterin, Kunstwerk; Verfolger; die aus der Ferne; Sphinx; Versuchung; Meerjungfrau; aufregende, beruhigende Frau; vorsichtige Wissende; Fee.
Teilnehmer H: auf dem Rückzug; beleidigter Nachdenklicher; der ängstlich Erhabene; der, dem ich nicht traue; Prellbock; Murmeltier; Orakel; der distinguierte Herr; der Brüter; Einstecker/Schweiger; Kardinal/Eminenz; Grübler; sein eigener Seemannsknoten; Schießscheibe; Griesgram.

Teilnehmerin I: wenn es nach mir ginge ...; zwingt sich; wagt sich aus der Ecke; versteckte Schwester; Aktivistin; Anwesende; unaufdringliche Einladung; gute Schülerin, die Schwester; Möhre; Mitläufer; Schwester; Kumpelfrau mit zu wenig Gewicht; unbeschriebenes Blatt; Rosine.
Teilnehmer J: der nette junge Mann; offen; der Brave; kein braver Junge; ———; Tester; junger Faun; koketter Intellektueller; der keimende Spitzbub'; Supermann/korrekt; Schwätzer; der Schlingel; netter Junge - so wollte er es ja; Ritter; ungezogener Junge.
Tielnehmer K: Aussteiger; Lässiger; der mit dem Spezialsieb; der da ist; Newcomer; Kumpel ; Ehrlichkeit; Sparsamkeit ist Trumpf; der Grübler; Spitzbube; Abenteurer; ———; aus dem Nebel oder zurück und wozu?!; Frustrierte; der gute Mensch von Sezuan.
Teilnehmerin L: Zielscheibe; wirbt für sich; Gallionsfigur; Foxterrier; Spinne; Erinnerungsstück; Kobold; "das obskure Objekt der Begierde"; Springinsfeld; Meisterschülerin; Sonnenschein; ———; verwirrter Mittelpunkt für Nähe und Distanz; wach und weich; Gruppenvamp.
Teilnehmer M: Schweiger; Playboy; der Stumme; der nicht da ist; Beobachter; Baum; der große Unbekannte; der stille Denker; stiller Teilhaber; stilles Wasser; Bub vom Land; Hintergründler; ———; stilles Wasser.
Teilnehmer N: wie denn, wo denn, was denn???; Analysierer; steht auf dem Schlauch; der Nachbar; Geistesarbeiter; Rezensent; Spielkamerad; zuverlässige Intelligenz; der Jüngling; Reporter, Hinterfrager; der Streiter; Durchschnittsschüler; der Sanfte; Radieschen.

Die Liste läßt sehr deutlich erkennen, daß der Rollenzugang geeignet ist, ein Feedback zu geben, in dem die Beobachtungen verschiedener Gruppenmitglieder konvergieren. Allerdings: Die Rollen, die den Einzelnen zugeschrieben werden, sind nicht aufeinander bezogen, sondern an der Selbstdarstellung der Einzelnen orientiert. In der wissenschaftlichen Gruppenforschung sind solche Versuche aber durchaus unternommen worden. Als Beispiel sei hier der Ansatz von R. Schindler gewählt.

R. Schindler (1969) nimmt an, daß Gruppen sich stets einem realen oder imaginären Gegner gegenüber bilden. Dies kann eine Aufgabe, ein äußerer Opponent oder eine (phantasierte) Gefahr sein. In dieser Spannungssituation entwickelt sich die Führungsrolle, der sog. Alpha. Alpha ist Repräsentant der Gruppeninitiative; er findet Unterstützung und Nachfolge von Gamma, der Mehrzahl der Gruppenmitglieder. Alphas Aktivität richtet sich gegen den äußeren Gegner, oder, wenn dieser fehlt, gegen das schwächste Mitglied der Gruppe, Omega. Abseits von diesen Positionen versieht Beta seinen Dienst als Spezialist; er ist weder Angreifer noch Angegriffener, kann aber Alpha Konkurrenz machen, wenn er genügend Energie der Gruppe an seine Spezialkompetenz zu binden vermag. Schindler empfiehlt, sich bei der Deutungsarbeit in erster Linie auf Gamma zu konzentrieren, da hier das Unbewußte der Gruppe auf viele Schultern verteilt präsent ist und der Gruppenleiter nicht zu sehr durch ein Eingehen auf Einzelne diesen eine Sonderposition in der Gruppe einräumen muß.

Slavson (1956) unterscheidet Instigatoren, Neutralisatoren und soziale Neutren: Homans (1978) führt Konformisten und Deviante an, an anderer Stelle Tendenzen der Zustimmung zur Gruppe verschiedener Tendenzen zur Aufrechterhaltung der persönlichen Integrität. An solchen Beispielen wird deutlich, daß die Rollentheorien und die Funktionstheorien (Kap. 2.2) der Gruppe nahe beieinanderliegen und nicht immer leicht gegeneinander abzugrenzen sind.

Die verbreitete Annahme, Rollen seien immer schlüssig aufeinander bezogen und komplementär, erweist sich im übrigen als nicht universell gültig. So mag sich jemand in der Gruppe als Schweiger profilieren, ohne daß sich andere Gruppenmitglieder in besonderer Weise als (Viel-)Redner hervortun. Ein anderer mag sich in der Rolle des Opfers bewegen, ohne daß ein anderes Gruppenmitglied die Rolle des Retters übernimmt. Zahl und Qualität der Rollen, die in einer Gruppe übernommen werden können, ist unendlich groß. Ein Aufforderungscharakter, sich einer sichtbar gewordenen Rolle gegenüber symmetrisch oder komplementär zu verhalten, besteht wohl in jedem Fall.

2.2 Funktionstheorien der Gruppe

Birgt die Rollentheorie der Gruppe die Gefahr, die Vielfalt der Phänomene in wenige, übermäßig griffige Formeln zu fassen und so gefährlichen Vereinfachungen Vorschub zu leisten, so sind die Funktionstheorien eher der entgegengesetzten Gefahr ausgesetzt. Gruppenfunktionen können in solcher Vielfalt und Differenziertheit aufgelistet werden, daß es schwer fällt, eine Begrenzung zu finden. Entsprechend sind Zusammenstellungen von Gruppenfunktionen meist sehr umfangreich - zu Lasten der Prägnanz.

Ein Beispiel eines solchen Katalogs von Gruppenfunktionen sei hier angeführt (nach Benne und Sheats 1948, mehrfach modifiziert, erweitert und übersetzt, vgl. Antons 1974):

I. Aufgabenrollen

1. *Initiative und Aktivität: Lösungen vorschlagen, neue Ideen vorbringen, neue Definitionen eines gegebenen Problems versuchen, neues In-Angriff-Nehmen des Problems, Neu-Organisation des Materials.*
2. *Informationssuche: Frage nach genauerer Klärung von Vorschlägen, Forderung nach ergänzenden Informationen oder Tatsachen.*
3. *Meinungserkundung: Versuche, bestimmte Gefühlsäußerungen von Mitgliedern zu bekommen, die sich auf die Abklärung von Werten, Vorschlägen oder Ideen beziehen.*
4. *Informationen geben: Abgebot von Tatsachen oder Generalisierungen. Verbinden der eigenen Erfahrung mit dem Gruppenproblem, um daran bestimmte Punkte und Vorgänge zu erläutern.*
5. *Meinung geben: Äußern einer Meinung oder Überzeugung, einen oder mehrerer Vorschläge betreffend, speziell eher hinsichtlich seines Wertes als der faktischen Basis.*
6. *Ausarbeiten: Abklären, Beispiele geben oder Bedeutungen entwickeln; Versuche, sich vorzustellen, wie ein Vorschlag sich auswirkt, wenn er angenommen wird.*
7. *Koordinieren: Aufzeigen der Beziehungen zwischen verschiedenen Ideen oder Vorschlägen; Versuch, Ideen oder Vorschläge zusammenzubringen, Versuch, die Aktivität verschiedener Untergruppen oder Mitglieder miteinander zu vereinigen.*
8. *Zusammenfassen: Zusammenziehen verwandter Ideen oder Vorschläge; Nachformulierung von bereits diskutierten Vorschlägen zur Klärung.*

II. Erhaltungs- und Aufbaurollen

9. *Ermutigung: Freundlichsein, Wärme, Antwortbereitschaft gegenüber anderen; andere und deren Ideen loben; Übereinstimmen und Annehmen von Beiträgen anderer.*
10. *Grenzen wahren: Versuch, einem anderen Gruppenmitglied einen Beitrag dadurch zu ermöglichen, daß andere darauf aufmerksam gemacht werden, z.B. "Wir haben von X noch gar nichts zu diesem Thema gehört", oder "Y wollte etwas sagen, erhielt aber nicht die Gelegenheit".*

Begrenzung der Sprechzeit für alle, um damit allen eine Chance zu geben, tatsächlich gehört zu werden.

11. *Regeln bilden: Formulierung von Regeln für die Gruppe, die für Inhalt, Verfahrensweisen oder Entscheidungsbewertungen gebraucht werden sollten; Erinnerung der Gruppenmitglieder, Entscheidungen zu vermeiden, die mit den Regeln kollidieren.*
12. *Folge leisten: Den Gruppenentscheidungen folgen, nachdenklich die Ideen anderer annehmen und anhören, als Auditorium während der Gruppendiskussion dienen.*
13. *Ausdruck der Gruppengefühle: Zusammenfassung, welches Gefühl innerhalb der Gruppe zu spüren ist. Beschreiben der Reaktionen der Gruppenmitglieder, Mitteilung von Beobachtungen und unbewußten Reaktionen von Gruppenmitgliedern geäußerten Ideen oder Lösungen gegenüber.*
14. *Auswerten: Überprüfen der Gruppenentscheidungen im Vergleich mit den Regeln; Vergleich der Bemühungen im Verhältnis zum Gruppenziel.*
15. *Diagnostizieren: Bestimmen der Schwierigkeitsquellen und der situationsgerechten nächsten Schritte; Analysieren der Haupthindernisse, die sich dem weiteren Vorgehen entgegenstellen.*
16. *Übereinstimmung prüfen: Versuchsweise nach der Gruppenmeinung fragen, um herauszufinden, ob die Gruppe sich einer Übereinstimmung für eine Entscheidung nähert. Versuchsballons loslassen, um die Gruppenmeinung zu testen.*
17. *Vermitteln: Hamonisieren, verschiedene Standpunkte miteinander versöhnen, Kompromißlösungen vorschlagen.*
18. *Spannung vermindern: Negative Gefühle durch einen Scherz ableiten, beruhigen, eine gespannte Situation in einen größeren Zusammenhang stellen.*

III. Negative Rollen

19. *Aggressives Verhalten: Arbeiten für den eigenen Status, indem andere kritisiert oder blamiert werden; Feindlichkeitsäußerungen gegen die Gruppe oder einzelne Mitglieder; Herabsetzen des Selbstwertes oder des Status anderer Mitglieder; Versuch, ständig zu dominieren.*
20. *Blockieren: Die Weiterentwicklung der Gruppe durchkreuzen durch Ausweichen auf Randprobleme; Angebot persönlicher Erfahrungen, die nichts mit dem vorliegenden Problem zu tun haben; hartnäckige Argumenta-*

tion zu einem einzigen Punkt; Abweisung von Ideen ohne jede Überlegung aus affektiven Vorurteilen.

21. *Selbstgeständnisse: Benützen der Gruppe als Resonanzboden für rein persönliche, nicht an den Gruppenzielen orientierte Gefühle oder Gesichtspunkte.*
22. *Rivalisieren: Mit anderen um die produktivsten oder besten Ideen zanken, ständig am meisten sprechen, die größte Rolle spielen, die Führung an sich reißen.*
23. *Suche nach Sympathie: Versuch, andere Gruppenmitglieder zur Sympathie mit den eigenen Problemen und Mißgeschicken zu verleiten; die eigene Situation verwirrend darstellen oder die eigenen Ideen so erniedrigen, daß auf diese Weise Unterstützung durch andere erreicht werden soll.*
24. *Spezialplädoyer: Einführung oder Unterstützung von Vorschlägen, die mit eigenen, eingeengten Bedenken oder Philosophien verbunden sind. Hierher gehört auch das Lobbyistenverhalten.*
25. *Clownerie: Jux veranstalten, Witzeln, Nachäffen, um die Arbeit der Gruppe möglichst immer wieder zu unterbrechen.*
26. *Beachtung suchen: Versuche, die Beachtung auf sich zu ziehen, durch lautes und ausgiebiges Reden, extreme Ideen oder ungewöhnliches Verhalten.*
27. *Sich zurückziehen: Überwiegend indifferentes, passives Verhalten, beschränkt auf äußerste Fomalität; Tagträumen; Unsinn machen; mit anderen flüstern, vom Thema weit abweichen.*

Der vorgestellte Funktionskatalog macht Leistung und Schwäche dieses Zugangs zur Gruppe sichtbar: Die Beschreibung auf Verhaltensebene ist phänomennah und ohne Überzeichnung; gleichzeitig haftet ihr etwas Unlebendiges, Verstaubtes an; man hat den Eindruck, daß hier die Gruppe eher archiviert als lebendig erlebt wird.

Der Begriff "Gruppenfunktion" akzentuiert im Gegensatz zum Begriff Rolle die konkreten beobachtbaren Verhaltensweisen und ihre Konsequenzen in der Gruppe. Diese sind nicht an einzelne Personen gebunden; jedes Gruppenmitglied übernimmt jede Gruppenfunktion in unterschiedlicher Ausprägung. Immerhin lassen sich individuell bevorzugte Reaktionsmuster unterscheiden. Die Funktionstheoretiker der Gruppe kommen nicht umhin, die Einzelfunktionen zu Hauptkategorien zusammenzufassen; oder sie leiten die Einzelfunktionen deduktiv aus Hauptkategorien her. Dabei zeigt sich eine hohe Konvergenz verschiedener Autoren. Meist werden zwei Hauptleistungen in Funktionstheorien angeführt, Leistung und Gruppenerhalt (Homans 1978; Blake und Mouton 1964 und viele andere; vgl. auch die Doppelfunktion in Führungspositionen Tüchtigkeit und Beliebtheit, die häufig von einem Führungsdual ausgeübt werden; Hofstätter 1972). Als dritte Kategorie kommt gelegentlich noch dysfunktionales Verhalten hinzu. Als ich in einer Gruppe einmal vorschlug, jeder solle jeden und auch sich selbst danach einschätzen, ob er/sie durch arbeitsbezogenes, gruppenbezogenes oder dysfunktionales Verhalten in der Gruppe hervortrete, ergab sich folgendes Bild (Tab. 2):

Gruppenmitglied	Arbeits-bezogenes Verhalten	Gruppen-erhaltendes Verhalten	Dysfunktionales Verhalten
Gruppenleiter	15		
Teilnehmerin A		3	12
Teilnehmerin B	10	2	3
Teilnehmerin C	3	5	7
Teilnehmer D	2	3	9
Teilnehmerin E	1	2	12
Teilnehmerin F	10	5	
Teilnehmerin G	3	6	6
Teilnehmer H	8	3	4
Teilnehmerin I	3	6	4
Teilnehmer J	3	6	6
Teilnehmer K	10	3	2
Teilnehmerin L	10	3	1
Teilnehmer M	1	2	12
Teilnehmer N	8	3	4

Tabelle 2: Verteilung der Übernahme von Gruppenfunktionen (Fremd- und Selbstbeurteilung)

Es ist darin gut zu erkennen, daß bezüglich dieses Kriteriums die Mehrzahl der Urteile konvergiert. Der Gruppenleiter und die Mitglieder B,F,K und L werden vorrangig als arbeitsbezogen gesehen, G,I und J werden stärker als gruppenbezogen wahrgenommen; A,E und M werden als dysfunktional empfunden, während C anscheinend keinen eindeutigen Eindruck hinterläßt. Am Ende einer Gruppe, so ist zu hoffen, werden die arbeits- und gruppenbezogenen Zuordnungen ein deutliches Übergewicht aufweisen.

Dabei ist zu betonen: keine Gruppe ist aus sich heraus destruktiv oder verhält sich in uniformer Weise bewußt oder unbewußt dysfunktional. Eher ist es so, daß jedes Gruppenmitglied sich da einen Raum sucht, wo ein solcher frei ist und das Verhalten wählt, das situativ Aussicht auf Belohnung hat. In der Erwachsenenbildung ist dies in der schönsten Weise zu studieren. Mehrfach begegnete ich Lerngruppen, die als schwierig und unmotiviert galten, sei es, daß sie unter Zwang an der Veranstaltung teilnahmen, Psychologie überflüssig fanden oder durch ihre Teilnahme von anderen Tätigkeiten abgehalten waren. Die genauere Betrachtung zeigt: Es sind meist ein oder zwei Wortführer und Meinungsbildner innerhalb der Gruppe, von denen die destruktive Stimmung gegenüber der Arbeit geprägt wird. Ihnen gegenüber ist es für die restlichen Gruppenmitglieder nicht opportun, Lerneifer zu zeigen, da dieser entwertet wird. Umgekehrt erfahren die Meinungsführer für ihre Rollenübernahme Verstärkung aus der Gruppe, da sie gleichsam Wegweisung und Definition der Realität für die Gruppe übernehmen. Nimmt der Gruppenleiter die Auseinandersetzung mit diesen Gruppenmitgliedern auf und erweist sich als derjenige, der besser imstande ist, Realität zu definieren und Verstärkung zu erteilen, so mag sich innerhalb sehr kurzer Zeit ein vollständiger Meinungsumschwung einstellen.

Rollentheorien und Funktionstheorien der Gruppe können aufs fruchtbarste miteinander kombiniert werden, wie Krech, Crutchfield und Ballachey (1962) zeigen konnten. Sie nahmen innerhalb des Gruppengeschehens eine besonders hervorragende Rolle, die Führungsrolle, zum Ausgangspunkt dafür, nach den spezifischen Funktionen zu fragen, die in dieser Rolle ausgeübt werden, und kamen zu folgender Liste:

1. *Der Führer als derjenige, der die Entscheidungen der Gruppe ausführt.*
2. *Der Führer als Plänemacher.*
3. *Der Führer als derjenige, der die Politik der Gruppe bestimmt (Art und Weise, wie die Gruppe im Hinblick auf das Ziel vorwärts kommt).*

4. *Der Führer als Experte.*
5. *Der Führer als Vertreter der Gruppe nach außen.*
6. *Der Führer als derjenige, der die internen Beziehungen der Gruppenmitglieder kontrolliert.*
7. *Der Führer als derjenige, der Lohn und Strafe zuteilt.*
8. *Der Führer als Schiedsrichter und als Vermittler.*
9. *Der Führer als Vorbild.*
10. *Der Führer als Gruppensymbol.*
11. *Der Führer als Stellvertreter individueller Verantwortung.*
12. *Der Führer als Theoretiker der Gruppe; bestimmt die Ideologie der Gruppe.*
13. *Der Führer als Vaterfigur.*
14. *Der Führer als Sündenbock.*

Es ist daran gut zu erkennen, daß die Führungsrolle (und jede andere Rolle) gut in einen Katalog von Verhaltensweisen übersetzt werden kann und daß jedes Gruppenmitglied Führungsfunktionen in unterschiedlichem Umfang übernimmt. Die Rolle entwickelt sich so von einer kategorialen Einheit zu einem operationalisierten Verhaltenskatalog, was dem Sachverhalt besser gerecht wird als der Rollenbegriff.

2.3 Gruppentypologien

Gruppentypologien sind solche Modelle der Gruppe, die ein besonderes Kennzeichen der Gruppe zu ihrem (situativen) Hauptcharakteristikum erklären und so die Eigenart der Gruppe als Ursache oder Folge anderer Ereignisse betrachten. Gruppentypologien bringen gleichsam auf einen knappen Nenner, was der Betrachter vage immer schon geahnt hat und nun auf den Punkt gebracht findet. Darin liegt ihre Chance und ihre Gefahr. Tatsächlich sind auf diese Weise grundlegende Merkmale der Gruppe formuliert worden, meist im ersten Anlauf auf Grund einer ganzheitlich-phänomenologischen Betrachtungsweise, später dann zum Teil empirisch verifiziert, modifiziert und differenziert. Solche Typologien haben dann oft Bestand für die weitere Forschung.

Andererseits neigen Typologien der Gruppe wie Typologien der Persönlichkeit zu übermäßiger Prägnanz und zu übertriebener Betonung der Unterschiede, im Vergleich zu anderen Gruppen, während die Gemeinsamkeiten zu kurz kommen. Ihre Langlebigkeit und ihre Resistenz aller Kritik gegenüber, die sie in den Bereich der Vorurteile verweisen möchten, verdanken typologische Modelle der Gruppe vermutlich u.a. diser zufriedenstellenden und beruhigenden Prägnanz. Daß Gruppentypen Zusammenfassungen und Abstraktionen aus Verhalten sind und zunächst nicht ohne weiteres auch einen Erklärungswert haben, gerät dabei nur allzu leicht aus dem Blick.

Gruppentypologien entstehen in Entsprechung zu Rollenkatalogen: Die internen Differenzierungen werden künstlich verkleinert, die Unterschiede nach außen künstlich vergrößert. So entstehen idealisierte, gleichsam reine Gruppentypen. Aber so wie in der Persönlichkeitsforschung und in der Unterrichtsforschung muß auch in der Sozialpsychologie die Formulierung von Typen dem Frühstadium der Wissenschaft vorbehalten bleiben. Die spätere Forschung zeigt meist, daß die beschriebenen Typen mehrdimensional und in sich z.T. widersprüchlich sind oder versuchen, Unvereinbares unter einem Begriff zusammenzufassen. So werden wir uns den Gruppentypologien mit der gehörigen Vorsicht zu nähern haben: Ihre Beliebtheit steht in keinem Verhältnis zu ihrer wirklichen Beweiskraft. Insgesamt sind sie meist äußerst differenzierungsbedürftig.

Besonders berühmt ist Lewins (Lewin, Lippitt 1938) Einteilung von autokratisch, demokratisch und laissez faire-geführten Gruppen geworden. Die Typologie hat inzwischen viel berechtigte Kritik erfahren. Ihr Verdienst, die Forschung auf den verschiedensten Gebieten angeregt zu haben, so in der Betriebspsychologie (z.B. Blake, Mouton 1964) und in der Pädagogischen Psychologie (z.B. Tausch, Tausch 1979) ist jedoch unbestritten. Die Zahl der Typologien der Gruppe ist Legion. Einen guten Überblick gibt Kruse 1972. Für die Familientherapie hat Richter (1970) eine besonders eingängige Typologie vorgestellt: Familie als Festung, als Sanatorium und als Theater.

Neben allem Kritischen muß aber auch erwähnt werden, daß es eindrucksvolle Beispiele dafür gibt, wie ein typologisches Vorgehen bei der Beschreibung von Gruppen zu einer besonders eindeutigen und prägnanten Arbeitsstruktur führen kann. Im Tavistock-Laboratorium wird für jeden Gruppentypus Zusammensetzung, Rollenverteilung und Arbeitsaufgabe vorab definiert, eine beispielhafte Vorgehensweise, der viel Nachahmung und Nachfolge zu wünschen ist:

Very Small Groups are composed of five to six members on the same basis as the Small Group but with a different membership. The task of each group is to study its own behaviour in the 'here and now' as a more intimate work-group. Each group has the services of a consultant.

Small Groups consist of from eight to twelve members drawn from diverse occupational backgrounds. The task of each group is to study its own behaviour as a group in the 'here and now'. Each group has the services of a consultant to help in this task.

The Median Group is intended to provide the'B' membership with the opportunity to study inter-personal and inter-group behaviour in a group of 20-30 - the size of many councils and committees - which is too large to be taken in at a glance but not so large that members can remain anonymous.

The Inter-Group Event involves all conference members, who have the opportunity to form groups among themselves. Consutants are available to groups so formed and to any meetings bezween whole groups or representatives of groups that occur. The event opens and concludes in plenary session.

The aim of the event is to learn about the dynamics of inter-group relations, including the problems of using power and giving or taking authority. The method is to study the relatedness between groups and the relatedness of individuals to the groups they represent. Consultants make their experience of the inter-group activity available to member groups through interpretations.

The Institutional Event involves the total conference membership, members and staff, with the latter taking part as a group. The event concentrates on relations between these two groups. The staff group makes the services of consultants available to member groups on request. The event opens and closes in plenary session.
The aim and method of the event are similar to that of the Inter-Group Event with the added dimension due to the staff being present as both management and consultants. The method therefore includes the study of the relatedness of the manifest parts of the institution to the institution as a whole. Staff as management endeavour to provide learning opportunities for members, and in their consultant role they do this by making their experience of inter-group activity available through interpretations and working hypotheses.

The Large Group consists of the total conference membership. It has as its task the study of behavior in a meeting which consists of more people than can form a face-to-face group. Members have the opportunity to experience, and hence to learn about, situations in which sides are taken spontaneously, subgroups form and dissolve, and myths come into being; and also about the consequences for the individual of roles taken, and how he can find himself the centre of fluctuating degrees of support. Consultants will be present to assist in this task.

Plenaries comprise the total membership and staff. The Conference opens in a plenary session and there are two more plenaries near the end. The latter provide an opportunity for reflecting on the experiences of the Conference as a whole and of stugying the processes of ending relationships.

Orientation Groups (OG). The first OG, near the beginning, focuses on the implications of crossing the boundary into the Conference institution and taking up a role in it; subsequent sessions allow for reflection on various experiences in the membership role, while the later OGs are more concerned with examining the implications of this experience for the external roles to which members are returning. Each OG will have 5 to 8 members, with the services of a consultant. Two or three different work backgrounds will be represented in each OG, correspondingly, so far as possible, each member will be allocated to an OG containing at least one other member from a similar institution or role.

Reflection Groups (RG). The first RG, near the beginning, focuses on the implications of crossing the boundary into the Conference institution and taking up a role in it; subsequent sessions allow for reflection on various experiences in the membership role; while the later RG's are more concerned with examining the implications of this experience for the external roles to which members are returning. Each RG will have no more than 9 members with the sevices of a consultant. Two or three different backgrounds will be represented in each RG; correspondingly, so far as possible, each member will be allocated to a RG containing at least one other member from a similar institution or role.

The Role Analysis Group which consists of between 6 and 8 members provides opportunities to examine roles both outside and within the Conference. These groups will be so structured that there are chances for individuals to take on different task roles within each session.

Review Groups provide opportunities for each conference member to examine his or her personal and social relatedness to the conference institution, and the varying experiences this institution has offered up to the time of the current meeting. Membership is as for Application Groups, and each group has the services of a consultant.

The task of the Application Groups is to consider the relatedness of members' experience within the conference institution to their experience in the insititutions from which they come. Each group consists of between five and eight members, as far as possible drawn from similar or complementary professional, managerial or administrative roles in their back home work situations.

The Project Event focuses on inter-group and institutional relatedness. All the events of the Conference are designed to provide opportunities for members to find authority to innovate. This event has the added dimension of providing opportunities to explore the implications of social innovation for the Project Event as an institution. Members are free to form their own subgroups. The staff will take part as a staff group and will provide consultancy on request to member sub-groups. The functioning of the staff is open to examination by members. The event will open and close in plenary sessions.

Innovation Study Groups. These groups will have between 7 and 9 members with the services of a consultant. They are designed to offer opportunities for members:

- *to consider with others their roles as innovators in outside institutions;*
- *to examine and articulate their experiences within the Conference;*
- *to reflect on the issues of leaving the Conference and returning to the outside world;*
- *to consider any relevance of the Conference learning to members' own settings in which they wish to exercise authority for social innovation.*

(zusammengestellt aus Seminar-Angeboten 1972-1982).

Im therapeutischen Bereich hat sich die Verwendung von Gruppentypologien, definiert durch die Beziehung zwischen Leiter und Mitgliedern, als besonders fruchtbar und zugleich als besonders nutzlos erwiesen. Die Abgrenzung verschiedener Gruppentypen fußt hier auf Absicht und Anspruch, verschiedenen Zielgruppen auf Grund spezifischer Indikationen eine adäquate Behandlung und Hilfestellung anzubieten: Die Analytiker, die Gruppendynamiker, die Gestalttherapeuten usw. Das hat viel konzeptuelle Arbeit angeregt; spezifische Theorien der Gruppe und des Intervenierens sind entstanden; Gruppenleiter haben daraus Impulse für ein identitätsstiftendes und identitätförderndes Selbstverständnis gewonnen. Empirische Forschung hat die relevanten Verhaltensweisen von Gruppenleitern und ihre Bedeutung für das Mitglied- bzw. Klienten-Verhalten herausgearbeitet.

Im Zuge dieser Abgrenzung sind aber auch Selbst- und Fremd-Etikettierungen entstanden, die zeitweise den Dialog erheblich erschwert haben. So fühlten sich Therapeuten und Gruppenleiter verschiedener Schulen zu strenger Abgrenzung voneinander genötigt: Ein Gruppendynamiker hatte (und pflegte) ein anderes Image als ein Encounter-Gruppenleiter, ein psychoanalytischer Gruppentherapeut ein anderes als ein Gestalttherapeut.

Auch gegenüber diesen Impulsen hat die empirische Forschung segensreiche Korrekturen ermöglicht: Heute wissen wir, daß bei erfahrenen und erfolgreichen Therapeuten unterschiedlicher Schulen das tatsächliche therapeutische Handeln über die Schulengrenzen hinweg konvergiert.

Während die letztgenannten Theorien die Gruppe aus Elementen zusammensetzen, also gleichsam synthetisch vorgehen, wird in vielen Ansätzen die Gruppe zunächst als Ganzes betrachtet, innerhalb dessen erst dann Elemente, Stukturen und Prozesse unterschieden werden. Diesem Gedanken soll im folgenden Kapitel nachgegangen werden.

3. Die Gruppe als Einheit

Das Ganze ist mehr als die Summe seiner Teile. Dies ist nicht einfach ein Pflichtbekenntnis der Ganzheitspsychologie gegenüber, es ist eine lebendige, jederzeit in Gedanken und Erfahrungen nachprüfbare Tatsache. Dieses Mehr ist qualitativer und quantitativer Art. - Stellen wir uns eine Anzahl von Personen vor, die unabhängig voneinander durch eine Fußgängerzone gehen. Da hat vermutlich jeder sein eigenes Tempo, seine Spur, seine Blickrichtung, sein Innehalten an bestimmten Auslagen und einen je eigenen Zielpunkt. Anders eine gleichgroße Gruppe: vermutlich herrschen Blickkontakt und Gespräch, das Tempo gleicht sich an bis hin zu gleicher Schrittlänge und einer gewissen Rhythmisierung der Bewegung. Bleibt einer zurück oder eilt voraus, so ist er doch mit einem unsichtbaren Band den anderen verbunden. Seine Bewegung ist "relativ" (d.h. ja: verbunden) zur Gruppe definiert. Das Beispiel zeigt auch, daß Gruppe nicht die Addition von Persönlickkeiten und Ereignissen ist. Das Spezifische der Gruppe in der Fußgängerzone und auch generell ist nicht am Einzelnen festzumachen. Nur die Tatsache der wechselseitigen Bezogenheit bringt diejenigen Verhaltensparameter hervor, die wir als Interaktion bezeichnen.

3.1 Das Billard-Modell der Gruppe

Eine einfache und für den Anfänger in der Gruppenbeobachtung besonders geeignete Form der Gruppenerfassung besteht darin, Redelänge und Redehäufigkeit jedes Mitglieds zu protokollieren. Mit diesen Daten ist noch nicht viel Aufschluß zu gewinnen; denn Redeumfang ist zwar ein Hinweis auf Führungsansprüche, nicht aber schon zwingend auf eine erfolgreich praktizierte Führung. Immerhin kann der Neuling, dem die Gruppe vielleicht als gänzlich unüberschaubares Gewimmel von Verhaltensweisen vorkommt, auf diese Weise erstmals die Erfahrung machen, daß in der Vielfalt Struktur steckt.

Der nächste Schritt, und von diesem handelt der folgende Abschnitt, besteht nun darin, Interaktionssequenzen festzustellen. Im Billard-Modell der Gruppe wird jede Äußerung als Ereignis betrachtet, das wie die Billardkugel durch ein vorangegangenes Ereignis (Stoß mit der Queue oder einer anderen Billardkugel) in Gang gesetzt wird und seinerseits ein weiteres Ereignis auslöst. Die Gruppeninteraktion wird so zu einer Endloskette von Reizen, die Reaktionen auf vorausgehende Reize sind. Die Abfolge der Reiz-Reaktions-Sequenzen wird in der Regel in Form einer sogenannten who to whom-Matrix protokolliert, d.h. einem quadratischen Diagramm, in dem jeder Gruppenteilnehmer als Sender und jeder als Empfänger von Äußerungen angeführt ist. Als Empfänger kann zusätzlich die ganze Gruppe in Erscheinung treten (Abb. 1).

pass. / akt.	A	B	C	D	E	F	G	Gruppe	Σakt.	Rang akt
A	—									
B		—								
C			—							
D				—						
E					—					
F						—				
G							—			
Σpass										
Rang pass										—

Diskussionsteilnehmer

Abb. 1: Who-to-whom-Matrix für eine Gruppe mit 7 Mitgliedern

Grundlage der Betrachtung sind persönliche Bedürfnisse, allgemeine Kommunikationsbedungungen und Erfordernisse der bestehenden Problemstellungen. Jede Handlung, jede Einheit der Interaktion beeinflußt die nächste bzw. ruft sie hervor oder stößt sie an, so wie eine Billardkugel die nächste, die wiederum eine nächste anstößt.

Das Billardmodell der Gruppe geht davon aus, daß Handlungen und Mitglieder der Gruppe ausgetauscht werden können, ohne daß sich das System wesentlich ändert. Das Interesse des Forschers, der sich dieses Modells bedient, ist nicht so sehr auf Unterschiede, als vielmehr auf die Gemeinsamkeiten verschiedener Gruppen gerichtet, gleichsam auf ihren wahren, gemeinsamen Interaktionskern: Wenn sich in sehr unterschielichen Gruppen gleiche Interaktionssequenzen finden, so sind diese gleichsam die universellen Muster des Gruppenverhaltens.

Die Vorteile dieser Betrachtungsweise liegen auf der Hand. Da jede Äußerung u.a. aus dem situativen Kontext heraus erfolgt, läßt die Matrix gut erkennen, wer für wen in der Gruppe in welcher Weise verhaltenssteuernd in Erscheinung tritt und wer an wen besonders häufig Äußerungen adressiert. Auch Paarbildungen sind gut zu erkennen: Wer sich mit seinen Beiträgen wiederholt an ein anderes Gruppenmitglied wendet, ist vermutlich auch in besonderer Weise mit diesem verbunden. Dem kann unser Alltagsverständnis psychischer Phänomene gut folgen: Insofern mag, wenn man die who-to-whom-Matrix in eine Grafik überführt, ein Beziehungsnetz sichtbar werden, das einem Soziogramm ähnlich ist.

Diesen Vorzügen des Modells stehen freilich etliche Einschränkungen und Nachteile gegenüber. Die who-to-whom-Matrix ist insofern kursschrittig, als sie nur Paarbildungen zeigt, nicht aber längere Interaktionssequenzen. Tatsächlich ist aber jede Äußerung in der Gruppe nicht nur durch die vorausgegangene determiniert, sondern durch viele Äußerungen, die zum Teil eine ganze Weile zuvor gefallen sind: Wenn A etwas sagt, B dies kritisiert und C a beipflichtet, so bezieht sich jeder Nachfolgende auf alle, die vor ihm gesprochen haben, nicht nur auf seinen unmittelbaren Vorredner. Solche komplexeren Interaktionssequenzen oder gar Feedback-Schleifen entgehen der who-to-whom-Matrix. Selbst wenn wir uns mit der Zahl der Paarbildungen zufrieden geben, die in der who-to-whom-Matrix sichtbar werden, so können wir auf diese Weise dennoch nichts über die Art der Beziehung zwischen den Beteiligten erfahren. Solche Paarungen kommen auf sehr unterschiedliche Weise zustande:

- *A mag geschickter im Formulieren sein und bringt das zum Ausdruck, was B denkt. So genügt es B, jeweils kurz beizupflichten.*
- *B mag mit A und seinem Gedankengut sehr identifiziert sein, aber auch unruhig und ungeduldig. So unterbricht er A bei seinen weitschweifigen Ausführungen und führt A's Gedanken (in durchaus zutreffender Weise) immer wieder zu Ende, was von A geduldet wird.*
- *B ist A gegenüber kritisch und feindselig eingestellt. Kaum macht A den Mund auf, so fühlt sich B veranlaßt, eine Gegenposition einzunehmen, usw.*

In mancherlei Hinsicht ist die who-to-whom-Matrix nicht einfach ungenau, sondern ihr entgehen Phänomene. So wird etwa der Leiter einer therapeutischen Gruppe vielleicht quantitativ in gleicher Weise abgebildet wie ein sehr unauffälliges stilles Gruppenmitglied. Ansprachen an Subgruppen sind kaum protokollierbar. Das Schweigen der Gruppe, dem wir ja gelernt haben, Bedeutung zuzuschreiben, bleibt unbeachtet. Dagegen wird die nächste Äußerung so behandelt, als sei sie die unmittelbare Reakton auf die letzte vorangegangenen, die aber vielleicht 20 Minuten zurückliegt. Alle nonverbale Signalgebung bleibt unberücksichtigt.

Weiter ist einzuwenden: Die Tatsache, daß in unterschiedlichen Gruppen gleiche Phänomene nachweislich auftreten, sagt noch nichts über deren Relevanz. Man könnte z.B. auch beim Vergleich mehrerer Menschen zutreffend aussagen, sie alle hätten Knochen, Haare und Zähne, ohne mit diesen Gemeinsamkeiten schon etwas Belangvolles über die Spezies Mensch ausgesagt zu haben.

Das Billard-Modell untersucht singuläre Interaktionen und betrachtet diese gleichsam als pars po toto, also sieht in ihnen den Gesamtprozeß der Gruppe sichtbar gemacht. Tatsächlich sind aber komplexere Gruppenphänomene wie Normen, Werthaltung, Emotionen u.a. auf diese Weise nicht auch nur andeutungsweise zu erfassen. Also: das Billard-Modell der Gruppe ist, wie übrigens alle anderen Modelle, nicht der Weisheit letzter Schluß und läßt viele Fragen unbeantwortet. Aber das Reiz-Reaktions-Verständnis der Einzeläußerung kann uns erste Hinweise zu Hypothesenbildungen über das Verhalten von Gruppen liefern.

Im Beobachtungsschema von Bales (1950; 1970) wird gegenüber dem einfachen Wer-an-Wen ein wirklicher Fortschritt des Billard-Modells erzielt. Das Verhalten aller Gruppenmitglieder wird in 12 Kategorien aufgezeichnet, entweder simultan oder nachträglich. So sind sowohl persönliche Verhaltenspräferenzen als auch Auftretenswahrscheinlichkeiten einzelner Kategorien in Interaktionssequenzen auffindbar (Tab. 3). Das Schema wurde ursprünglich für Problemlösegruppen konzipiert, ist inzwischen aber für zahlreiche andere Gruppenarten als tauglich befunden worden (Therapie, Konferenz, Gruppendiskussion, Schulklasse in modifizierter Form u.a.).

3.2 Das Beziehungs-Modell der Gruppe

Die Gruppe kann u.a. als die Struktur aller derjenigen Kräfte verstanden werden, die in einem bestimmten Moment auf jedes ihrer Mitglieder einwirken. Dieser Einfluß kann sehr ausgeprägt sein oder nahe bei Null liegen, jedenfalls ist anzunehmen, daß kein Gruppenmitglied ohne irgendeinen Einfluß auf irgendein anderes ist. Allein schon die physische Anwesenheit, ja sogar schon die ungeprüfte Vermutung über oder das Wissen von der Anwesenheit eines anderen Menschen hat verhaltenssteuernde Wirkung. Wenn wir ein Gruppenmitglied bitten, seine Sichtweise dieser Phänomene aufzuzeichnen, so mag folgende Darstellung entstehen (Abb. 2). Der Teilnehmer hat in diesem Fall das Ausmaß an Nähe und Distanz aufgezeichnet, das er den anderen Gruppenmitgliedern gegenüber verspürt. Es wären aber auch ganz andere Paramater denkbar, wie Einfluß vs. Bedeutungslosigkeit, Vertrauen vs. Mißtrauen, Kontaktwunsch vs. Abweisung u.a. Versucht man, aus den Darstellungen aller Gruppenmitglieder das gemeinsame Beziehungsnetz der ganzen Gruppe zu erstellen, wird man vermutlich die alte Erfahrung machen, daß die Entfernung von A nach B keineswegs genau so groß ist wie die von B nach A. Die graphische Darstellung ist zweidimensional zu lesen: Die Entfernung gibt Vertrautheit vs. Distanz an, die Teilnehmer A zu den anderen empfindet. Die Fläche, die er den einzelnen zuordnet, läßt die Bedeutung oder Zentralität erkennen die sie für ihn haben. Vom Beziehungsnetz des Einzelnen ist es dann nur ein kleiner Schritt zum Beziehungsnetz der ganzen Gruppe, wie es uns seit den Arbeiten Morenos bekannt ist. Durch konkrete Fragen an alle Gruppenmitglieder läßt sich schnell und präzis herausfinden, welche affektiven Strukturen in der Gruppe herrschen (Moreno 1954).

Name des Teilnehmers .... Sitzung am				an	an	an	an	an	an	an	an	an alle
Positive Äußerungen	Sozioaffektive Tendenz	1	UNTERSTÜTZEND, helfend, ermutigend, zeigt Wertschätzung									
		2	ENTSPANNEND, scherzend, zeigt Befriedigung									
		3	AKZEPTIEREND, zustimmend, zeigt Verständnis									
	Aufgabenzentrierte Äußerungen	4	VORSCHLAGEND, trägt Ideen, mögliche Richtlinien bei									
		5	MEINUNGSÄUSSERUNG, Ansicht, Bewertung, Bestätigung									
		6	KOMMENTIEREND, informierend, klärend, wiederholend									
Negative Äußerungen		7	FORDERT INFORMATIONEN und Erklärungen									
		8	FRAGT UM MEINUNGEN, Eindrücke, Ansichten									
		9	FORDERT IDEEN Vorschläge und Richtlinien									
	Sozioaffektive Tendenz	10	ABLEHNEND, zurückweisend, zweifelnd, verneinend									
		11	ÄUSSERUNG UND VERSTÄRKUNG von Spannungen									
		12	ANGREIFEND, sich verteidigend, opponierend, streitend									

Tabelle 3: Muster einer Beobachtungstabelle nach Bales.

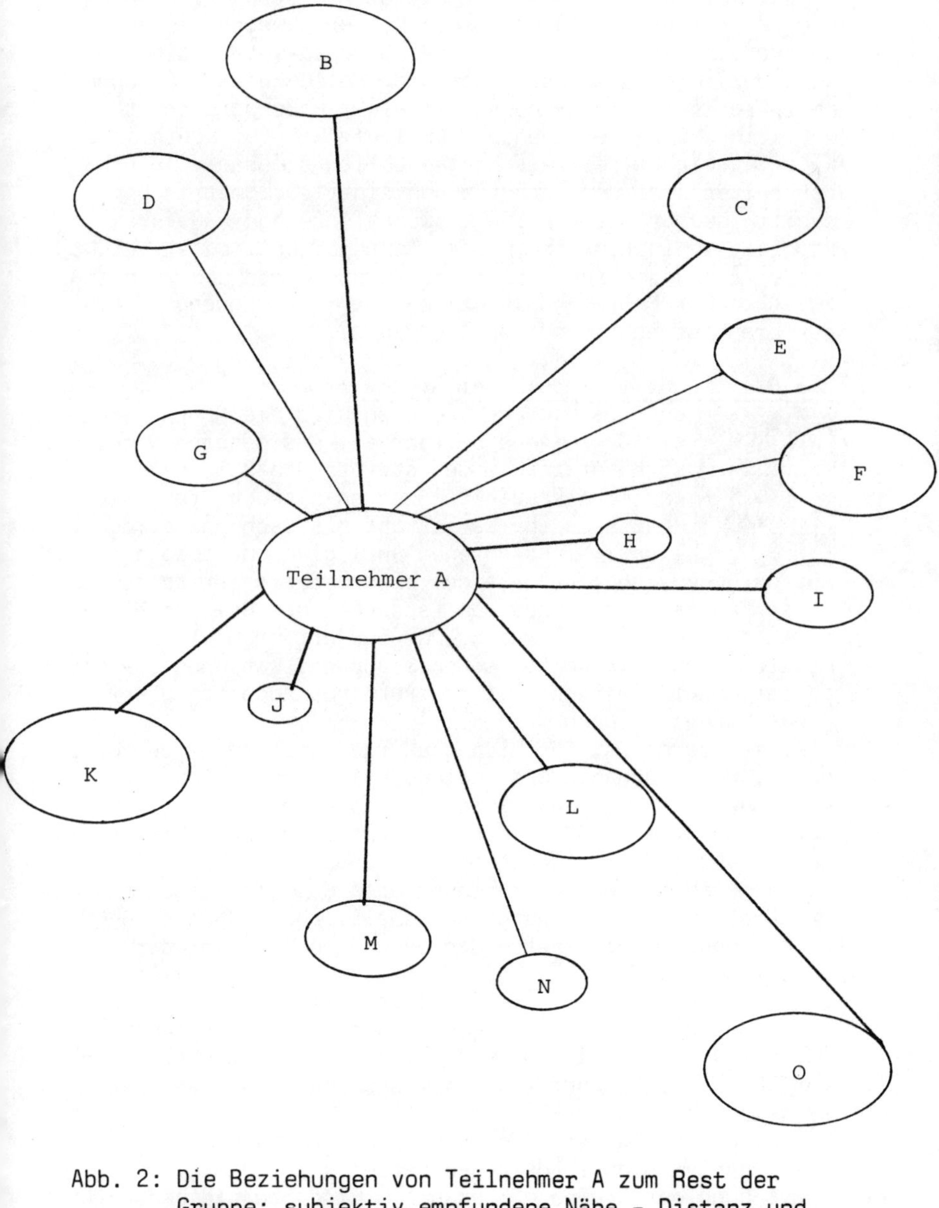

Abb. 2: Die Beziehungen von Teilnehmer A zum Rest der Gruppe; subjektiv empfundene Nähe - Distanz und Zentralität.

Die wichtigsten Parameter der Gruppenstruktur sind nach Moreno Wahlstatus der Person, Zurückweisungsstatus der Person, Kohäsion der Gruppe, Gruppen-Integration und Kohärenz. Die Soziometrie hat die Möglichkeiten, Gruppencharakteristika zu erfassen, in einem Maße bereichert wie kein anderes Gruppendiagnostikum. Sie ist heute in allen Bereichen des zwischenmenschlichen Zusammenlebens verbreitet. Bei der Durchführung einer soziometrischen Wahl in der Gruppe empfiehlt sich allerdings äußerste Sorgfalt in Instruktion und Auswertung, weil sonst leicht tiefe Kränkungen zurückbleiben. In der Forschung wird inzwischen der Matrizendarstellung der Vorzug gegeben vor der graphischen Lösung (Dollase 1973).

3.3 Das Organismusmodell der Gruppe

Von verschiedenen Autoren wird die Gruppe wie ein Organismus betrachtet, der geboren wird, sich entwickelt und stirbt. Das Bild hat etwas sehr Faszinierendes an sich und regt die Phantasie an. Es ist optimistisch und ermöglicht weiterführende Analogien und bildhafte Ausführungen. Aber Aufgabe der Wissenschaft ist es, über diese Faszination hinaus den tatsächlichen Geltungsbereich des Modells zu prüfen. Darüber erfahren wir am meisten, wenn wir an typischen Gruppensituationen prüfen, ob das Modell imstande ist, zutreffende Aussagen über diese Situationen zu machen.

Überzeugend ist für mich das Organismusmodell der Gruppe da, wo es Dynamik und Lebendigkeit, Ganzheit und Einheit sowie Entwicklungsfähigkeit und Entwicklungsrichtung der Gruppe zum Ausdruck bringt. Störungen und Behinderungen in der Funktionsfähigkeit der Gruppe können in Analogie zu Krankheiten und Behinderungen des Organismus betrachtet werden, die durch therapeutische Maßnahmen oder selbstregulierende Kräfte der Gesundung behoben oder kompensiert werden können. Auch das Auf und Ab zyklischer und spiralenartiger Verläufe sowie qualitativer Sprünge in der Gruppe findet im Organismus seine Entsprechung im Wechsel von Wachsein und Schlaf, Aktivität und Passivität, Vorgängen der Regeneration, des Wachstums und des Gestaltwandels.

Bezüglich einiger anderer Gruppenphänomene erscheint das Organismusmodell demgegenüber eher kurzatmig. Die Entstehung der Gruppe müßte, um im Bilde zu bleiben, mit dem Akt der Zeugung verglichen werden, was vielleicht nicht jedermanns Geschmack ist, zumal es auch den Sachverhalt nicht trifft. Die unglaublich schnelle Differenzierung, die in Gruppen schon innerhalb der ersten Stunden des Zusammenseins erfolgt, müßte mit der explosionsartig schnellen Zellteilung in den ersten Tagen nach der Befruchtung verglichen werden. Die Verteilung von Rollen, Positionen und Funktionen müßte in Analogie zur Organdifferenzierung betrachtet werden.

An dieser Stelle wird deutlich: Das Bild von der Gruppe als Organismus hat manches für sich. Aber wenn es überstrapaziert wird, so wird es verquält und peinlich. Auch für Rivalität und Gruppenkonflikt, für das Ausscheiden oder die Ausstoßung eines Mitgliedes, für erfolgreiche Teamarbeit und schließlich für die Auflösung der Gruppe gibt das Organismusmodell keine angemessene Entsprechung ab. Dennoch hat es etwas ungemein Zündendes. Dem Apostel Paulus hat die Metapher "Der Leib und die Glieder" (1. Kor. 12, 12-27) sogar dazu gedient, die Verhältnisse des menschlichen Zusammenlebens überhaupt abzubilden. Das Modell enthält, wenn man nicht allzu penibel auf den Details beharrt, eine eindringliche Aufforderung zu uneigennütziger, rücksichtsvoller Zusammenarbeit. Das Organismusmodell der Gruppe bringt die Gruppenqualitäten Ganzheit und Einheit, Differenzierung von Teilfunktionen, Integration, Interdependenz, also Strukturentwicklung und Dynamik, besser zum Ausdruck als das Billard-Modell. Es hat in Modellen der Familie und der Familientherapie (z.B. Stierlin 1977) und in Encountergruppen (Rogers 1974, Otto 1973) Bedeutung gewonnen.

Weitere Einwände bedürfen allerdings auch der Erwähnung: Wenn man das Organismusmodell sehr streng und konsequent handhabt, so muß man eine quasi biologische Entwicklungsdetermination der Gruppe postulieren. Dem Gruppenmitglied bleibt dann nicht viel Spielraum in der Gestaltung: Es hat gleichsam bei der Erfüllung dieses Plans mitzuwirken. Ganz ist allerdings diese Unfreiheit nicht von der Hand zu weisen, und Gruppenleiter wissen davon: Interventionen kommen, so wichtig sie sein mögen, nicht zu jeder Zeit an, sondern nur dann, wenn sie im Einklang mit Stand und Bereitschaft der Gruppe ausgesprochen werden. In Perls "Don't push the river" läßt sich, auf die Gruppe bezogen, noch erkennen, daß der Beliebigkeit der Einflußnahme Grenzen gesetzt sind, die durchaus quasi biologischer Art sein mögen.

Das Organismusmodell legt dem Forscher einen passiven indifferenten Standpunkt nahe: Wenn die Abläufe ohnehin im wesentlichen festgelegt sind, kommt es nicht vorrangig darauf an, sie zu beeinflussen, sondern mehr darauf, sie möglichst detailliert zu beschreiben und in adäquaten Modellen abzubilden. Vielleicht wird die Scheu des Forschers, nahe an die Gruppe heranzugehen, auch von der Furcht genährt, jede Nähe werde den natürlichen Ablauf stören, so daß er dann nicht die Gruppe 'an sich', sondern die Gruppe einschließlich seiner selbst als Störvariable zu Gesicht bekomme. Unter solchen Skrupeln mag die Bereitschaft des Forschers, ändernd auf die Gruppe einzuwirken, leiden. Aber Aktionsforschung (Petzold 1980) und Angewandte Gruppendynamik (Däumling et al. 1974) haben mit diesen Skrupulösitäten gründlich aufgeräumt.

Ein Beispiel mag veranschaulichen, wie das Organismus-Modell der Gruppe von den Teilnehmern einer Gruppe selbst zur Veranschaulichung ihrer Situation aufgenommen werden kann. Ich hatte den Mitgliedern einer Gruppe am dritten Tag vorgeschlagen, die ganze Gruppe als einen einzigen Organismus zu zeichnen. In den Darstellungen (Abb. 3) überwiegt das Diffuse, Ungreifbare, was der noch unklaren Arbeitssituation der Gruppe entspricht.

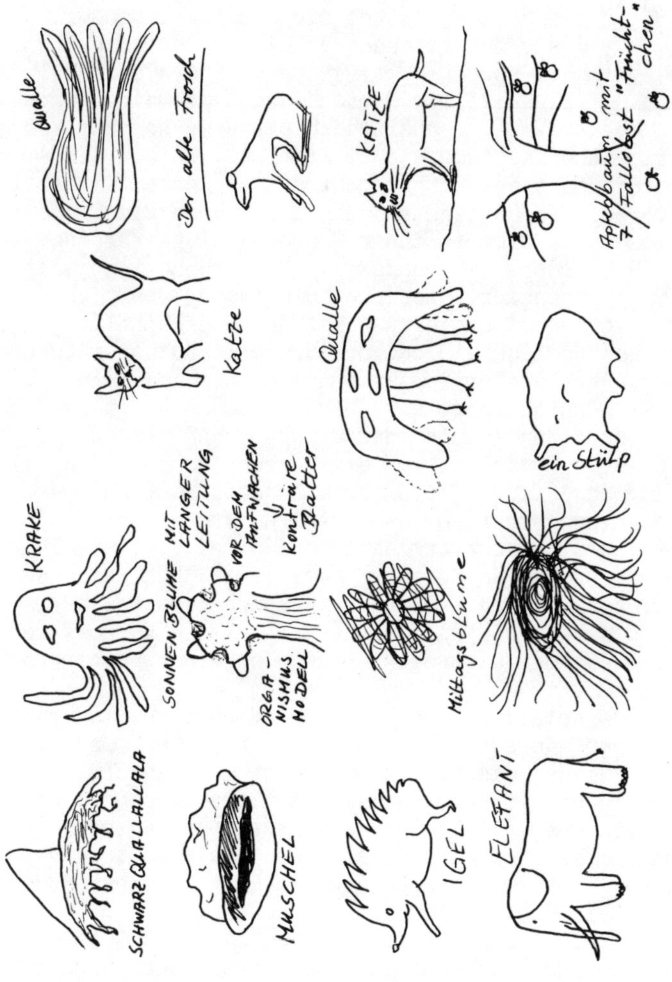

Abbildung 3: Teinehmer einer Gruppe zeichnen die Gruppe als Organismus.

3.4 Das Persönlichkeitsmodell der Gruppe

Aufgefordert, eine Person zu charakterisieren, tun wir dies mit Hilfe von Eigenschaften und Verhaltensweisen, die wir für besonders typisch und kennzeichnend an dieser Person halten. Dabei sprechen wir stets von der Person als einer Einheit: Die Person insgesamt weist dieses oder jenes Merkmal auf, verhält sich situativ so oder anders, unterliegt diesem oder jenem Konflikt. Werden wir um die Beschreibung einer Gruppe gebeten, so können wir analog verfahren. Wir betrachten dann die Gruppe als Einheit, die insgesamt einheitlicher Gegenstand unserer Analyse ist: "Die Gruppe ist regressiv, die Gruppe ist zwanghaft, die Gruppe reagiert phobisch, die Gruppe wehrt ab."

Der Vorzug einer solchen Betrachtungsweise liegt auf der Hand: Ähnlich wie bei den Gruppentypologien können wir Aussagen von großer Prägnanz machen, die uns - und unserem Gesprächspartner - einen raschen Überblick über die wichtigsten Impulse der Gruppe geben. Zudem ist uns aus unserer Sozialisation die Personenbeschreibung als Bestimmungsleistung offenbar besonders vertraut, so daß wir auch Landschaften, Bauwerke, Kunstwerke mit Persönlichkeits-Eigenschaften belegen. So fällt es uns leicht, auch die Gruppe so zu charakterisieren. Und: Wir haben die Gruppe insgesamt erfaßt; kein Gruppenmitglied ist uns durch die Maschen geschlüpft, das uns den Vorwurf der Unvollständigkeit eintragen würde oder einer Sondererwähnung bedürftig wäre.

Ein Beispiel: Werden Es, Ich und Überich als Gruppenfunktionen angesehen, so ist es vorstellbar, daß eine dieser Funktionen die Oberhand gewinnt und das Gruppenverhalten in spezifischer Weise prägt. So werden in der Therapie stark regressive Gruppen häufig als Es-haft bezeichnet; sehr normorientierte Gruppen, die ihre Verhaltensregeln einem strengen Richtig-Falsch-Kodex entnehmen, mag man als Überich-fixiert betrachten.

Für viele Deutsche war zwischen 1933 und 1945 die tatsächliche oder auch nur in Aussicht stehende Begegnung mit dem leibhaftigen Hitler ein Erlebnis von einer Intensität, die sich aus der zeitlichen Distanz nur noch schwer nachvollziehen läßt. Mitscherlich und Muck (1969) führen dafür 5 Bedingungsfaktoren an:

(1) Faszination von Führungsgestalten,

(2) die Einsetzung des Führers als Gewissensinstanz und als Ich-Ideal,

(3) die Einschränkung bzw. Kanalisierung von Ich-Fähigkeiten im Sinne des Verzichts auf eigenes Denken,
(4) der Überschwang sozialer Gefühle,
(5) die Steigerung der Affektivität.

Vergleichende Verzückungen und Entrückungen werden unter Konstellierung ähnlicher Rahmenbedingungen auch heute in manchen Encounter- und Therapiegruppen placiert. Dem gegenüber bleibt die Aufgabe der psychosozial Tätigen, auf einer Entwicklung und Förderung der Ich-Kräfte im Einzelnen und in der Gruppe zu bestehen, für die demokratische, transparent geleitete Gruppen am ehesten eine Gewähr bieten.

Einige Nachteile des Modells "Gruppe als Persönlichkeit" bedürfen der Erwähnung: Die Akzentsetzung beim Einheitlichen und gleichsam Monolithischen macht es schwer, die innere Differenzierung und Differenziertheit und die nach außen bestehende Durchlässigkeit und Anpassungsfähigkeit der Gruppe sichtbar zu machen. Viele Aussagen, mit deren Hilfe Personen treffend beschrieben werden können, erweisen sich bei der Beschreibung von Gruppen als gänzlich unangemessen. So kann man sagen "Herr X ist schizophren", nicht aber "Die Gruppe Y ist schizophren". Wird die Wortwahl dann dennoch beibehalten, so ergeben sich schiefe und irreführende oder auch pathetisch-peinliche pseudowissenschaftliche Aussagen. Umgekehrt ist es genauso: Manche Phänomene tauchen in Gruppen auf, für die der Beschreibung des Individuums die Worte fehlen. So kann man sagen: "Die Gruppe Y hat sich gespalten. Die eine Hälfte macht einen Stadtbummel, die andere fährt mit der Sachaufgabe fort". Für das Individuum kann man eine solche Aussage nicht treffen. Oder: Man kann sagen, die Gruppe geht am Ende des Workshops auseinander. Aber der Vergleich mit dem Tod des Individuums ist eher verquält als zutreffend. Offenbar geschehen in der Gruppe Dinge, die sich in Analogie zu Erleben, Verhalten und Kognitionen des Individuums beschreiben lassen, und andere, die ein neues Vokabular notwendig machen.

Am brachbarsten erscheint mir das Modell "Gruppe nach dem Modell der Persönlichkeit" da, wo die zugrundegelegte Persönlichkeitstheorie Aussagen über relevante, aufeinander bezogene psychische Funktionen, Leistungen und Prozesse enthält (im Gegensatz zu bloßen Eigenschaftskatalogen). In diesem Fall können zwei Betrachtungsweisen zum Zuge kommen:

(1) In Analogie zum Individuum wird eine bestimmte seelische Reaktion als Reaktion der ganzen Gruppe identifiziert, z.B.: Die Gruppe reagiert gegenwärtig überdeutlich aus dem Über-Ich heraus; die Gruppe ist in einer "Ich bin nicht o.k."-Stimmung; die Gruppe ist einer Schatten-Projektion erlegen; die Gruppe reagiert gegenwärtig sehr primärprozeßhaft.

(2) Man betrachtet die Funktionen, Leistungen und Prozesse als in der Gruppe verfügbare Rollen und Funktionen, die situativ von einzelnen Gruppenmitgliedern übernommen werden: So mag ein Teilnehmer sehr überichhaft agieren und mit einem anderen aneinander geraten, der eher den Triebansprüchen das Wort redet; Anima-Weibchen und Anima-faszinierter Mann mögen einander begegnen; Geltungsstreben und Gemeinschaftsgefühl, zwar auch in jedem Gruppenmitglied für sich gegenwärtig, können in ihren pointierten Ausprägungen bei unterschiedlichen Gruppenmitgliedern aufeinander stoßen.

Diese beiden letztgenannten Betrachtungsweisen habe ich bei der Arbeit mit Gruppen immer als ungemein lebendig und erhellend empfunden. Ohne künstliche Abgrenzungen gehen hier Kenntnisse aus Alltagsverhalten und Pathologie gemeinsam in das Verständnis der Gruppe ein. Ein solches Verständnis der Gruppe nach dem Modell der Persönlichkeit findet sich u.a. bei Richter (1972).

3.5 Das Konfliktmodell der Gruppe

Das Konfligtmodell beschreibt die Gruppe als Forum einer endlosen Folge von Konflikten. Immer geht es um die Verteilung knapper Güter. In Gruppen ist (und bleibt) immer vielerlei knapp und ist (und bleibt) Streitpunkt unter den Mitgliedern: Redezeit, Sympathie, Sicherheit, Status, materielle Hilfsmittel, Einfluß usw. Um sie wird ständig gekämpft. Jede Einigung hat nur für eine Weile Bestand. Konflikte gibt es auch zwischen entgegengesetzten Impulsen in der Gruppe, z.B. zwischen Freiheitsanspruch und Konformitätsnotwendigkeit oder zwischen entgegengesetzten Lösungsstrategien für ein Problem.

Welcher Wert ist einem solchen Modell beizumessen, das gleichsam das zum Prinzip erhebt, was wir im Alltag für einen unerwünschten Ausnahmezustand zu halten gewohnt sind? Zunächst einmal enttabuisiert das Modell das Thema Konflikt: Wenn Konflikt die Regel ist, so ist es möglich, ihn in Ruhe zu untersuchen, statt ihn zu vertuschen oder zu verleugnen. Damit leistet das Modell für die Gruppe ein Stück Aufklärung, wie es Freuds Arbeit für unsere Kenntnis des Individuums geleistet hat: daß nämlich unter und hinter der Konvention ein Triebleben von ungeahnter Heftigkeit herrscht, in der Gruppe also; daß hinter dem gleichsam unauffälligen Funktionieren der Gruppe untergründige Geschehnisse ablaufen, die eminent verhaltenssteuernd wirken. Diese Endmythologisierung der Gruppe macht den Blick frei für unterschiedliche Arten von Konflikten: Konstruktive und destruktive, klärende und manipulierende, echte und inszenierte.

In Therapie und Angewandter Gruppendynamik ist das Konfliktmodell der Gruppe weit verbreitet und hat sich als sehr fruchtbar erwiesen. Patienten, Klienten und Teilnehmer neigen dazu, Konflikte zumindest phasenweise herunterzuspielen oder zu verleugnen. Der Gruppenleiter kann sichtbar machen, daß der Konflikt die relevanten Facetten eines Sachverhaltes sichtbar macht, daß er weder sinnlos noch ziellos oder zufällig ist, daß aus der Pluralität der Positionen ein neues gemeinsames Verständnis der Situation erwachsen kann, usw.

George Bach hat diesen Gedanken in seinen Büchern (1968, 1972, 1973) in eine Vielzahl von Übungen umgesetzt; sie alle haben das Ziel, die Energie, die dem Konflikt innewohnt, in eine für alle Beteiligten konstruktiv klärende Richtung zu lenken. Auch in der Familientherapie hat das Konfliktmodell der Gruppe in den letzten Jahren zunehmend Eingang gefunden (Sprey 1969, 1971). Es wird nicht mehr vermutet, daß Harmonie der übliche Zustand der Familie sei, sondern Auseinandersetzung. Entsprechend ist Ziel der Familientherapie auch nicht mehr, Harmonie zu restaurieren, sondern die Formen der Konfliktregelung zu humanisieren (Watzlawick, Beavin, Jackson 1968; Stierlin et al. 1977).

Die besondere Attraktivität des Konfliktmodells der Gruppe beruht u.a. darauf, daß diese Perspektive Spannendes und Fesselndes verheißt. Wir nehmen nicht an irgendwelchen Interaktionssequenzen formaler Art teil, sondern an Konflikten, also Phänomenen, denen das Interesse psychologisch orientierter Personen ohnehin im besonderen Maße gilt. So wie manche Hypothese in der Psychologie ein ganz ungewöhnliches und weit über ihre wissenschaftliche Bedeutung hinaus gehendes Echo gefunden hat, z.B. die Frustrations-Aggressions-Hypothese, der Pygmalioneffekt, das Reaktanzphänomen etc., so mag auch das Konfliktmodell auf

Grund seiner Augenscheinvalidität mehr Aufmerksamkeit auf sich ziehen, als ihm bei differenzierterer Betrachtung zukommen würde. Es erscheint mir deshalb besonders dringlich, auf die Grenzen des Modells ebenfalls hinzuweisen.

Innerhalb des Modells wird zunächst nicht deutlich, warum Personen sich überhaupt mehrmals wieder treffen und warum Gruppen entstehen und fortbestehen. Gegenseitiger Respekt, Vertrauen, Freundschaft haben keinen genuinen Platz in dem Modell, es sei denn als Profitparameter, die jedes einzelne Gruppenmitglied gegen alle anderen erkämpfen und verteidigen muß. Jedenfalls ist die Zusatzannahme unerläßlich, daß die Gruppe der einzige Ort ist, diese genannten Dinge erwerben zu können, d.h. daß jedenfalls Ergebnisse der Kohäsionsforschung (Fengler 1979) ergänzend herangezogen werden müssen.

Damit wird aber deutlich, daß Konflikt in diesem Zusammenhang nicht eng verstanden werden darf als seelischer oder zwischenmenschlicher Spannungszustand. Vielmehr heißt Konflikt im Rahmen der Konfliktmodelle der Gruppe, daß Ansprüche geltend gemacht werden. Das muß keineswegs von subjektiven Gefühlen des Unbehagens und der Disharmonie begleitet sein, sondern kann durchaus einen taktischen, strategischen, sportlichen oder kämpferisch rivalisierenden Charakter haben.

Die Prämisse, es handele sich in jedem Fall um knappe Güter, kann in eine Sackgasse führen, wenn das Gut sichtbar reichlich vorhanden ist, wie das z.B. bei Zeit oder Mitteln zur Problemlösung manchmal der Fall ist. Kommt es dann doch zum Konflikt, so muß das Gut entgegen dem Augenschein zu einem knappen Gut erklärt werden. Andererseits bleibt unklar, warum um einige unstreitig knappe Güter heftige Konflikte entbrennen, um andere nicht. Jedenfalls erscheint die Bedeutung des subjektiven und gruppensubjektiven Faktors unberücksichtigt, was manche Voraussagen sehr erschweren dürfte.

Der Bereich des konfliktfreien Gruppenwandels bleibt unabgedeckt. Veränderung erfolgt ja außer durch Konflikte und ihre Lösung auch durch Erfahrungen, durch Lernen aus Fehlern, durch Adaptation neuen Wissens und neuer Technologien, über die in der Gruppe Konsens besteht u.a. Es wäre unsolide, an solchen Stellen auf die der Konsensstiftung vorausgehende Meinungsverschiedenheit innerhalb der Gruppe zu rekurrieren und das Konfliktmodell so auch für diese Fälle als gültig zu retten.

Die ausschließliche Beachtung des Konfliktpotentials der Gruppe verstellt den Blick für die Phänomene, die sonst noch in Gruppen auftreten. Eltern schlichten ja nicht nur Streit zwischen ihren Kindern, sondern spielen auch mit ihnen, erziehen und ernähren sie. Vorgesetzte sind nicht nur in Auseinandersetzungen mit Mitarbeitern befangen, sondern kontrollieren auch die Produktionsrate, beraten, steuern, korrigieren und motivieren. So mag das Konfliktmodell die Gefahr in sich bergen, daß einseitig nur noch die Konfliktseite des Gruppengeschehens gesehen wird. Der Gruppenleiter mag sich dann als Löwenbändiger fühlen, ohne die Konfliktlösepotentiale der Gruppe noch wahrnehmen zu können.

Das Konfliktmodell vermag einen konstruktiven Impuls durch die Einführung des Begriffs "Diskrepanz" zu gewinnen. In vielen Konfliktsituationen sind die Standpunkte ja nicht unvereinbar und völlig konträr, sondern weichen im meßbar begrenzter Weise voneinander ab. Wir kennen dies aus Erhebungen von Selbstbild und Idealbild, Selbstbild und Fremdbild oder wechselseitig definierter sozialer Distanz, aber auch beim Feilschen auf dem Flohmarkt und bei Tarifverhandlungen im beruflichen Bereich. Die wahrgenommene Diskrepanz zwischen zwei Werten muß sich im Erleben keineswegs konflikthaft darstellen, sondern kann sich als sehr anspornend und motivierend erweisen.

3.6 Das Familien-Modell der Gruppe

An dieser Stelle schließen wir mit dem Familien-Modell der Gruppe an, weil es als Spezifizierung des Konflikt-Modells angesehen werden kann. Es konzentriert sich auf die spätere Wiederholung früher familiärer Konflikte. Diese Modell geht von der Annahme aus, daß in Gruppen im wesentlichen die Affekte konstelliert und evoziert werden, die jeder Teilnehmer in den ersten Lebensjahren in seiner Herkunftsfamilie erfahren hat, d.h. daß in allen Gruppen deutliche und z.T. pathologische Übertragungsprozesse auftreten. Die psychoanalytische Gruppentherapie bedient sich in der Regel dieses Modells (W. Schindler 1951). Therapeut und Therapeutin sind dann die Eltern, die Patienten die Kinder. Tatsächlich treten in Therapiegruppen viele Phänomene auf, die an die Familie erinnern, und viele Affekte sind den Affekten der frühen Kinderjahre in der Geschwisterschar verblüffend ähnlich: Neid und Mißgunst, Eifersucht auf die Älteren und Jüngeren, die unkorrigierbare Überzeugung, man selbst komme ständig zu kurz und alle anderen bekämen stets die größeren Stücke vom Kuchen; der wiederkehrende Wunsch nach Einzelsitzungen bzw. der Wunsch, ein verwöhntes Einzelkind zu sein; bis hin zu Realitätsverkennungen massiver Art, wie sie bei Borderline-Patienten häufig auftreten. So ist das Modell und die sich daraus ergebende Deutungsarbeit erhellend und nützlich.

Es müssen aber auch die Grenzen des Modells gesehen werden. Die auftretenden Affekte sind stets nicht ausschließlich Übertragungsaffekte, sondern enthalten realitätsbezogene Anteile. Die Therapeuten werden nicht nur als Eltern wahrgenommen, sondern realitätsgerecht auch als Therapeuten in der Gegenwart. Wenn die Patienten ihnen ein gründliches, differenzierendes Feedback geben, so muß dies nicht ein Versuch sein, die Eltern gegeneinander auszuspielen, sondern kann einen Fortschritt in der übertragungsfreien Wahrnehmung anzeigen. Abschied von der Gruppe kann sich in anderen Formen abspielen als der Abschied von dem Elternhaus, ohne daß es sich um Verleugnung, Reaktionsbildung oder Verkehrung ins Gegenteil handelt. Also: Das Modell ist heuristisch fruchtbar, solange es nicht regide überstrapaziert wird.

3.7 Das Balancemodell der Gruppe

Die Gruppe wird im Balancemodell als ausbalanciertes System von Gewichten und Impulsen betrachtet, vergleichbar etwa einer Waage mit Schalen auf allen Seiten, die sich alle gegenseitig im Gleichgewicht halten. Störungen werden im Modell nicht aufgeschlossen; jedoch wird erwartet, daß jeder Gruppenkraft, die das Equilibrium stört, eine Gegenkraft erwächst, so daß bald ein Ausgleich zustandekommt. Dabei ist die entgegengesetzte Kraft nicht einfach eine Gegenreaktion, vielmehr kann die korrigierende, das Equilibrium wieder herstellende Kraft die unterschiedlichsten Gestalten annehmen.

Ein Beispiel aus einem gruppendynamischen Laboratorium: Wenn ein Teilnehmer einer Sitzung der Trainingsgruppe fernbleibt, was eigentlich sehr selten geschieht, so wäre eine simple entgegengesetzte Reaktion, ihn zu holen oder die Gruppe mit einer anderen Person wieder auf die ursprüngliche Zahl aufzufüllen, also den früheren Zustand formal wiederherzustellen. Tatsächlich wird aber der Affekt der Gruppe und die neue Lage reflektiert, auf

Motivsuche gegangen und geprüft, was die Gruppe an diesem Mitglied verliert und in welcher Weise es (notdürftig?) zu ersetzen ist. Es entsteht dann nicht das ursprüngliche Gleichgewicht ein zweites Mal, sondern ein neues qualitativ anderes Gleichgewicht.

Das Balancemodell hat seine besondere Nützlichkeit wie das Konfliktmodell darin, daß es für die Betrachtung einen zentralen Parameter angibt, eben die Dimension Gleichgewicht - Ungleichgewicht. Alle Einzelereignisse des Gruppenlebens sind nun danach zu klassifizieren, ob sie der (Wiedergewinnung von) Balance dienen oder ihrer Störung. Zugleich liegt darin die Gefahr einer Vereinfachung. Wenn etwa ein Ehepaar ein Kind erwartet, so ändert sich eben durch das hinzukommen dieser wichtigen dritten Person nahezu alles in der Beziehung, d.h. das Paar muß in fast allen Lebensbereichen eine Neukalibrierung vornehmen. Die neue Balance hat mit der alten möglicherweise kaum etwas gemein, so daß es fragwürdig erscheint, für beide Zustände den gleichen formalen Begriff Balance zu benutzen, so als sei vorher und nachher ein ähnlicher Zustand in der Beziehung gegeben. Oder wenn eine Gruppe sich auflöst, so vermag das Balancemodell diesen Vorgang selbst nicht mehr zu beschreiben, es sei denn wir würden die Auflösung der Gruppe als Nullbalance beschreiben. Viel treffender ist es, an diesem Punkt die seelische Balance (und Ökonomie) jedes Gruppenmitglieds für sich zu studieren. Also: der Geltungsbereich des Modells ist beschränkt, aber es ist nicht ohne Nutzen.

Ein Zweites kommt hinzu: Nicht alle Einflüsse auf die Gruppe sind Störungen; vielmehr gibt es Wachstumsimpulse, Entwicklungen und Entfaltungen im Gruppengeschehen. Der Begriff "stören" wird hier leicht strapaziert. Semantisch nähert er sich dem Begriff "Reiz" an; er bezeichnet dann jedes Ereignis, das eine Reaktion in einer Gruppe hervorruft. In Real-Gruppen muß aber durchaus unterschieden werden, ob ein Reiz funktional oder störend, förderlich oder destruktiv für Balance und Weiterentwicklung der Gruppe ist.

Das Balancemodell hat, manchmal in verdeckter Form, bei den meisten Rollentheorien der Gruppe Pate gestanden. Am deutlichsten ist es in der psychodynamischen Theorie der Familiengruppe von Richter (1967) zu erkennen: Das Kind ist in unterschiedlichsten Familienschicksalen dasjenige Gruppenmitglied, das in die Rolle eingewiesen wird, ein gestörtes, familiäres Gleichgewicht durch Substitution wieder herzustellen. Richter führt als Beispiele an: das Kind als Substitut für einen anderen Partner, für einen Aspekt des eigenen elterlichen Selbst, für negative Aspekte des eigenen Selbst, für das ideale Selbst, für die negative Identität und das Kind als umstrittener Bundesgenosse. Infolge der Überfoderung ist das neue Gleichgewicht natürlich von neurotischer Art. In der Personalauslese müßte man sagen: Es wurde der falsche Bewerber eingestellt, um die Balance wieder herzustellen.

Dieses Beispiel aus der Klinischen Psychologie, das gleichsam mißglückte Balanceversuche sichtbar macht, sollte nicht den Eindruck erwecken, das Modell sei für die sozialpsychologische Gruppenforschung nicht von Nutzen. Der Übergang von einem Gleichgewichtszustand über eine Phase der Unordnung zu einem qualitativ anderen Gleichgewichtszustand kann jeder Gruppenleiter in allen Gruppen beobachten. Es ist gelegentlich sogar angeregt worden, alle Interventionen des Gruppenleiters als Reaktion auf eine Störung der bestehenden Balance zu betrachten - ein heuristisch sehr reizvoller Gedanke. Entscheidend ist für die Bedeutung des Balancemodells, daß Balance dynamisch verstanden wird: als ein Verlauf sich bildender und sich wandelnder Gestalten, die letztlich von flüchtigem Charakter sind.

Der prominenteste Vertreter des Balance-Modells der Gruppe ist Kurt Lewin - er soll deshalb hier gesondert Erwähnung finden. Der Ausgangspunkt von Lewins Theorie des Gruppenverhaltens ist eine einfache Funktionsgleichung: Das Gruppenverhalten ist eine Funktion der an ihr beteiligten Personen und der sozialen Situation. Die Gruppe wird dabei nicht vorrangig als Ansammlung von Individuen betrachtet, sondern als überpersönliche Einheit eigener Art angesehen. Person und Gruppe verändern sich in dem Moment, wo die Person die Gruppe betritt oder sie verläßt: d.h. eine Veränderung irgendeines Elements verändert alle Elemente des Feldes und auch ihre übersummativen Eigenschaften. Nach der Veränderung stellt sich ein neues Gleichgewicht ein. Wird eine Änderung in Zielen, Erwartungen oder Verhalten einer Gruppe angestrebt, so ist es erforderlich, das Gleichgewicht der Gruppe zu beeinflussen. Dabei liegt die Betonung auf der Gruppe: Eine Einflußnahme auf das Individuum bleibt relativ unwirksam, wie verschiedene Untersuchungen von Lewin und seinen Mitarbeitern gezeigt haben. Gruppenkohäsion entsteht nach Lewin durch die Tatsache, daß die Teilhabe an der Gruppe und ihren Aktivitäten die Chancen des Individuums erhöht, seine Ziele zu erreichen (Cartwright, Zander 1968; Marrow 1980).

Ebenfall auf Kurt Lewin geht der Gedanke zurück, die Gruppe als Feld zu betrachten, in dem eine Vielzahl von Kräften wirksam ist. Das sind Gegebenheiten des physischen Raums, Eigenschaften der Gruppenmitglieder, Valenzen einzelner Impulse und vieles andere mehr. Lewin hat versucht, diese Sichtweise der Gruppe in eine Reihe quasimathematischer Funktonsgleichungen zu bringen. Eine quantitativ abgestufte Darstellung der wesentlichen Gruppenkräfte, wie Lewin sie angestrebt hatte, erscheint heute nicht mehr realisierbar. Dennoch hat sich Lewins Verständnis der Gruppe als sehr wertvoll und anregend erwiesen und gewahrt. Jede Aktion in der Gruppe ist Lewin zufolge die Resultante aller gegenwärtig wirksamen Gruppenkräfte. Das mag zunächst nicht sonderlich verblüffen, sondern wie eine Binsenweisheit klingen: Natürlich können wir, wenn eine Gruppe konstruktiv arbeitet, vermuten, daß konstruktive Kräfte in ihr wirksam sind; ganz entsprechend vermuten wir destruktive Kräfte am Werk, wenn die Gruppe sich destruktiv verhält. Interessanter wird das Modell da, wo Gruppenspaltung oder Aussonderung erfolgen. Auch hier, so das Modell, ist das Gesamt der Gruppenkräfte dafür verantwortlich. Wenn also eine Gruppe zerfällt, so kann man annehmen, daß stillschweigend alle es gewollt haben oder jedenfalls keiner die Unterstützung der anderen bei dem Versuch gehabt hat, dem wirkungsvoll entgegenzutreten. Wenn jemand als Außenseiter isoliert wird, so haben alle und auch er selbst daran mitgearbeitet. Wenn zwischen zwei Gruppenmitgliedern ein Konflikt aufbricht, so sind sie gleichzeitig Repräsentanten von Impulsen, die die ganze Gruppe beherrschen und die sie stellvertretend für alle austragen (Fengler (1984). Ich habe in meiner Arbeit von 1984 ein Beispiel dafür gegeben, wie bei dieser Betrachtungsweise der Konflikt zwischen zwei Gruppenmitgliedern sich als Gruppenkonflikt erweist: Beide Kontrahenten sind, ohne es recht zu wissen, zugleich Sprecher von Teilgruppen, die ihrer Meinung nahestehen, durch Schweigen ihnen Raum für die Auseinandersetzung geben und vielleicht nonverbal sogar Beifall spenden.

Ist so jedes einzelne Gruppenereignis aus dem Verhalten der ganzen Gruppe determiniert, so kann es letztlich auch keine unerwünschten Ereignisse geben. Die Schaffung von Außenseitern, der Rekurs auf realitätsferne

Vorurteile, ja sogar Phasen geringer Produktivität oder Zeiten der Obstruktion in der Gruppe beruhen auf einem geheimen und vielleicht unbewußten Konsens aller Beteiligten, einschließlich derer, die am Ende die Leitragenden sind. Sie haben sich der Fehlentwicklung offenbar nicht rechtzeitig und wirksam genug entgegengestellt.

Ohne daß auf Lewin Bezug genommen wird, taucht das Modell in der systemischen Familientherapie wieder auf. Die Familie wird als System betrachtet, das zu jedem Zeitpunkt insgesamt agiert und reagiert, seine Abwehr organisiert, Mitglieder als krank identifiziert und sich dem oberflächlich angenommenen Therapie-Angebot unbewußt gezielt widersetzt. Jede Handlung eines Familienmitglieds ist immer vom ganzen System delegiert (Stierlin et al. 1977).

Eine andere Art von Balance wird von Homans (1978) beschrieben, eine Balance von Aktivität, Interaktion und Gefühl. Aktivität bedeutet bei Homans Motorik. Allerdings räumt er ein, daß der Symbolgehalt dabei überwiegen mag, z.B. beim Sprechen, bei Zeremonien, beim nonverbalen Signalaustausch u.a. Interaktion ist aufeinander bezogene Aktivität von zwei oder mehr als 2 Personen. Unter Gefühlen versteht Homans innere Stellungnahme der Person zu sich selbst, ihren Handlungen und Erfahrungen. Aktivität, Interaktion und Gefühl der Gruppenmitglieder sind aufeinander bezogen, sie bilden das soziale System von Gruppen-Binnenraum und Gruppen-Außenraum, in dem jede individuelle Handlung erfolgt. Alle Handlungen sind durch ihr Einwirken determiniert. Die Beeinflussung von Verhalten erfolgt durch Beeinflussung dieser drei (überpersönlichen) Dimensionen. Darüber hinaus hat Homans (1972) auf lerntheoretischer Grundlage eine Reihe von Prognosen formuliert, die das Verhalten von Personen in Abhängigkeit von Reizen und Belohnungen betrachtet und beide in der Funktion der Störung bzw. Wiederherstellung einer Balance beschreibt:

(1) Wenn die Aktivität einer Person früher während einer bestimmten Reizsituation belohnt wurde, wird diese sich jener oder einer ähnlichen Aktivität um so wahrscheinlicher wieder zuwenden, je mehr die gegenwärtige Situation der früheren gleicht.

(2) Je öfter eine Person innerhalb einer gewissen Zeitperiode die Aktivität einer anderen Person belohnt, desto öfter wird jene sich dieser Aktivität zuwenden.

(3) Je wertvoller für eine Person eine Aktivitätseinheit ist, die sie von einer anderen Person erhält, desto häufiger wird sie sich Aktivitäten zuwenden, die von der anderen Person mit dieser Aktivität belohnt werden.
(4) Je öfter eine Person in jüngster Vergangenheit von einer anderen Person eine belohnende Aktivität erhielt, desto geringer wird für sie der Wert jeder weiteren Einheit einer Aktivität sein.
(5) Je krasser das Gesetz der ausgleichenden Gerechtigkeit zum Nachteil einer Person verletzt wird, desto wahrscheinlicher wird sie das emotionale Verhalten an den Tag legen, das wir Ärger nennen.

Diese Formulierungen wirken etwas dürr und buchhalterisch. Aber ohne Zweifel ist mancher Teil unseres Verhaltens nicht durch tiefe gefühlshafte Entscheidungen, sondern durch solche relativ oberflächlichen Annehmlichkeiten und Gestörtheiten gesteuert.

3.8 Das Produktionsmodell der Gruppe

Die Gruppe wird hier als zielorientiertes System verstanden, das seine Grenzen wahrt. Mit Ziel ist die von allen Gruppenmitgliedern getragene Bewegungsrichtung gemeint, sei es eine wirkliche Produktionsaufgabe, ein gemeinsamer Ausflug, eine Selbsterfahrung oder eine Problemlösung. Grenzbewahrung bezieht sich auf die Tatsache, daß zwischen Gruppenmitgliedern und Nichtmitgliedern eine klare Trennungslinie besteht. Beide Merkmale sind für Teams in Wirtschaftsunternehmen besonders kennzeichnend, daher der Name Produtionsmodell. Mills (1972) nennt das Modell das strukturell funktionale Modell der Gruppe; d.h. Sturktur und Funktion der Gruppe stehen im Vordergrund der Betrachtung.

Der Fortbestand der Gruppe ist, auch dies wie in einem Team, zu keinem Zeitpunkt selbstverständlich, sondern vielfältigen Gefährdungen ausgesetzt. Die Gruppe läßt sich beschreiben durch Handlungen, Normen, Ideen und Techniken, die auf die Anforderungen der Umgebung und auf die personalen und sozialen Bedürfnisse der Mitglieder abgestellt sind. Bedürfnisse und Anforderungen sind aber keine Konstanten; sie unterliegen zahlreichen Wandlungen. Daher ergibt sich für die Gruppe die Notwendigkeit, andere Fähigkeiten zu entwickeln, die es ihr ermöglichen, darauf angemessen zu reagieren. Dieses sind Anpassung, Zielerreichung, Integration und Strukturerhaltung (Parsons, Bales, Shils 1951):

Anpassung (adaptation): Die Gruppe ist imstande, sich wechselnden Lebensbedingungen anzupassen, z.B. neue Aufgaben zu übernehmen, mit gekürzten Mitteln leistungsfähig zu bleiben, neue Ressourcen und Technologien zu erschliessen u.a.

Zielerreichung (goal attainment): Die Gruppe ist imstande, sich gegen Störungen ihre Zielorientierung zu bewahren und die Zielerreichung gegen Behinderungen und Blockierung durchzusetzen.

Integration (integration): Die Gruppe ist imstande, interne Gegensätze zu erkennen und auszugleichen, z.B. zwischen Stärkeren und Schwächeren, Generalisten und Spezialisten, Männern und Frauen, divergenten und konvergenten Denkern u.a.

Strukturerhaltung (pattern maintainance): Die Gruppe ist imstande, Gemeinsamkeiten der Mitglieder zu identifizieren und zu bewahren. Die Mitglieder vermögen sich durch bestimmte Werte, Handlungen, Rituale, Symbole, eine gemeinsame Geschichte ("in gemeinsamen Erinnerungen schwelgen") zu binden und so kohäsionsfördernd wirksam zu sein.

Es besteht hier die richtige Annahme, daß gelungene Arbeitsleistung der Gruppe Befriedigung verschafft (vgl. Blake, Mouton 1964) und den Bestand der Gruppe sichert. Das Verhalten der Gruppenmitglieder wird als Endlosschleife von Beobachtung, Feststellung der Folgen und korrigierendem Handeln angesehen, wobei Anpassung, Zielerreichung, Integration und Strukturerhaltung im Gleichgewicht sein oder wieder ins Gleichgewicht gebracht werden sollen.

Das Produtktionsmodell der Gruppe weist unübersehbare Vorzüge auf. In seiner absoluten Nüchternheit bildet es ein gesundes Gegengewicht zu allem Sensationslüsternen und Schwelgerischen, das durch andere Gruppenmodelle vielleicht evoziert werden mag. Die Produktivität der Gruppe ist ein Parameter, an dem nicht gedeutelt werden kann. Die Produktivität einer Gruppe ist gleichsam ein unbestechliches Mittel, um herauszufinden, wie es um sie bestellt ist.

Das Produktionsmodell der Gruppe berücksichtigt die Tatsache, daß eine Gruppe diskontinuierlich Fortschritte macht, gleichsam in Sprüngen und Schüben. Während das Organismusmodell diese Fortschritte quasi zwangsläufig sich einstellen sieht, wird hier sichtbar, daß dies eine zu bewältigende Aufgabe und Leistung der Gruppe ist, kein sich von selbst einstellendes Geschenk des Himmels. Fortschritt kann man dann auch mit Lernen gleichsetzen und dies mit sinnvoller Übernahme von Gruppenfunktionen.

Das Modell berücksichtigt die individuelle Motivationsseite: Aus der Teilhabe an der Gruppe erwächst Befriedigung, oder sie bleibt aus. Die Erfahrung der Bedürfnisbefriedigung und die Aussicht auf weitere Bedürfnisbefriedigung gibt dem Gruppenmitglied die Motivation zur weiteren Teilhabe an der Gruppe. Während im Billard-Modell Energie immer nur von einem Gruppenmitglied zum anderen weitergegeben wird, gleichsam mechanisch, im Organismusmodell gleichsam eine unspezifische Energie in der Gruppe steckt, wird hier sichtbar, daß jedes Gruppenmitglied fortlaufend Energie in alle Handlungsvollzüge der Gruppe investiert und so zu Kohäsion und Zielerreichung beiträgt. Zugleich entnimmt jedes Gruppenmitglied aus diesen Vorgängen auch persönliche Energie zur Gruppenteilhabe.

Gibt das Produktionsmodell der Gruppe auch für Lern-, Trainings- und Therapie-Gruppen etwas her? Am geeignetsten erscheint mir eine Prüfung dieser Frage am Verhalten des Gruppenleiters. Anpassung findet z.B. da statt, wo der anfängliche Strukturmangel zur Gewöhnung führen kann oder mittels beharrlichen Bemühens behoben wird. Zielerreichung wird immer dann gefordert, wenn der Gruppenleiter fragt:" Was tun Sie jetzt - ist es das, was Sie wollen?" Integration bedeutet, konträre Positionen in der Gruppe auf produktive Weise miteinander in Kontakt zu bringen. Strukturerhaltung findet z.B. statt, wenn durch konsequente Beachtung der Arbeitsregeln sachliche und persönliche Verbindlichkeit besteht.

Als Nachteil des Produktionsmodells der Gruppe ist anzuführen: Es akzentuiert die Erhaltung des status quo, stellt also den Fortbestand der Gruppe in den Mittelpunkt der Betrachtung. Damit wird die Möglichkeit, daß die Gruppe eine dauerhafte Desintegration erfahren könnte, nahezu ganz ausgeblendet. Dem steht die Erfahrung gegenüber, daß Gruppen ihren Bestand nicht selten auf Kosten eines Teils ihrer Mitglieder zu erhalten suchen. Im Produktionsmodell wird dieses Verhalten gleichsam zum natürlichen Vorgehen erhoben und als einzig richtiges Verhalten legitimiert. Tatsächlich ist, soweit ist dem Modell zu folgen, die Bestanderhaltung der Gruppe erforderlich, wenn Herstellung von Arbeitsfähigkeit und Fehlerkorrektur anstehen; aber das Verlassen der Gruppe muß im Sinne der Freiheit des Einzelnen eine legitime Möglichkeit des Verhaltens bleiben. Auf Letzteres nimmt das Modell zu wenig Bezug.

Für Lern-, Therapie- und Trainings-Gruppen gelingt die Analyse nach dem Produktionsmodell am besten formal, d.h. durch formale Aufschlüsselung der Funktionen. Zugleich wird aber deutlich: Das Wesentliche an Lernen, Therapie und Training wird auf diese Weise nicht abgebildet. Es entgeht einer streng funktionalen Betrachtung zu vieles von dem, was in solchen Gruppen die größte Bedeutung hat. Diese Einsicht kann für die vergleichende Betrachtung von Gruppenmodellen zu der Konsequenz führen, sich vom Anspruch auf universell gültige Modelle zu trennen und Theorien mittlerer Reichweite (Kühn 1980) auch in diesem Bereich zu akzeptieren und zu fördern. Das Produktionsmodell der Gruppe jedenfalls scheint seine beste Anwendung da zu finden, wo Arbeitsgruppen ein handgreiflich sichtbares Produkt entwickeln und herstellen.

3.9 Das Regelkreismodell der Gruppe

In diesem Modell werden menschliche Gruppen als Systeme betrachtet, die Informationen speichern und verarbeiten und durch solche neuen Verknüpfungen ihre Kapazität erweitern und steigern. Hier wie im Produktionsmodell wird die Existenz von Funktionsträgern vorausgesetzt. Fallen die Operationen der Gruppe, gemessen an inneren und äußeren Performanzkriterien, unzulänglich aus, so ist der Bestand der Gruppe gefährdet. Sind sie angemessen, so erfolgt Selbststeuerung. Erweiterte Zielformulierung und ihre Realisierung sind möglich. Über interne und externe Rückkoppelungsschleifen ist ein ständiger Informationsfluß gewährleistet. Erfahrung wird akkumuliert, Fähigkeiten werden erweitert - die Gruppe wächst (Deutsch 1963).

Eigensteuerung und Wachstum sind von drei Arten der Rückkoppelung abhängig, die von aufsteigender Komplexität und Reichweite sind:

(1) Zielerreichung: Geprüft wird hier, ob alle Handlungen zur Zielerreichung beitragen. Ein Eingriff erfolgt nur, wenn eine Abweichung vom Ziel registriert wird, wogegen überflüssige Handlungen, die nicht hinderlich sind, toleriert werden können, vergleichbar etwa Organentwicklungen in der Evolutionsgeschichte. Auf diese Weise nimmt die Gruppe selbst korrigierende Eingriffe vor. Sie reagiert lernend auf interne und externe Reize, die zu Zielabweichungen führen könnten.

(2) Veränderung und Wiederherstellung der Gruppenstuktur sowie Umstrukturierung: Wenn zwischen Gruppenverhalten und Umweltbedingungen eine Unvereinbarkeit eintritt, so sind 4 Schritte erforderlich:

(1) Prüfen, welche Umstrukturierungen in der Gruppe diese Unverträglichkeiten zu mindern geeignet sind,
(2) Ändern gruppeninterner Bedingungen,
(3) Erfolgsprüfung dieser Maßnahme,
(4) Prüfung der weitergehenden Konsequenzen dieser Maßnahme.

In der Abfolge der Schritte zeigt sich hier eine gewisse Ähnlichkeit mit dem Gruppenprozeß-Modell von Miles (vgl. Kap. 5.2). Der Ablauf ist aber bei Deutsch insofern komplexer und differenzierter, als hier die ganze Gruppe explizit in mehreren Funktionen in Erscheinung tritt: Sie ist Beobachter und Veränderer, also Subjekt und zugleich Objekt ihrer eigenen Veränderung. Diese Doppelfunktion der Gruppe findet eine Parallele in der Theorie der Verhaltenstherapie: Das Phänomen Selbstkontrolle besteht darin, daß innerhalb einer Person kontrollierendes Verhalten und kontrolliertes Verhalten unterschieden werden und daß das eine auf das andere einwirkt (Fengler 1980).

(3) Selbstbewußtheit: "Selbstbewußtheit nennen wir es also, wenn ein System sich nicht in der bloßen Aktivität erschöpft, sondern sich dabei auch beobachtet und als handelndes System begreift" (Mills 1972, S. 36). Die Rede ist hier von der Fähigkeit der Gruppe, gleichsam fortlaufend zugleich Handelnder und Beobachter zu sein, participant und observer, statt die beiden Funktionen auf unterschiedliche Funktionsträger zu verteilen. "Durch Beobachtung, Selbstkorrektur und ständige Überprüfung vermag er (i.e. der Gruppenteilnehmer) seine Fähigkeiten der Selbststeuerung zu verbessern" (Mills 1972, S. 37).

Auch hierzu gibt es eine Parallele in der Verhaltenstherapie des Individuums, wenn seit einigen Jahren eingeräumt wird, daß ein bewußtseinsfähiges Individuum postuliert werden müsse, wenn Vorgänge der Selbstkontrolle zur Erklärung anstehen (Hartig 1973; Fengler 1980). In der Regel fällt es allerdings zumindest in der Anfangszeit in der Gruppe den Mitgliedern sehr schwer, beide Funktionen selbst und zugleich zu übernehmen. Entsprechend häufig wird auch an den Gruppenleiter die Frage gerichtet, welche Rolle er in der Gruppe einnehme: Es erscheint der Gruppe kaum vorstellbar, daß er wirklich immer beides zugleich ist.

Alle drei Formen der Rückkoppelung, nämlich Zielerreichung, Umstrukturierung und Selbstbewußtsein, spielen in Lern-, Therapie- und Trainingsgruppen eine zentrale Rolle. Ebenso sind sie aber für Arbeitsgruppen aller Art von zentraler Bedeutung. Insofern ist das Regelkreismodell den bisher angeführten unübersehbar überlegen.

Seine Vorzüge im einzelnen: Im Vergleich zum Produktionsmodell berücksichtigt es auch Phänomene der Art, daß die Gruppe ihre Grenzen erweitert statt sie nur zu bewahren. Das Modell bildet das alltägliche Gruppenverhalten ab, nicht nur die Poesie der intensiven Begegnung, die im Organismusmodell gelegentlich nahegelegt ist. Die Gruppe ist nicht nur Empfänger von Reizen und Informationen, sondern sendet solche aus und gestaltet ihre Umwelt aktiv. Das Gruppenwachstum erfolgt nicht mechanisch oder nach einem geheimen Bauplan der Natur, sondern in Abhängigkeit von Personen, die selbst je individuell entwicklungs- und wachstumsfähig sind. Jedes Gruppenmitglied ist selbst ein informationsverarbeitendes System. So gilt das Modell für Individuen und Gruppen in gleicher Weise, wie die folgende Zusammenstellung erkennen läßt (nach Mills 1972, S. 37 ff):

Indices für Gruppenwachstum

1. Anpassung:

a) „... ein Zuwachs an Offenheit - d.h. eine weiterreichende und wirksame Verarbeitung der Umweltinformationen ..."

b) Fähigkeit zur Ausdehnung des Gruppenkontakts und Verpflichtungen über die bestehenden Grenzen hinaus.

c) Fähigkeit, die Gewohnheiten, Regeln und Techniken der Gruppe auf Grund neuer Informationen und Kontakte zu ändern.

2. Ziel-Erreichung:

a) Fähigkeit, während des Prozesses der Zielerreichung ständig Alternativ-Ziele im Auge zu behalten.

b) Fähigkeit, Ziele zu ändern oder zu wechseln.

3. Integration:

a) Fähigkeit, sich zu differenzieren, aber Homogenität zu wahren.

b) Fähigkeit, mit Hilfsmitteln zu wirtschaften, aber sie nicht zu verwirtschaften, Gruppenmitgliedern Freizügigkeit zu gewähren, ohne dabei ihre Loyalität zu verlieren.

4. Strukturerhaltung und -erweiterung:

a) Fähigkeit, neue Mitglieder aufzunehmen und ihnen die Gruppenkultur zu vermitteln.

b) Fähigkeit, die Erfahrung der Gruppe dauerhaft zu fi-

xieren und sie anderen Gruppen und der Nachwelt zu vermitteln.

Indices für individuelle Entwicklung

1. Anpassung:

a) Offenheit für eine möglichst große Zahl von Informationen über sich selbst, andere, die Gruppen, zu denen man gehört, eigene und fremde Gesellschaften sowie die natürliche Umwelt.

b) Offenheit für neue Formen der Freiheit, Verantwortlichkeit und Verpflichtung, - für neue Rollen.

c) Beweglichkeit in der Modifizierung seiner Ideen, Vorstellungen, Gewohnheiten und emotionalen Bindungen, ohne den Verlust intellektueller oder moralischer Integrität.

2. Zielerreichung:

a) Fähigkeit, unmittelbare Befriedigung aufzuschieben und für möglichst viele Befriedigungsmöglichkeiten offen zu sein.

b) Fähigkeit, sich von einem Ziel zu trennen, sich neuen zuzuwenden und zu lernen, wie man sie erreicht.

3. Integration:

a) Fähigkeit, ein großes Rollenrepertoire zu beherrschen und die verschiedenartigsten sozialen Beziehungen einzugehen, ohne seine Identität zu verlieren.

4. Strukturerhaltung und -erweiterung:

a) Fähigkeit zu großem emotionalem Engagement ohne Selbstaufgabe.

b) Fähigkeit, seine Erfahrungen und Fähigkeiten an andere weiterzugeben.

Die bisher dargestellten Modelle haben es dem Leser vielleicht ermöglicht, den eigenen Standpunkt in der Reflexion von Gruppen oder die eigene implizite Theorie der Gruppe deutlicher zu sehen als bisher. Es wird nunmehr ein weiterer Gesichtspunkt zu behandeln sein: Wie entwickeln sich Gruppen? Welche Verläufe machen sie durch? Gibt es so etwas wie ein Endstadium von Gruppen? Ich werde diese Aufgabe in zwei Schritten angehen: Zunächst will ich typische Bewegungen beschreiben, die in allen Gruppen zu beobachten sind, und danach spezielle Prozeßmodelle der Gruppe darstellen. Der Leser mag ihre Gültigkeit und Bedeutung an Hand eigener Gruppenerfahrungen überprüfen - ich selbst werde über den eigenen Umgang mit diesen Modellen in der Praxis ebenfalls berichten.

4. Grundmuster des Gruppenprozesses

Eine große Zahl von Autoren hat sich der Frage gewidmet, ob es gesetzmäßige Abläufe gebe, mit denen zuverlässig bei allen Gruppen zu rechnen sei. Hinter der Frage steht zugleich ein stillschweigendes Gruppenverständnis. Die Gruppe wird hier nicht als ewige Wiederkehr des Gleichen verstanden, sondern als ein in Wandlung begriffenes Gebilde. Dadurch haben verständlicherweise alle Aussagen über das Wesen der Gruppe mit erheblich höherem Fehlerrisiko und einer größeren Zahl von Unwägbarkeiten zu rechnen. Zugleich werden die Aussagen aber auch belangvoller, stehen in engerer Verbindung mit dem, was wir als das tatsächliche Gruppengeschehen betrachten, und geben uns mehr Hilfen beim Verständnis realer Gruppen außerhalb von Labor und experimentieller Anordnung.

In Beschreibungen des Gruppenprozesses treten immer wieder drei Vorstellungen davon auf, wie der Verlauf der Gruppe aussehe: Die Wellenbewegung, die Stufenfolge und die Spiralbewegung. Es ergeben sich darin zahlreiche Entsprechungen zu analogen Überlegungen in der Entwicklungspsychologie und in der Pädagogischen Psychologie; daher sollen diese drei Grundmuster vorab eine Darstellung erfahren.

4.1 Die Wellenbewegung

In allen Gruppenprozessen sind Wellenbewegungen auszumachen. Aktivität wechselt mit Passivität, Arbeitsfähigkeit mit Lähmung, Offenheit mit Widerstand. Gruppenteilnehmer äußern sich oft überrascht oder enttäuscht, wenn sie nach einer guten Sitzung die Erfahrung machen müssen, daß in der nächsten Sitzung absolut nichts geht, und können z.B. nicht verstehen, daß nach einer ausgiebigen Besprechung und Klärung des Phänomens Initialschweigen zu Beginn der nächsten Sitzung ausgiebig geschwiegen wird. Ursache solcher Überraschung ist die irrige Annahme, man könne in der Gruppe irgend etwas zementieren. Tatsächlich ist dies in keiner lebendigen Gruppe auf Dauer möglich. Gruppenleiter und Gruppenmitglieder können allerdings darauf achten, daß arbeitshindernde und destruktive Impulse und Phasen nicht übermäßig um sich greifen.

Wer Wellenphänomene in der Gruppe kennt, wird die Gruppe nicht zu Dauerhöchstleistungen antreiben und nicht verstimmt sein, wenn sie seinen meisterhaften Interventionen nur phasenweise folgt. Ich habe manchmal geradezu den Eindruck, daß Gruppen ihre Zeiten höherer und geringerer Arbeitsfähigkeit gleichsam nach einer inneren Uhr seelischer Ökonomie einteilen und durch Impulse des Gruppenleiters nur begrenzt beeinflußbar sind. Wohl aber kann der Gruppenleiter die Determinanten der seelischen Energieverteilung identifizieren helfen und über solche Einsichten auch verhaltenssteuernd einwirken. - Die Verwandtschaft der Wellenbewegung mit dem chinesischen Yin und Yang ist handgreiflich.

4.2 Die Stufenfolge

Stufenmodelle der Entwicklung gehen von der Annahme aus, daß bestimmte seelische Ereignisse in einer bestimmten Zeit in Erscheinung treten und dann wieder verschwinden. An ihre Stelle treten dann andere seelische Ereignisse. Stufenmodelle weisen meist eine Entwicklungsrichtung von links unten nach rechts oben auf, postulieren also eine Höherentwicklung, in der die jeweils spätere Stufe die frühere enthält.

In Gruppen finden wird zahlreiche Phänomene, die dem Stufenmodell der Entwicklung entsprechen. Am deutlichsten können wir es an den Themen studieren, denen sich die Gruppe widmet. So ist häufig die Autorität des Gruppenleiters das zentrale Thema der ersten Sitzungen; später haben andere Themen Vorrang. Wer dann noch versucht, das alte Thema aufzunehmen, setzt sich leicht dem Vorwurf aus, er wolle den Schnee vom vergangenen Jahr aufwärmen. Ort, Zeit und Sitzungsfolge sind meist nur einmal Thema. Später stoßen neue Fragen in dieser Richtung auf das berechtigte Desinteresse der Gruppe. Das Stufenmodell der Gruppenentwicklung ist auch da von Bedeutung, wo es um die Abwehr der Gruppe geht und um die Frustrationsbewältigung des Gruppenleiters.

Abwehr der Gruppe

Die Gruppe, die ein bestimmtes Thema immer und immer wieder aufgreift, so daß ein Gefühl der Zähigkeit und Mattigkeit aufkommt, benutzt dieses Thema möglicherweise, um ein anderes gleichsam bedrohlicheres Thema zu vermeiden. Wenn der Gruppenleiter dieses andere Thema nicht kennt, so vermag er jedenfalls die Nutzlosigkeit der gegenwärtigen Gruppendiskussion zu benennen und nach der kollektiven Gruppenphantasie zu fragen, die das abgewehrte Thema möglicherweise längst identifiziert hat. Ist es ihm möglich, hinsichtlich des anstehenden Themas eine Hypothese zu formulieren, so mag er dahingehend intervenieren, daß er die Ängste erkundet, die in der Gruppe bezüglich des neuen Themas herrschen, und der Gruppe Hilfen gibt, sich in kleineren angstreduzierten Schritten dem Thema zu nähern. In beiden Fällen tritt der Gruppenleiter als facilitator in Erscheinung.

Frustationsbewältigung des Gruppenleiters

Im Zuge der Arbeit ist der Gruppenleiter immer wieder erheblichen Belastungen ausgesetzt. So mag in der Phase der Gegenabhängigkeit die Gruppe (vgl. Kap. 5.5) ihn für gänzlich inkompetent erklären, den Wunsch äußern, er möge den Gruppenraum verlassen oder ihn mit Spott überhäufen. In solchen Zeiten ist es erforderlich, daß der Gruppenleiter sich weder mit Abhängigkeit und Willfährigkeit unterwirft und entschuldigt, noch seinerseits in eine Oppositionshaltung der Gruppe gegenüber verfällt und damit die Gegenabhängigkeit selbst agiert, die er an der Gruppe erkennt, sondern daß der Gruppenleiter sich ersthaft prüft und sichtet, welchen realen Anteil die Äußerungen der Gruppe haben, und auf sie wie auf ein Feedback reagiert, wenn die Gruppe nicht die Form des Feedbacks wählt, und daß er den anderen, gleichsam übertriebenen Teil der Gruppenäußerung identifiziert und der Gruppe als Produkt ihrer Gegenabhängigkeit sichtbar macht, und zwar in einer Weise, die die Gegenabhängigkeit nicht unproduktiv schürt.

In dieser Situation mag es durchaus eine Hilfe für den Gruppenleiter sein, wenn er um die Regelhaftigkeit der in dieser Zeit einsetzenden Ablehnung durch die Gruppe weiß. Diese Erkenntnis kann ihn vor Selbstzweifeln und einem krampfig bemühten Mitagieren schützen.

Später, wenn es um die Auseinandersetzung um Wert und Wert enger persönlicher Beziehungen in Gruppen geht, wird von den intimitätsfeindlichen Gruppenmitgliedern häufig der Sinn der Gruppe insgesamt in Zweifel gezogen. Ohne Kenntnis dieser Gruppenmodelle ist der Gruppenleiter vielleicht in Versuchung, durch doppelte Anstrengung und Überredungskünste die zweifelnden Gruppenmitglieder doch noch zu Enthusiasten der gemeinsamen Gruppenerfahrung machen zu wollen (und sie mit diesem Versuch vermutlich vollends abzuschrecken); oder er wird sich bemühen, ihnen eine besonders erlebnisintensive Gesprächssequenz zu ermöglichen, um sie gleichsam handgreiflich umzustimmen; oder er mag sich argumentativ auf die Seite derer schlagen, die die Gruppenerfahrung beeindruckend fanden. Wenn er das Gruppenmodell dagegen kennt, weiß er auch, daß die Polarisierung in Befürworter und Skeptiker erforderlich ist, um beiden in der Gruppe vorhandenen Impulsen Raum zu geben, und daß es an ihm liegt, hier übertriebene Erwartungen, dort übertriebene Zweifel realistisch zu korrigieren und so zu einer neuen, von allen Gruppenmitgliedern getragenen Balance beizutragen. Das Gruppenmodell schützt ihn so davor, allzu persönlich affiziert zu werden und sich in Auseinandersetzungen einzulassen, die die Situation erschweren, statt sie zu bereinigen.

4.3 Die Spiralbewegung

Das Bild von der Wellenbewegung kann die Abfolge von Impuls und Gegenimpuls verdeutlichen, der allen psychischen Phänomenen innewohnt und der in den Arbeiten von C.G. Jung (1964) und Fritz Riemann (1976) zur Persönlichkeitstheorie in besonders überzeugender Weise zum Ausdruck gebracht worden ist. Das Bild von der Stufe zeigt den schrittweisen Aufbau seelischer Erscheinungen. Es kommt aber ein Weiteres hinzu. Ein Ereignis geschieht nie ein zweites Mal in genau der gleichen Weise wie beim ersten Mal. Es handelt sich nicht ausschließlich um Impuls und Gegenimpuls oder Stufenfolge, sondern aus dem Wechselspiel ergibt sich eine Weiterentwicklung, die als Differenzierung, Modifikation, Korrektur o.ä. bezeichnet werden kann.

Wenn wir eine Gruppe über längere Zeit beobachten, so gibt es auch wirklich manigfaltige Differenzierungen. Die Angst verringert sich; bestimmte Spielregeln, die sich bewährt haben, werden zum festen Bestandteil des Gruppengeschehens; das Feedback wird qualitativ besser; die Zeiten konstruktiver Arbeit werden länger. Generell rührt ja der Gedanke, eine mehrmalige Gruppenteilnahme oder Teilnahme über längere Zeit werde intensivere Lernprozesse ermöglichen, von der Annahme her, das wiederholte Durchlaufen der Spirale biete eine wiederholte Lernchance. Zwingend ist diese Annahme aber nicht.

Das Bild der Spirale nimmt dabei den alten Gedanken von Heraklit auf, man steige nicht zweimal in denselben Fluß. Das Initialschweigen ist in der ersten Sitzung ein anderes als in der zehnten und fünfzigsten Sitzung. Autoritätskonflikte gibt es in jedem Lebensabschnitt einer

Gruppe, aber jeder folgende dieser Konflikte trägt schon die Erfahrung der vorangegangenen in sich. Zueignung und Aggression, Neid und Kooperation, Beziehungsaufnahme und Distanzierung gewinnen während der Gruppendauer eine Art eigene Geschichte, so daß jede spätere Affektwiederholung durch die vorausgegangenen mitgeprägt ist.

Im Bild der Spirale wird leicht eine unaufhaltsame Höherentwicklung vermutet. In entsprechenden graphischen Darstellungen hat die Spirale stets auch eine Bewegungsrichtung nach rechts oder nach oben. Diese Annahme ist aber nicht zwingend. Ebenso gut kann eine ursprünglich differenzierte seelische Reaktion im Laufe wiederholter Evokation verflachen und zur Routine werden. Man denke nur an die Fähigkeit zu lebendig sprübarer Schüchternheit und zum offenen Zorn bei manchen Gruppenanfängern, die später einer routiniert-unlebendigen und schematisch-lehrbuchgerechten Beziehungsklärung weicht, oder an die sprachlos machende Konfrontation mit den Existenzfragen Sinn und Tod, die bei langjähriger Beschäftigung oft einer jargonhaften Plauderei Platz macht.

Das Stufenmodell im Verbund mit dem Spiralmodell und dem Wellenmodell hat mir in der Vergangenheit bei der Klärung von Gruppensituationen gute Dienste geleistet. Im folgenden sollen nun einige Modelle des Gruppenprozesses beschrieben werden. Dabei wird sich zeigen, daß sie immer an Welle, Stufe und/oder Spirale als Grundmuster der Bewegung orientiert sind.

5. Prozeßmodelle der Gruppe

Bevor ich im folgenden einige Prozeßmodelle der Gruppe vorstelle, möchte ich einige Einschränkungen nennen, die mir der Erwähnung wert erscheinen und vielleicht imstande sind, manchen Mißverständnissen vorzubeugen, die bei der Hinzuziehung von Prozeßmodellen der Gruppe auftreten können. In Prozeßmodellen werden immer wieder Phasen oder Zustände der Gruppe in einer bestimmten, scheinbar zwingenden Abfolge dargestellt. Tatsächlich bewahrheitet sich dies in der Regel nicht. Nur wenn wir den Gruppenprozeß in ganz grobe Teilereignisse unterteilen, also etwa "Entstehung der Gruppe", "Bestehen der Gruppe", "Auflösung der Gruppe", ist eine solche Phasenfolge zwingend, freilich auch sehr trivial. In allen anderen Fällen, von denen im folgenden die Rede sein wird, werden wir damit zu rechnen haben, daß die Phasen in relativ beliebiger

Reihenfolge in Erscheinung treten. Es ist deshalb sinnvoller, sie nicht unbedingt als zwangsläufige Entwicklungen und Abfolgen zu betrachten, sondern als besonders prägnant herausgearbeitete Ausschnitte aus dem endlosen Verhaltensstrom der Gruppe.

Die Prozeßmodelle der Gruppe stehen nicht in Konkurrenz zueinander. Entsprechend ist die Frage sinnlos, welches von ihnen im Vergleich zu welchem anderen richtiger oder zutreffender ist. Vielmehr ist es so wie bei der Formulierung von Modellen in der Entwicklungspsychologie: Je nachdem, welchen Parameter man heranzieht, wird man Phasenmodelle, Spiralmodelle, Wachstumsmodelle oder kybernetische Modelle entwickeln. So sehen in der Gruppendynamik Prozeßmodelle unterschiedlich aus, je nachdem, ob man die Arbeitsfähigkeit der Gruppe, den Umgang mit Autorität und Intimität oder die kollektive Gruppenabwehr zum Gegenstand der Betrachtung macht. Diese Konkurrenzlosigkeit der Modelle ermöglicht es, in besonders fruchtbarer situationsbezogner Weise von ihnen Gebrauch zu machen. An einer bestimmten Stelle gibt dieses Modell mehr her, an einer anderen Stelle ist jenes besonders erhellend.

Das, was wir landläufig als den Gruppenprozeß bezeichnen setzt sich aus einer Vielzahl von Einzelereignissen zusammen. Der Gruppenprozeß ist entsprechend auch kein einheitliches Gebilde, gleichsam eine Entität oder eine fest umrissene prozessuale Qualität der Gruppe, sondern eine bestimmte unter mehreren möglichen Perspektiven der Betrachtung. In gruppendynamischen Laboratorien tauchte früher bei den abendlichen Staff-Sitzungen, wenn es um die Planung des nächsten Tages ging, bei manchen Programmvorschlägen immer wieder der Einwand auf: "Das paßt jetzt nicht. Das würde den Gruppenprozeß stören." Der Gruppenprozeß wurde auf diese Weise etwas sehr Kostbares und Unantastbares, leider auch sehr Störanfälliges, und der Gruppenleiter wurde zum Wächter und Hüter seiner unbeschädigten Entfaltung: Heute wissen wir: Der Gruppenprozeß kann nicht gestört werden. Die Gruppe befindet sich immer im Prozeß; jedoch ist es möglich, mittels Interventionen bestimmte sich anbahnende Entwicklungen in der Gruppe zu beschleunigen oder zu verzögern bzw. den Zustand guter Arbeitsfähigkeit zu fördern oder zu behindern. Der Gruppenprozeß ist also ein Geschehen auf vielen Ebenen. Allenfalls können wir uns darum bemühen, die deutlichste und fruchtbarste Entwicklung zu unterstützen.

Der Gruppenprozeß ist kein lineares Geschehen. Es gibt Sprünge und Überraschungen, verdeckte Entwicklungen, die plötzlich sichtbar werden, und vieles andere mehr. Dies macht jede allzu säuberliche und rigide Planung aussichtslos - zugleich liegt darin der besondere Reiz aller Gruppenarbeit.

5.1 Der Gruppenprozeß als Verhaltensänderung

Lewin (1947) hat Vorgänge der Veränderung in Gruppen in deutlicher Abgrenzung gegen die angelsächsischen Lerntheorien beschrieben. Er geht dabei phänomenologisch vor und gibt nur eine Skizze des Vorgangs in 3 Etappen: unfreezing, change, refreezing. Formal erscheint die Beschreibung trivial. Sie hat sich aber in den verschiedensten Anwendungsbereichen als fruchtbares Grundmuster für geplanten sozialen Wandel erwiesen.

Unfreezing (Auftauen): Gemeint ist damit, daß der Boden für die Veränderung vorbereitet, die Struktur gelokkert, eine Haltung der Aufgeschlossenheit herbeigeführt werden muß, ehe eine Veränderung induziert werden kann. Im gruppendynamischen Laboratorium heißt unfreezing, daß die bisherigen Verhaltensmuster sich zunächst als unbrauchbar erwiesen haben müssen, ehe man an Neuentwicklungen von Verhaltensweisen denken kann. Im Unterricht spricht man von Motivationsphase, in der die Aufmerksamkeit der Schüler zunächst auf den neuen Gegenstand gelenkt wird, ehe mit der Vermittlung begonnen werden kann. In der Institutionsberatung heißt unfreezing, daß zunächst die offenen und verdeckten Tagesordnungen gesichert und die Interessenlagen aller Beteiligten und insbesondere die des Auftraggebers und des Geldgebers geklärt werden müssen, ehe mit der eigentlichen Beratung begonnen werden kann. Auch ein Bild aus der Landwirtschaft drängt sich auf: Vor dem Säen muß gepfügt werden.

Change (Veränderung): Die eigentliche Phase der Veränderung kann in sehr vielfältiger Weise gestaltet werden: durch Unterricht, Unterweisung, Beratung, Training, Therapie, Umorganisation, rituelle Handlung usw. Die Phase change ist diejenige, in der der change agent (Berater) oder Therapeut am deutlichsten sichtbar in Erscheinung tritt. Sein Handeln, so die Annahme, führt beim Klienten oder beim Klientensystem zu einer Veränderung. Lehrbücher der verschiedenen Schulrichtungen der Psychotherapie handeln meist von dieser Phase des Gruppenprozesses.

Refreezing (Festigung): Wenn die jeweils relevanten Parameter einer Intervention eine Veränderung in gewünschter Richtung aufweisen (Verminderung von Neurotizismus, Verbesserung der Gruppenkohäsion, Verminderung der Anzahl von Konflikten, Steigerung der Arbeitsproduktivität usw.), werden oft die Bemühungen des Beraters in der irrigen Annahme überstürzt beendet, nun sei das Ziel erreicht. Lewin weist darauf hin, daß gerade ab dieser Stelle viele Bemühungen durch mangelnde Nachsorge wieder zunichte gemacht werden. Die Trainingsarbeit bedarf der back-home-Vorbereitung, die Suchttherapie der Nachsorge in einer lückenlosen Kette; die Institutionsberatung ist auf Nachfaßmaßnahmen angewiesen, die Therapie auf die Möglichkeit zur Vereinbarung einzelner fortführender Gespräche. Ohne Nachsorge kann der Erfolg der ganzen Intervention verloren gehen. In der Gruppenarbeit wird dem in den letzten Jahren in der Weise Rechnung getragen, daß nach einer Trainingsmaßnahme eine follow-up-Veranstaltung stattfindet oder womöglich überhaupt wieder vermehrt ambulant gearbeitet wird, was das Refreezing in der Regel erleichtert, oder eine Kombination von stationären und ambulanten Arbeitsformen gewählt wird.

Später sind unterschiedliche Versuche unternommen worden, das 3-schrittige Lewin-Modell durch eine größere Anzahl von Schritten zu differenzieren. So unterscheiden Mouton und Blake (1961) die Etappen:

(1) *Dilemma: Die Gruppe merkt, daß angesichts eines neuen Problems ihre bisherigen Lösungsstategien unzulänglich sind.*

(2) *Suche nach problemadäquaten Verhaltensweisen: Problemadäquat heißt dabei, daß in Abhebung von den bisherigen Lösungsmustern eine neue Strategie entworfen werden muß; Maßstab ist dabei das Problem, nicht die individuelle Erlebnisweise oder sujektive Sicht des Problems.*

(3) *Feedback: Das Ziel wird daraufhin geprüft, ob eine Änderung in der angestrebten Richtung eingetreten ist.*

(4) *Generalisierung: Die gefundene Lösung wird für etwaige ähnliche Probleme gespeichert.*

Die 4 Schritte sind keine große Neuentdeckung; sie helfen aber bei der disziplinierten Lösung von Problemen, wie in Kap. 5.2 an Hand weiterer Modelle ausgeführt wird.

5.2 Der Gruppenprozeß als Problemlösung

Einzelpersonen oder Gruppen absolvieren überall da, wo sie Aufgaben zu bewältigen haben, bewußt oder unbewußt eine Reihe von Einzelschritten: Problemstellung, Strategieauswahl, Strategieausübung, Feedback, Generalisierung. Miles (1965) nimmt an, daß es der Arbeitsfähigkeit der Gruppen zugute kommt, wenn die Schritte in klarem Bewußtsein und planvollem Nacheinander getan werden.

1. Probelmstellung: Dies ist die Zeit der Unsicherheit. Für ein neues Problem liegt keine genormte Lösung vor, so daß ein Verhaltensvakuum eintritt, verbunden mit subjektivem Unbehagen. Dieser Zeitabschnitt ist in etwa Lewins "unfreezing" vergleichbar. Möglicherweise ist der Problemdruck nicht bei allen Gruppenmitgliedern gleich stark. Derjenige, der das Problem benennt, mag bei den folgenden Schritten eine Führungsfunktion zu übernehmen.

2: Strategieauswahl: Besteht hinreichend Konsens darüber, daß ein Problem zur Lösung ansteht, so ist zunächst divergentes Denken gefragt. Der Geist darf gleichsam ausschwärmen und in unterschiedlichsten Richtungen nach Lösungen suchen. Die Überlegenheit der Gruppe auf diesem Gebiet ist hinlänglich bekannt: Vier bzw. sechs oder acht Augen sehen mehr als zwei. Erst wenn die Gruppe noch größer wird, nimmt die Zahl der Ideen nicht mehr nennenswert zu, denn die Kurve nähert sich asymptotisch einer Parallele der X-Achse. Danach ist konvergentes Denken erforderlich. Aus der Vielzahl möglicher Ideen werden zunächst die realisierbaren, dann die ökonomischen, schließlich diejenigen herausgefiltert, die optimal Kosten, Ressourcen und Nutzen ins Verhältnis setzen. Auch hier erweist die Gruppe ihre Überlegenheit, was die Verfügbarkeit von Ressourcen und die Definition von Realität angeht.

In gruppendynamischen Laboratorien läßt sich zu Beginn häufig beobachten, daß nach der Problemdefinition eine Fülle von Ideen formuliert wird, aber kein Gruppenmitglied genügend Einfluß hat, um Konsens für seinen Vorschlag zur Strategieauswahl zu finden. Die Gruppe bleibt dann lange in einer Situation des "man könnte z. B. auch ...", ohne daß die Vorschläge in ein gemeinsames Gruppenhandeln einmünden.

3. Strategieausübung: Die gewählte Strategie wird nunmehr unter Einsatz interner und externer Ressourcen

praktiziert. In dieser Zeit entwickeln sich Normen bezüglich der Arbeitsqualität und eine gruppeninterne Kontrolle z.B. derart, daß Sachbezogenheit (vs. Ablenkung und dysfunktionale Verhaltensweisen) oder gutes Feedback (vs. Schimpfen, Deuten, Verbalisieren) honoriert werden.

4. Feedback: Eine letzte Garantie dafür, daß der eingeschlagene Weg angemessen ist, gibt es à priori nicht. Vielmehr muß nach einiger Zeit innegehalten und gefragt werden, ob in der begonnenen Weise fortgefahren werden kann oder nicht. In der Sprache der elektronischen Datenverarbeitung ist die Etappe Feedback ein if-statement:
if Strategie angemessen, weitermachen und generalisieren;
if Strategie unangemessen, zurück zur Strategieauswahl.
Interessanterweise versuchen Gruppen immer wieder, diesen Schritt der Selbstüberprüfung zu unterlassen oder zu vermeiden. Manchmal spürt jedes Gruppenmitglied genau, daß sich die Gruppe in einer Sackgasse befindet. Der Zweifel am eigenen Einfluß in der Gruppe und an der eigenen Fachkompetenz, Trägheit oder Widerwille gegen eine Änderung führen aber zu einem Verharren im eingeschlagenen Weg. Ein entsprechender Hinweis des Gruppenleiters wird oft mit Erleichterung aufgenommen, bringt er doch nur zum Ausdruck, was alle schon gefühlt haben.

Strategieausfall, Strategieausübung und Feedback entsprechen der Lewin-Phase "change", während der nachfolgende Schritt "Generalisierung" in etwa mit Lewins "refreezing" übereinkommt.

5. Generalisierung: Hat sich der eingeschlagene Weg als angemessen und erfolgreich herausgestellt, so kann man daran gehen, ihn dem persönlichen Erfahrungsschatz und dem der Gruppe einzuverleiben, d.h. etwas zu lernen. Generalisierung kann dabei auf andere Problemlagen, Situationen, Personen, Zeiten, Orte u.a. erfolgen. Wer nicht generalisiert, lernt nicht. Wer zu großflächig generalisiert, lernt ebenfalls nicht. Generalisierung als Verwertung von Erfahrung in neuen Situationen, wobei gleichzeitig das Neue sorgsam aufgenommen und in seinen Besonderheiten geprüft und erfahren wird, mag eine brauchbare Leitlinie sein (vgl. Abb. 4). In Gruppen sind sowohl Über- wie Untergeneralisierungen zu beobachten. So wird die Erfahrung, daß jemand ein sehr persönliches Erlebnis mitteilt, ohne in der Gruppe dafür gesteinigt zu werden, die anderen Gruppenmitglieder keineswegs auf der Stelle freimachen zu ähnlichem Tun. Andererseits entwickeln Gruppen leicht vorschnell ein starres System von Kommunikationsregeln, etwa der Art, wie

zu geben sei, wie mit "ich", "man", "wir" usw. umzugehen sei usw. Der Gruppenleiter kann hier korrigierend auf eine Balance hinwirken.

In verkürzter Form findet sich das Milessche Ablaufschema bereits bei Bales und Strodtbeck (1951). Sie unterscheiden für Problemlösegruppen eine Phase der Orientierung, eine Phase der Bewertung und eine Phase der Kontrolle (information, evaluation, control) und belegen sie an Hand der Bevorzugung bestimmter Verhaltenskategorien aus Bales' Interaktions-Beobachtungsschema.

Ein anderes Ablaufschema verdient in erster Linie wegen seiner Reimkraft und seiner mnemotechnischen Vorzüge Erwähnung. Nach Lawrence (1968) bilden sich Arbeitsgruppen, erleben dann Konflikte, entwickeln ein Normgefüge, beginnen mit der Arbeit und nehmen Kontakt mit Außengruppen auf (forming, storming, norming, performing, informing).

Die Prozeßmodelle von Lewin und Miles kann man auf Gruppenvorgänge jeden Umfangs projizieren. Innerhalb einer einzigen Gruppensitzung, ja sogar innerhalb einer einzigen Feedback-Sequenz kommen "unfreezing", "change" und "refreezing" zum Tragen. Andererseits läßt sich auch ein ganzes gruppendynamisches Laboratorium oder ein sich über Jahre erstreckender Vorgang der Institutionsberatung in diese drei bzw. fünf Schritte untergliedern. Im Bild gesprochen, können wir den Prozeß als Spirale betrachten, der sich wiederum aus zahlreichen kleineren Spiralen zusammensetzt. Auch die Möglichkeit einer internen Rückkoppelung wird damit hinreichend zum Ausdruck gebracht.

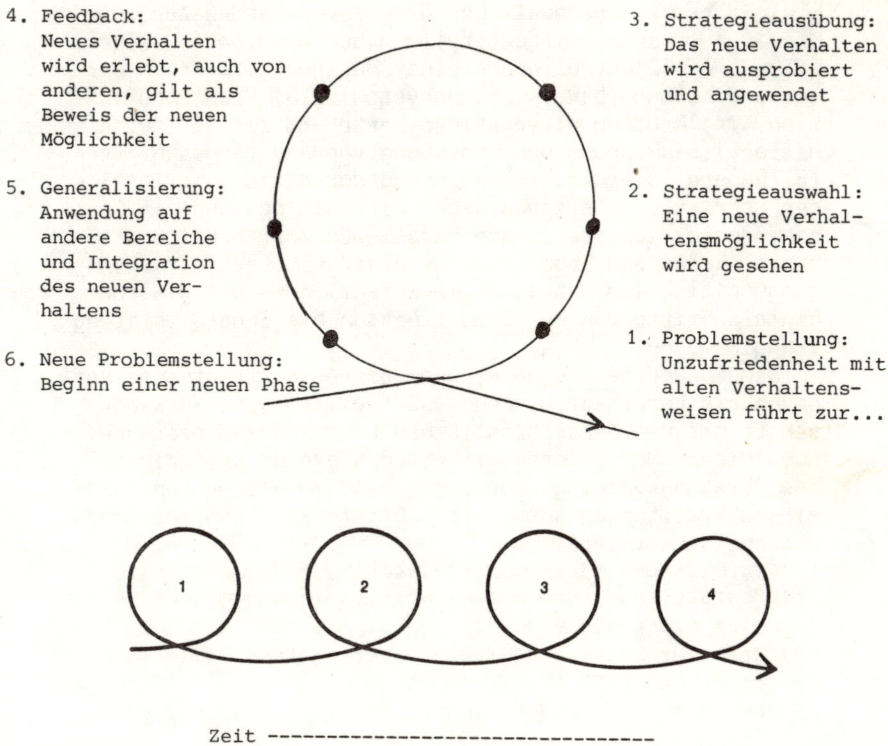

Abb. 4: Der Gruppenprozeß als Problemlösung

5.3 Der Gruppenprozeß als Beratungprozeß

Schein und Bennis (1967) haben speziell für die Institutionsberatung eine 7-schrittige Arbeitseinweisung entworfen, die zugleich als Interaktionsmodell der Gruppe verstanden werden kann: (1) Feststellung des Änderungswunsches, (2) Etablierung einer Beziehung zwischen Berater und Klient (bzw. Klientensystem), (3) Problemdefinition, (4) Prüfung alternativer Werte und Ziele; Zieldefinition, (5) Planung und Erprobung von Änderungsschritten, (6) Generalisierung, (7) Ablösung der Beziehung. In dieser Schrittfolge ergeben sich, wie auch bei anderen Gruppenmodellen, überraschende Parallelen zur Verhaltenstherapie. Pläne und Programme der eigengesteuerten Verhaltensmodifikation enthalten im wesentlichen die gleichen Einzelschritte von Problemdefinition bis Generalisierung (Fengler 1980).

Schein und Bennis bezeichnen dieses systematische Vorgehen als Lerntheorie, ohne daß freilich eine Verwandtschaft mit den behavioristischen Lerntheorien bestünde. Auch dieses Modell erscheint jedoch einige Ereignisse des Beratungsvorgangs nur ungenügend zu beleuchten. Eine eigene Erweiterung auf zwölf Schritte wird dem Beratungsvorgang besser gerecht.

(1) Entwicklung eines Bedürfnisses nach Veränderung.
(2) Feststellung, daß die bisherigen Ressourcen und Strategien nicht ausreichen.
(3) Etablierung einer Veränderungsbeziehung zwischen Berater und Klient.
(4) Diagnose und Verdeutlichung des Problems im System des Klienten.
(5) Prüfung alternativer Werte und Ziele; Etablierung von Zielen und Handlungsabsichten.
(6) Unfreezing.
(7) Transformation der Absichten in etwaige Änderungsschritte (divergent).
(8) Suche nach problemadäquaten Verhaltensweisen (konvergent).
(9) Erprobung neuer Verhaltensweisen.
(10) Prüfung der Wirkungen an den Zielen (5) und den Verhaltensweisen (8).
(11) Generalisierung, Stabilisierung, Integration, Verfügbarkeit in anderen Problemsituationen, Refreezing.
(12) Einleitung der Ablösung der Beziehung.

5.4 Der Gruppenprozeß als Abwehrprozeß

Der Psychiater Wilfried Bion (1968) hat versucht, die Grundmuster zu beschreiben, die in den Verhaltensweisen aller Gruppen (Arbeitsgruppen und therapeutische Gruppen) sichtbar werden. Er unterscheidet zunächst rationale, realitäts- und arbeitsbezogene Verhaltensweisen (work group) und irrationale, primärprozeßhafte, aus dem Unbewußten gespeiste Verhaltensweisen (basic assumption group). Diese "basic assumption" oder kollektiven Grundeinstellungen der Gruppe sind fight-flight, pairing und dependency. Sie können als kollektive Formen der Abwehr betrachtet werden, denn sie dienen dazu, ichbezogene Verhaltensweisen zu vermeiden.

Fight-flight: Die Gruppe konstelliert einen gemeinsamen Feind (Gruppenleiter, Aufgabe, Setting usw.), der kollektiv bekämpft wird oder dem die Gruppe ausweicht. Auf diese Weise vermeidet die Gruppe die wirksame und zielorientierte Auseinandersetzung mit der Aufgabe. Der Aspekt "fight" findet sich u.a. bei Bennis und Shephardt unter dem Stichwort "Gegenabhängigkeit".

Pairing: Die Gruppe phantasiert aus der Paarbildung zwischen Gruppenleiter und einem Gruppenmitglied die Zeugung eines Erlösers. Sie wehrt damit die Notwendigkeit ab, selbst Lösungen für ihr Problem zu suchen.

Anmerkung: Mir selbst erscheinen hier Bions Ausführungen mystifizierend und schwülstig. In Gruppen, die ich selber geleitet habe, ist mir das Pairing viel konkreter begegnet. Gruppenteilnehmer schließen sich paarweise zusammen, um der Anonymität und Verlassenheit zu entgehen, die sie in neu sich bildenden Gruppen erleben könnten oder müßten. Auch dieses Pairing dient der Abwehr. Der Einzelne schafft sich in der Paarbildung ein erstes Reservat der Sicherheit, ehe er sich der (bedrohlichen) Gruppe aussetzt. Die gleiche Erfahrung macht übrigens im Alltag jeder, der allein zu einer Party mit lauter Fremden kommt. Er klammert sich an sein Glas und versucht, mit einer anderen Person ins Gespräch zu kommen. Paare neigen in solchen Situationen dazu, räumlich dicht beieinander zu bleiben.

Dependency: Die Gruppe erwartet alle Orientierung und Hilfestellung von einem Führer, dem gegenüber die Kritikfähigkeit sehr herabgemindert ist (Phase der Abhängigkeit bei Bennis und Shephardt). Die Gruppe wehrt dabei die Möglichkeit von Autonomie und Selbstbestimmung durch eigene ich-gesteuerte Initiative ab.

Alle Formen der kollektiven Gruppenabwehr treten bei allen Gruppen immer wieder im Wechsel oder Zyklus auf. Allerdings besteht auch Aussicht, daß die Phasen konstruktiver Arbeit (work-group) zunehmend mehr Raum einnehmen (Bion 1968; Thelen 1964). Die verschiedenen Formen der Abwehr stehen hier relativ unverbunden nebeneinander. Insofern kann man den Prozeßcharakter von Bions Gruppenmodell bezweifeln. Tatsächlich gibt es keine zwangsläufige Abfolgen und keinen ein für alle Mal zu erreichenden Endpunkt der Entwicklung. Andererseits wissen wir, daß nach Phasen der Abwehr immer wieder Arbeitsphasen möglich sind und daß die Zeiträume der Abwehr in der Regel im Laufe eines Gruppenlebens kürzer werden. Diese Entwicklungsfähigkeit der Gruppe rechtfertigt die Zuordnung von Bions Modell zu den Prozeßmodellen.

5.5 Die Gruppe als Ort von Autorität und Intimität

In diesem Abschnitt soll von einem Prozeßmodell der Gruppe die Rede sein, das in besonders prägnanter Weise zwei Dimensionen des Gruppengeschehens herausstellt: Bennis und Shephardt (1956) nennen die Hauptimpulse der Gruppe Autorität und Intimität. Sie meinen damit einerseits alle Formen der Einflußnahme und Machtausübung, Normensetzung und Kontrolle, Formulierung und Durchsetzung von Vorschlägen, Realisierung von Verfahrensweisen, Definitionen von Gut und Böse u.a. in der Gruppe; zum andern sind Grad und Tiefe der persönlichen Beteiligung an der Begegnung gemeint, ferner Offenheit und Aufgeschlossenheit für eigene und fremde Gefühle, das Ausmaß des gegenseitigen Verständnisses füreinander, die Fähigkeit, die anderen Gruppenmitglieder am eigenen Geschick und eigenen Fühlen teilhaben zu lassen u.a.m. Die Autoren nehmen an, daß in neuen Gruppen zunächst eine Einflußstruktur (Autorität) wachsen muß und erst dann die tieferen persönlichen Gefühle und Beziehungen (Intimität) sich entfalten können. Wie sieht das konkret aus?

Zunächst, so die Autoren, muß jede Gruppe klären, wer in ihr das Sagen hat. Einige oder alle Gruppenmitglieder wenden sich zu diesem Zweck an den Gruppenleiter (1: Abhängigkeit). Wird der Wunsch nach Verantwortungsübernahme durch den Leiter nicht erfüllt, so mag die Stimmung umschlagen. Der zunächst unrealistisch überschätzte Gruppenleiter muß nun für alle Übel herhalten, die der Gruppe widerfahren. Er wird nun zum größten Übel hochstilisiert. Äußerungen von ihm werden nicht etwa wegen ihrer geringen Qualität nicht mehr angenommen, sondern deshalb, weil sie von ihm stammen (2: Gegenabhängigkeit). Nach einiger Zeit beginnt die Gruppe, seine Kompetenzen und seine Grenzen realistisch einzuschätzen und sich ihrer zu bedienen, wo sie ihrer bedarf(3: Unabhängigkeit und Interaktion).

Erst wenn diese Erfahrung gemacht ist, so die Autoren, kann die Gruppe ausloten, wie nahe jeder jedem kommen darf, kann und will (Phase der Intimität). Hier vollzieht sich nun der gleiche Vorgang noch einmal, der eben beschrieben wurde. Einige oder alle Gruppenmitglieder streben ein bedingungsloses Einander-Nahekommen an (4: Intimitäts-Freundlichkeit). Andere widersetzen sich dem und bezweifeln den Wert der Gruppe insgesamt (5: Intimitäts-Feindlichkeit). Am Ende erkennen alle, daß im Rahmen der Gruppe ein bestimmter Grad der Annäherung möglich und wünschenswert ist, daß ihr aber auch Grenzen gesetzt und die Erwartungen beschränkt werden müssen (6: Realistische Einschätzung der Beziehungen).

In der vorgenannten Abfolge läßt sich das Modell in vielen Gruppen immer wieder beobachten; gelinde Verzweiflungen des Gruppenleiters in den Phasen 2 und 5, nämlich dann, wenn ein Teil der Gruppe sich gegen ihn und den Arbeitsmodus wendet, gehen vorüber, wenn er das Gesetzmäßige dieser Phasenfolge zu respektieren lernt, sich selbst nicht darein verstrickt und nicht versucht, die Gruppe rechthaberisch und argumentierend auf Kurs zu bringen.

Dennoch sind einige Ergänzungen erforderlich. In vielen Gruppen ist die Autorität des Gruppenleiters so unbestritten, daß die entsprechende Auseinandersetzung sehr kurz ausfällt oder unterbleibt. Die Gruppe verteilt dann Einflußpositionen vorwiegend untereinander, während die Arbeit im Bereich der persönlichen Beziehungen schon stattfindet, z.B. in Therapie- und Supervisionsgruppen. Wir haben das früher mangels eigener Autorität oft nicht gesehen und die Aurotitätsauseinandersetzung versucht herbeizuintervenieren. Der Widerstand der Gruppe richtete sich dann gegen die Schaffung solcher Artefakte, und schon hatten wir die schönste Autoritätsauseinandersetzung - eine selbsterzeugte Seifenblase.

Manche Gruppen spalten sich in Abhängige und Gegenabhängige; andere reagieren zuerst nahezu geschlossen auf die eine, dann auf die andere Weise. Der Gruppenleiter mag die Versuchung spüren, den Abhängigen verdeckt Signale der Ermutigung zu geben oder die Gegenabhängigen zu stärken. Damit befreit er die Gruppe aber nur scheinbar aus ihrer Stagnation. Der Ausgleich zwischen allen Kräften birgt am Ende die Lösung in sich. Manche Gruppen reagieren von Anfang an mit Gegenabhängigkeit und Intimitätsfeindlichkeit. In solchen Fällen lohnt es, sich zu fragen, ob es in der Gruppe eine geheime Tagesordnung gibt, die darauf abzielt, das Entstehen von Arbeitsfähigkeit zu verhindern.

Fragen der Autorität und Intimität sind nie ein für alle Mal gelöst. Es sei hier an das Spiral-Modell erinnert: Die Wiederkehr des Gleichen in gewandelter Form ist in allen Gruppenprozessen die Regel, nicht die Ausnahme.

5.6 Die Gruppe als sich entwickelnde Gemeinschaft

Läßt sich die Arbeitsgruppe vorrangig an der erfolgreichen Problemlösung messen und die Trainiggruppe daran, ob sie die Determinanten des Gruppenverhaltens erkennt und zu handhaben versteht, geht es in der Encountergruppe darum, jedes Mitglied in seinen besten Möglichkeiten zur Entfaltung zu bringen. Entsprechend ist das Modell, das Rogers (1973) für die Entwicklung von Encounter-Gruppen vorstellt, von dem positiven Wachstumsimpuls gekennzeichnet, der in diesen Gruppen vorherrscht. Rogers unterscheidet 15 Schritte, die nicht zwangsläufig in dieser Reihenfolge auftreten, aber insgesamt für den Stil der Gruppe ausschlaggebend sind:

(1) *Allgemeine Unsicherheit.*
(2) *Widerstand gegen persönlichen Ausdruck oder Exploration.*
(3) *Beschreibung vergangener Gefühle.*
(4) *Ausdruck negativer Gefühle.*
(5) *Ausdruck und Erforschung von persönlich wichtigem Material.*
(6) *Der Ausdruck unmittelbarer interpersonaler Gefühle in der Gruppe.*
(7) *Die Entwicklung einer Heilungskapazität in der Gruppe.*
(8) *Selbstakzeptierung und beginnende Veränderung.*
(9) *Das Zerschlagen der Fassaden.*
(10) *Das Individuum erhält Feedback.*
(11) *Konfrontation.*
(12) *Die helfende Beziehung außerhalb der Gruppensitzungen.*

(13) Die grundlegende Begegnung.
(14) Der Ausdruck positiver Gefühle.
(15) Das Verhalten ändert sich in der Gruppe.

Man sieht: Theoretisch gibt dieses Prozeßmodell nicht viel her; zu sehr nimmt es die schrecklichen Therapie-Skalen vorweg, die später im klientzentrierten Ansatz so viel Bedeutung gehabt haben. Aber mit einem Gruppenleiter wie Carl Rogers selbst mag hier eine Selbsterfahrung möglich sein, die jenseits aller Sentimentalität für den Teilnehmer einen Einschnitt in seinem Leben darstellt.

6. Nachbemerkung: Der Sinn von Gruppenmodellen

Die Beschäftigung mit Gruppenmodellen hat für mich immer in zweierlei Hinsicht einen großen Reiz ausgeübt. Zum einen bereitet es mir Vergnügen, mich auf die Wahrnehmung eines Autors einzulassen und die Gruppe für eine Weile mit seinen Augen zu sehen, überrascht und erfreut über seine Originalität oder auch befremdet über seine Realitätsfremdheit (so, wie ich neulich in einer Angsttheorie las: "Stellen Sie sich eine ganz alltägliche Angstsituation vor: Sie gehen durch die Wüste und begegnen einem Löwen ..."). Darüber hinaus haben Modelle der Gruppe einen Einfluß auf mich, der eher unmerklich und lautlos erfolgt: Sie beeinflussen mein Wahrnehmen und Denken. Was heißt das? Unter der Hand wird die Betrachtung der Gruppe differenzierter, vielschichtiger und nuancierter. Ich merke dies in Gesprächen mit Kollegen und Supervisanden, mit denen ich gemeinsam Gruppen leite: Mit zunehmender Verfügbarkeit von Gruppenmodellen wird unsere Verstehensmöglichkeit der Gruppe größer. Dies geschieht nicht in der Weise, daß wir Gruppenmodelle bewußt abrufen oder abfragen; vielmehr bringen sich die Konzepte, die die Gruppensituation am besten charakterisieren, nahezu von allein ins Spiel und drängen zur Formulierung. Dies ist für mich der beste Sinn und Gebrauch von Gruppenmodellen: daß sie nicht als Lehrbuchwissen gespeichert werden, sondern nahezu unbewußt präsent und verfügbar sind.

Literatur

Antons, K., Praxis der Gruppendynamik, Göttingen 1974.
Bach, G., Streiten verbindet, Düsseldorf 1968.
-, Aggression Lab, Hamburg 1972.
-, Pairing, Düsseldorf 1973.
Bales, R.F., Interaction process analysis, Cambridge 1950.
-, Personality and interpersonal behavior, New York 1970.
Bales, R.F., Strodtbeck, F.L., Phases in group problem solving, J. Abnorm. Soc. Psychol. 46, 1951, 485-495.
Bateson, G., Jackson, D.D., Schizophrenie und Familie, Frankfurt 1969.
Battegay, R., Der Mensch in der Gruppe, Bd. I-III, Bern 1968.
Benne, K.D., Sheats, P., Functional roles of group members, J. Soc. Issues, 4/2, 1948.
Bennis, W.G., Shephardt, H.A., A theory of group development, Human Relations 9, 1956, 415-457.
Bion, W.R., Erfahrungen in Gruppen, Stuttgart 1968.
Blake, R., Mouton, J.S., Das Verhaltensgitter, Düsseldorf 1964.
Brocher, T., Gruppendynamik und Erwachsenenbildung, Braunschweig 1970.
Cartwright, D., Zander, A., Group dynamics, London 1968.
Däumling, A.M., Fengler, J., Nellessen, L.J., Svensson, A., Angewandte Gruppendynamik, Stuttgart 1974.
Deutsch, K.W., The nerves of government, New York 1963.
Dollase, R., Soziometrische Techniken, Weinheim 1973.
Fengler, J., Verhaltensänderung in Gruppenprozessen, Heidelberg 1975.
-, Gruppenkohäsion - Das Wirgefühl in der Gruppe, in: Heigl-Evers, A. (Ed.), Lewin und die Folgen. Psychologie des 20. Jahrhunderts, Bd. 8, Zürich 1979, 625-634.
-, Selbstkontrolle in Gruppen, Stuttgart 1980.
-, Kriterien zur Beurteilung von Selbsterfahrungsangeboten in der Erwachsenenbildung, Gruppendynamik 15, 1984.
Hartig, M., Selbstkontrolle, München 1973.
Hofstätter, P.R., Gruppendynamik, Hamburg 1972.
Homans, G.C., Theorie der sozialen Gruppe, Opladen 1978.
Jung, C.G., Psychologische Typen, GW, Bd. 8, Freiburg 1964.
Krech, D., Crutchfield, R.S., Ballachey, E.L., Individual in society, Kondon 1962.
Kruse, L., Gruppen und Gruppenzugehörigkeit, in: Graumann, C.F. (Ed.), Sozialpsychologie, Bd. 8 im Hdb. Psychol., 2. Hbbd., Göttingen 1972, 1539-1593.

Kuhn, T.S., Die Struktur wissenschaftlicher Revolutionen, Frankfurt 1981.
Lawrence, G., Social process in task-oriented groups, The Spode House Review 6, 1968, 3-11.
Lewin, K., Subjective and objective elements in the social field: Three steps procedure, Human Relations 1, 1947, 5-41.
Lewin, K., Lippitt, R.A., An experimental approach to the study of autocracy and democracy: A preliminary note, Sociometry 1, 1938, 292-300.
Lieberman, M.A., Gruppenmethoden, in: Kanfer, F.H., Goldstein, A.P. (Eds.), Möglichkeiten der Verhaltensänderung, München 1977, 503-567.
Marrow, W., Kurt Lewin - Leben und Werk, Stuttgart 1980.
Miles, M.B., Learning to work in groups, New York 1965.
Mills, Th.M., Soziologie der Gruppe, München 1972.
Mitscherlich A., Muck, M., Der psychoanalytische Ansatz in der Sozialpsychologie, in: Graumann, C.F. (Ed.), Sozialpsychologie, Bd. 8, I, im Hdb. Psychologie, Göttingen 1969, 108-132.
Moreno, J.L., Who shall survive? New York 1954.
Mouton, J.S., Blake, R., University training in human relations skills, Group psychotherapy 14, 1964, 140-153.
Otto, H.A., Group methods to actualize human potential, A Handbook, Beverly Hills 1973.
Parsons, T., Bales, R.F., Shils, E.A, Working papers in the theory of action, in: Parsons, T., Shils, E.A. (Eds.), Toward a general theory of action, Cambridge 1961.
Petzold, H., Moreno - nicht Lewin - der Begründer der Aktionsforschung, Gruppendynamik 11, 1980, 142-166.
Richter, H.E., Eltern, Kind und Neurose, Hamburg 1968.
-, Patient Familie, Hamburg 1970.
-, Die Gruppe, Hamburg 1972.
Riemann, F., Grundformen der Angst, München 1976.
Rogers, C.R., Encounter - Gruppen, München 1974.
Schein, E.H., Bennis, W.G., Personal and organizational change through group methods, London 1967.
Schindler, R., Das Verhältnis von Soziometrie und Rangordnungsdynamik, Gruppenpsychotherapie und Gruppendynamik 3, 1969, 31-37.
Schindler, W., Family patterns in group formation and therapy, J. Group Psychotherapy 1, 1951, 100-105.
Sherif, M., Sherif, C.W., Social Psychology, New York 1969.

Slavson, S., Einführung in die Gruppentherapie mit Kindern und Jugendlichen, Göttingen 1956.
Sprey, J., The Family as a system in conflict, J. Marriage Family 31, 1969, 699-706.
-, On the management of conflict in families, J. Marriage Family 33, 1971, 722- 731.
Stierlin, H., Rücker-Embden, I., Wetzel, N., Wirsching, M., Das erste Familiengespräch, Stuttgart 1977.
Tausch, R., Tausch, A., Erziehungspsychologie. Begegnung von Person zu Person, Göttingen 1979.
Thelen, H.A., Dynamics of groups at work, London 1964.
Watzlawick P., Wie wirklich ist die Wirklichkeit?, München 1980.
Watzlawick P., Beavin, J.H., Jackson, D.D., Menschliche Kommunikation, Bern 1968.

Hilarion Petzold, Düsseldorf
unter Mitarbeit von Udi-Jutta Schneewind, Dortmund

KONZEPTE ZUR GRUPPE UND FORMEN DER GRUPPENARBEIT IN DER INTEGRATIVEN THERAPIE UND GESTALTTHERAPIE

In der vorliegenden Arbeit sollen Konzepte und Formen der Gruppenarbeit dargestellt werden, wie sie in der Gestalttherapie von F.S. Perls, L. Perls und P. Goodman praktiziert werden und in der"Integrativen Therapie" ,die von Petzold (1965, 1980b, 1984a) als Integration verschiedener therapeutischer Ansätze, insbesondere der Psychoanalyse, der Gestalttherapie, des therapeutischen Theaters V.N. Iljines (1942) und des Psychodramas J.L. Morenos (1946), entwickelt wurde, Verwendung finden.

1. Bemerkungen zum Hintergrund der Verfahren

Gestalttherapie und Integrative Therapie sind tiefenpsychologisch fundierte Verfahren der Psycho-, Sozio- und Leibtherapie, die psychoanalytisches und phänomenologisches Gedankengut zu einem Ansatz dialogischer und ganzheitlicher Behandlung verbinden. Durch Zentrierung auf leibliches Erleben, emotionalen Ausdruck und kognitive Einsichtsprozesse soll eine integrierte Persönlichkeit erhalten, entwickelt und wiederhergestellt werden (Petzold 1974a, 1978). In der Integrativen Therapie wurde hierfür über das rudimentäre Selbstkonzept von Goodman (in: Perls, Hefferline, Goodman 1951) hinaus ein Konzept zu einer integrativen Persönlichkeitstheorie entwickelt mit den Elementen Leib-Selbst, Ich und Identität (Petzold 1984a,b). Persönlichkeit als prägnante subjektive Existenz entsteht und wächst in sozialen Kontexten, Gruppen, Systemen (idem 1974a, 294; 1984a); die Figur ist unlösbar mit dem Hintergrund verbunden. Die Figur-Grund-Konfiguration der klassischen Gestaltpsychologie (Koffka 1935), die Organismus-Umwelt-Verbindung im Ansatz Goldsteins (1939), der unslösbare Bezug von Mensch und Welt, wie ihn der Holismus von Smuts (1926) und die Feldtheorie Lewins (1963) vertritt - diese Autoren haben Perls nachhaltig beeinflußt - machen eine Berücksichtigung des sozialen und ökologischen Kontextes im therapeutischen Handeln unbedingt erforderlich.

Die Gestalttherapie wurde von dem Berliner Psychiater und Psychoanalytiker Friedrich ("Fritz") Salomon Perls (1893-1970), seiner Frau Lore Perls (* 1906), Gestaltpsychologin und Psychoanalytikerin, und dem avantgardistischen Sozialphilosophen, Alternativpädagogen, Therapeuten und Schriftsteller Paul Goodman (1911-1972) begründet. Obgleich durch den gestaltpsychologischen Einfluß kontextbezogenes Denken in dieser Gründergeneration zentral stand, obgleich Perls und Goodman von ihrem politischen Hintergrund her den anarchistischen Konzepten der Kommune und Kooperationsgemeinschaft nahestanden - Goodman hat sie in seinen praktischen alternativpädagogischen Experimenten und seinen Bürgerinitiativen, Perls in seinem Gestaltkibbuz umgesetzt (Blankertz 1984; Stevens 1970; Petzold 1984b) - bleiben Goodman, Fritz und Lore Perls aufgrund ihrer psychoanalytischen Ausbildung und Praxis über lange Zeit Einzeltherapeuten. Goodman arbeitete nie mit Therapiegruppen (höchstens mit Ausbildungsgruppen), und Fritz und Lore Perls begannen relativ spät (Ender der 50er Jahre) in Gruppen zu arbeiten und hier auch zunächst mit Ausbildungsgruppen von Therapeuten.

Selbst beim Übergang zur Gruppenarbeit wurde von Fritz und Lore Perls jeweils mit unterschiedlicher Ausprägung eine Form des Vorgehens entwickelt, die am exaktesten als "Einzeltherapie in der Gruppe" charakterisiert werden kann: "Basically I am doing a kind of individual therapy in a group setting" (Perls 1969, 73). Fritz Perls ging so weit, die Einzeltherapie gänzlich aufzugeben:

"I claimed all individual therapy to be obsolete and pointed out the advantages of the workshop. I believe that in the workshop, you learn so much by understanding what's going on in this other person, and realize that so much of his conflicts are your own, and by identification you learn. Learning equals discovery...Now I'm slowly coming to the insight that workshops and group therapy also are obsolete, and we are going to start our first Gestalt Kibbuz next year... The whole thing is meant to be growth experience and we hope that in this time we can produce real people" (ibid. 73f).

Der Gestaltkibbuz sollte den "community spirit" (ibid.74) aufbauen, und dieses Modell wurde tatsächlich am Lake Cowichan realisiert (Stevens 1970; Petzold 1970a).

Im Jahr 1966 stellt Perls zum ersten Mal seine Konzeption der Gruppentherapie in einem Vortrag vor der "American Psychological Association" dar (unter dem Titel "Group versus individual therapy" 1967 erschienen; dt. 1980, 175-182).

Perls strebte eine "Kombination von Gruppen- und Einzeltherapie" an (ibid.177), nachdem er vorübergehend seine "Patienten aufforderte, sowohl Einzel- als auch Gruppentherapie zu machen. Später jedoch habe ich die Einzeltherapie gänzlich fallen lassen, außer in Notfällen. Letztendlich bin ich zu der Auffassung gelangt, daß alle Einzeltherapie überholt sei und durch Workshops in der Gestalttherapie ersetzt werden sollte. Jedoch ist diese Arbeit in der Gruppe nur dann wirksam, wenn die Begegnung des Therapeuten mit einem einzelnen Patienten innerhalb der Gruppe wirksam wird". So ist die Hot-Seat-Arbeit zum Kennzeichen der Gestalttherapie als Gruppentherapie geworden, obgleich es sich hier um eine Ausprägung gestalttherapeutischer Arbeit handelt, die vorwiegend an der Westküste praktiziert wird.

Das Arbeiten in der Gruppe, die nur als Resonanzboden oder im Sinne eines "griechischen Chorus" benutzt wird, kann aber auch noch durch "kollektive Experimente gefördert werden: Kauderwelsch miteinander reden oder mit Kontakt- und Rückzugsexperimenten arbeiten, oder die Bedeutung von Atmosphäre verstehen lernen" (ibid.). Einzeltherapie in der Gruppe ja, *"but it's not limited to this; very often a group happening - happens to happen. Usually I only interfere if the group happening comes merely to mind-fucking. Most group therapy is nothing but mind-fucking. Ping-pong-games, 'who's right?, opinion exchanges, interpretations and all that crap. If people do this I interfere. If they are giving their experiences, if they are honest in their expression - wonderful" (idem 1969, 73).*

Perls kennzeichnet seinen Stil selbst wie folgt: "Im Gegensatz zu dem üblichen Typ von Gruppentreffen trage ich die Last der Sitzung, indem ich entweder mit Einzelnen therapeutisch arbeite oder Gruppenexperimente anleite" (idem 1967/1980, 108). Zwar stößt Perls gegen Ende seines Lebens zum Konzept des "Gestaltkibbuz" vor und verwirklicht damit einen politischen Jugendtraum, der noch aus der Zeit seiner Aktivität in den Arbeiter- und Soldatenräten, seinen Kontakten zu Gustav Landauer, stammt: Die anarchistische Kommune, das Kollektiv des Kibbuz, in dem "die Trennung zwischen Seminarteilnehmern und Leitern aufgehoben wird. Alle anfallenden Arbeiten werden von den Leuten gemacht, die zum Kibbuz kommen. Der Hauptakzent liegt auf der Entwicklung von Gemeinschaftsgeist und Reife und von Entwicklung" der Persönlichkeit (Perls 1969b/1981, 323f).

Dies ist eine Entwicklung, die für seine therapeutische Praxis und die seiner Mitarbeiter und Nachfolger wenig Konsequenzen hatte. Obwohl er die Organismus-Umfeld-Relation immer wieder betont, das "Ich und das Du" herausstellt, wenn er Begegnung und Kontakt, das "I and Thou in the Here and Now" (idem 1969) zum Kern seiner Therapie macht, so vernachlässigt er diese Erkenntnisse doch für die Gruppe. ...*People and organisms can communicate with each other and we call it the Mitwelt, the common world which you have and the other person has ... So they go into the search for common interests, for the common world, where we have a possible interest, communication, and togetherness, where we get suddenly from the I and the You to the We. (idem 1969, 6).* Ja, er geht noch weiter und sagt im Cowichan Kibbuz: "Ich und Du, das ist die Grundlage zum Wir, und nur gemeinsam können wir diese Welt etwas menschlicher machen" (idem 1969a). Er und die übrigen Gestalttherapeuten der Gründergeneration affirmieren immer wieder, daß das "Ganze mehr (und etwas anders) ist als die Summe seiner Teile", jedoch setzen sie diese Erkenntnis nicht auf die Gruppe um, sondern sie behalten für die Gruppensituation sowohl im Bezug zum Einzelnen in der Gruppe als auch zur Gruppe als Ganzem eine dyadische Situation bei, ein Moment, das auch für viele Schulen der analytischen Gruppenpsychotherapie (Kutter 1985) kennzeichnend ist. Das prägende Moment der Lehranalyse, das Freud'sche Paradigma, das den Menschen als eine in sich geschlossene Einheit gleichsam isoliert vom Kontext sieht - die klassische psychoanalytische Technik akzentuiert dieses noch, eine Struktur, die selbst nach der Einführung des Gegenübertragungskonzeptes sich vielfach kaum gemindert hat - dieses psychoanalytische Paradigma der Dyade also, ist nur sehr schwer zu überwinden. So schreibt E. Kepner 1983 vom Cleveland Gestalt-Institute, daß ihre Lehrer vom New Yorker Ausbildungsinstitut für Gestalttherapie: Fritz Perls, Lore Perls, Isadore From, Paul Goodman und Paul Weisz alle "nach dem Modell der auf Einzelbehandlung ausgerichteten psychotherapeutischen Gruppe vorgingen" (Kepner 1983, 26).

In der Gestalttherapie entwickelten sich noch zu Lebzeiten von Perls und weiter nach seinem Tode verschiedene Formen, den Umgang mit der Gruppe zu handhaben. Diese Formen waren sehr abhängig von den Erfahrungen, Einflüssen und theoretischen Konzepten der Gruppenleiter, die sie entwickelten - und nicht zuletzt von den Persönlichkeiten der Therapeuten. Perls war, bei aller Heftigkeit seiner Abgrenzungsversuche, in seiner therapeutischen Grundausrichtung Psychoanalytiker geblieben. Die Dyade, die skillful frustration (Freuds Abstinenzprinzip und Frustrationskonzept), die Auffassung des Therapeuten als "catalyst" (Ferenczis "katalytisches Ferment"), Perls' Rekurs auf das Widerstands- und Abwehrkonzept (Übernahme der Abwehrmechanismen Projektion, Introjektion usw.), sein letztendliches Festhalten an einem Energiekonzept und einem modifizierten Instanzenmodell (Top-Dog/Under-Dog) sowie an dem so zentralen Bewußtseinsmodell weisen dies aus. Das "continuum of awareness" entspricht der "gleichschwebenden Aufmerksamkeit" in der Psychoanalyse, und auch am zentralsten Begriff der Freudschen Theorie, dem Unbewußten, hält er - wieder mit geringfügigen Modifikationen - fest: *"Awareness covers, so to speak, three layers or three zones: awareness of the self, awareness of the world and awareness of what's between - the intermediate zone of phantasy that prevents a person from being in touch with either himself or the world. This is Freud's great discovery - that there is something between you and the world"* (Perls 1969, 51f). Fritz und Lore Perls bezeichnen sich bis in die 5oer Jahre als Psychoanalytiker: "We still called ourselves psychoanalysts but revisionists" (L. Perls 1982, 6).

Auf einem solchen Hintergrund war es für Fritz Perls unmöglich, als er Ende der 40er Jahre mit Moreno in Kontakt kam und am Moreno-Institute Sitzungen besuchte, dessen soziometrisches Gedankengut aufzunehmen. Er sah bei Moreno die Einzeltherapie in der Gruppe, das protagonistzentrierte Psychodrama, in dem die Gruppenmitglieder als Mitspieler fungierten, und das Monodrama, in dem ein Patient alle Rollen selbst (mit leeren Stühlen) spielt - eine Vorgehensweise, die von Moreno (1946) schon in den 30er und 40er Jahren praktiziert wurde - und dieses Modell übernimmt Perls für seine Arbeit: "Wir können mit unseren Patienten zusammen Psychodrama spielen, wir können sie aber auch ermuntern, dieses Spiel alleine zu spielen; und das Spielen nennen wir 'Monotherapie'" (Perls 1973/1976, 105).

2. Stile der Gestalttherapie

Noch zu Lebzeiten von Perls hatten sich unterschiedliche Vorgehensweisen und Stile in der Gestalttherapie ausgeprägt. Obgleich die Unterscheidung von verschiedenen Formen gestalttherapeutischen Arbeitens, wie sie im folgenden kurz aufgezeigt werden, sich zumindest im amerikanischen Bereich entregionalisieren, behalten sie als Stilmerkmale doch ihre Gültigkeit.

2.1. Westküstenstil - Klassische Gestalttherapie

Der Westküstenstil gestalttherapeutischer Arbeit ist gänzlich am personenzentrierten Modell von Perls orientiert. Die Gruppe wird als "Chorus" einbezogen; ansonsten arbeitet der Therapeut mit einem Patienten in der Gruppe. Zuweilen werden der Gruppe Awareness-Spiele angeboten (Perls, Lewitzky, 1980; Stevens 1975), die Gestalttherapeuten entwickelt haben, um strukturierte Lernerfahrungen in Form von Experimenten zu vermitteln. Die Gruppe als Ganzes wird nicht beachtet. Interaktionen in der Gruppe werden nicht gefördert, zum Teil unterbrochen, wenn sie dem Konzept der "direkten Kommunikation" nicht entsprechen. J. Simkin, einer der profiliertesten Vertreter dieses Stils, stellt fest: "In der Gestalttherapie ist es nicht nötig, auf Gruppendynamik besonders Rücksicht zu nehmen, obwohl manche Gestalttherapeuten das tun" (idem 1974, 4).

Eine solche Aussage bleibt wiederum hinter dem gesamten theoretischen Fundus, den die Gestalttherapie sowohl aus der Gestaltpsychologie übernommen hat (Umweltbezogenheit, systemisches und feldtheoretisches Denken) als auch aus der Phänomenologie entlehnt hat (das Lebenswelt- und Mitweltkonzept),weit zurück. Dieser Stil führt zu übertragungsintensivem Geschehen zwischen einem Gruppenmitglied und dem Leiter, in dem im Hier-und-Jetzt verdrängte Szenen der Vergangenheit aufkommen und bearbeitet werden können. Dabei wird nicht gesehen, daß das Material oft ein Thema der Gruppe artikuliert, das auch auf der Ebene der Gruppe behandelt werden müßte. Die Übertragungsintensität würde zu einem wirklichen Durcharbeiten eine längere Dauer beanspruchen, als dies in den Workshops des Westküstenstils häufig gegeben ist. Eine Fixierung auf den Leiter, der, wenn er seine Gegenübertragung nicht gut im Griff hat, oft aus einer normierenden Über-Ich-Position reagiert, ist nur schwer aufzulösen, und so steht die Methodik des "Hot Seat", auf dem der Patient lernen soll, autonom und kreativ zu handeln, dieser Zielsetzung oftmals im Wege. Responsibility als "response-ability zu lernen (Perls 1969, 1980), wird durch ein methodisches Vorgehen behindert, das auf der Grundlage von Dependenz arbeitet. Das Respondieren gerät in die Gefahr, auf angepaßte Reaktionen dem Therapeuten gegenüber fixiert zu werden. Um Unabhängigkeit und persönliche Freiheit zu erreichen, muß deshalb auch die Beziehung zum Therapeuten durchgearbeitet und gelöst werden.

Wir haben hier die gleiche Schwierigkeit der Inkompatibilität von Zielsetzung und Methode wie in der Psychoanalyse, bei der Freud den Patienten zunächst auf die Couch legte, um ihn dann auf die Beine zu stellen, damit er im Leben eine selbstbestimmte Persönlichkeit werden kann. Vom "Hot Seat" zur Selbstverantwortung, von der Übertragungsneurose zur Neurosefreiheit zu kommen, ist ein - zuweilen notwendiger - (Um-)Weg, der sicher Kunstfertigkeit erfordert, zumal *die dyadische Struktur derartiger Psychotherapien auf der strukturellen Ebene den Ödipus vermeidet. Die "Triadisierung" als Grundsituation der sozialen Welt findet sich in der Zweiersituation der Psychoanalyse und in der Gestalttherapie als Einzelverfahren oder personenzentriertem Vorgehen in der Gruppe nicht*. Die Auseinandersetzung mit dieser Grundsituation menschlicher Individuation und Beziehungsfähigkeit geschieht allenfalls indirekt; in der gedanklichen Auseinandersetzung mit ödipalen, vor allem familiären und gruppalen Situationen, oder im Transfer therapeutischer Erkenntnisse auf die Alltagssituation, in der sich der Patient erprobt und die gewonnenen Erfahrungen oder Mißerfolge wieder in die Therapie bringt.

Die Gefahren des personenzentrierten Stils in der Einzelanalyse und Gestaltgruppenarbeit haben sich denn auch deutlich in Fehlentwicklungen sowohl der Psychoanalyse als auch der Gestalttherapie gezeigt: starke Fixierung an den Therapeuten, Analysezeiten von sieben, neun und mehr Jahren, bzw. starke Fixierung an den "Trainer", dem man nachreist und der die Rolle eines "Gestaltgurus" annimmt.

Die Probleme, die der Westküstenstil der Gestalttherapie mit sich bringt, haben dazu geführt, daß er sich im klinischen Setting kaum durchgesetzt hat. Diese Form des übermächtigen Therapeuten mit seinen aktiven, strategischen Eingriffen (Manipulationen) ist für schwergestörte Patienten nicht geeignet. Der Therapeut ist zu gewaltig, zu angstauslösend; die evozierten Emotionen sind zu überflutend, so daß die Gefahr maligner Regressionen sehr groß ist. Die frustrierende Haltung dieses Stils, der mit der "skillful frustration" den Patienten immer wieder auf seine Grenzen, auf seine eigene Verantwortung verweist, ist für Patienten, die im frühen Bereich geschädigt sind (narzißtische Neurosen, Bordeline-Patienten u.a.) nicht auszuhalten. Um diese Patientengruppen zu behandeln, mußte ein anderer Weg gestalttherapeutischen Vorgehens eingeschlagen werden, genau wie die abstinente Haltung der Psychoanalyse für diese Patientengruppen modifiziert werden mußte, wie dies durch die Arbeit von S. Ferenczi, F. Fromm-Reichmann, K. Horney, H. Kohut u.a. geschehen ist. Lore Perls betont ausdrücklich, daß die dramtische Arbeit mit dem Hot Seat des späten Stils von Fritz und der Westküsten-Arbeit "nur eine von den unendlich vielen Möglichkeiten in der Gestalttherapie ist. Sie ist nicht nützlich in der Arbeit mit stark gestörten Patienten und völlig unbrauchbar mit Schizophrenen und Paranoikern. Fritz Perls wußte dies sehr genau und überging einfach Workshop-Teilnehmer, bei denen er schizoide oder paranoide Störungen vermutete" (L. Perls 1980, 255).

2.2 Ostküsten-Stil - Integrative Gestalttherapie

Die Therapeuten der Ostküste, insbesondere vom New Yorker Institut, und die von diesen ausgebildeten Therapeuten am Cleveland Gestalt Institute nahmen unter der Ägide von L. Perls I. From, P. Goodman eine andere Ausrichtung. Im Unterschied zu den Westküsten-Therapeuten, die wie F. Perls häufig Workshops zur Selbsterfahrung und Persönlichkeitsentwicklung mit Gesunden veranstalteten, waren sie klinischer orientiert. Sie behielten die Einzeltherapie als wichtigen Behandlungsmodus in Form der "Gestaltanalyse" bei und arbeiteten stärker gruppenbezogen (group oriented). Lore Perls betont das Figur-Grund-Phänomen zwischen Organismus und Umwelt: "Er ist die Kenntnisnahme vom anderen, der Umgang mit dem anderen, dem Andersartigen, dem Fremden" (eadem 1976, 223). Eine solche Position und ihre auf Zusammenarbeit im Team gerichtete Persönlichkeit führte sie zu einer stärkeren Ausrichtung auf die Gruppe. Fritz Perls blieb bis ans Lebensende Einzelgänger, der allerdings noch in seinem letzten Lebensjahr mit der Gründung des Gestalt-Kibbuz einen großen Integrationsversuch unternimmt. Im Unterschied zu Fritz entwickelte Lore Perls das New Yorker Zentrum in kollegialer Zusammenarbeit. Die Persönlichkeit prägt also auch den therapeutischen Entwurf entscheidend. Lore Perls zieht die Kinder auf, während "Fritz" die Familie verläßt und sich der ödipalen Auseinandersetzung entzieht (Gaines 1979). "Lore Perls, die vorwiegend mit kleinen Gruppen arbeitet, neigt ebenfalls dazu, einen Großteil der Zeit mit Einzelnen zu arbeiten, jedoch entwickelt die Gruppe unter ihrer Art der Leitung ein Gefühl der Zusammengehörigkeit und wird zu einer sozialen Matrix für ihre Mitglieder" (Feder, Ronall 1983, 13).

Im New Yorker und Cleveland Institute konnten dann die theoretischen Konzepte von Fritz Perls allmählich für den Umgang mit Gruppen umgesetzt werden:

"Kein Einzelner genügt sich selbst, das Individuum kann nur in einem Umfeld (environmental field) existieren. Das Individuum ist zwangsläufig in jedem Augenblick Teil irgendeines Feldes, das sowohl es selbst als auch seine Umwelt einschließt. Die Natur der Beziehung zwischen ihm und seiner Umwelt determiniert das Verhalten des Menschen. Aus dieser neuen Perspektive gesehen, stehen die Umwelt und der Organismus in einer Beziehung der Gegenseitigkeit zueinander" (F. Perls 1973, 16).

Diese sehr an die Theorien Lewins erinnernden Ausführungen (beide Autoren schöpfen ja aus gleichen Quellen, der Berliner und Frankfurter Schule der Gestaltpsychologie) werden aber nur sehr zögernd - ja geradezu unbeholfen - in eine praktikable Methodologie des Umgangs mit Gruppen umgesetzt. Der erste Sammelband "Gestalt Therapy Now" von Fagan und Shephard (1970) bringt im Hinblick auf eine Gruppentherapie, die die Gruppe selbst in den Fokus nimmt, in keinem der 25 Beiträge Anstöße, wenn man von Ruth Cohns themenzentrierten-interaktionalem Modell einmal absieht. Gruppenaktivitäten über den "Hot Seat" hinaus erfolgen in Form von strukturierten Lernerfahrungen als "Awareness Training" (Enright 1970, 263 f), und natürlich findet sich mit W. Kempler (1970, 1975) und seiner "Gestaltfamilientherapie" eine Überschreitung zur Arbeit mit Familiengruppen hin. Als 1972 der Standardtext von Erving und Miriam Polster "Gestalt Therapy Integrated" erscheint, bringt auch er keine neuen Impulse. Die Personzentriertheit steht im Vordergrund, die Gruppe wird wiederum nur durch Experimente einbezogen, wobei diesen jedoch weiterer Raum gegeben wird. Das 1972 erschienene Buch von J.O. Stevens "Awareness" hatte dazu eine Fülle von Materialien, Techniken und Übungen zusammengetragen. Durch das Einbeziehen aktionaler Elemente sollte die Gruppe insgesamt mobilisiert werden. Hier beginnt sich ein gewisser Einfluß des Psychodramas bemerkbar zu machen.

Zinker erweitert die Traumarbeit auf dem "Hot Seat" durch Dramatisierung von Träumen: "Dream Work as Theatre: An Innovation in Gestalt Therapy" (idem 1971). Als einer der führenden Lehrtherapeuten des "Cleveland Gestalt Institut" trägt er zur Entwicklung aktionaler Gruppenarbeit wesentlich bei. In seinem 1977 erschienenen Buch "Creative Process in Gestalt Therapy" findet sich dann erstmals bei einem gestalttherapeutischen Autor ein Kapitel "Principles of Gestalt Group Process", und interessanterweise trägt der unmittelbar voranstehende Abschnitt die Überschrift "Psychodrama: A revolutionary movement" und wird der Einfluß Morenos hervorgehoben. "It is this emphasis on innovative acting out which buttressed the Zeitgeist of the 1950's and laid the ground for the popularity of the Gestalt approach to groups" (Zinker 1977, 161). Gleichzeitig wird aber von Zinker der protagonistzentrierte Ansatz des klassischen Psychodramas genauso kritisiert wie der personzentrierte Ansatz von Perls. Und stattdessen wird das am Cleveland Institute entwickelte Gruppenmodell vorgestellt, das vier Grundprinzipien hat:

"1) the primacy of present ongoing group experience; 2) the process of developing group awareness; 3) the importance of active contact between the participants; 4) the use of interactional experiments stimulated by an actively involved leader" (ibid.161f).

Neben dem Einfluß Morenos, dem Rückgriff auf das Konzept des Experiments, werden Impulse aus der gruppendynamischen Bewegung deutlich, wenn die Gruppe als ein "Microcosm of Society" bezeichnet wird (Slaters Microcosmos-Metapher) oder als "Humanistic Laboratory , in wich you can test the influence of behaviors you have found heretofore unacceptable" (ibid.166), wo die gruppendynamische Konzeption der Lewin-Schule in der Tradition der "National Training Laboratories" durchscheint (Benne et al. 1975). Auch der Einfluß von Rogers (1970) und Bion (1971) wird sichtbar. In der Gruppe stehen nicht nur Einzelprobleme im Vordergrund. "Every individual theme is also a social-interactional theme" (Zinker 1977, 162), eine Art "Social Gestalt which emerges in the situation" (Zinker 1977, 162). Das Awareness-Konzept der Gestalttherapie (Davis 1985) wird auf das Gruppengeschehen ausgedehnt. "At the level of Group Process, this takes the form of shared concerns and themes"(Zinker 1977,162). Das Kontaktmodell der Gestalttherapie (Perls et al. 1951) wird auf die Ebene der Gruppe transponiert: "At the level of Group Process, contact is experienced as a sense of one's own uniqueness, a sense of the difference between each of the members of the group and also of similarities. It is an experience of commonality, community, as well as individuality" Zinker 1977). Hier wird ein relativ komplexes Modell von Gruppenarbeit vorgestellt, das in der Folge am Cleveland Gestalt Institute noch weiter ausgearbeitet wird (Zinker 1980; Kepner 1980). Dem Thema der Kohärenz der Gruppe und dem Gruppenprozeß wird noch weitere Aufmerksamkeit geschenkt, und in Anlehnung an das von Goodman unter Rückgriff auf G.H. Mead entwickelte Modell des "Kontaktzyklus" (Perls, Hefferline, Goodman 1951) entwirft Zinker (1980) einen "Zyklus der Gestaltgruppe".

Abbildung I:

Der Gestaltgruppenzyklus

Abbildung II: Gestaltgruppenprozeß

Stärkerer Zusammenhalt

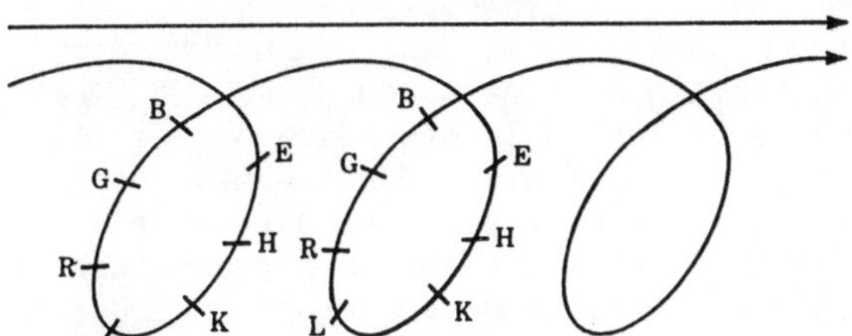

G = Gewahrsein
B = Bewußtheit
E = Energie
H = Handlung
K = Kontakt
L = Lösung
R = Rückzug, Ruhe, Schweigen

(Aus Zinker 1980)

Als Gruppenbewußtsein wird die Hier-und-Jetzt-Wahrnehmung der Gruppenmitglieder bezeichnet. Die über die Wahrnehmung entstehenden Prozesse führen zur Gruppenenergie, zum Impuls, etwas zu tun, der sich im Gruppenhandeln konkretisiert. "Es ist die lebendige Beziehung zwischen Menschen, durch die der jeweilige Inhalt seine thematische Ausfaltung erfährt und den letztlich entscheidenden Kontakt ermöglicht" (Zinker 1980/1983, 86). Probleme des Einzelnen oder der Gruppe können dann gemeinsam zu einer Lösung finden, die in einen Zustand der Ruhe übergeht. Aus diesen können sich durch neue Wahrnehmung neue "soziale Gestalten" entwickeln, so daß ein spiraliger Prozeß entsteht, in dem und durch den die Ziele von Gestaltgruppen erreicht werden können. Und diese sind dann die klassischen Zielsetzungen des Gestaltansatzes, soweit er das Individuum betrifft:

"Innerpsychische Widerstände miteinander zu versöhnen;
sich seiner Sinnesvorgänge deutlicher bewußt zu werden;
sein Bewußtsein zu bereichern und zu erweitern;
sein Bewußtsein so auszudehnen, daß es in Engagement und Aktion umschlägt;
Kontakt zu sich selbst und zu anderen Menschen herzustellen;
gangbare Wege zu finden, sich zurückzuziehen, sich stärken und erneuern zu können;
zu lernen, sich mit seinem ganzen Wesen selbst zu stützen;
zu lernen, wie er reibungslos und ohne ernsthafte Blockaden den Zyklus von Bewußtwerden-Engagement-Kontakt durchlaufen kann" (ibid.1980/1983, 88).

Auch für die Gruppe selbst ergeben sich Ziele: z.B. mit "Nähe und Abgrenzung umzugehen, Bedürfnisse miteinander regulieren zu lernen, kreativ mit interpersonalen Konflikten fertig zu werden, ein Gefühl der Gemeinschaft, der gegenseitigen Unterstützung, Achtung aufzubauen, miteinander arbeiten zu lernen, sich gegenseitig zu helfen, wechselseitig zur Klärung der eigenen Identität beizutragen (ibid.88). Zinker vertritt dezidiert die Position, daß Identität des Einzelnen in der Gemeinschaft ... durch seine Konflikte mit anderen geformt" wird (ibid.93); und hier wird eine entwicklungspsychologische Perspektive eingeführt, daß nämlich in der Gruppe Familieninteraktionen im Rahmen eines Entwicklungsgeschehens stattfinden können. Es wird "die Metapher von der Familie" (ibid.101) verwendet, wobei die konkrete Arbeit die Form eines Psychodramas hat, durch das die Familiensituation inszeniert wird.

Die starke Orientierung an Moreno und an der Lewinschen Gruppendynamik und der Bezug zu Rogers führt aber auch zu Schwächen des Clevelander Gruppenmodells. Der Frage der unbewußten Prozesse in der Gruppe, des Umgangs mit lateralen Übertragungen und Übertragungen zum Leiter hin oder gar auf die Gruppe wird nicht nachgegangen. Widerstandsphänomene und Abwehrmechanismen werden nicht thematisiert, und das "phänomenologische Hier-und-Jetzt" (Zinker 1975) erweist sich als Eingrenzung, da eine Horizonthaftigkeit in Richtung auf Vergangenheit und Zukunft einerseits und in Richtung des umgebenden Kontextes der Gruppe andererseits nicht aufgegriffen werden. Zwar betont Zinker (1977, 164) "The social environment in its global sense is always accomodating", aber er wendet diese Erkenntnis nicht auf fremdbestimmende Faktoren an. Die Mikrokosmos-Metapher der Gruppe führt zu einer Isolation vom institutionellen Rahmen und von gesellschaftlichen Einflüssen - Momente, die von der europäischen Entwicklung des Gestalt-Gruppenansatzes, d.h. der Integrativen Therapie, als sehr wesentlich angesehen werden (vgl. Frühmann, dieses Buch, Bd. I).

Der Gestaltgruppenprozeß im Clevelander Modell wird durch eine Reihe von Regeln strukturiert, ein Moment, das schon Perls (1980, 193) mit seinen "Ground Rules" eingeführt hatte und das auch die Themenzentrierte Interaktion (vgl. Matzdorf, dieses Buch) stark bestimmt und die Gefahr der rigiden Normierung birgt, worauf Zinker auch hinweist. Die wichtigsten Regeln sind:

Take ownership of your language and behaviour. - Give priority to what you are experiencing here and now. - Attend to the manner in which you listen to others. - Convert questions into a statement. - Make an effort to talk directly to another person. - Listen to other peoples's feeling and acknowledge them. - Assume confidentiality of what others say. - Experiment with taking risks as you participate in the discussion. - Respect the psychological space of others (vgl. Zinker 1977, 165ff).

Der eingrenzende Einfluß durch die Regeln könnte fruchtbar gemacht werden, wenn die Dynamik ihrer "Übertretung" reflektiert würde. Diesen Weg aber beschreitet das Clevelander Modell nicht, weil es auf eine tiefenpsychologische Perspektive verzichtet. Es wollte sich am NTL-Modell orientieren. So bezieht sich E. Kepner, Gründungsmitglied des Clevelander Institutes, ausdrücklich auf ihre Erfahrungen, die sie Anfang der 70er Jahre bei den National Training Laboratories gemacht hatte und die sie 1975 zu einer Präzisierung des Gruppenmodells des Clevelander Institutes in Zusammenarbeit mit ihrem dortigen Kollegen führte. Auch sie betont,

"daß die Entwicklung des schöpferischen Potentials beim Einzelnen mit einem gut funktionierenden Gesellschaftssystem in Beziehung steht" und von diesem abhängt; weiterhin, daß "Gruppen ebenso wie Einzelne im Laufe ihres Veränderungsprozesses Entwicklungsstadien durchmachen, die - in Verhaltensbegriffen vereinfacht ausgedrückt - als ein Fortschreiten von Dependenz (Abhängigkeit) über Konterdependenz ("Pseudo-Unabhängigkeit") zur Interdependenz (wechselseitige Abhängigkeit) charakterisiert werden können. Dieses Modell verlangt vom Gruppenleiter im Laufe der Zeit eine schrittweise Veränderung seiner Rolle und seines Verhaltens" (Kepner 1980/1983, 21).

Es wird hier auf das Lewinsche Modell der Gruppendynamik zur Strukturierung des therapeutischen Prozesses Bezug genommen, und Kepner vertritt diese Position argumentativ mit dem Hinweis darauf, daß Perls und Lewin aus den gleichen Quellen schöpfen: gestalttheoretisches und feldtheoretisches Denken. Die klassischen gruppendynamischen Themen werden zu einer Sicht des Gruppenprozesses zusammengefaßt, der in einem ersten Stadium um Identität und Abhängigkeit, in einem zweiten Stadium um Einfluß und Unabhängigkeit zentriert und in dem Autorität und Konrolle, Normen, Konflikte, Rollen als für "die Gruppe als System" (ibid.39) wesentliche Faktoren herausgestellt werden, deren Bearbeitung Intimität bei gewährleisteter Interdependenz ermöglicht.

"Die Durcharbeitung der mit Einfluß, Macht und Autorität verbundenen Konflikte, die die zweite Phase kennzeichnet, und das Durchleben dieser Erfahrung geben den nötigen Rückhalt, auf intrapersonaler Ebene hohe Risiken einzugehen"..."Sobald eine Gruppe auf dieser Ebene funktioniert, laufen die Prozesse rasch ab, die Energie fließt synergetisch und locker ohne Hektik, und es wird ein hohes Maß an Selbstoffenbarung erreicht" (ibid.40f). Übergreifendes Prinzip ist die Aussage: "Das Ganze ist mehr als die Summe seiner Teile" (ibid.42).

Diese Entwicklung zur gruppenbezogenen Arbeit bei amerikanischen Gestalttherapeuten findet sich mit unterschiedlicher Prägnanz an der Ostküste seit 1974 wachsend. So gaben in einer Untersuchung von Feder (1974) von 196 befragten Gestalttherapeuten 147 an, daß sie gruppendynamische Prozesse der Hot-Seat-Methode von Fritz vorzögen.

"Ohne es durch Daten belegen zu können, vermute ich, daß dies auf Einflüsse von außerhalb der Gestalttherapie - wie die National Training Laboratories - zurückzuführen ist" (Feder 1980/1983, 67). Im New Yorker Institut für Gestalttherapie kamen durch das Herkommen der dort arbeitenden Gestalttherapeuten noch Einflüsse aus der Psychoanalyse und der Individualpsychologie Adlers hinzu. Ruth Cohn (1975), Richard Kitzler (1980/1983), Bud Feder (1974, 1980/1983), Ruth Ronall (1980) stehen für diese Entwicklung. Die genannten Therapeuten waren durch den kollegialen und kohäsionsfördernden Stil von Laura Perls geprägt (Feder 1980/1983, 66), und es sind Feder und Ronall, die das erste Buch über "Gestaltgruppen" unter dem Titel "Beyond the Hot Seat" 1980 herausbringen, das den Versuch verschiedener Richtungen in der Gestaltszene, dem Phänomen "Gruppe" gerecht zu werden, zeigt. Sie "betrachten diesen Band daher als einen ersten Schritt" und fassen zusammen:

"Die meisten Gruppenleiter leisten zwar noch immer ein beträchtliches Maß an Einzelarbeit - wobei der "heiße Stuhl" zwar genutzt oder auch nicht genutzt wird -, aber die Einzelarbeit ist nicht länger mehr das primäre Medium für Veränderung und Wachstum. Die hier vertretenen Autoren schenken dem Gruppenprozeß zunehmend Beachtung und sind sich der Notwendigkeit bewußt, abwechselnd das Individuum und dann wieder die Gruppe-als-Ganzes in den Mittelpunkt zu rücken" (ibid.).

Auch in diesem Band finden sich psychodynamische Perspektiven kaum. Begriffe wie Übertragung und Gegenübertragung, Widerstand und Unbewußtes fehlen, und zwar durchaus nicht, weil dies der Gestalttherapie fremde Begriffe sind. Sie spielen gerade im New Yorker Gestaltinstitut eine wichtige Rolle, wie sein Gründungsmitglied Isador From deutlich macht (From, Frech 1980). Nur gelingt die Umsetzung auf die Gruppe nicht. Und auch die Determinierungen durch den Kontext, die Gruppen erfahren, wird kaum gesehen. Ruth Ronall, die als Gestalttherapeutin und Adlerianerin auf Adlers Begriff des "Gemeinschaftsgefühls" und als Mitarbeiterin von Ruth Cohn auf das Konzept des "Globe" (Cohn 1975; Cohn, Fahrau 1984; Matzdorf, dieses Buch) Bezug nimmt, geht hier noch am weitesten; man müßte ihr Motto "Kein Mensch ist eine Insel"(eadem 1980/1983, 241) unter dem Verständnis der Integrativen Therapie erweitern: "Keine Gruppe ist eine Insel". Ronall arbeitet denn auch vorwiegend gestalttherapeutisch im Rahmen Themenzentrierter Interaktion von Ruth Cohn.

Die amerikanischen Formen der Gestalttherapie und der gestalttherapeutischen Gruppenarbeit sind, wie das in jedem lebendigen, psychotherapeutischen Verfahren der Fall ist, in Bewegung, und dies gilt auch für die Ansätze zum Umgang mit Gruppen. Die wechselseitigen Beeinflussungen wirken befruchtend und modifizierend, und auch der Austausch zwischen den Kontinenten wird nicht ohne Auswirkung bleiben, denn durch ihn haben zahlreiche amerikanische Gestalttherapeuten den gruppenzentrierten Gestaltstil der europäischen Schulen kennengelernt.

2.3 Europäischer Stil - Integrative Therapie

Ein integrativer Ansatz zur Gestalttherapie durch die Entwicklung der "Integrativen Therapie" wurde von Hilarion G. Petzold und Mitarbeitern des "Fritz Perls Instituts" ausgearbeitet. Dabei war die klassische Gestalttherapie nach Fritz Perls oder die Integrative Gestalttherapie der Polsters und des Clevelander Institutes nur eine Quelle. Von gleicher Wichtigkeit war die Psychoanalyse in der Tradition der Ungarischen Schule (Ferenczi, Balint, im weiteren Sinne auch Winnicott), wie sie duch V. Iljine, dem Begründer des "Therapeutischen Theaters" repräsentiert wurde, und das Psychodrama Morenos. Die Hintergrundtheorien: Phänomenologie (Husserl, Merleau-Ponty, Marcel), Hermeneutik (Ricoeur) und Sozialpsychologie in der Tradition von A. Schütz und G.H. Mead (Berger, Luckmann 1966) haben den psychoanalytischen Ansatz ergänzt. Der Begriff "Integrative Therapie" wurde geprägt, bevor die Gründer des "Fritz Perls Instituts" mit der Gestaltmethode in Kontakt kamen (Petzold 1965). Hilarion Petzold und Johanna Sieper hatten psychoanalytische und gruppenanalytische Erfahrungen neben guten Kenntnissen des Therapeutischen Theaters und des Psychodramas, als sie 1967 mit der Gestalttherapie von Perls in Berührung kamen. Dieser Hintergrund und auch die gruppendynamische Ausbildung bei den National Training Laboratories (NTL) konnten nicht einfach abgelegt werden, sondern es entstand die Notwendigkeit einer Integration dieser Ansätze. Auch die übrigen Therapeuten der Gründergeneration des "Fritz Perls Instituts", das 1972 in Basel offiziell entstand, nachdem schon zuvor seit 1969 in Deutschland, 1970 in Österreich und der Schweiz von Petzold und Sieper Gestaltgruppen geleitet wurden, waren gruppentherapeutisch und gruppenanalytisch ausgebildet (Hildegund Heinl, Kurt Höhfeld,

Katharina Martin). So kam es, daß von Anfang an die Gruppe als eigenständige Größe mit der klassischen "Hot-Seat-Arbeit" verbunden wurde, und zwar nicht nur additiv, sondern die Einzelarbeit wurde als"Gestalt vor dem Hintergrund der Gruppe"gesehen, die Gruppe aber als Gestalt vor dem Hintergrund des gesellschaftlichen Kontextes.

Die Bedeutung der Gruppe für therapeutisches Handeln wurde aber noch durch andere Momente hervorgehoben. Einmal durch praktische Erfahrung in einer der ersten therapeutischen Wohngemeinschaften für Drogenabhängige und in therapeutischen Wohnkollektiven mit alten Menschen (Petzold 1965, 1968, 1985a) und durch die Entwicklung eines anthropologischen Konzeptes Integrativer Therapie: "Der Mensch ist ein Körper-Seele-Geist-Organismus in einem sozialen und physikalischen Umfeld" und erfordert deshalb "Körpertherapie, Psychotherapie, Nootherapie und Soziotherapie" (idem 1965, 1970). "Der Mensch als ein personales, sich im Geflecht der Umweltrelationen selbst steuerndes System, das seine Identität in der 'Begegnung mit anderen Systemen' gewinnt, ist damit auf das Wahrnehmen und Erleben seiner selbst durch den Kontakt mit dem Umfeld verwiesen, um sein 'Ich', seine Personhaftigkeit zu erfahren (idem 1974a, 297). Zunächst wurden die Ansätze von Perls, Iljine und Moreno noch nebeneinander gestellt, wie in dem Buch "Gestalttherapie und Psychodrama" (Petzold 1973d), doch in der Praxis waren sie bereits unlösbar verwoben, so daß die Arbeit von Perls, die Erweiterung der Clevelander Schule, insbesondere durch die Polsters, und die Ausarbeitung eines "europäischen Stils" als eine konsequente Folge gesehen wurden: "Gestalttherapie, Integrierte Gestalttherapie, Integrative Therapie - eine Entwicklung" (Petzold 1974a, 294).

"Im Unterschied zu der klassischen Gestalttherapie, die 'eine Art Einzeltherapie in der Gruppe ist' (Perls 1969), wird in der Integrativen Therapie mit Einzeltherapie, personenzentrierten, gruppengerichteten und gruppenzentrierten Verfahren gearbeitet... oder eine Kombination der verschiedenen Möglichkeiten verwandt. Die Integrative Therapie versucht weiterhin, verschiedene therapeutische Medien wie Bewegung, kreative Verfahren (Malen, Tonarbeit, Musik, Poesietherapie), psychodramatisches Rollenspiel, imaginative Methoden in den therapeutischen Prozeß zu integrieren. Der Ansatz der Therapie ist in gleicher Weise auf die Haltung (Struktur) wie auf das Verhalten gerichtet. Das Problem wird immer in seinem Kontext, die Person

immer in ihrer Umwelt gesehen: In konsequenter Anwendung des Figur-Hintergrund-Prinzips. Die milieutherapeutische Ausrichtung der Integrativen Therapie muß als eine wesentliche Erweiterung des Perlsschen Ansatzes gesehen werden. Schließlich wird versucht, die Erkenntnisse der Psychoanalyse, der Verhaltenstherapie und der Sozialpsychologie in einem konsistenten Bezugsrahmen zu sehen, zu interpretieren und zu verwenden. Ein solcher Bezugsrahmen kann über einen systemtheoretischen Ansatz gewonnen werden, indem die genannten Verfahren als Subsysteme eines übergeordneten Systems der 'Integrativen Therapie' gesehen werden." (Petzold 1974a, 295)

Für diesen integrativen Ansatz gestalttherapeutischer Arbeit wurden neben der Einzeltherapie als Gestaltanalyse die Gruppentherapie schon 1973 in "personenzentrierter, gruppengerichteter, gruppenzentrierter" Ausrichtung unterschieden. Als weitere Form kommt die "themenzentrierte" Möglichkeit hinzu (Petzold 1973d, 16ff.), und es werden als Settings die Dyade der Einzeltherapie, die Therapiegruppe, das Seminar, der Workshop und der Gestaltkibbuz/ therapeutische Gemeinschaft unterschieden (ibid.19). Ein Schwerpunkt liegt im Einbeziehen des Übertragungs-/Gegenübertragungsgeschehens, der Widerstände, des Unbewußten und im Wissen darum, daß die Gruppe als Ganze Imago-Charakter annehmen kann (idem 1973c, 200), im Einbeziehen kreativer Medien (Petzold 1972; Martin 1973; Sieper 1971) und in der Berücksichtigung des sozialen Kontextes und sozialer Zusammenhänge (vgl. "Gestalttherapie und 'direkte Kommnunikation' in der Arbeit mit Elterngruppen", Petzold 1973b). Die therapeutische Gruppenarbeit wurde auch von Anfang an in ein entwicklungstheoretisches Modell gestellt:

"Die Gruppe wird als Matrix der Identität gesehen. Sie soll an die Stelle destruktiver Familienstrukturen heile familiäre Beziehungen stellen, die erfahren und verinnerlicht werden können. Sie soll ein nachsozialisierendes Wachstum ermöglichen von der Kleinkindphase über die Adoleszenz bis zur Ausbildung einer prägnanten, selbständigen Persönlichkeit. In einem solchen Prozeß der Entwicklung und der Neusozialisation, die der Einzelne und die Gesamtgruppe gemeinsam vollziehen müssen, geschieht Heilung und die Entfaltung kreativer Potentiale" (Petzold 1970, 8).

Im folgenden sollen die Gruppenkonzepte der Integrativen Therapie, wie sie im Laufe der Jahre immer prägnanter ausformuliert (Petzold, Berger 1978 und dieses Buch, Petzold 1978c) und durch die Mitarbeit zahlreicher Kollegen präzisiert wurden (Lemke 1980, Schreyögg, dieses Buch; Frühmann, dieses Buch) dargestellt werden.

3. Integrative Therapie als Gruppentherapie

Integrative Therapie ist in ihren verschiedenen Formen, ganz gleich ob Einzel- oder Gruppenarbeit, immer Therapie in Kontext und Kontinuum. Sie hat deshalb immer die relevante Umwelt eines Menschen und einer Gruppe, ihre Vergangenheit und ihre Zukunft einzubeziehen. Selbst in der einzeltherapeutischen Arbeit ist die Familie des Patienten (sein Partner, seine Kinder, seine Eltern), seine sozialen Bezugsgruppen (Arbeitskollegen, Freunde, Bekannte) und sein Lebensraum (Wohnung, Quartier, Landschaft) mit in den Blick zu nehmen und - wo immer dies notwendig und förderlich ist - mit in das therapeutische Procedere einzubeziehen. Diese Art des Vorgehens unterscheidet die Integrative Therapie grundsätzlich von der klassischen Gestalttherapie.*

* In einer Diplomarbeit von Sabine Schwarzat (1984) werden die Interventionsstile von 7 Gestalttherapeuten und 7 Familientherapeuten untersucht mit dem Ergebnis, daß die untersuchten Gestalttherapeuten sich vornehmlich auf die biographischen Bezüge, die "innere Dynamik" der Patienten richteten und den sozialen Kontext weitgehend unberücksichtigt ließen; die Familientherapeuten hingegen sich vorwiegend auf die Sozialbezüge zentrierten und genetische und psychodynamische Aspekte unberücksichtigt ließen. Aus der Sicht der Integrativen Therapie müssen beide Aspekte gleichermaßen in der theoretisch-konzeptuellen Reflexion über einen Patienten in seiner Situation und in der methodisch-praktischen Konkretisierung von Interventionen Berücksichtigung finden (Petzold, Schneewind 1986).

3.1 Warum Therapie in der Gruppe?

Der Mensch wird als personales System im Geflecht umliegender Systeme gesehen (Petzold 1974a), als Figur vor dem Hintergrund, als Mensch in der Lebenswelt, so daß eine isolationistische Perspektive, die den Menschen gleichsam als in sich geschlossenes System oder als Monade sieht, für einen integrativen therapeutischen Ansatz nicht in Frage kommt. Es können für diese Auffassung folgende Argumente geltend gemacht werden:

Anthropologisches Argument: Die Bestimmung des Menschen als ζῷον πολιτικὸν durch Aristoteles erfaßt eine anthropologische Grundtatsache sehr treffend: daß der Mensch wesensmäßig koexistierender ist. Er ist ab ovo ein soziales Wesen, das von seiner Leiblichkeit her auf Kommunikation mit der Welt und mit den Menschen ausgerichtet ist (Plessner 1928; Goldstein 1939; Mead 1934; Schütz 1962, 1964, 1966). Der Mensch geht aus der Zwischenleiblichkeit hervor; in Zeugung, Schwangerschaft, Stillzeit und Erziehung wird er zum Subjekt durch intersubjektiven Austausch, wie es G. Marcel (1978) in seiner Intersubjektivitätstheorie dargelegt hat, und er stirbt, wenn er des mitmenschlichen Kontaktes entbehren muß, wie die Hospitalismusforschung (Spitz, Bowlby) gezeigt hat. Wir sprechen deshalb in der Integrativen Therapie vom "Koexistenzaxiom" in der Psychotherapie und fundieren unseren Ansatz in einer "Philosophie der Bezogenheit" (Petzold 1980b, 226).

Erkenntnistheoretisches Argument: Erkenntnisprozesse stehen unter verschiedenen aprioristischen Annahmen. Das "leib-a-priori der Erkenntnis" (Apel 1985) affirmiert, daß ohne die Grundlage des Leibes mit seinen zerebralen Prozessen Erkenntnis nicht möglich sei. Der Leib ist Ort der Bewußtheit, der con-scientia, der Fähigkeit, sich im Zusammenhang der Welt wahrzunehmen. Das Bewußtseinsapriori verweist im Unterschied zu seiner cartesianischen Interpretation in unserem Ansatz auf die Kollektivität. Bewußtseinsstrukturen sind sozial produziert (Mead 1936, Berger, Luckmann 1966). Die con-scientia und dahinterliegend das cog-noscere sind in komplexe Sozialisationsprozesse eingebettet. Der Sinn, den der Einzelne für sich findet, ist immer con-sens. Er geht aus Beziehung und Auseinandersetzung, aus Ko-respondenzprozessen hervor. Die verbale und nonverbale Kom-munikation greift auf die Sprache zurück, auf gemeinsame Zeichen, die uns im Prozeß der

Sprachaneignung vermittelt wurden und die auf ein vorgängiges soziales Milieu verweisen (Schütz 1932, 1962; Petzold, Orth 1985). Zum Leib- und Bewußtseins-apriori der Erkenntnis kommt das Apriori der Sozialität - ohne die menschliche Gesellschaft ist menschliche Erkenntnis nicht möglich.

Persönlichkeitstheoretisches Argument: Wie der Mensch nur als Mitmensch koexistiert, so wird seine Persönlichkeit im intersubjektiven Prozeß ausgebildet, differenziert sich das Ich des Kindes in Wahrnehmung und Handeln (die zu einem bedeutsamen Teil soziale Perzeption und Aktion sind) in der Interaktion seiner Familie aus. Die Beziehungen der Primärgruppe werden verinnerlicht und werden grundlegend für spätere Beziehungsmöglichkeiten und Beziehungsstile. Der Mensch wird in Gruppen zur Person. Er erkrankt, wenn die Prozesse persönlichkeitsbildender Interaktion nicht gelingen, an seinen toxischen oder defizienten Primärgruppenbeziehungen. Heilung muß daher immer in gruppalen Kontexten erfolgen. (Selbst die Dyade der Einzelanalyse braucht den Transfer in die sozialen Alltagsbezüge des Patienten). Das Selbst braucht den Anderen, das Ich braucht das Du. Identität braucht neben den Akten der Selbsterkenntnis das Erkanntwerden durch andere, Identitätszuweisungen. Damit sehen wir wesentliche Aspekte der Persönlichkeit als sozial verankert, erweist sich Persönlichkeit als unlösbar eingebunden in gruppale bzw. soziale Kontexte (Petzold, Mathias 1983; Petzold, Ramin 1986; Metzmacher 1986; Berger, Luckmann 1966).

Therapietheoretisches Argument: Die Theorie therapeutischer Verfahren ist an metatheoretische Annahmen z.B. anthropologischer und erkenntnistheoretischer Art rückgebunden (vgl. Petzold 1984a, b). Die das therapeutische Geschehen explizierenden psychologischen Theorien müssen mit diesem Hintergrund kompatibel sein. Die Integrative Therapie bezieht sich einerseits auf phänomenologische Theorien und hier insbesondere auf das Lebensweltkonzept des späten Husserl oder von Merleau-Ponty bzw. Alfred Schütz. Der Mensch ist nur verstehbar als in die Textur der Welt verflochten (Petzold 1978c, 1985). Wir beziehen uns weiterhin auf die Theorie des sozialen Bezugs von G.H. Mead und ihre Weiterentwicklungen etwa bei Berger und Luckmann (1966) oder im "social world" Konzept von A. Strauss; Gestalttheorie und ihre feldtheoretischen bzw. systemtheoretischen Weiterentwicklungen (Petzold 1974, 296f; Walter 1978) sind eine weitere Basis. Danach ist eine Figur immer vor und mit einem Hintergrund zu sehen, ein System immer in einem Systembezug, der Mensch immer in einem Feld, durch das er bestimmt wird und das er selbst auch bestimmt und gestaltet. Feld- und systemtheoretische Betrachtungsweisen führen uns in der Integrativen Therapie zwangsläufig zu Milieutherapie, Therapie in Gruppen, Therapie mit Gruppen; denn auch sie können als Ganze erkranken (Petzold, Vormann 1980; Petzold, Zander 1985).

Politisches Argument: Grundsätzlich nehmen wir an, daß nichts in einem wertfreien Raum geschieht, sondern in gesellschaftlichen Situationen, so daß die politische Dimension nicht ausgeblendet werden kann. Die Integrative Therapie leitet ihre Wertvorstellung u.a. aus ihren anthropologischen Prämissen ab. Sie ist am Intersubjektivitätsideal orientiert, aus dem die "Sorge um die Integrität von Menschen, Gruppen und Lebensräumen" (Petzold 1978a) entfließt und auch eine Sorge um die Integrität der ökologischen Realität, der Dinge, der Welt (idem 1983, 1985). Ethische Normierungen können unserer Auffassung nach nicht dogmatisch aufgesetzt werden, sondern müssen in Korrespondenzprozessen ausgehandelt werden als ein Konsens der Betroffenen, die sich ethischen Wertsetzungen unterwerfen wollen, und sei es nur ein Konsens im Sinne eines Nachvollzugs von vorgängigen Korrespondenzprozessen. So stehen Menschen immer in Wertgemeinschaften, denn Werte wie Freiheit, Liebe, Engagement f r Integrität, Intersubjektivität erfordern gemeinsame Praxis von Freiheit, Liebe usw. "Integrative Therapie weiß sich einem 'anthropologischen Imperativ' verpflichtet: so zu handeln, daß das eigene Tun vor Menschen mit klarsichtigen und liebevollen Herzen bestehen kann" (Petzold 1985a). Auf solche Menschen ist man angewiesen, mit solchen Menschen gilt es, Solidargemeinschaften zu bilden und politisch zu handeln. Eine solche Auffassung liegt in der Tradition der Gestalttherapie und Integrativen Therapie in den Gedanken Gustav Landauers, von dem Perls beeinflußt war (Petzold 1984), in der Tradition Bubers, der Moreno und Perls beeinflußte (ibid). "Gesellschaft ist eine Gesellschaft von Gesellschaften; ein Bund von Bünden von Bünden; ein Gemeinwesen von Gemeinschaften von Gemeinschaften; eine Republik von Republiken von Republiken (Landauer 1923, 13; vgl. Sperber 1986). Es ist dies auch die basisdemokratische Auffassung von Paul Goodman 1946 ; Blankertz 1983) oder das politische Credo Iljines (1942), der wie sein Freund Berdjajew (1954) einem "christlichen Anarchismus" verpflichtet war.

3.2 Was ist Gruppe?

Der integrative Ansatz der Gruppenarbeit sieht die Gruppe als Einheit, die in einem in sich gestaffelten Kontext steht (Petzold 1974a, 316). Folgende Elemente sind für die Gruppe konstitutiv: der Systemzusammenhang der Glieder und die Einheit der "Gruppe" gegenüber dem Umfeld; die Gruppenmitglieder als Figuren vor dem Hintergrund der Gruppe; Interaktionsprozesse zwischen den Mitgliedern und zwischen Gruppe und Umfeld; Normen, Ziele und Interessen, die den Mitgliedern gemeinsam sind. Das synergetische Zusammenwirken dieser Elemente macht die Gruppe als Ganzes aus (Petzold 1974a; Petzold, Berger 1978a und dieses Buch). Die wechselseitige Relationalität im Zusammenhang "Gruppe" zeigt Eigenschaften, die keinem der Elemente, sondern nur dem Ganzen gehören. Gruppe wird sowohl von einem Binnen- wie auch von einem Außenaspekt her definiert. Gruppe ist Resultante der Differenzierungsprozesse von innen, von den Teilnehmern und ihren Interaktionen her, hin zur Unterschiedenheit. Gruppe ist gleichzeitig auch in sich verbundene Einheit, die in einem ungegliederten sozialen Feld sichtbar und vor diesem Hintergrund Figur wird, so daß sie "von außen" als Gruppe identifiziert werden kann. Die therapeutische Gruppe entwickelt sich aus einer Anzahl von Menschen zu einem Boden, wo im Schnittpunkt von Kontext und Zeitkontinuum Begegnung stattfindet, Beziehungen wachsen und Identität sich bildet; dieser Werdegang selbst ist Teil der Gruppe. Gruppe entsteht im Zusammenwirken von individueller und gruppaler Geschichte.

Die Gruppe unterscheidet sich von anderen sozialen Konfigurationen. Mit den begriffsbestimmenden Elementen Unterschiedenheit ("distinction") und Verbundenheit ("unitedness") wollen wir Agglomeration, Masse und Gruppe wie folgt definieren:

Eine Agglomeration ist eine Zahl von Menschen in zufälligen Situationen, die als unterschiedliche Individuen wahrgenommen werden können, aber keine gemeinsame Geschichte, Ziele und Interessen haben und nicht über gemeinsame Normen, Regeln und Interaktionsmuster verfügen; die Agglomeration ist durch Unterschiedenheit ohne Verbundenheit ("distinction without unitedness") gekennzeichnet.

Eine Masse ist eine große Anzahl von Menschen in einer gegebenen Situation, die nicht als unterschiedliche Individuen wahrgenommen und von Mechanismen gesteuert werden, die jenseits der Kontrolle und Verfügbarkeit des Einzelnen liegen; die Masse ist durch Verbundenheit ohne Unterschiedenheit ("unitedness without distinction") gekennzeichnet.

In Abgrenzung zu Agglomeration und Masse ist eine Gruppe eine Anzahl Menschen, die von sich selbst und von anderen als Gesamt und als unterschiedliche Individuen in einer gegebenen Situation wahrgenommen werden können, durch gemeinsame Geschichte, Ziele und Interessen verbunden sind und sich durch spezifische Normen, Regeln und Interaktionsmuster organisieren; die Gruppe ist durch Verbundenheit und Unterschiedenheit zugleich ("distinction and unitedness") gekennzeichnet.

4. Wege zu einem integrativen Gruppenmodell

Für den Versuch, ein Modell von Gruppe zu entwerfen, bezieht die Integrative Therapie wesentliche Anregungen aus den feldtheoretischen Arbeiten des Gestaltpsychologen Kurt Lewin (Lewin 1969, 1982; Mey 1965). Die bei einem solchen Versuch eingenommene Sichtweise der Gruppe und ihrer Struktur ist immer systemisch (Metzger 1975). Wesentlich ist dabei, daß der Interessensgegenstand nicht mehr nur das Individuum als Teil der Gruppe ist, sondern das Netz von Beziehungen zwischen den Teilen (Mitgliedern, Dyaden, Triaden, Subgruppen) des Gruppenganzen in seinem Kontext (Capra 1977).

Es gelten die beiden Grundannahmen der Gestaltpsychologie: Die Strukturannahme von der Kontextbestimmtheit eines Ganzen sowie die dynamische Annahme der Nichtbeliebigkeit oder unterschiedlichen Wahrscheinlichkeit von Strukturen (Lang 1981). Lewins (1982) Feldtheorie geht davon aus, daß das Verhalten eines Individuums voraussagbar ist aus der Kenntnis seines zu einem gegebenen Zeitpunkt bestehenden psychologischen Lebensraumes, abbildbar als das Individuum in Interaktion mit seinem wahrgenommenen Umfeld. Elemente wie Ziele und deren Überschneidung, damit in Beziehung stehende Spannungssysteme, Standortveränderungen und Kräfte als Tendenzen zur Standortveränderung, Barrieren zwischen Individuum und Ziel - sie alle machen den psychologischen Lebensraum aus. Verhalten zu einer bestimmten Zeit ist abhängig von Austauschprozessen zwischen dem Individuum und seiner Umwelt zur jeweils gegebenen Zeit. Die psychologische Vergangenheit, Gegenwart und Zukunft sind Teile des psychologischen Feldes zu einer bestimmten Zeit. Dieses ist also nicht perspektivelos, sondern gekennzeichnet von der Zeitperspektive des Individuums (Frank 1939), die psychologische Vergangenheit und Zukunft auf allen Realitätsebenen umfaßt und auf das Erleben und Verhalten des Menschen wirkt (Petzold 1981b). In diesem Sinn diente Lewin das psychologische Feld zu einer bestimmten Zeit als vollständig erklärende Determinante von Verhalten.

Die Gruppe als soziales Feld ist als Gesamtheit gleichzeitig bestehender sozialer Gegebenheiten der Lebensraum des Mitgliedes. Hauptmerkmal der Gruppe nach Lewin ist die in Art und Stärke unterschiedliche wechselseitige Abhängigkeit der Glieder (Lewin 1963). Metzger (1963) fordert auf der Grundlage der Interdependenz der Teile des Ganzen nicht nur die induktive, von den Elementen (Individuum) auf das Ganze (Gruppe) schließende Denkweise, sondern auch den deduktiv vom Ganzen zu den Elementen führenden Weg (Metzger 1975). Gestalttheorie, Systemtheorie und Feldtheorie sieht Metzger (1975) als begrifflich nicht klar bestimmbare, jedoch fraglos dynamische Theorien; gemeinsam ist ihnen der Bezug auf den dynamischen Zusammenhang von Zuständen zu allen Standorten in einem bestimmten Bereich.

Kepner (1980) weist darauf hin, daß der Leiter einer gestalttherapeutischen Gruppe stets mit zweifachem Fokus sehen müsse: einerseits zentriert auf die Entwicklung des Individuums in der Gruppe und die damit zusammenhängenden intrapersonalen wie interpersonalen Prozesse; andererseits in systemischer Sichtweise gerichtet auf die Entwicklung der Gruppe als Ganzes. Im Integrativen Ansatz reichen diese beiden Blickrichtungen nicht, wir müssen mehrperspektivisch schauen (Petzold 1965, 1974a; Frühmann, dieses Buch).

Um sowohl der Perspektive des Individuums wie auch jener der Gruppe als Ganzes gerecht zu werden, definieren Aghazarian und Peters (1981) unter Bezug auf Lewins Feldtheorie zwei Gruppenbegriffe mit unterschiedlichem Abstraktionsgrad: Im Bereich des unmittelbar wahrnehmbaren "sichtbaren" Geschehens in Gruppen ist die Perspektive individuell, wobei die Ebenen des Individuums und jene seiner Gruppenmitgliedschaft unterschieden werden. Die Denkweise in diesem Bereich ist induktiv, vom Individuum zur Gruppe hin führend. Von der Perspektive der Einzelperson aus gesehen ist die Gruppe Summe ihrer Teile und definiert durch den in der Wahrnehmung seines Umfeldes durch das Individuum geschaffenen Lebensraum. Das Individuum in der Gruppe stellt sich dar als System mit unterschiedlicher Permeabilität seiner Grenzen (vgl. Petzold 1974a,

297f; 1985b), das seinen Lebensraum, hier die Gruppe, in seiner Wahrnehmung zweifach gestaltet: mit seinem Diskriminationsstil (Wahrnehmung des Ähnlichen im scheinbar Verschiedenen, der Verschiedenheit im scheinbar Ähnlichen) und mit der Güte der Übereinstimmung seiner Konzepte über die Umwelt (Irrealität) mit dieser Umwelt (Realität) selbst. Auf der Ebene der Gruppenmitgliedschaft des Individuums ist die Gruppe mehr oder etwas anderes als die Summe ihrer Teile. Sie wird vom Mitglied als Umfeld, als sein Lebensraum definiert durch seine Wahrnehmung, wobei auch auf dieser Ebene das Verhältnis von Realität und Irrealität in der Wahrnehmung des Mitgliedes bestimmend ist für die Übereinstimmung zwischen seinem Konzept von Gruppe und der realen Gruppe.

Deduktives Denken führt Aghazarian und Peters (1981) zum Konzept der "unsichtbaren Gruppe", wobei die Ebenen der Rolle und der Gruppe als Ganzes unterschieden werden. Rolle wird von den Autoren verstanden als Resultante gleichgerichteter Erwartungen und Verhaltensweisen mehrerer Individuen auf ein oder mehrere Mitglieder der Gruppe hin. Solche gleichgerichteten Verhaltens- und Erwartungsbündel erzeugen in den Adressaten reaktiv Verhaltensmuster, Rollenverhalten. So entstehen soziodynamische Konstellationen in der Gruppe, die, was die Rollenverteilung betrifft, bestimmt werden durch den Gruppenprozeß und das, was die einzelnen Mitglieder an biographischem und strukturellem Hintergrund in die Gruppe einbringen (Schindler 1957/1958, 1969; Heigl-Evers 1972). Dieses Geschehen ist in jeder Gruppe zu finden und unabhängig davon, aus welchen Individuen nun die Gruppe besteht. Rollenschaffende Konstellationen von Verhalten und Rollenverhalten in der Gruppe treiben die Gruppe voran im Wachstumsprozeß oder wirken als hemmende Kräfte. Auf der Rollenebene, so die Autoren, wird sichtbar, wo die Gruppe in ihrer Entwicklung als Ganzes gerade steht. Die Gruppe als Ganzes ist definiert als Interdependenz der Teile. Sie ist etwas qualitativ anderes als die Summe dieser Teile und konstituiert sich durch die Transaktionen auf der Rollenebene.

Das Modell von Aghazarian und Peters (1981) stellt darauf ab, mit seinen Perspektiven "Komplexität zu reduzieren" (Petzold 1974a) und so Hilfen für Interventionen zu geben. Dadurch, daß ein soziologischer Rollenbegriff zugrunde gelegt wird, der sich auf die Verhaltenserwartungen zentriert und das Moment der Verkörperung und der individuellen Rollenkreation außer acht läßt, wird die Erzeugung von adaptivem Verhalten einseitig überbetont. Mit einem Rollenbegriff, wie ihn die Moreno-Tradition entwickelt hat, in dem die im Leibe gründende Spontaneität zu kreativem, innovativem Verhalten führt, das in einer Synergie aus gruppaler (gesellschaftlicher) Rollenerwartung und individueller Rollenkreation seinen Grund hat, wird eine dynamischere Perspektive eingeführt. Ein integrativer Rollenbegriff (Petzold, Mathias 1983), der in der Rolle auch somatisches, psychisches und soziales Verhalten des Individuums sieht, weiterhin das Zusammenwirken seiner Kräfte zur Symbolisierung und die Symbolisierungskraft der Gruppe, bezieht über die Rollenebene eine psychodynamische Komponente mit ein, die nicht unberücksichtigt bleiben darf. Es vernachlässigt das genannte Modell von Aghazarian und Peters die historische und die prospektive Ebene. Gruppe und Individuum, Rollenerwartungen und Rollenverkörperungen haben Geschichte und Entwurf. Sie gilt es, in den Blick zu nehmen, wobei nicht vergessen werden darf, daß all dieses sich vor einem mehrschichtigen Hintergrund abschattet. Die Gruppe ist zwar sozialer Mikrokosmos (Slater), doch diese Metapher darf nicht dazu führen, sie von übergeordneten Kontexten, vom Makrokosmos, von der Lebenswelt zu isolieren.

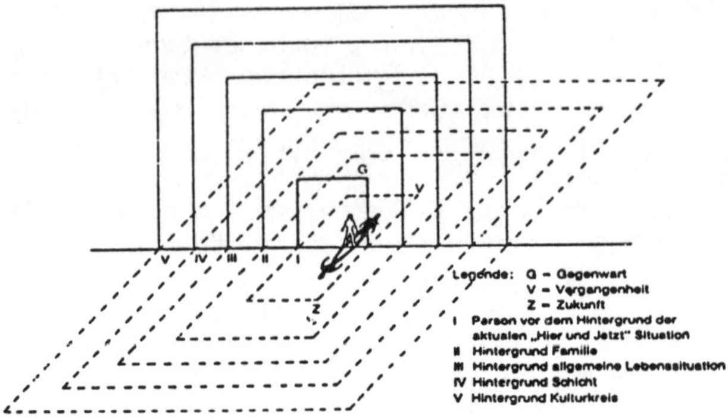

Abb. 3 (aus Petzold 1974a)

Die Person und ihr Umfeld als räumlich und zeitlich gestaffelte Figur/Hintergrund-Relation (=Kontext/Kontinuum)

Erläuterung:

Der Klient trägt in jedem Moment seiner Gegenwart die Ereignisse seiner Vergangenheit und die Möglichkeiten seiner Zukunft in sich. Er ist als Person nur in diesem zeitlichen Kontinuum zu begreifen. In gleicher Weise steht er in einem sozio-kulturellen (Volks- u. Schichtzugehörigkeit) und einem sozio-physikalischen (Land, geographische Region) Kontext, der sich als gestaffelte Figur/ Grund-Relation erweist und als Bezugsrahmen die aktuale "Hier-und-Jetzt-Situation", die Familie, die allgemeine Lebenssituation (Beruf, Freundeskreis etc.), die soziale Schicht und den Kulturkreis umfaßt. Für jeden dieser Bezugsrahmen findet sich wiederum ein Zeitkontinuum; denn jedes aktuale Geschehen, jede Familie, jede Lebenssituation, jede Kultur hat Geschichte und Zukunftsperspektiven. Ohne dieses Zeitkontinuum ist ein Verständnis von Struktur und Verhalten der genannten Systeme (Person, Familie, Schicht usw.) nicht möglich.

Durch diese Vielfalt von Dimensionen wird eine Gruppe in ihrem Kontext mit ihren Mitgliedern, ihrer Geschichte und ihrer Zukunft so komplex, daß man nicht den Anspruch haben kann, das Vielfältige ohne Rest beschreiben oder gar erklären zu müssen. Alles erfassen oder durchschauen zu wollen, bedeutet die Verkennung der Tatsache, daß Wirklichkeit so vielgestaltig, so reich an Perspektiven ist, daß sie letztlich als undurchschaubar affirmiert werden muß (Merleau-Ponty 1964). Lebendiges und Komplexes wird durch Bilder, Symbole, Metaphern, Geschichten zumeist vollständiger und prägnanter erfaßt als dies mit abstrahierenden Konzepten und Begriffen möglich ist (Nash 1963; Kopp 1972).

4.1 Das Bühnenmodell der Gruppe

Die Perspektivenvielfalt von Wirklichkeit und deren Darstellungen in der Gruppe erfordern ein Modell integrativer Gruppenarbeit, das mehrperspektivisch ist und so eine Vielfalt von Standorten zuläßt, das heißt: das Entwikkeln und Durchleben von "Lehrstücken" zur Erlangung einer mehrperspektivischen Sichtweise, zum Aushalten von Perspektivenvielfalt und Undurchschaubarkeit von Welt (Petzold 1985). Die Gruppe als "sozialer Mikrokosmos" (Slater 1970) bildet diese Welt ab, wobei die Beschaffenheit des Bildes in der Sichtweise des Einzelnen und der Gruppe abhängig ist vom Standort der das Bild schaffenden Menschen in ihrer Innen- und Außenwelt (Frühmann, dieses Buch). Auf der Bühne des Gruppengeschehens bringt jeder dort Anwesende mit seiner ganz konkreten, leiblichen Gegenwart das Gesamt der im Leib archivierten Szenen seiner Vergangenheit, die holographisch gespeichert werden (Pribram 1979) und holographisch in der Gruppe evoziert werden (Petzold 1982a). Die Inhalte des Archivs wirken als Handlungssicherheit gebende Verhaltensdeterminanten in jeder Gegenwart (Petzold 1981b). Die leibliche Präsenz der Gruppenmitglieder bildet in deren Aufeinandertreffen den Grundstock für das im therapeutischen Prozeß zu entwickelnde Stück (script).

Das Bild, das für die Gruppe in der Integrativen Therapie hier entworfen wird, ist das von der Gruppe als Bühne. Damit sich die Szenenfolge des Gruppengeschehens entwickeln kann, wird ein Bühnenmodell benötigt, das Perspektivenreichtum erlaubt; denkbar wäre die Drehbühne im Zuschauerrundraum mit der Möglichkeit, die Grenzen nach außen zur Umwelt hin zu öffnen. Wesentlich im Sinne der Perspektivenvielfalt ist die allseitige Zugänglichkeit und Sichtbarkeit des Geschehens, etwa in der Art der griechischen Orchestra, der mittelalterlichen geistlichen Spiele auf den Simultanbühnen der Marktplätze oder der Wagenbühnen, auf denen je eine Passionsszene dargestellt und an verschiedenen Plätzen der Stadt vorgeführt wurde (Southern 1964; Kindermann 1957-70; Petzold, Schmidt 1978), oder der von Moreno (1924) entworfenen Stegreifbühne.

Die Bühnenmetaphern sind in der rollentheoretischen Diskussion immer kritisch hinterfragt oder attackiert worden, und zwar in der Regel auf dem Hintergrund marxistischer und neomarxistischer Gesellschaftstheorie (Haug 1972; Hoffmann 1973). Es wurde dabei zumeist auf den Scheincharakter der Theatermetaphorik abgehoben. Diese Kritik greift aber nur, wenn die Rolle vom Lebenszusammenhang gelöst wird, von der Szene, von der Bühne, d.h. von der Lebenswelt, wenn das Drama, das Skript in seinem Verlauf außer acht gelassen wird, d.h. die biographische Dimension des Subjekts, wenn die Geschichte und Zukunft der Handlung außer acht bleiben, Perspektiven, die gerade in der Psychotherapie besondere Bedeutung verdienen. Durch sie wird auch der Zusammenhang von Rolle und Macht (Claessens 1972), von Rolle und Besitz deutlich; es kommen die materiellen Bedingungen von Sozialisation als "Internalisierung von Szenen und Szenengeschichten" unter Bedingungen von Armut und Reichum, Arbeit und Abhängigkeit, Freiheit und Fron in den Blick. Die Bühnenmetaphorik behält ihren Wert, wenn es ihr gelingt - und das ist die Funktion von Metaphern (Nash 1969) -, Lebenswirklichkeit in ihrer Komplexität erfaßbar zu machen und zu verdeutlichen. Die Vielfalt der Bezüge in Kontext und Kontinuum gilt es zu erschließen. Und das offenbar vermögen die Bühnenmetaphern, wenn sie in der skizzierten Weise gebraucht werden, und es erklärt ihre Persistenz und Faszination über die Jahrhunderte (Petzold 1982g). Die Lebensbühne, das Gran Teatro del Mundo, der mimus vitae, das Drama der Geschichte sind Metaphern, die Plato, Seneca, Plotin, Calderon, Shakespeare, Hegel, Nietzsche verwandten und die in den soziologischen Theorien im Rollenbegriff von Simmel bis Parsons und Goffman auftauchen - um nur einige wichtige Autoren zu nennen. Sie sind in die Alltagssprache aller Hochkulturen eingegangen (die Rolle, die einem auf den Leib geschrieben, in Fleisch und Blut übergegangen ist, das Lebensspiel, in dem man keine Rolle mehr spielt usw.).

Das unterstreicht den explikativen Wert der Bühnenmetaphern. Das theatrum mundi wird von uns im Sinne des Lebensweltkonzeptes phänomenologischer Soziologie und Psychologie verwandt (Schütz, Merleau-Ponty, Berger/Luckmann). Der Szenenbegriff kann mit dem der "social world"(Strauss 1978; Shibutani 1956) parallelisiert werden. Als "social world" wird ein Ensemble "geteilter Perspektiven" (shared perspectives" verstanden (Shibutani 1956; Unruh 1983). Auch für den Szenenbegriff, so wie wir ihn verwenden, trifft zu, daß er die gemeinsame Perspektive der auf dieser Szene Spielenden und der diese Szene betrachtenden Personen darstellt, wobei allerdings die Perspektive nicht nur die soziale Wirklichkeit, sondern auch den ökologischen Raum, die materiellen Bedingungen und das gemeinsame Handeln betrifft. Der letztgenannte Aspekt des "co-operative effort" war insbesondere Moreno (1934, 1946) ein wichtiges Anliegen. Die "shared perspectives" bedürfen der "shared efforts", um soziale Welten zu konstituieren. In der Herausstellung dieses Handlungsaspektes liegt die Brauchbarkeit des Szenenbegriffes, der Theatermetaphern (Goffman 1973), der "dramatistischen Sicht" (Burke 1948).

Gruppen sind davon gekennzeichnet, daß gemeinsame Handlungen und gemeinsame Perspektiven in ihnen entstehen. Sie sind deshalb eine soziale Welt bzw. Generatoren für soziale Welten. Gruppen konstituieren sich in szenischen Kontexten, oder sie konstituieren einen szenischen Kontext, dessen Prägnanz u.a. abhängt von der Dichte, Gebündeltheit, Kohärenz der geteilten Perspektiven und gemeinsamen Anstrengungen (Petzold, Zander 1985). Gruppen und Gruppenphänome mit dem begrifflichen Instrumentarium des Bühnenmodells oder der Social-World-Theorie betrachten und erklären zu wollen, erscheint uns daher ein durchaus fruchtbarer Ansatz, weil er der Mehrperspektivität (Petzold 1965, 1970; Frühmann, dieses Buch), der Lebenswelt (Merleau-Ponty), der Komplexität von Kontext und Kontinuum (Iljine), der Vielfalt der wirkenden Kräfte im Feld (Lewin), der Pluralität von Systemperspektiven (Luhmann)- welche Metapher man auch immer verwenden mag - in besonderer Weise gerecht wird. Auf diesem Hintergrund wird auch das Einbeziehen rollentheoretischer Konzepte sinnvoll. Wir haben einen integrativen Rollenbegriff erarbeitet, für den charakteristisch ist, daß die Rolle sich in der Wechselwirkung zwischen Individuum und Umwelt, Sozialisation und Verkörperung, Handlung und kultureller Konserve konstituiert, daß sie Verhalten in sozialen Netzwerken, "sozialen Atomen" (Petzold 1979a),in konkreten Lebensgemeinschaften und Gruppen ist.

In der Verschränkung von Leib und Szene, von Innen- und Außenwelt, von Individuum und sozialem Umfeld, von Rollenzuschreibung und Rollenverkörperung liegen die Grundlagen der "Identität, in der ich mich selbst, mein Selbst erlebe" (Petzold, Mathias 1983) und durch die anderen mich erleben. Ich, Selbst und Identität als persönlichkeitstheoretische Konzepte der Integrativen Therapie bestimmen das therapeutische Handeln. Soll dieses Handeln klar und effizient sein, bedarf es steter Bemühung um klare Explikation der handlungsleitenden Begriffe. Wir sehen den Leib, ohne den kein menschliches Existieren möglich ist, als Grundlage des Selbst (Petzold 1984a). Der Leib wird als Ort aller gespeicherten Szenen, als wahrnehmendes Sinnesorgan, als Voraussetzung und Sitz allen Handelns, Zeiterlebens und In-Kontakt-Tretens gesehen, als "sujet incarné" (Merleau-Ponty 1969), als fleischgewordene, persönliche Geschichte. Das organismische Material des Leib-Selbst wird im Sozialisationsprozeß geformt: Im Verlauf der Entwicklung des Denkens bildet sich unter Hereinnahme der von der Umwelt an das Kind gerichteten Erwartungen das Ich als Zusammenwirken bewußten, wachen Wahrnehmens und Handelns heraus. Das Leib-Selbst ist Sitz der Verkörperung von Verhaltensweisen: Auf seinem Boden und im sozialen Kontext wächst das Rollenselbst (Moreno 1962) als Gesamtheit der aktionalen Rollen eines Menschen (Petzold, Mathias 1983).

Das Selbst ist die Instanz des Seins. Aus ihm entwickelt sich das Ich als aktive Instanz des Habens und Machens (Petzold 1984a). Das Ich ist das Selbst in actu. Aus dem Zusammenwirken aller Ichfunktionen - Wahrnehmen, Erleben, Erkennen - und im Verein mit der bisherigen Erfahrung (Erinnern) synthetisiert das Ich als seine wesentlichste Leistung das Wahrgenommene zur Identität.

Identität wird durch das Zusammenwirken des Leibes mit dem sozialen und ökologischen Kontext im Zeitkontinuum konstituiert. Im Schnittpunkt von Kontext und Kontinuum, dort wo Begegnung stattfindet, bildet sich Identität, denn: Ich sehe mich selbst; du siehst mich; ich sehe, daß und wie ich gesehen werde. Zur Gewinnung von Identität bedarf es neben der Identifikation der Identifizierung, indem die Menschen des für mich, den Spieler im Lebenstheater, bedeutsamen Umfeldes mich in unserem gemeinsamen Spiel als jenen erkennen und benennen, als den sie mich sehen. Im Zusammenwirken wechselseitiger Identifizierungen wird die Gruppe "Matrix der Identität". Auf dem Boden von Identifizierung und Identifikation kann Identität wachsen, indem ich mich in der Zeit durch mein Wahrnehmen und Handeln im erlebten Kontext meiner Szenen als der erkenne und benenne, der ich bin. Gesundes Wachstum ist dort möglich, wo sich Identifizierung und Identifikation zumindest annähernd decken; Krankheit entsteht dort, wo dies nicht der Fall ist (Heinl, Petzold 1980).

Die Identität eines Menschen ist einem Gebäude vergleichbar, das auf fünf Säulen ruht: Leib, "soziales Atom" oder Netzwerk, Arbeit, materielle Sicherheit und Werte (vgl. hierzu ausführlich Petzold 1985e). Der leibliche Aspekt der Identität ist, wie Identität selbst, doppelgesichtig: Der Leib ist nicht nur mein Leib, sondern auch sozialer Körper, indem ich daran teilhabe, wie Leiblichkeit in meinem sozialen Körper aufgefaßt und gelebt wird, wie mit ihr umgegangen wird. Leib ist Archiv von Szenen. Die Szenen als etwas durch leibliche Anwesende lebendig Strukturiertes sind untereinander verbunden. Der Teilnehmer am szenischen Geschehen der Gruppe bringt die in seinem Leib aufgezeichneten Szenen seiner Geschichte mit. Sie ragen in die neuen, in der Gruppe und durch die Gruppe geschaffenen Szenen hinein, die ihrerseits altes szenisches Material heraufrufen und sich dadurch zu einem neuen Stück verdichten. Realität und Phantasma, Bewußtes und Unbewußtes sind deshalb beständig mit wechselnder Intensität und Dichte verschränkt.

In diesem Szenen- oder Bühnenmodell von Gruppe lassen sich die von Aghazarian und Peters (1981) aus einem Abstraktionsprozeß erarbeiteten Ebenen des Gruppengeschehens als verschiedene Standorte oder Sichtweisen fassen: Die Gruppe als Ganzes kann als "Theater-Gruppe", ihr Spiel, ihre Inter-Aktionen als Stück verstanden werden auf der Bühne des jeweiligen Kontextes (z.B. Klinik) oder in Stükken, die sich zu einem Teil frei konstituieren, zum anderen Teil gesellschaftlich vorgegeben sind (z.B. das Stück "Therapie machen"). Dieses Geschehen wird konstiuiert durch Einflüsse des übergeordneten Kontextes und die Handlung von Subjekten als Rollenträgern, wobei Rolle verstanden wird als Verkörperung von Rollenzuschreibungen und als individuelle Rollenkreationen im Kontext des "sozialen Körpers". Dieser besteht aus Gliedern, Mitgliedern. Sie sind als fleischgewordene Zeugnisse ihrer Geschichte und deren Verarbeitung mit ihren Vergangenheits-, Gegenwarts- und Zukunftsperspektiven Voraussetzung für Gruppe.

4.2 Mehrperspektivität und "szenisches Erfassen und Verstehen"

Das Szenen- oder Bühnenmodell der Gruppe ist durch das Konzept der Szenenfolge und der Drehbühne ein Prozeßmodell und darf nicht statisch verstanden werden. Es ist ein dramatisches Modell (Drama von griech. drân = Handeln), in dem - wie im klassischen Drama - ein Problemlösungsprozeß szenisch abläuft, der, je komplexer das Geschehen auf der Bühne ist, desto mehr Strategien der Komplexitätsreduktion bedarf. Wir greifen hier auf Konzepte zurück, die Petzold (1965) eingeführt hat: Szenisches Erfassen und Verstehen, Mehrperspektivität und Sinn (idem 1970; Frühmann, dieses Buch). Mehrperspektivität bedeutet, gleichzeitig unterschiedliche Ebenen und Phänomene zu betrachten, und zwar so, daß keine "Scheinobjektivität" hergestellt wird, indem z.B. der Gruppentherapeut gleichsam aus "objektiver" Sicht "von außen" auf die Gruppe schaut, sondern indem er die Gruppe in ihrer Atmosphäre "von innen" miterlebt und erfährt, wobei trotzdem eine gewisse innere Distanz möglich wird. "Mitten auf der Bühne bin ich Zuschauer" (Petzold 1982a). Durch die therapeutische Haltung der "partiellen Teilnahme" (idem 1980b) wird dieses "innen und außen zugleich", diese engagierte Distanz möglich, indem der Therapeut in einem: zentriert und aus "exzentrischer Position" (Plessner), auf die Gruppe als Ganzes, auf die einzelnen Mitglieder, auf sich selbst, auf den umgebenden Kontext schaut, und zwar so, daß er jedes dieser genannten Elemente hier und jetzt jedoch mit der jeweiligen Geschichtlichkeit und den absehbaren Zukunftsentwürfen zu begreifen sucht; dies zum einen auf der Ebene des "Offensichtlichen" (Perls 1980), der Phänomene und zum anderen auf der Ebene des Implizierten, "Unsichtbaren", der Strukturen. Nur wenn Phänomenales erfaßt und verbunden wird, besteht die Chance, die Komplexität des Gruppengeschehens zu reduzieren (Luhmann 1968), dadurch neue Komplexität zu gewinnen und den der Situation inhärenten Sinn für sich selbst und für die Gruppe als Konsens zu fassen. Um die Sinnvielfalt, die in den Interaktionen der Gruppenmitglieder untereinander, in der eigenen geschichtlichen Subjekthaftigkeit des Therapeuten, in der Textur dieses Gruppengeschehens liegt, erfassen zu können, wird eine besondere Form des Sehens, Hörens, der Wahrnehmung (awareness) notwendig. Wir haben sie "szenisches Verstehen und Erfassen" genannt (Petzold 1965, 1970, 1981a, 1982).

➢ Die Begriffe "szenisches Verstehen und szenisches Erfassen" (appréhension et compréhension scenique) wurden von mir auf der Grundlage konkreter Erfahrungen in komplexen sozialen Feldern - seinerzeit in der psychosozialen Arbeit mit alten Menschen - eingeführt (Petzold 1965). Unter dem Einfluß der Phänomenologie von Marcel und Merleau-Ponty, der Hermeneutik von Ricoeur und des strukturellen Denkens von Foucault und Lévi-Strauss war mir daran gelegen, den Text , die Narrationen sozialer Situationen zu verstehen, ihre Struktur und ihren Hintergrund zu erfassen, d.h. das zu begreifen, was sich unter dem Blick der "Mehrperspektivität" (ibid.) erschließt: Der Blick auf den Klienten, auf seine gruppalen Bezüge, auf den institutionellen Kontext, auf die gesundheits- und sozialpolitischen Rahmenbedingungen, der Blick auf meine Beziehung zu diesem Klienten, auf meine Beziehung zur Institution, zum politichen Klima, der Blick auf mich, dieses alles aus dem Bewußtsein, daß das hier-und-jetzt Geschehene seine Geschichte hat und einen mehr oder weniger überschaubaren Zukunftshorizont. Die multiple Vernetzung von Dimensionen und Bezügen, von Bedeutungen und Verweisungen und die sich in ihnen artikulierenden Sinnstrukturen schienen mir seinerzeit noch am ehesten durch den Begriff des "Szenischen" erfaßbar. Das phänomenologische Vorgehen, das hermeneutische Auslegen, der Versuch des strukturellen Begreifens, das psychoanalytische Durchdringen verwies geradezu zwingend auf das Konzept der Szene. Dachte ich an einen Klienten, so stand er mir in seinem Zimmer, stand mir das Zimmer szenisch vor Augen. Dachte ich an seine Schwierigkeiten mit anderen Heimbewohnern oder dem Pflegepersonal, so sah ich die szenischen Abläufe, wie ich sie erlebt hatte und wie ich sie in seinen Erzählungen "mit ihm sah". Dachte ich an die restriktiven Maßnahmen des Heimleiters, so sah ich ihn am Schreibtisch, in Verhandlungen mit den Eignern des Heimes oder mit den Kostenträgern. Dachte ich an meine Gespräche mit dem Patienten, so sah ich uns, hörte ich uns, erlebte ich uns ganzheitlich "in der Gesprächssituation", die vor meinen inneren Augen wieder aufzog. Und mehr noch: von jeder Situation kamen Bilder vorgängiger Situationen und Antizipationen der "nächsten" Situation und weiterer, noch mit großer Wahrscheinlichkeit kommender Szenen.

Dieses szenische Erfassen mit dem "ganzen Sinnesorgan des Leibes" - gesehene, gehörte, geschmeckte, gefühlte, gerochene Szenen - bot die Chance, über die "appréhension" hinauszugehen. Die Appréhension ist zuerst und zunächst

Vorgang des Wahrnehmens: Wahrnehmen des Wahrgenommenen. Wahrnehmen des Wahrnehmens. Es wird das Material ergriffen, erfaßt, aufgenommen, gesichert. Jedoch der in ihm ruhende Sinn, die in ihm enthaltenen vielfältigen Sinnstrukturen werden in diesem Prozeß des Aufnehmens noch nicht begriffen, verstanden. Dies geschieht in einem Akt der szenischen Compréhension. Appréhension und Compréhension, Erfassen und Verstehen gehen zuweilen zeitgleich miteinander einher. Der Sinn erschließt sich unmittelbar. Oft wird aber auch eine Fokussierung auf das Erfaßte notwendig. Ein "Darüber-Sinnen", ein vertieftes, sinnenhaftes Wahrnehmen der wahrgenommenen Materialien, eine Synopse der verschiedenen Elemente, Bezüge, Verweisungen, damit Sinn evident wird. Dieser Vorgang kann unterschiedliche Intensitäten haben, er kann unterschiedliche Sinnfülle freisetzen, abhängig von meinen Möglichkeiten zum mehrperspektivischen Sehen (der Begriff des Sehens wird hier über das Visuelle hinaus umfassend im Sinne des Wahrnehmens verwandt), abhängig auch von meiner Fähigkeit, die Vielfalt synoptisch zusammenzufassen, die vorhandene Komplexität zu reduzieren, d.h. aber letztlich abhängig von meiner Fähigkeit (capacité), Sinn zu erfassen.

Sinnstrukturen und Bedeutungszusammenhänge in Szenen und Stücken sind an das Konzept der "Sinnerfassungskapazität" gebunden, deren Leistungsfähigkeit je nach persönlicher Erfahrung, Wahrnehmungsschärfe, seelischer Verfaßtheit oder, übergreifend ausgedrückt, Intuitionsfähigkeit variieren kann. Dabei wird Intuition hier definiert als das "Zusammenwirken von aktuell wahrgenommenen Fakten, vorgängigen Erfahrungen und antizipierenden Entwürfen." Szenisches Erfassen und Verstehen ist also ein intuitiver Vorgang, in dem sich Sinn erschließt. Dabei ist davon auszugehen, daß eine Szene immer mehr an Sinnfülle enthält, als einem Betrachter oder auch einer Gruppe von Betrachtern je zugänglich sein wird. Sie entzieht sich einem letzten Verstehen, einer ultimativen Auslegung, und so werden die Bemühungen individueller und kollektiver Hermeneutik, die Versuche von Einzelnen oder Gruppen den Sinn - vielleicht besser die Sinnvielfalt - von Szenen oder Stücken zu begreifen, immer wieder auch an Grenzen stoßen, weil im Sinn einer jeden einzelnen Szene auch der Sinn der Lebenswelt und des Dramas der Geschichte enthalten ist, der sich allenfalls facettenhaft erschließt und letztendlich undurchschaubar (opaque) bleibt « (Petzold 1970).

Diese Überlegungen waren seinerzeit von der konkreten Erfahrung der eigenen Psychoanalyse und der eigenen Therapie mit dem "Therapeutischen Theater" bei Iljine bestimmt, die als Evokationen von Szenen und Szenengeschichten verliefen und eine Lehre waren, in der szenisches Erfassen und Verstehen gelernt werden konnte. Später wurde dieser Ansatz durch den Kontakt mit zwei Autoren fundiert:

Alfred Lorenzers Arbeiten zum "szenischen Verstehen" (Lorenzer 1973), die in vielem meinen Positionen verwandt sind und zu ihrer Präzisierung und Ausarbeitung herangezogen werden können, wobei allerdings Lorenzers Szenenbegriff ursprünglich enger gefaßt war, indem er auf die Szene des Patienten, die Szene zwischen Patient und Analytiker zentriert und nicht, wie in unserem Entwurf, den übergeordneten sozialen und ökologischen Szenenzusammenhang einbezieht; indem er auf die Rekonstruktion zerstörter Sprachstrukturen, die Wiedereingliederung von Privatsprachen in die allgemeine Sprache gerichtet war, aber nicht die Handlungsstrukturen, Kooperationsmuster, die zerbrochen sind, verloren wurden oder nie ausgebildet werden konnten, zum Fokus macht, wie es uns über die sprachliche Rekonstruktion hinaus ein Anliegen ist. (Dies hat wohl zum Hintergrund, daß die beiden Entwürfe aus unterschiedlichen Erfahrungen von Praxis gewonnen wurden: Lorenzers Ansatz aus der analytischen Dyade, unser Ansatz aus der psychoanalytischen Dyade und der therapeutischen Gruppenarbeit bzw. der Projektarbeit im sozialen Feld (vgl. Petzold, Zander 1985; Petzold 1983e).

Der zweite fundierende Ansatz findet sich in der "holographischen Theorie des Gedächtnisses" von Carl Pribram (et al. 1974, 1979). Die durch die Arbeiten des Nobelpreisträgers (1971) Niels Bohr ermöglichte Hologrammtechnik kann durch die Verwendung von reinem, monochromatischem und kohärentem Licht, von Laserstrahlen also, über einen spezifischen photographischen Prozeß dreidimensionale Bilder festhalten und reproduzieren. Das Prinzip der Superimposition und der Interferenzmuster des Lichtes macht diesen Vorgang möglich. Dabei sind einige interessante Zusammenhänge herauszustellen: Das ganze Bild kann reproduziert werden, wenn der Laserstrahl auf nur einen Teil oder ein Stück der Photoplatte fällt. In einem Teil ist also schon das Ganze enthalten. Bei aufeinanderfolgenden Aufnahmen wiederum wird es möglich, ein einziges "zusammengesetztes" Hologramm der photographierten Situation, Gegenstände, Personen zu erhalten. Zwar sind die

Repräsentationen in Kompositionshologrammen nicht scharf und eindeutig, aber erkennbar im Sinne einer Simultanmehrperspektivität. Konzepte wie Synopse, Synergie, Synchronizität, Permeation, Perichorese, die in unserem Ansatz eine so bedeutende Rolle spielen (Petzold 1970, 1974a, 1981b, 1982), werden hier fundiert. Das holographische Phänomen aber darf nicht auf die Vorgänge des Sehens begrenzt werden. Hugo Zucarelli hat nachgewiesen, daß der akustische Apparat nach holographischen Prinzipien funktioniert und daß in seiner holophonischen Tontechnologie die Evokation akustischer Szenen und die in ihnen enthaltenen Wahrnehmungen synästhetisch vermittelt werden können. Carl Pribram schließlich hat mit seiner holographischen Theorie des Gedächtnisses ein Erklärungsmodell für die Arbeit des Gehirns gegeben, nach dem über Linearverknüpfungen hinaus Simultanverarbeitungen nach dem holographischen Prinzip erfolgen. Speicherungen erfolgen nicht nur sektoriell, sondern im Sinne "eines verteilten Gedächtnisses". Szenen sind im Gehirn ganzheitlich gespeichert als synästhetische Ereignisse, in denen Optisches, Akustisches, Olfaktorisches, Taktiles, Gustatorisches, Kinästhetisches verbunden ist. Ein akustischer Stimulus vermag die ganze Szene mit ihren optischen und olfaktorischen Dimensionen zu evozieren.

Diese von der Holographietheorie und der holonomischen Forschung (Grof 1985) herausgestellten Zusammenhänge fundieren das, was von mir in der Praxis und Theorie des "szenischen Erfassens und Verstehens" vor einem anderen Hintergrund herausgearbeitet wurde.

≫ Die ganzheitliche Wahrnehmung aber darf nicht zu einer Geringschätzung der Teile führen, im Gegenteil, es gilt, die Würde des Teiles zu achten, denn im Detail liegt auch das Ganze beschlossen. In der DNA einer Zelle ist der ganze Organismus enthalten. In einer Wahrnehmung des Leibes liegt die Möglichkeit mitgegebener Wahrnehmung. Steche ich mich bei dem Gang durch einen dunklen Garten an einem Strauch, so ist mit der Wahrnehmung des Dornenstiches der gesamte Rosenbusch mitgegeben: Farben und Duft. In der Wahrnehmung wirken Wahrgenommenes - wie partiell auch immer - und Wahrnehmungsmöglichkeiten aufgrund der Komplexität des menschlichen Gedächtnisses zusammen, das die partikuläre, fragmentarische Wahrnehmungsgestalt zu einer Gesamtgestalt ergänzt. Dies ist die Essenz von Merleau-Pontys Theorie über "das totale Sinnesorgan des Leibes". Je besser es uns gelingt, das in einem Wahrnehmungsvorgang jeweils Mitgegebene an anderen Wahrnehmungen, möglichen Wahrnehmungen und vergangenem Wahrgenommenem mitzuerfassen im Sinne einer Synopse oder Synästhesie, desto schärfer, treffender und umfassender wird unsere Intuition, wird unser Verstehen und Erfassen von Szenen. Das ganzheitliche Funktionieren der Wahrnehmung und des Gedächtnisses bzw. ihre Verschränkung läßt sich an folgendem kleinen Beispiel verdeutlichen:

"Schließen Sie die Augen und strecken Sie die geöffnete Hand gerade vor sich, so daß die gerade Handfläche nach oben gerichtet ist. Und nun stellen Sie sich vor, es liegt ein schöner, großer Apfel auf ihrer Hand!" Es kommt mit dieser Vorstellung, die durch meine Worte (akustischer Stimulus), evoziert wird, folgendes auf: Bei der Mehrzahl der Versuchspersonen rundet sich die zunächst ausgestreckte Hand, schmiegt sich dem Apfel an. Die Kühle der Apfelschale wird spürbar und die Struktur der Schale (ein rauher Boskop, ein glatter Granny Smith). Gleichzeitig beginnt der Speichel zu fließen. Führt man den imaginierten Apfel an die Nase, taucht der Duft auf, werden Säure und Süße, die Konsistenz des Apfelfleisches (mehlig oder saftig, fein- oder grobfleischig) wahrgenommen, und im Ohr tönt das "Skrotsch" des Abbisses. Vielleicht taucht die Bißstelle noch auf, schaumig, mit etwas Zahnfleischblut. Gebe ich dann noch die Instruktion: "Stellen Sie sich jetzt noch das geschriebene Wort 'Apfel' vor", so taucht bei der Mehrzahl der Versuchspersonen das Wort in Schreibschrift aus der ersten Lesefibel auf, zuweilen noch von der Abbildung eines kleinen, rotwangigen Äpfelchens mit einem Blättchen daran begleitet. Apfelbaum, Apfelernte, "Äppel klauen" kommen dann schnell als szenischer Raum hinzu.

Die Evokation hätte mit dem Geruch beginnen können, mit dem Abbeißgeräusch, mit der Farbe oder mit dem Lesen des Wortes "Apfel". In jeder Teilwahrnehmung ist die Möglichkeit zum Ganzen gegeben, wenn wir die szenische Gestalt komplementieren können: "Give me some light - Away!" Das ist der ganze Hamlet. "Ta-ta-ta-taa". Das ist die ganze Neunte.

Im Zusammenwirken von synästhetischer, ganzheitlicher Wahrnehmung und synergetischem, ganzheitlich arbeitendem Gedächtnis gelingt uns szenisches Erfassen und Verstehen als Ergreifen des Sinnes einer Szene , der Sinnzusammenhänge von Szenensequenzen, Stücken, Narrationen, je nach dem Maß unserer Kapazität, Sinn zu erfassen - und dieses ist abhängig von der Schärfe unserer Wahrnehmungen, vom Reichtum der im Gedächtnis des Leibes abgespeicherten Szenarien und Partituren, die dieser erlebt und als unsere Erfahrungen archiviert hat und auf die unsere Intuition zurückgreifen kann« (Petzold 1970).

Szenisches Erfassen und Verstehen, die ausgeprägte Fähigkeit zur holographischen Evokation sind deshalb für das Leiten von Gruppen, das Wahrnehmen und Erfassen von Gruppenprozessen, sind für eine differenzierte Interventionspraxis kardinale Momente. Die Schulung dieser Fähigkeit stellt deshalb in der Ausbildung von Psychotherapeuten bzw. Gruppenpsychotherapeuten eine wichtige Aufgabe dar (Petzold 1983c), für die in Selbsterfahrung, Koleitung von Gruppen, Lehranalyse, Kontrollanalyse, Teilnahme an Supervisionsgruppen die Möglichkeit des Lernens durch "Internalisierung von Szenen guter therapeutischer Arbeit" geboten wird, dadurch daß man empathische, klinisch kompetente Lehrtherapeuten bei der Arbeit beobachtet. Weiterhin wird die Fähigkeit zum prozeßhafen Mitschwingen und zum mehrperspektivischen Sehen durch die Methoden der prozessualen Diagnostik, durch spezifische Wahrnehmungsschulung - wie in dem von R. Frühmann (dieses Buch) in Ausarbeitung unserer Ansätze entwickelten Modell - ausgebildet.

Das szenische Wahrnehmen und Verstehen (appréhension et compréhension scénique)aus der Zentriertheit und zugleich aus exzentrischer Position erfordert die Fähigkeit der inneren Distanzierung bis zu einem Maße, bei dem noch die Schwingungsfähigkeit gewahrt ist. Der Therapeut muß sich berühren lassen können, ohne involviert zu werden, eine emotionale Beteiligung ohne Überflutung. Die "gleichschwebende Aufmerksamkeit" Freuds hatte eine ähnliche Zielsetzung, wenngleich sie das affektive Moment zugunsten eines "objektiven" Beobachterstatus auf dem Hintergrund eines naturwissenschaftlich-positivistischen Erkenntnisparadigmas betont: "Ich kann den Kollegen nicht dringend genug empfehlen, sich während der psychoanalytischen Behandlung den Chirurgen zum Vorbild zu nehmen, der alle seine Affekte und selbst sein menschliches Mitleid beiseite drängt und seinen geistigen Kräften ein einziges Ziel setzt: die Operation so kunstgerecht wie möglich zu vollziehen" (Freud 1912, GW 8, 380f). Das Konzept des "continuum of awareness" (Perls 2980, 93) der Gestalttherapie bezieht schon stärker die Wahrnehmung der eigenen Emotionalität ein, zentriert aber mehr auf sensorischen Wahrnehmungen. Das szenische Verstehen der Integrativen Therapie nimmt die "inneren Resonanzen" im Emotionalen, im Bereich der Phantasie (Bilder, Symbole, Texte, Melodien) und erinnerter Szenen auf und verwendet diese "evozierten Elemente" zum Erfassen von Sinnzusammenhängen, die in Szene, Stück und Bühne ruhen. Dabei ist dieser inhärente Sinn immer reicher und vielfältiger als von den Beobachtern erfaßbar, die ihre Exzentrität niemals "hinter sich selbst hinaus" ausdehnen können. Die letztendliche Undurchschaubarkeit der Lebenswelt gibt immer nur Facetten frei. Dies ist eine Begrenzung und ein Reichtum zugleich: Erkenntnis bleibt Entdeckung.

Das schon erwähnte Konzept der "Sinnerfassungskapazität" wird in diesem Zusammenhang bedeutsam. Die Fähigkeit, "mehr-perspektivisch" zu erfassen, nimmt im Verlauf der Ontogenese bzw. der Persönlichkeitsentwicklung zu. Die Sinnerfassungskapazität einer Vierjährigen, Vierzehnjährigen und einer Vierzigjährigen unterscheiden sich erheblich. Der neurotische Mensch ist in seiner Sinnerfassungskapazität eingeschränkt - und das stört seine gesamten Lebensbezüge, seine Interaktionsformen, seine Erlebnismöglichkeiten. Eine Patientengruppe in einer regressiven Phase der Therapie ist gleichfalls in ihren Möglichkeiten, Sinn zu erfassen, eingeschränkt, durch Übertragungsphänomene, Widerstände, Abwehrmechanismen behindert. Sie gewinnt aber als Gruppe, und damit für die Einzelnen, im Verstehen der eigenen Interaktionen, ihrer Geschichte und Dynamik diese Fähigkeit neu. Der Vorsprung an Zentriertheit und Exzentrität, den der Therapeut aufgrund seiner eigenen Gestaltanalyse, seiner professionellen Erfahrung und seines eigenen Bemühens um Integration und Selbstverwirklichung hat, dient der Gruppe in ihrem hermeneutischen Prozeß der Auslegung ihrer eigenen Existenz und Geschichte als Narrationen individuellen und kollektiven Lebens (Petzold, Orth 1985).

Jedoch würde dieser Vorsprung nie ausreichen, die Komplexität des Gruppenprozesses mit seinen Trübungen durch alte Szenen, neurotische Mechanismen, Skotome zu erfassen, wenn nicht die "gesunden Anteile" der einzelnen Gruppenmitglieder bzw. der Gesamtgruppe im Prozeß gruppaler Hermeneutik mitbeteiligt würden, und so durch das Phänomen der "joint competence" (Petzold 1970), durch synoptische Vorgänge (idem 1974a, 303) mehr und anderes gesehen werden könnte. Der Therapeut erhält durch die Gruppenmitglieder in gleicher Weise zusätzliches Erkenntnismaterial wie die Gruppenmitglieder auch durch ihn. Auch seine Sinn-

Abb. 4: Mehrperspektivität und Exzentrität der Gruppe (aus: Petzold 1970)

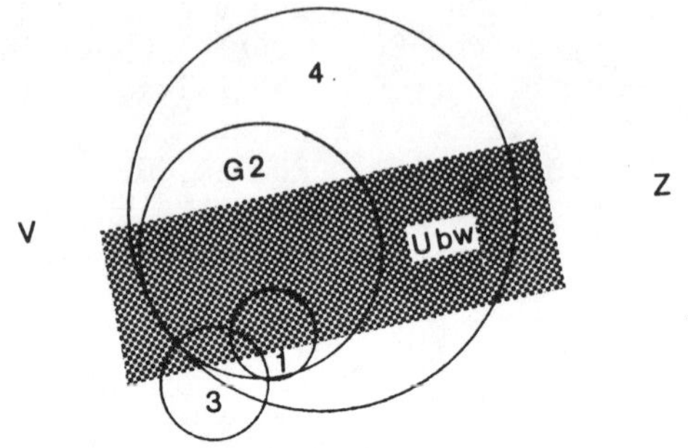

4 a) Therapiebeginn
1 Patient (involviert)
2 Therapiegruppe (involviert)
3 Therapeut (exzentrisch)
4 Kontext

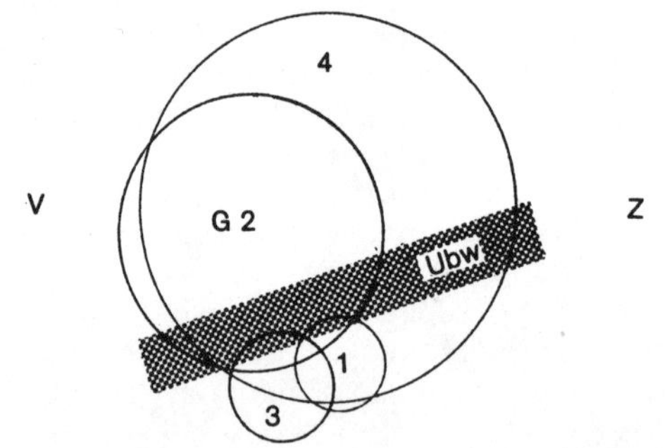

4 b) Therapieende
1 Klient (exzentrisch)
2 Peergruppe (exzentrisch)
3 Therapeut (exzentrisch)
4 Kontext

V = Vergangenheit, G = Gegenwart, Z = Zukunft
Ubw = Unbewußtes

Legende (zu Abb. 4):

Im therapeutischen Kontext der Gruppe steht das Individuum wiederum in einem gestaffelten Figur-Hintergrund-Bezug, der mehr-perspektivisch gesehen wird. In der Anfangsphase ist der Patient in der Gruppe gänzlich involviert und hat keine oder nur wenig Distanzierungsfähigkeit gegenüber der Gruppe und seinen neurotischen Verstrickungen im Kontext seines Alltagslebens. Auch die Patientengruppe ist zu wenig oder zu keiner Exzentrität fähig. Der Therapeut hingegen berührt die Patientengruppe und den Kontext bzw. steht zentriert in ihnen, transzendiert sie jedoch gleichzeitig in exzentrischer Position. Gelingt die Therapie, so wächst der Patient in den Klienten- bzw. Teilnehmerstatus, der durch ein höheres Maß an Zentriertheit und Exzentrität gekennzeichnet ist, und verwandelt sich die Therapiegruppe in eine Peergruppe, die gleichzeitig zu dem Einzelnen, zu sich selbst, zu dem Therapeuten und zum Kontext in Distanz zu gehen vermag, also an Exzentrität gewonnen hat. Damit verbunden ist eine Zunahme von Bewußtheit, ein Abbau von Unbewußtheit. Wo Übertragungen waren, sind Beziehungen geworden.

Der Therapeut hat in seiner Arbeit Patient, Gruppe, Kontext und sich selbst hier-und-jetzt und mit dem Blick auf Vergangenheit und Zukunft wahrzunehmen und zu verstehen und im aktualen Verhalten Implikate bzw. Äußerungen unbewußter Dynamik aufzuspüren (Petzold 1970).

erfassungskapazität wächst, differenziert sich für Szenen mit unterschiedlichem Gehalt. Seine eigene Schulung als wahrnehmende bzw. wahrnehmungsfähige Person, seine Fähigkeit, die Impulse der Gruppe zu verarbeiten, und sein professionelles Wissen amplifizieren seine Möglichkeiten zum perspektivischen Sehen. Durch das professionelle Wissen werden weitere Strukturierungshilfen gegeben, das Wahrgenommene in seiner Komplexität zu reduzieren. Nur dann, wenn fachliches Wissen und Strukturierungsmethoden wie das von uns entwickelte Mehr-Perspektiven-Modell (idem 1965, 1970; Frühmann, dieses Buch) zum Erschließen von Sinnvielfalt angemessen eingesetzt werden, kann die Vielfalt der Phänomene, die in ihnen enthaltenen Strukturen, können Hintergrund, Zwischenräume und Überschuß als Orte des Sinnes erfahren werden (Petzold, Orth 1985).

Dem Aspekt des professionellen Wissens als Strukturierungshilfe therapeutischer Gruppenarbeit in der Integrativen Therapie soll nun weiter nachgegangen werden (siehe Abb. 4).

4.3 Konzepte und Werte der Integrativen Therapie-Gruppe

Gestalttherapie ist in vielen ihrer Begriffe und Werte der "Humunistischen Psychologie" und der "Human Potential Bewegung" verpflichtet. Vor dem Hintergrund der Sehnsucht der Menschen nach Emotionalität, Ganzheitlichkeit und Unmittelbarkeit im Erleben einer von Rationalität, Unüberschaubarkeit und Sinnverlust gekennzeichneten Welt konnte vor allem das Konzept des "Hier-und-Jetzt" populär werden, weil es bei Mißbrauch als Ideologie eine Möglichkeit bietet, dem Druck der Vergangenheit und der Angst vor der Zukunft zu entfliehen (Petzold 1981b). Aus diesem Grund haben wir in der Integrativen Therapie versucht, psychoanalytisches Gedankengut, Vorstellungen aus der Humanistischen Psychologie und existentialistische bzw. phänomenologische Konzepte zu verbinden. Rachmann (1981) nennt folgende Grundwerte, die auch für die Integrative Therapie als charakteristisch gelten können: Leben wird als Entwicklungsprozeß gesehen. Dies führt zu einer wachstumsorientierten Grundhaltung und ganzheitlichen Sichtweise, der alles menschliche Erleben und Verhalten wichtig ist der eine Integration von Fühlen, Einsicht, Verstehen und Tun erstrebenswert gilt. Der Therapeut hat eine besondere Verpflichtung zum Handeln, nämlich zum Herstellen von Kontakt. Dabei wird angenommen, daß die Menschen ein natürliches Bestreben haben, einander durch emotionalen Austausch im Dialog zu begegnen. Es wird weiterhin angenommen, daß jeder Mensch positive Wachstumsmöglichkeiten mitbringt. Als Aufgabe der Therapie wird gesehen, diese Möglichkeiten aus sozialisationsbedingten Verkümmerungen und Verkrüppelungen lösen zu helfen. Dabei dient das therapeutische Beziehungsgeflecht in der Gruppe als Boden, wo in einem Anreicherungsprozeß Gruppe und Mitglieder Konzepte von sich und über sich erfahren und entwickeln können (Zinker 1980). Libermann (1980) setzt Hier, Jetzt, "awareness" sowie Kontakt im Sinne von Leiberfahrung als konstituierende Faktoren für Gestalttherapie als Prozeß. Sie führen hin zur Förderung von Interaktionen als erstem therapeutischem Agens in der Gestaltgruppenarbeit: Interaktion zwischen Mitgliedern der Gruppe, zwischen Worten und Taten, zwischen Therapeut und Klient. Als heilend wird die Realität der bewußt und wach wahrnehmenden, bewegten Gruppe als sozialer Leib gesehen. Zu dieser Realität führt die spezifische Detaillierung dessen, was jetzt ist, was jetzt geschieht und erlebt wird. So kann der Organismus der Einzelnen und der Gruppe die jeweilige Situation als seine Wirklichkeit annehmen.

4.3.1 Kontakt, Begegnung, Beziehung

Für den Begründer der Gestalttherapie, F.S. Perls (1948) gibt es keine Wirklichkeit per se. Wirklichkeit und Gegenwärtigkeit werden synonym gesetzt. Das Realitätsprinzip als heilend, Wachstum fördernd, besteht in der Wahrnehmung des jeweils als Figur im Vordergrund, also im Hier-und-jetzt, stehenden Bedürfnisses des Organismus. Dieses Bedürfnis läßt die Wirklichkeit so erscheinen, wie sie erscheint. In der Therapie ist Vergangenheit nur insofern wichtig, als sie in der Erinnerung in festen Formen bewahrt wird. "Awareness", bewußtes, waches und gegenwartsbezogenes Wahrnehmen, fließt von Moment zu Moment, wodurch das "continuum of awareness" als ein Prozeß entsteht, der im Hier-und-Jetzt durch dieses definiert ist (Perls 1969). Der psychisch Kranke vermeidet nach Perls (1969) die sich immer im Hier-und-Jetzt vollziehenden organischen Wachstumsprozesse und erschöpft sich stattdessen in Ängsten über künftiges Unheil, wobei Angst als "Spannung zwischen dem Jetzt und Dann" bezeichnet wird. Im Kontakt mit dem, was ist, macht die Angst der im Hier-und-Jetzt enthaltenen Realität Platz. Nur im

Hier-und-Jetzt ist Kontakt mit sich und anderen möglich. Kontakt, interpersonale Kommunikation, das "I and Thou in the Here and Now"(Perls 1980), die Begegnung von Ich und Du im Hier-und-Jetzt, wurde so zum Grundprinzip der Gestalttherapie.

Über Begegnung hinaus aber muß Beziehung entstehen und Beziehungsfähigkeit entwickelt werden. Dies ist die weiterführende Perspektive der Integrativen Therapie (Frühmann 1985). Beziehungsfähigkeit und Bezogenheit werden damit wichtigstes Lernziel und zugleich Weg zur Erreichung dieser Zielsetzung. Über"Kontakt erfolgt Begegnung, aus dieser wächst Beziehung"(Petzold 1970, 1979b, 1980a). Es geht um mehr als um "response-ability" (Perls 1969) und um Bezogenheit von Mitteilung auf Mitteilung, von Verhalten auf Verhalten, Wort auf Wort, Gefühl auf Gefühl; es geht um ganzheitliche Beziehungen von Mensch zu Mensch, lebendig, unmittelbar, hier und jetzt, in allen Austauschprozessen sowohl zwischen Therapeut und Klient als auch zwischen den Gruppenmitgliedern (Petzold 1981b). Die Zentrierung auf die Gegenwart (Naranjo 1970) mit allen verfügbaren Sinnen im "continuum of awareness" ermöglicht Integration gegenwärtigen Erlebens unter Einbeziehung der ins Hier-und-Jetzt ragenden Inhalte bzw. Szenen aus der Vergangenheit und Erwartungen an die Zukunft.

Durch diese Integrationsarbeit sollen die von Perls (1969) definierten Therapieziele erreicht werden: "Echtheit, Reife, Verantwortung für die eigenen Handlungen und das eigenen Leben, Fähigkeit zu antworten" (response-ability) "und im Jetzt leben, das Schöpferische des Jetzt zur Verfügung haben". Darüber hinaus geht es aber noch um die Fähigkeit zu engagierter Verantwortung, Sorge um die Integrität des Menschen und der Welt (Petzold 1978c). Perls, Hefferline und Goodman (1951) stellen Gestalttherapie als Weg dar, auf dem Wachstum aus Abhängigkeit zu Verantwortlichkeit und Resonanzfähigkeit möglich ist, als organismische Selbstregulierung in einem sich verändernden Feld. Dabei stellt Perls (1973) fest, daß der einzelne Mensch nur in seinem Umfeld lebensfähig ist, dessen Bestandteil er zu jedem Zeitpunkt sei. Umfeld und Organismus stehen zueinander in wechselseitiger Beziehung. Um derartige komplexe Ziele zu erreichen, dürfen Zwecke und Mittel, Zielsetzungen und Methoden jedoch nicht auseinanderfallen.

So weist z.B. in einem kritischen Beitrag Dolliver (1981) darauf hin, daß Perls in seinem therapeutischen Stil dem Prinzip des "I and Thou" durch einen Mangel an Interaktion und Bezogenheit nicht treu blieb. Perls habe zwar unintegrierte Introjekte beim Klienten benannt, sei in seiner Haltung gegenüber dem Klienten jedoch oft normativ gewesen. Mit seinem Leitsatz "lose your mind and come to your senses" habe Perls Tendenzen den Weg geöffnet, die der kognitiven Arbeit in der Therapie integratives Potential absprechen. Außerdem habe er den Wert des sich selbst versorgenden, unabhängigen Individuums überbetont zu Ungunsten der Eingebettetheit des Menschen in sein Umfeld und der dort möglichen stützenden und entwicklungsfördernden Austauschprozesse. Kempler (1974) als Gestaltfamilientherapeut weist darauf hin, daß Bezogenheit als nicht nur punktueller Kontakt von sich begegnenden Menschen untereinander, sondern als über die Zeit sich kontinuierlich entwickelnde Beziehung zwischen Menschen nie fakultativ, sondern zwingend sei. Die Frage stelle sich nicht nach dem Ob, sondern nach dem Wie von Bezogenheit. Therapieziel sei Bewußtmachung der fortdauernden Bewegung menschlicher Kontakte auf dem Bezogenheitskontinuum mit seinen Polen Getrenntheit und Einheit.

3.4.2 Identität, Ko-respondenz und Sinn

Die Konzepte, Werte und Ziele eines Therapiesystems sind abhängig vom Menschenbild der Gründerpersönlichkeiten und deren Nachfolger, ihrer Sozialisation und ihrem geschichtlichen Kontext. In der Entwicklung von Konzepten zu einer integrativen Gruppenarbeit in einem "historischen Hier-und-Jetzt" sehen wir (Petzold 1974a, 1981b) den Menschen als *"Körper-Seele-Geist-Subjekt in einem sozialen und ökologischen Umfeld, in dem es durch Wahrnehmen, Erleben, Handeln, durch Kontakt mit seiner Leiblichkeit, den Dingen und den anderen Menschen seine Identität erhält, entwickelt und entfaltet" (idem 1970).* Integrative Gruppentherapie ist deshalb immer Identitätstherapie. Im Hier-und-Jetzt des Umfeldes und der Gemeinschaft "Gruppe" als Ineinander von Raum, Zeit und Bezogenheit (Petzold 1981b) sind für die einzelnen Menschen wie auch für die Gesamtgruppe Vergangenheit, Gegenwart und Zukunft gegenwärtig, ist im gemeinsamen Wahrnehmen, Erleben und Erkennen Vergegenwärtigung aller erfahrenen Aspekte von Welt möglich. Sinn als erster Ausgangspunkt Integrativer Therapie kann hier gewonnen werden als Kon-sens, als gemeinsam erarbeitetes, miteinander erlebtes Verstehen von Zusammenhängen (vgl. Petzold 1978c, 1981b, der die verschiedenen

Sinnkonzepte von Mead, 1975, S.115ff, Merleau-Ponty, 1966, und Luhmann, 1968, zu synthetisieren versucht). In der Orientierung am Prozeß sich bildender und einander ablösender Szenen, im Dialog des Szenenspiels reflektiert der Teilnehmer mit sich und anderen die Ziele seiner therapeutischen Arbeit und seines Lebensvollzuges, wird sich ihrer klar, kann sie revidieren und selbstgelenkt neu fassen. Teilnehmer, Gruppe als Ganzes und Therapeut oder Therapeutenpaar sind des Einzelnen Hilfs-Ich in seiner Identitätsarbeit, die sich als eine "persönliche Hermeneutik des Subjektes" vollzieht (Petzold, Lückel 1985; Heinl, Petzold, Fallenstein 1983; Petzold, Orth 1985). Diese Arbeit des Auslegens und Verstehens des eigenen Lebens in der Welt, der Lebenswelt, geschieht in Korrespondenzprozessen, in denen sich im Dialog mit dem anderen, im Diskurs der Gruppe die Sinnvielfalt der Wirklichkeit zunehmend erschließt. Die Hermeneutik des Subjektes ist intersubjektiv fundiert. Sie führt an den Wesenskern des Konzeptes, daß Welt, daß Leben, daß Subjekthaftigkeit, daß Gesellschaft Bezogenheit ist (Petzold 1978c). Sinn scheint nur in Zusammenhängen auf, ja mehr noch: Relationalität und Sinn koinzidieren. Damit werden Sinn (consensus) und Bezogenheit auch zum grundlegenden Organisationsprinzip von Wirklichkeit.

Es kommt hier die Frage nach der Bedeutung der Sprache ins Spiel, jener ultimativen, sinnbergenden Struktur, die in der Sozialisation aus dem Dialog der Leiber, aus nonverbalen Zeichen, "vokalen Gesten" zu "signifikanten Symbolen" wächst (Mead 1975, 100ff). Sprache gründet also in Handlung, ist gesellschaftliche Aktivität. Sinn und Handlung, con-sensus und co-operatio können voneinander nicht getrennt werden. Sie sind gruppale, ja gesellschaftliche Prozesse. So verwenden Gruppen die Zeichensysteme eines übergeordneten sozialen Kontextes. Sie gebrauchen diese Systeme in spezifischer Weise, variieren sie und erschaffen im gemeinsamen "Sprechen als Handeln" Sinn, der wiederum gemeinsam ausgelegt, zu neuem Sinn führt. Wir können an dieser Stelle unsere sprachtheoretischen und hermeneutischen Überlegungen nicht weiter darlegen (vgl. hierzu Petzold, Orth 1985), sondern müssen uns mit dem Verweis auf den Handlungscharakter der Sprache und ihre gruppale bzw. gesellschaftliche Fundierung sowie auf ihre über das rein verbale Zeichensystem hinausgehende Charakteristik begnügen, denn die "Hintergründe und Zwischenräume" und der "Überschuß" der Sprache enthalten gleichermaßen Sinn, der hermeneutisch durchdrungen werden kann und muß.

Die Gruppe als Sprachgemeinschaft legt die individuellen Narrationen aus und schafft neue "Texte", deren Interpretation, Verstehen und Verarbeitung ein kooperatives Unterfangen sind. In diesem Prozeß werden wiederum Gemeinschaft und personale Identität hervorgebracht und bekräftigt, indem die Diskurse des Bewußten und des Unbewußten im Text des therapeutischen Gruppenprozesses zugänglich werden. Das Geschehen in der Gruppe auf der Handlungs- und Interpretationsebene kann in diesem Sinne als "Narration" verstanden werden; das ist der "ganze Text einer Rede, wie er sich in einem zeitlichen Kontinuum und einem gegebenen Kontext in 'Szenen' und 'Stücken' durch die Sprechenden in verbalen und nonverbalen Äußerungen darstellt, wenn sie über einen spezifischen Inhalt mit real oder virituell präsenten Zuhörern kommunizieren" (vgl. Petzold, Orth 1985). Die Korrespondenzprozesse (idem 1978c) in der Gruppe machen die Narrationen intersubjektiv zugänglich, indem sie das gemeinsam Erlebte auslegen und allen verstehbar machen.

Das Leben der Gruppe ist ein kontinuierlicher Dialog um die gemeinsam gemachten Erfahrungen (Pages 1974). Die Ebene, auf der sich die Mitglieder begegnen, ist jene der Intersubjektivität. Die Beziehungsstruktur ist horizontal: die Anerkennung der Integrität, Würde und Rechte des Einzelnen schafft die Würde des Ganzen, der Gruppe. Der Einzelne wird als leiblich gegenwärtiges, ganzheitliches Subjekt und Kontaktpartner gesehen.

Sinn für den Einzelnen entsteht daraus, daß er mit anderen ist, korrespondiert, kooperiert. Gemeinsames Ziel und gemeinsamer Sinn zugleich ist das Miteinander-Sein-und-Handeln im Hier-und-Jetzt der Lebenswelt, in dem die aus der Vergangenheit hereinragenden Inhalte im gemeinsamen Spiel und Tun gewürdigt werden, dadurch an Integrierbarkeit gewinnen und die Zukunftsperspektive erweitern.

Kontakt, Begegnung und Beziehung mit sich, mit den Gruppenmitgliedern, dem Therapeuten und dem ökologischen Kontext ist die Leitschiene der Therapie und therapeutisches Ziel zugleich: Mit dem Primat der Korrespondenzprozesse, des Dialogs fallen Ziel, Inhalt und Methode der therapeutischen Arbeit in eins.

Kontakt als Berühren und Berührtwerden wird mit Hilfe der Schärfung der "awareness" in den Kontaktfunktionen Hören, Sehen, Riechen, Schmecken, Sprechen und Bewegen bewußter erfahrbar oder überhaupt erst zugänglich. Kontakt geschieht an den Grenzen, die Abgrenzung und Berührung zugleich sind. Das therapeutische Geschehen ist Handeln um Grenzen auf der Basis von Akzeptanz und Wertschätzung von Unterschiedenheit und Andersartigkeit. Kontakterleben schließt die beiden Pole der Bezogenheit ein, Bedürfnis nach Vereinigung und Bedürfnis nach Trennung. Kontaktaufnahme heißt Aufs-Spiel-Setzen von Unabhängigkeit; und nur im Kontakt ist Identität voll begreifbar, weil Kontakt Voraussetzung für Selbstwerdung, Ichentwicklung und Identitätsbildung ist. An der Kontaktgrenze wird entschieden, welche Inhalte assimiliert, welche zurückgewiesen werden. Was als assimilierbar gilt, hängt von der Geschichte des Einzelnen und der Gruppe ab. Kontakt bedeutet Veränderung; wieviel Angst durch die Wahrnehmung einer Veränderungsmöglichkeit entsteht, hängt davon ab, wie kontrastierend die sich neu bildenden Figuren vor dem Hintergrund der Erfahrung erlebt werden, wie gut der Einzelne imstande ist, sich nach außen abzugrenzen. Diese Fähigkeit wird bestimmt vom Ausmaß, in dem der Betreffende mit sich in Kontakt ist, wie prägnant, reich und sicher er in seiner Identität, wie begrenzungs- und beziehungsfähig er ist.

4.4 Integrative Gruppentherapie als Sozialisation

Die Begriffe Identität, Rolle, Bühne, Korrespondenz, Kontakt, Begegnung, Beziehung usw. verweisen auf das zwischenmenschliche Milieu, auf die "Alltagswelt" (Berger, Luckmann 1966), die "Lebenswelt" (Schütz 1962), auf die Sozialität (Mead 1934). Der Begriff des Sinnes wird in seiner Charakteristik als "Konsens" an das gesellschaftliche Milieu gebunden, mit dem späten Merleau-Ponty (1964) aber noch auf dem Hintergrund einer "chair commune de ce monde", einer fundamentalen Verbundenheit allen Seins, dessen noch ungestalteter "wilder Sinn" sich letztlich nie ganz erfassen läßt. In der Sozialität, im menschlichen Miteinander, im Herausbilden einer Person (incarnation) durch dieses Miteinander können sich Aspekte dieses Sinns artikulieren. Das Leben in der Gruppe als Ausdruck sozialer und lebensweltlicher Prozesse führt uns dazu, Therapie als Sozialisation zu verstehen - ganz gleich ob sie im Einzel- oder Gruppensetting geschieht.

Eine solche Auffassung liegt nicht jenseits der Psychoanalyse, wenngleich sie nicht im Hauptstrom des Freudschen Denkens steht. Mit dem Aufgeben der Traumatheorie (vgl. hierzu Krüll 1979) erhielt der Einfluß gesellschaftlicher Bedingungen für die Pathogenese eine geringere

Gewichtung. Ferenczi (und auch Perls) sind Freud hier nicht gefolgt. Der ungarische Psychoanalytiker formulierte bereits 1909: "Die Dominanz der Sexualität bei seelischen Erkrankungen ist also zu einem großen Teil auf soziale Ursachen zurückzuführen" (Ferenczi 1909, 31). Pathologische Entwicklungen werden durchaus auch von den "Verhältnissen" (idem 1928, 406, 409) und von "kulturbedingten" Einflüssen (idem 1932, 312) bewirkt. Die behandlungsmethodischen Konsequenzen, die aus einer Verortung der Pathologie in einem pathogenen intersubjektiven Milieu resultieren, hat Ferenczi gezogen (Barande 1972) und mit ihm die Analytiker, die von seinem Denken beeinflußt wurden, die "object-relation-theorists" (Klein, Winnicott, Fairbairn, Guntrip, Bion u.a.).

Es ist vielleicht von Interesse zu vermerken, daß in diesem Kreis die frühesten Experimente zur Entwicklung einer analytischen Gruppenpsychotherapie entstanden. Ferenczy stellte in seinem Vortrag "Kinderanalyse mit Erwachsenen" (1931) ein Modell vor, das wir in der "Integrativen Therapie", die dem großen Ungarn unmittelbar verpflichtet ist, als "Nachsozialisation" bzw. als reparenting bezeichnen (Petzold 1970). Die Einzelanalyse in der Integrativen Therapie erfolgen nach dem Modell der "aktiven Technik" unter Einbezug von Körperkontakt und Übergangsobjekten, wie es uns durch Iljine vermittelt wurde, so daß sich in unserer Schule die Technik der Ferenczi-Analyse erhalten hat, nur daß wir nicht nur die Qualität "mütterlicher Zärtlichkeit" (vgl. Ferenczi 1931, 284) bereitzustellen versuchen, sondern auch sichernde Väterlichkeit vermitteln, wo es an ihr gemangelt hat. Jede Qualität, Atmosphäre, intersubjektive Konstellationen, soziale Szene, die gefehlt hat, kann in der Therapie konstelliert werden, und wo "sozioemotionale Mikroklimata gestört oder toxisch waren, können sie durch alternative, korrigierende Erfahrungen, die bereitgestellt und verinnerlicht werden, in ihrer Wirksamkeit verändert oder neutralisiert werden" (Petzold 1970). Die "primäre Mütterlichkeit" (Winnicott 1960), die "extrauterine Matrix" (Mahler 1952) beziehen sich überwiegend auf das Frühmilieu. Das Erfahren einer der jeweiligen Entwicklungsphase und realen Situation angemessenen empathischen Reaktion" (Kohut 1979), einer "liebevollen Präsenz" (Nacht 1962) muß sich aber auf alle Sozialisationsbereiche erstrecken - bis hin ins Senium, denn alte Menschen erkranken in gleicher Weise wie junge, wenn ihnen empathische Reaktionen, Zuwendung und Wertschätzung entzogen werden (Petzold 1985, 450).

Eine einseitige Überbetonung des Elementes der Mütterlichkeit entspricht einer umfassenden Sozialisationsperspektive genau so wenig wie die einseitige Akzentsetzung bei liebevollen, zärtlichen Klimata. Auch Auseinandersetzung, Aggression, die Möglichkeit, "sich zu reiben", die Versagung, müssen als Qualitäten vorhanden sein, wenn auch auf der Grundlage einer tragenden Gewißheit des Miteinanders, durch die Auseinandersetzungen ausgehalten werden können. Ist eine solche Grundlage gegeben, so müssen keine Phantasien einer totalen Bedrohung oder Vernichtung der Existenz bzw. der Identität aufkommen.

Die im Vorangehenden aufgezeigte Sozialisationsperspektive der ungarischen Schule der Psychoanalyse ist auf die Dyade zentriert, auf das "präödipale" Milieu; und so erweisen sich die dort entwickelten Behandlungsmodelle auch besonders als für die Therapie früher Schädigungen geeignet. Dem weiteren Einfluß der sozialen Welt auf das Erleben und Bewußtsein des Kindes im "ödipalen Milieu" oder in der "postödipalen" Entwicklung wird weniger Beachtung geschenkt. In der "Integrativen Therapie" stehen wir der "Ödipusmetapher" zurückhaltend gegenüber wegen der weitreichenden spekulativen Momente im Rahmen der Freudschen Theorienbildung. Wenn wir diese Metapher verwenden, dann zur Kennzeichnung eines Geschehens, in dem sich die Dyade aufgrund kognitiver und emotionaler Reifungsprozesse des Kindes und der damit einhergehenden Veränderungen der Mutter-Kind-Beziehung öffnet - sie wird nicht gewaltsam aufgebrochen. Durch die im Erleben und Bewußtsein des Kindes stärker in Erscheinung tretenden Personen des Vaters, der Geschwister oder anderer wichtiger Bezugssubjekte* (Großeltern, Tanten) entstehen multiple soziale Konstellationen, deren einfachste die "Triangulation" ist. Die Ödipusmetapher, in diesem Sinne aufgefaßt, impliziert dann keine Bedrohung oder Bestrafung (Kastration), sondern wird nach der Dyade als "Matrix der Identität erster Ordnung" zu einer "Identitätmatrix zweiter Ordnung". Das Kind erhält durch die Eltern und durch seine Position zwischen ihnen Identität: "Du bist unser Kind". Die sich in diesem

* Wir lehnen die Objekt-Terminologie der Psychoanalyse ab. Die neuere kognitive Entwicklungspsychologie zeigt, daß das Kind, ja der Säugling die Mutter keineswegs als "Objekt" wahrnimmt, sondern daß die Beziehung schon in der frühesten Zeit eine intersubjektive Qualität hat. Sprache schafft Fakten. Deshalb ersetzen wir die reifizierende Objektmetapher durch den Subjektbegriff.

Gefüge entwickelnden Sozialisationsklimata variieren sehr. Es finden sich auch - aber nicht immer - "klassische ödipale Konstellationen". Derartige Triangulationen unterscheiden sich von den Szenen der Dyade. Das Über-Ich bildet sich durch die Internalisierung derartiger Klimata bzw. normativer Szenen, d.h. also durch Sozialisation.

Die "dritte Matrix" des übergeordneten sozialen Milieus (Freunde, Nachbarn, Schulkameraden) geben weitere Identitätszuweisungen: "Du gehörst zu uns, zu unserer Gruppe, zu unserem Milieu". Derartige Prozesse der Identitätsbildung im "postödipalen" Milieu sind natürlich auch spezifischen Einflüssen ausgesetzt, abhängig von der Konstanz und Kohärenz eines sozialen Milieus, von der Stabilität "sozialer Welten", von lebenslaufbedingten Krisen, z.B. der Adoleszenz (vgl. Erikson 1966, der das Krisenparadigma im Sozialisationsprozeß hervorhebt, wobei wir ihm der Sache nach, nicht aber in der zeitlichen Zuordnung der Krisen und der Krisenthemen folgen).

Es gibt sicherlich "frühe Schädigungen", archaische Erkrankungen der Persönlichkeit, deren Behandlung in der Dyade des einzeltherapeutischen Settings beginnen muß, weil in Störungen der frühen Mutter-Kind-Beziehung ein starkes krankheitsverursachendes Moment zu sehen ist. Aber auch hier wird im Verlauf der Behandlung der Übergang in eine Gruppe erfolgen müssen, sei es dadurch, daß die Behandlung in der Zweiersituation den Patienten dafür ausrüstet, sich in der Außenwelt in Gruppen zu bewegen, oder sei es dadurch, daß die Behandlung in einer Gruppentherapie weitergeführt wird. Es können aber unter gewissen Bedingungen frühe Störungen, Defizite, Traumata und Konflikte auch in Gruppen behandelt werden, denn auch die Mutter-Kind-Dyade steht in einem gruppalen Kontext, dem der Familie und des sozialen Netzwerks. Die sichernde Präsenz des Vaters z.B. wird vom Kind wahrscheinlich "durch die Mutter hindurch" wahrgenommen. Gerade in den ersten beiden Lebensjahren muß die Mutter, um zu angemessenen empathischen Reaktionen fähig zu sein, regredieren, und das wird ihr um so leichter möglich, je mehr ein guter Partner die Realitätssicherung für sie übernimmt. Ihn ähnlicher Weise muß, wie Ferenczi es ausdrückte, der Therapeut die "Regression des Patienten mit eigener Regression begleiten" (vgl. Balint 1960), wobei ihn seine eigenen befriedigenden Alltagsbeziehungen, seine Professionalität und seine Supervision und Kontrollanalyse sichern.

Wenn man Therapie als Sozialisation betrachtet, muß der Sozialisationsbegriff expliziert werden, den wir zugrunde legen. Dies kann unter verschiedenen Blickwinkeln geschehen, was jedoch an dieser Stelle nicht mit der erforderlichen Breite möglich ist (vgl. aber Petzold, Mathias 1983). Sozialisation ist die "Internalisierung von Szenen und Szenensequenzen" (Petzold 1982a) im "Prozeß wechselseitiger Beeinflussung von (personalen) Systemen auf der sensu-motorischen, emotionalen und kognitiven Ebene entlang eines zeitlichen Kontinuums" (vgl. Petzold, Bubolz 1976). Es werden in diesen Prozessen "soziale Welten" als "shared perspectives" vermittelt (Strauss 1978), weiterhin Werte, Normen, Verhaltensstrategien, emotionale und kognitive Stile. Es entsteht in diesen Prozessen personale Identität als persönliche Aneignung der relevanten sozialen Welt und personalen Zuschreibungen, die internalisiert werden. "Die organisierte Gemeinschaft oder gesellschaftliche Gruppe, die dem Einzelnen seine einheitliche Identität gibt, kann 'der (das) verallgemeinerte Andere' genannt werden" (Mead 1975, 196). "Der gesellschaftliche Prozeß ist für das Auftreten der Identität verantwortlich; als Identität ist sie außerhalb dieser Erfahrung nicht vorhanden" (ibid. 185). Derartige Sozialisationsprozesse sind natürlich altersspezifisch auf die Aneignungsmöglichkeiten und -fähigkeiten des Kindes und seine Kapazität, "Sinn" zu erfassen (ibid. 155ff), ausgerichtet, denn nur dann kann sich Sinn "inkarnieren" (Merleau-Ponty 1964, Waldenfels 1983, 1942 ff).

Weiterhin sind Kulturkreis, Schicht und Sprache bestimmende Größen. In der "rollensensiblen Phase", in der das Kind Rollen übernimmt und spielt, stellt ihm sein Schichtzusammenhang brauchbare und abträgliche Rollenmuster zur Verfügung oder enthält sie ihm eventuell auch vor. In der "sprachensensiblen Phase" wird durch entsprechende Angebote der Primärgruppe Sprachreichtum vermittelt bzw. eine spezifische Welt der Symbolisierung erschlossen.

Sozialisation und Sprache ist ein Thema, das von der Mehrzahl der Gruppentherapien völlig vernachlässigt wurde, obwohl sich in den Gruppen die relevanten pathogenen Strukturen wiederholen oder alternative, heilende Erfahrungen möglich werden. Es gibt nicht nur die gute und die böse Brust (M. Klein), auch der gute und der böse Blick, das gute und das böse Wort wiegen schwer - und die Entziehung oder Verweigerung des Wortes. Es gibt Kinder, die "wundgeschwiegen" wurden (und die in abstinenten, wortarmen Analysen und Gruppen Qualen leiden, bis zur Dekompensation). Traumatische

Spracherfahrungen durch gewalttätige Sprache, distortive Spracherfahrungen durch zerrissene, doppelbödige Kommunikation, defiziente oder repressive Spracherfahrungen (vgl. zum Ganzen Petzold, Orth 1985) sind pathogene Momente der sprachlichen Sozialisation, die beim Umgang mit den Narrationen therapeutischer Gruppen von seiten der Therapeuten, aber auch der Gruppenmitglieder beachtet werden müssen. Verbale und nonverbale Kommunikationen haben Schärfen; Blicke und Worte (nicht zuletzt Deutungen, die zuweilen etwas Unbarmherziges haben) können verletzen. Sie können aber auch heilen. Deshalb gilt es, einen sorgsamen Umgang mit Sprache zu lernen und zu praktizieren.

In der Gruppe geht es um das Herstellen "emotionaler Mikroklimata", von Stimmungen und Qualitäten, von Sprachwelten, von internalisationsfähigen "Szenen" und "Stücken" als szenischen Handlungssequenzen für eine Neusozialisation, wobei das Herkunftsmilieu beachtet werden muß. Divergenzen und Dissonanzen, die notwendigerweise entstehen müssen - es geht ja um Veränderungen -, müssen dosiert eingesetzt werden, damit daraus entstehende Probleme aufgefangen werden können. Nach- bzw. Neusozialisation in der Gruppe stellt alternatives Erleben im Hier-und-Jetzt gegen frühere pathogene Erfahrungen. Wir haben es bei unseren Patienten ja nicht mit einer ungeprägten, frischen Matrix zu tun, sondern mit ausgeprägten Identitäten, wie gestört oder verletzt auch immer. In der Gruppe sitzen Menschen, die pathogenen Erfahrungen ausgesetzt waren, destruktiven gesellschaftliche Strukturen, in denen sie leben bzw. leben mußten.

"Wenn sich eine Identität einmal entwickelt hat, schafft sie sich gewissermaßen selbst ihre gesellschaflichen Erfahrungen. Somit können wir uns eine absolut solitäre Identität vorstellen [wie z.B. in der Einzelhaft, im autistischen psychotischen Rückzug, in der anachoretischen Lebensweise), m.E.], nicht aber eine Identität, die außerhalb der gesellschaftlichen Erfahrungen erwächst. Wenn sie sich bereits entwickelt hat, können wir uns vorstellen, daß die betreffende Person, wenn sie in lebenslängliche Einzelhaft gerät, immer noch sich selbst als Gefährten hat und mit sich denken und sprechen kann, so wie sie es vorher mit anderen konnte" (Mead 1975, 182).

In der Gruppe werden nicht nur defizitäre Identitätsentwicklungen durch Sozialisationsangebote und korrigierende Erfahrungen aufgefangen, auch distortive Identitätsentwicklungen, und gerade diese, werden durch die

Präsenz neuer "signifikanter Anderer" behandelbar, indem von ihnen Rollen übernommen wurden und signifikante Szenen und Atmosphären entstehen bzw. geschaffen werden, die verinnerlicht werden können. Die Gruppe wird zu einer neuen Alltagswelt, die bedeutsam (significant) ist. Durch die hohe emotionale Besetzung wird sie wie die Alltagswelt, "meine Welt par excellence" (Berger, Luckmann 1970, 25), die die übrigen Bereiche der Alltagswelt zu beeinflussen vermag.

"Die Wirklichkeit der Alltagswelt ist um das 'Hier' meines Körpers und das 'Jetzt' meiner Gegenwart herum angeordnet. Dieses 'Hier' und 'Jetzt' ist der Punkt, von dem aus ich die Welt wahrnnehme. Was 'Hier' und 'Jetzt' mir in der Alltagswelt vergegenwärtigen, das ist das 'Realissimum' meines Bewußtseins. Die Wirklichkeit der Alltagswelt erschöpft sich jedoch nicht in so unmittelbaren Gegenwärtigkeiten, sondern umfaßt Phänomene, die 'hier und jetzt' nicht gegenwärtig sind. Das heißt, ich erlebe die Alltagswelt in verschiedenen Graden von Nähe und Ferne, räumlich wie zeitlich" (ibid. 25).

Die Gruppe als Sozialisationsagentur mit ihrer Vielzahl an Vis-à-vis-Situationen kann als Prototyp korrigierender Alltagswelt während der Zeit intensiver Therapie angesehen werden. Die Macht der therapeutischen Gruppe ist wie die jeglicher Sozialisationsagenturen erheblich, besonders da durch das Moment der Regression die Distanzierungsmöglichkeiten der so Sozialisierten gegenüber dem Einfluß, ja zuweilen Druck der Gruppe und des Therapeuten zunächst sehr gering sind (vgl. Berger, Luckmann 1970, 122). Erst mit dem Gelingen der Behandlung im Sinne zunehmender "Exzentrizität" (Plessner) und Rollendistanz (Goffman) wird Distanzgewinn möglich. Da Therapie immer auch auf Anpassungsleistungen des Individuums an die bestehende Gruppe und die hinter dieser stehenden Gesellschaft abzielt, sie also auch ein Moment sozialer Kontrolle impliziert, kommt der Hinterfragung und Bearbeitung eben dieser Funktion in der "erwachsenen Gruppe" der therapeutischen Abschlußphase besondere Bedeutung zu. Diese Prozesse erfolgen oft auch spontan schon in der "adoleszenten Gruppe", sofern derartige Entwicklungen zugelassen und nicht unterdrückt werden. Wird diese Arbeit der hinterfragenden Distanzierung nicht geleistet, so "widerfährt" die Sozialisation in der Gruppe dem Patienten genauso wie Kindern, ohne daß die zur Erwachsenensozialisation gehörigen Schritte der bewußten Aneignung der durch intentionale und funktionale

Erziehung erworbenen Lebensstile geleistet würde.Die Gefahr, "normierte Individuen" hervorzubringen, ist jedenfalls beträchtlich.

"Therapie bedient sich einer theoretischen Konzeption, um zu sichern, daß wirkliche und potentielle Abweichler bei der institutionalisierten Wirklichkeit bleiben. Sie soll mit anderen Worten verhindern, daß 'Einwohner' einer bestehenden Sinnwelt 'auswandern'. Zu diesem Zwecke wendet sie den Legitimationsapparat auf individuelle 'Fälle' an. Da jede Gesellschaft mit der Gefahr individueller Abweichung rechnen muß, ist Therapie in dieser oder jener Form wahrscheinlich ein globales gesellschaftliches Phänomen. Ihre besonderen institutionellen Methoden, von der Teufelsaustreibung bis zur Psychoanalyse, von der Seelsorge bis etwa zur Ehe- und Berufsberatung, gehören in die Kategorie sozialer Kontrolle" (Berger, Luckmann 1970, 121).

Die Autoren heben im übrigen warnend hervor, "daß das Verlangen nach solchen Maßnahmen proportional zu strukturbedingter erfolgloser Sozialisation wächst. 'Richtig' sozialisierte Menschen neigen meistens dazu, einen Druck auf 'falsch' sozialisierte auszuüben" (ibid. 180). Gruppentherapie und Gruppentherapeuten als Sozialisationsagentur sind, weil sie "signifikante Andere" und "signifikante soziale Welten" bereitstellen, gefühlsgeladene Identitätsattributionen vornehmen, mit einem hohen Veränderungs- und Manipulationspotential ausgestattet. Darin liegt ihre Wirksamkeit und ihre Gefahr. Die relative Exklusivität der therapeutischen Gruppe, die durch das regressive Moment noch zu einer weiteren Einschränkung des Horizontes führt (vor allem bei Themen aus der primären und sekundären Sozialisationsmatrix), akzentuiert dieses Moment noch.

"Zu einer Verwandlung sind Resozialisationen nötig, die der Primärsozialisation ähnlich sind, weil sie radikal neue Wirklichkeitsakzente setzen müssen. Infolgedessen muß die besonders affektgeladene Identifikation mit dem sozialisierenden 'Personal', die für die Kindheit charakteristisch ist, noch einmal durchgemacht werden. Bei der Primärsozialisation unterscheiden sich diese Vorgänge jedoch, weil sie nicht ex nihilo beginnen und daher mit der Schwierigkeit einer Demontage beziehungsweise der Auflösung früher nomischer Strukturen der subjektiven Wirklichkeit fertigwerden müssen"... Den Individuen müssen neue Plausibilitätsstrukturen durch "signifikante Andere vermittelt werden, mit denen es zu einer tiefen Identifikation kommen muß. Ohne diese Identifikation ist keine radikale Transformation der

subjektiven Wirklichkeit - einschließlich natürlich der Identität - möglich. Unausweichlich müssen die Kindheitserlebniss der Gefühlsabhängigkeit von signifikanten Anderen noch einmal nachvollzogen werden. Die signifikanten Anderen sind die Führer in die neue Wirklichkeit" (ibid. 168).

Die in therapeutischen Gruppen vermittelten alternativen Szenen führen zu neuen oder zu teilweise neuen Interpretationen vergangener Szenen, alter Rollen, vergangener signifikanter Personen, und das führt zu einer Neuinterpretation der Gegenwart, die sich mit Hilfe neuer signifikanter Anderer vollzieht. Dies aber darf nicht in einer Form geschehen, daß am Ende "neue Dogmen" stehen, die nur zu neuen Einengungen und auf jeden Fall in die Stagnation führen, sondern die Gruppe als Sozialisationsagentur muß in einem emanzipatorischen Prozeß (Habermas 1971, 28; 1968) zu einem Verständnis für das Geschehen der Sozialisation an sich führen, das ja über die Lebensspanne hin anhält und beständig neue, kreative Anpassungsleistungen (creative adjustment, Perls et al. 1951), aber auch neue Veränderungsleistungen (creative change, Petzold 1970) notwendig macht. Der Einzelne kann damit bessere Möglichkeiten zur Rollendistanz, eine größere Rollenverfügbarkeit (Dreitzel 1968, 1972) aufgrund größerer Exzentrizität gewinnen und erhält damit die Chance, soziale Ungleichheit (Kreckel 1972) zu reduzieren - für sich und für andere.

Der souveräne und intersubjektive Umgang mit den Veränderungsprozessen in der persönlichen Identität, in gruppalen Konstellationen, in sozialen Welten ist das wichtigste Ergebnis eines gelungenen Sozialisationsprozesses bzw. eines erfolgreichen Prozesses der Nach- bzw. Neusozialisation in der Gruppentherapie, denn er wird dem Faktum gerecht, daß das "In-der-Gesellschaft-Sein an sich schon ein ständiger Modifikationsprozeß" ist (Berger, Luckmann 1970, 167). In ihm können Individuum und Gesellschaft in ihrer Dialektik, ihrer wechselseitigen Verschränkung und Durchdringung immer neue Formen hervorbringen, wodurch Entfremdung vermieden wird; denn "Gesellschaft ist ein menschliches Produkt. Gesellschaft ist eine objektive Wirklichkeit. Der Mensch ist ein gesellschaftliches Produkt" (ibid. 65). Dies darf bei der Betrachtung der Gruppe unter der Sozialisationsperspektive im Sinne von Mead und Schütz nie vergessen werden.

4.5 Ziele Integrativer Gruppenarbeit

Perls (1976) definierte als Ziel der von ihm begründeten Gestalttherapie, dem Klienten die Mittel an die Hand zu geben, mit denen er seine gegenwärtigen und in der näheren Zukunft liegenden Probleme lösen kann. Reife, Verantwortlichkeit und Autonomie, verstanden als Unabhängigkeit, emotionale Beweglichkeit und klarer sprachlicher Ausdruck, der Aufbau bewußt gestalteter menschlicher Beziehungen und das Herstellen von Grundlagen für bewußt getroffene Entscheidungen als Voraussetzungen für mehr Stimmigkeit zwischen Phantasie und Realität, Sprechen und Tun, Entscheiden und Bedenken von Konsequenzen sind weitere Zielsetzungen, und so könnte man ganze Kataloge erstellen (vgl. Zinker 1980; Kepner 1980; Bubolz 1979, 1983), die aber nur zum Teil ergiebig sind, weil Ziele für jeden Kontext, jede Person, jede Zielgruppe spezifisch erarbeitet werden müssen. Beispielhaft haben wir das für die Zielgruppe alter Menschen (dieses Buch, Bd. II) demonstriert. Auch in der Psychotherapie ist es sinnvoll, eine Einleitung in Global-, Richt- oder Leitziele, Grob- und Feinziele vornehmen.

Globalziele entstammen der anthropologischen Position des Therapeuten über das Wesen des Menschen und das Wesen der Gruppe. Seine anthropologischen Prämissen vermittelt der Therapeut der Gruppe durch seine Haltung, seine Interventionen und seine Ausführungen und Deutungen. Wenn zum Beispiel die anthropologische Grundformel der Integrativen Therapie den Menschen als Körper-Geist-Seele-Subjekt in seinem sozialen und ökologischen Umfeld sieht, müssen Zieldimensionen auf der leiblichen, seelischen und geistigen, aber auch auf der sozialen und ökologischen Ebene bestimmt werden. Wenn der Mensch als "konfliktträchtiges Wesen" (Lückert 1958) gesehen wird, das die Chance zur Integration hat, das auf Selbstverwirklichung angelegt und durch Selbstregulation bestimmt ist, ergeben sich Integration und Kreation als therapeutische Ziele, die, sofern sie gestört sind, wiederhergestellt werden müssen, aber auch entwickelt und gefördert werden können. Wird weiterhin angenommen, daß menschliches und zwischenmenschliches Leben von Sinn reguliert wird, muß die Konstituierung von Sinn ein therapeutisches Ziel par excellence darstellen. Geht man schließlich davon aus, daß das Ich ohne das Du (Buber 1968), das Selbst ohne den Andern nicht möglich ist (Mead 1975; Joas 1981), Identität sich also intersubjektiv konstituiert, so wird die Gewährleistung und Wiederherstellung der Fähigkeit zur Intersubjektivität eine Zieldimension des psychotherapeutischen Prozesses.

Globalziele leiten sich außerdem her aus persönlichkeitstheoretischen Annahmen und der Krankheitslehre, auf die der Therapeut sich in seiner Arbeit mit Klienten und Patienten bezieht: Selbsterhaltung und Selbstentfaltung im Lebenszusammhang, Humanisierung des Lebenszusammenhanges, Reduzierung von Entfremdung, Bekräftigung von Koexistenz und Intersubjektivität sind von uns als Globalziele formuliert worden (Petzold 1970, 1978; 1979b), wobei als Richtziele Prophylaxe (Prävention des Abbaues und von Potential), Erhaltung (Stabilisierung von Potential), Restitution (Wiederherstellung von Potential), Entwicklung (Entfaltung von Potential) spezifiziert werden durch das Überschauen des Lebenskontextes des Einzelnen und der Gruppe. Der Lebenszusammenhang wird so die Kategorie, aus der die Gruppe gemeinsam für den Einzelnen und die Gruppe als Ganzes auf der Grundlage von Globalzielen Grob- und Feinziele erarbeitet. Dabei kann auf das Instrumentarium "prozessualer Diagnostik" zurückgegriffen werden, das wir an dieser Stelle in diesem Buch dargestellt haben (vgl. Bd. II).

Personale Kompetenz und Performanz bedeutet, sich selbst wahrnehmen, sich regulieren und seine Potentiale in seinem sozialen Kontext verwirklichen zu können. Darauf aufbauend bedeutet soziale Kompetenz und Performanz, soziale Situationen in Übereinstimmung mit der Realität wahrzunehmen und strukturieren zu können. Dabei ist es möglich, den Mitmenschen angemessen zu begegnen, sich mit ihnen auszutauschen und mit ihnen zusammenzuarbeiten. Lebenspraktische Kompetenz bedeutet, über all die Fähigkeiten, Kenntnisse und Fertigkeiten zu verfügen, die der Alltag im Familien- und Berufsleben und in der sinnvollen Gestaltung von Freizeit fordert.

Die Gruppe verlangt vom Einzelnen, sich in ihr räumlich, zeitlich und sozial zu orientieren. Für die Gruppe als Ganzes ist Teilziel ihrer Arbeit, sich als Gruppe im sozialen Umfeld zu orientieren, ihren Platz dort durch Differenzierungs- und Verbindungsprozesse zu finden, zu benennen, zu halten und gegebenenfalls wieder aufzugeben. Diese Orientierung geschieht durch wache Wahrnehmungsarbeit und wächst im Rückgriff auf das Ressourcenarsenal der Gruppe auf dem Boden intersubjektiver Beziehungen aus Begegnung und Auseinandersetzung.

Gruppe und Einzelne sind einander zunächst vor allem Quellen, an denen Bezogenheit und Vertrauen geprüft, gestörte Bezogenheit und Vertrauensdefizite erlebt werden und Nachsozialisation durch alternative Erlebnisse erfahren wird. Wir gehen über Erikson (1974) hinaus in der Annahme, daß Grundvertrauen in der vorgeburtlichen Verbundenheit von Mutter und Kind wurzelt und nach der Geburt in der Sozialisation lediglich bekräftigt werden muß (Petzold 1980b). So gesehen kann das Grundvertrauen, kann Verbundenheit als Grund menschlicher Existenz Berechtigung und Basis für die Behandlung früher und schwerer Schädigungen sein, da es sich dabei nicht nur um eine sozialisierte Größe, sondern um eine Grundqualität menschlichen Daseins handelt, die heilend wirkt, wo immer sie in der therapeutischen Zweierbeziehung zum Tragen kommt und im Beziehungsgeflecht der Gruppe sich entfaltet. In der identitätsfördernden Arbeit wird auf die erste Szenenfolge, in der Identität ihre Wurzeln hat, zurückgegriffen: auf die Mutter-Kind-Beziehung, in der das Kind Kontakt in seiner unmittelbarsten Form erfährt und aus diesen Erfahrungen lernt, was Ich und was Du ist. Für die Herstellung einer solchen positiven Konfluenzerfahrung, um bei Defiziten Nachsozialisation zu ermöglichen, ist im Beziehungsgeflecht, in der Verbundenheit der Gruppe in zeitlich begrenztem Ausmaß Raum. Indem Berührung stattfindet, wird aber auch Abgrenzung möglich. Pathologische Konfluenz als Versuch, negative Sozialisation in der frühen Mutter-Kind-Beziehung auszugleichen (vgl. Abb. 7) durch Perpetuierung von Konfluenzzuständen, kann deutlich und durch Aufbau und Erleben von Grenzen ververringert werden. In der Gruppe und durch die Gruppe kann der Einzelne differenzieren lernen, in welcher Situation für ihn ein höherer oder geringerer Grad von Durchlässigkeit seiner Kontaktgrenzen angemessen und für seine Weiterentwicklung im Sinne gemeinsam erarbeiteter Zielsetzung förderlich ist. In diesem Differenzierungsprozeß geht es darum, im Interaktionsgeschehen in der Gruppe durch Berühren und Sich-berühren-Lassen Kontaktgrenzen weicher zu machen, anzuschmelzen, damit sie im Sich-wieder-Lösen sich restabilisieren. Durch viele Wiederholungen dieser Erfahrung können Kontaktgrenzen flexibler werden, womit das Ziel des therapeutischen Prozesses schlechthin erreicht wäre.

5. Das Therapiesystem der Integrativen Gruppenarbeit

5.1 Methoden, Modalitäten, Techniken, Medien, Stile, Formen

In der Integrativen Therapie nehmen wir im Hinblick auf die Praxeologie eine begriffliche Differenzierung vor. Die Integrative Therapie ist das Basisverfahren mit einer ausformulierten Metatheorie, mit realexplikativen Theorien von mittlerer Reichweite, zu denen z.B. Persönlichkeits-, Entwicklungs-, Therapietheorie gehören, und einer entsprechenden Praxeologie (Petzold 1984a).Im Rahmen dieses Verfahrens können nun verschiedene Methoden zum Einsatz kommen. Methoden sind"in sich konsistente Strategien des Handelns, durch die die übergeordneten Zielsetzungen des Verfahrens erreicht werden können." Wir unterscheiden in unserem Ansatz medienbezogene Methoden, die aufgrund der Komplexität des medialen Zugangs in die Nähe eines Verfahrens rücken, wie z.B. die Integrative Bewegungstherapie (vgl. dieses Buch), die Integrative Poesie- und Bibliotherapie (Petzold, Orth, 1985), die Integrative Musiktherapie (Frohne 1983) oder die Integrative Kunst- und Kreativitätstherapie (Petzold 1972; Bubolz 1979). Diese medienbezogenen Methoden haben aufgrund ihrer Komplexität eine gewisse Eigenständigkeit (vgl. Orth, Petzold 1985).

Davon zu unterscheiden sind die Interventionsmethoden als spezifische Handlungsstrategien des Vorgehens innerhalb der therapeutischen Formen:Einzeltherapie, Gruppentherapie, Wohngemeinschaftsarbeit usw. (weiteres dazu siehe unten). Schließlich unterscheiden wir Modalitäten der Intervention, wie z.B. übungszentriert-funktionales Vorgehen (z.B. durch Kommunikationsübungen, Awareness-Experimente), erlebniszentriert-agogisches Vorgehen (z.B. durch Kreativitäts- und Phantasiespiele) und die konfliktzentriert-aufdeckende Modalität (z.B. Gestalt-Hot-Seat-Arbeit, dramatisches Spiel, Deutung) (vgl. hierzu ausführlich Petzold 1985e, 447ff; Petzold, Orth 1985). Die Modalitäten können je nach Indikation mit reparativer Zielsetzung zur Minderung von Schäden und Lösungen von Konflikten, mit konservierender Zielsetzung zur Erhaltung funktionsfähiger und intakter Potentiale und in evolutiver Zielsetzung, zur Entfaltung der Potentiale der Gruppe und des Individuums eingesetzt werden.

Neben Methoden mit ihren Modalitäten unterscheiden wir noch Techniken als"Instrumente zur Strukturierung von Situationen im Rahmen des methodischen Vorgehens" und Medien als"Träger von oder Systeme von Informationen"(vgl. Petzold 1977b; 1983a). Techniken sind z.B. Rollentausch, Doppel, Identifikationstechniken, Dramatisierung. Medien sind z.B. Ton, Farben, Bewegung, Tanz, usw. Medien können im Rahmen des Gruppenprozesses eingesetzt werden, um Situationen zu klären, unbewußte Inhalte zu erschließen und zu verdeutlichen, wobei der Prozeß die Wahl der Methode, der Technik, des Mediums bestimmt, und nicht umgekehrt diese Elemente den "Prozeß machen". Der Einsatz von Methoden, Techniken und Medien erfordert differenzierte Kenntnisse des methodischen Ansatzes, der Handhabung der Technik und der Möglichkeiten des jeweiligen Mediums. Wir haben uns mit diesen Themen an anderer Stelle ausführlich befaßt, so daß hier auf die entsprechenden Veröffentlichungen verwiesen werden muß (Petzold 1975; 1977b, 1983a; 1985e; Orth, Petzold 1985; Bubolz 1979; Lückel 1979).

Schließlich unterscheiden wir im Rahmen integrativer Gruppenarbeit noch Stile des Vorgehens, folgende seien genannt:

Personzentriert arbeitet der Therapeut mit einem Klienten in der Gruppe, während die anderen Mitglieder beteiligte Zuschauer sind, die stellvertretend mitlernen und in dem auf die Einzelarbeit folgenden Gruppengespräch aktiv werden können in der Mitteilung eigenen Betroffenseins ("sharing"), in der Mitteilung von Beobachtungen ("feed-back") und in deutenden Überlegungen auf der kognitiv-analysierenden Ebene ("analysis").

Gruppengerichtet ist die Arbeit, wenn das Thema eines Einzelnen manifeste Bedeutung für die Mehrzahl der Teilnehmer hat und sie an der Bearbeitung durch verbale Beiträge und Aktionen teilnehmen.

Gruppenzentrierte Arbeit hat Interaktionen zwischen den Teilnehmern oder zwischen Subsystemen der Gruppe im Hier-und-Jetzt zum Gegenstand und bezieht die Gesamtgruppe ein; die Arbeit ist gegenwartsbezogen. Persönlich-Biographisches nimmt keinen größeren Raum ein.

Themenzentriert kann die Arbeit werden, wenn ein bestimmtes inhaltliches Thema in den Mittelpunkt rückt und Stellung dazu genommen werden soll; gruppenzentriertes und gruppengerichtetes Vorgehen spielen im themenzentierten Stil zusammen (vgl. Petzold 1973).

Zu den Stilen sind auch die Formen und Qualitäten der Interaktion zu rechnen, durch die der Therapeut die therapeutische Beziehung gestaltet. Wir sprechen von Interventionsstilen, die abstinent und zugewandt, konfrontierend und supportiv, direktiv oder nondirektiv oder von partieller Teilnahme und selektiver Offenheit gekennzeichnet sein können (Petzold 1980b; Schneider 1980; Petzold, Schneewind 1986).

Vor allem in den Anfangsstadien eines Gruppenprozesses sollte in der Regel nur dann personzentriert gearbeitet werden, wenn das manifeste persönliche Thema auch dem latenten Gruppenthema entspricht. Die Arbeit richtet sich dabei nach dem Kriterium der Übereinstimmung zwischen sichtbarem Geschehen in der Gruppe und den Prozessen und Themen aus der "unsichtbaren Gruppe" im Sinne von Aghazarian und Peters (1981; vgl. schon Petzold 1973c).

Schließlich haben sich im Laufe der Praxis mit Gruppenarbeit bestimmte Formen herausgebildet, die Gruppen finden können bzw. die ein Therapeut wählen kann, wie z.B. Fokalgruppen, Langzeitgruppen, Workshops usw. Wir werden diese Formen im weiteren noch darstellen (vgl. 5.5 ff).

Um die Zusammenhänge im System Integrativer Gruppenarbeit noch einmal zu verdeutlichen, folgende Beispiele zur Illustration:

Verfahren: Integrative Therapie; Methode: Integrative Bewegungstherapie; Modalität: erlebnis- und konfliktzentriert; Form: Gruppenarbeit, Stil: gruppenzentriert; Technik: Identifikation, Doppel; Medien: Bälle und Tücher.

Oder: Verfahren: Integrative Therapie; Methode: Therapeutisches Puppenspiel; Modalität: erlebnis- und konfliktzentriert; Form: Einzelarbeit; Stil: personzentriert; Technik: Puppentausch; Medium: Puppe.

5.2 Gruppenprozeßorientiertes Arbeiten

Die wichtigste Ausrichtung bei der Anwendung von Methoden, Modalitäten, Techniken, Formen, Stilen und Medien, um Therapieziele, wie sie durch die theoretischen Annahmen des Verfahrens und die Lebensweltanalyse vorgegeben werden, zu erreichen, sind Gruppenorientiertheit bei flexibler mehrperspektivischer Figur-Hintergrund-Wahrnehmung, Prozeßorientiertheit und die Arbeit mit Übertragung, Gegenübertragung und Widerstand. Die Gruppe ist immer Schauplatz der Ur-Gruppe, der Dyade, aus der sich über die Triadenbildung das Drama der Primärfamilie entwickelt. Die Gesetze menschlicher Bindung und Lösung gelten als Individuationsgesetze für jedes Gruppengeschehen, so wie die Problematik der Dyade und der Triade zum latenten und manifesten Thema in jeder Gruppe wird (Friedemann 1958, 1972). Den doppelt gezogenen Bühnenboden im dramatischen Geschehen der Gruppe baut sich diese selbst, indem sie aus dem Übertragungsgeflecht durch ihr Arbeiten eine Matrix von Beziehungen entstehen läßt, in der Grundvertrauen entstehen und bekräftigt werden kann (Petzold 1980b). Hatte Perls (1969) vor allem Einzelarbeit in der Gruppe gelehrt, bildeten sich in der Konzeption dieses Stils zwei Richtungen heraus, Gestalttherapie in Gruppen zu handhaben (Latner 1973): Vertreter des leiterzentrierten Stils stellen in den Vordergrund therapeutischer Methodik das "Hot-Seat"-Verfahren, das Arbeiten eines einzelnen Gruppenmitgliedes mit dem Therapeuten in der Gruppe; andererseits hat sich eine Entwicklung zur Gruppenarbeit hin vollzogen, die als Gegenstand der Arbeit in Interaktionen, das Projektions- und Übertragungsnetz, die Beziehungen unter den Mitgliedern und zum Therapeuten sieht (Petzold, Berger 1978; Warehime 1981).

Im Zentrum unseres Ansatzes der Integrativen Gruppenarbeit steht die Gruppe, deren soziodynamischer und psychodynamischer Aspekt gleichzeitig, jedoch mit jeweils unterschiedlicher Prägnanz, anwesend sind. Welcher Aspkekt Figur, welcher Hintergrund wird, entscheiden Dynamik, Lernziele, Setting und Interventionsstil. Gruppe ist soziale Realität, in der sich die Möglichkeit bietet, soziale Kompetenz und Performanz zu entwickeln. In diesem Lernfeld muß mit Zeit und Ort umgegangen werden, müssen Regeln entwickelt, Kommunikations- und Sprachregeln gefunden, Durchsetzungs-Anpassungsleistungen erbracht werden. Vom psychodynamischen Aspekt her gesehen, ist Gruppe der Ort, wo Szenen der Primärgruppe, der Familie, ihrer Subsysteme und ihres Umgeldes in der Entwicklung von Übertragungen auf Mitglieder, Therapeuten und die Gesamtgruppe aus den Archiven des Leibes bzw. des Unbewußten (Frostholm 1978) reproduziert werden, wobei Übertragung immer als "Reproduktion einer alten Szene" verstanden wird (Petzold 1965). Defizite, Traumata, Störungen und Konflikte (Petzold 1977a, 1985b; Petzold, Maurer 1985) werden im Durcharbeiten und Bewußtwerden dieser Übertragungen klar; Alternativerfahrungen können gemacht werden. Nachsozialisation und kompensatorische Erfahrung von Intersubjektivität sind sowohl vom Aspekt der Gruppe als sozialem Lernfeld wie auch vom dynamischen Gesichtspunkt her möglich.

Es gilt, aus den Phänomenen im Hier-und-Jetzt die Strukturen herauszuarbeiten: jene Ganzheiten von szenischen Elementen und Abläufen, die in der Zeit eine überdauernde Wirkung haben und an unterschiedlichen Stellen des Zeitkontinuums als homolog identifizierbare Charakteristik aufweisen. Dieses Prinzip gilt in dreifacher Hinsicht: für die Arbeit mit dem Einzelnen im Hinblick auf seine Geschichte; für die Arbeit mit der Gruppe als Ganzer in ihrer gruppalen Geschichte; für den strukturierenden Umgang mit dem Kontext, mit Figur-und-Hintergrund im Hier-und-Jetzt der Gesamtgruppe. Der Fokus therapeutischer Intervention richtet sich auf jene Aspekte, jene manifesten Inhalte, die den dynamischen Hitergrund, das latente Thema der Gesamtgruppe am prägnantesten ausdrücken. Werden Szenen im Vordergrund des dramatischen Geschehens auf der Bühne der Gruppe aufgegriffen und durchgearbeitet, ist als Hintergrund und Boden zugleich, als "Metaszene" (Petzold 1980a, 1981a), stets das Miteinander-und-Füreinander-Dasein in der Gruppe zu bewahren. Darin besteht eine der wesentlichsten Aufgaben des Therapeuten in der Integrativen Gruppenarbeit.

Wenn Zeit und Raum Gruppengerüst im durch die Gruppe konstituierten therapeutischen Theater sind, wenn Menschen als leibliche Wesen durch ihr Dasein in Raum und Zeit, in Kontext und Kontinuum Szenen und Szenenfolgen schaffen, dann ist therapeutisches Handeln immer prozessual. Die zwischen den Gruppenmitgliedern und dem Therapeuten ablaufenden Prozesse sind selbst Teil und Gegenstand des szenischen Spiels, indem sie prägnant und durchschaubar,d.h. szenisch verstanden, werden.

Modelle zur Beschreibung von Gruppenrpozessen wurden in unterschiedlicher Komplexität und mit unterschiedlicher Berücksichtigung der Vieldimensionalität von Gruppe entworfen. Issacharoff (1981) teilt diese Versuche in drei Klassen ein:

1. Lineare Modelle nehmen an, daß sich Gruppen über Initial- und Konfliktstadien zu kohäsivem Verhalten hin bewegen, auf dessen Grundlage gemeinsame Arbeitsziele entwikkelt und erreicht werden können (Tuckman 1965; Bennis, Shehard 1956; Kaplan 1967; Aghazarian, Peters 1981).

2. Pendelmodelle betonen die Wichtigkeit der Entwicklung von Grenzen innerhalb der Gruppe und gegenüber dem Umfeld.

3. Lebenszyklusmodelle folgen dem ontogenetischen Entwicklungsmodell und bilden den Prozeß zeitlich begrenzter Gruppen ab (Mills 1964; Issacharoff 1981).

Kutter (1976, 1980) weist darauf hin, daß solche Modelle idealtypischen Charakter haben und sich Gruppenprozesse nur bedingt darin einordnen lassen, da sie abhängig seien von untereinander wiederum unterschiedlich stark interdependenten Faktoren: von Struktur und Verhalten der Mitglieder; von Struktur und Verhalten des Leiters; von Größe, Struktur und Entwicklungsstadium der Gruppe als Ganzer; von der Art der vom Leiter gewählten Arbeitsmethode. Mit seinem Schichtenmodell des Gruppenprozesses versucht Kutter (1976, 1985), der Komplexität der Gruppe Rechnung zu tragen, ihrer Rollen- und Übertragungsstruktur sowie der Möglichkeit, als Gesamtgruppe in der Beziehung zum Therapeuten Konfluenzzustände und Individualprozesse zu bearbeiten, die z.T. in sehr frühen ontogenetischen Entwicklungsstadien angesiedelt sind.

In neueren Ansätzen zur Gestaltgruppenarbeit wird eine Gesamtentwicklung einer Gruppe auf ein Lernziel hin in charakteristische Stadien eingeteilt (Kepner 1980), wobei idealtypisch ein stufenweiser Verlauf in Annäherung an lineare Modelle beschrieben wird. Andererseits werden Gruppenentwicklungen als zyklisch in spiralenförmigem Verlauf sich vollziehende Prozesse dargestellt (Zinker 1980).

3.2.1 Horizontaler Prozeßverlauf

In der Gruppenarbeit der Integrativen Therapie kann der Gruppenprozeß als horizontales und als vertikales Entwicklungsgeschehen betrachtet werden. Das von uns (Petzold 1970, 1973c, 1974a, 1977a; Petzold, Berger 1978a, Petzold, Schulwitz 1972) entwickelte "tetradische System" dient der Strukturierung therapeutischer Prozesse in therapeutische Einheiten über eine oder mehrere Sitzungen. Dabei werden vier Ebenen "therapeutischer Tiefung" unterschieden (Petzold 1974a, 1977a). Im Falle längerfristig angelegter Gruppen wird damit die vertikale Dimension des Therapieprozesses beschrieben. In Gruppen, die nur begrenzte Zeit laufen, kann auch die horizontale Entwicklung mit dem tetradischen System erfaßt werden, während über lange Perioden arbeitende Gruppen als Gruppenganze der ontogenetischen Entwicklung folgend wachsen (Petzold, Berger 1978a). (siehe Abb. 5).

Im "tetradischen Sstem" der Integrativen Therapie werden vier Phasen unterschieden: Initialphase, Aktionsphase, Integrationsphase, Phase der Neuorientierung.

a) Initialphase. Die Aufgabe der Gruppe und des Therapeuten in der Initialphase ist, wie in jeder psychotherapeutischen Initialsituation, Kontakt der Anwesenden mit sich, untereinander und zum Umfeld herzustellen. Sicherheit in der Gruppe ist die Voraussetzung für positives Wachstum durch Gruppenarbeit. Das Klima muß für das Ingangsetzen

Abb. 5 Das tetradische System in der Integrativen Therapie (aus Petzold 1974a, 1977a).

INITIALPHASE
diagnostisch-anamnestische Zielsetzung
Erinnern / Stimulieren
Warm Up — Kontakt — Kohäsion
Analyse von Bewegung, Ausdruck, Verhalten, verbalen Äußerungen

aus psychodynamischer Sicht	aus lerntheoretischer Sicht
projektive Auswertung	Verhaltensanalyse

aus gestalttheoretischer Sicht
Kontext- u. Prägnanzanalyse
konfliktzentriertes oder erlebniszentriertes Vorgehen

↓ ↓

AKTIONSPHASE
psychokathartische Zielsetzung
Wiederholen / Explorieren

ernstes Spiel ἀγών	heiteres Spiel παιδιά
konfliktorientierte Arbeit mit Atem, Stimme, Expressivität, Imagination etc.	erlebnisorientierte Arbeit mit freier Bewegung, Tanz, Phantasie, Sensibilität
Katharsis	Peak Experience

Öffnungs-, Schließungs-, Prägnanzerlebnisse
emotionale Erfahrung
Erfahrungslernen (emotional learning)

↓ ↓

INTEGRATIONSPHASE
analytisch-kommunikative Zielsetzung
Durcharbeiten / Integrieren

Rückschau	Sharing	Feedback	Analyse

Aufhellung psychodynamischer Zusammenhänge, Übertragungskonstellationen, Abwehr	Analyse von Verhaltensmustern und Kommunikationsstrukturen

Reflexion im Hinblick auf Kontext, Kontinuität und Geschlossenheit
rationale Einsicht
Einsichtslernen (insight learning)

↓ ↓

NEUORIENTIERUNG
verhaltensmodifizierende Zielsetzung
Verändern / Erproben

Training der Sensibilität, Expressivität, Flexibilität, Entspannungstechniken u. a.	Verhaltensprogramme, Shaping, Desensibilisierung, Imitationslernen, Behaviourdrama, Transfertraining u. a.

Experimentieren, Neuformierung von Gestalten
Verhaltens-Änderung
Verhaltenslernen (behavioral learning)

therapeutischer Prozesse ausreichend nährend sein und durch den Austausch von Informationen über die Realität in der Gruppe die Entstehung von Vertrauen als Boden für Entfaltung und Wachstum begünstigen. Der Therapeut muß das Gruppenklima mit dem Thema Sicherheit/Unsicherheit in der Gruppe immer dann durch Inteventionen als Figur in den Vordergrund stellen, wenn das Sicherheitsniveau in der Gruppe jene Balance von gerade ausreichender Sicherheit und Raum für die Entfaltung von Autonomie durch die Teilnehmer unterschritten hat, die für das Voranschreiten des therapeutischen Prozesses notwendig ist. Kohäsion in Gruppen ist in unterschiedlichen Ausprägegraden Voraussetzung und Ziel für Gruppenarbeit zugleich (Grotjahn 1981; Hartmann 1981).

Eine weitere Zielsetzung der Initialphase ist diagnostisch-anamnestisch: Gefühle, Gedanken und Vorstellungen sollen stimuliert werden, um Szenen aus der Vergangenheit in die Erinnerung zu heben, die über das Wiederholen in der Aktionsphase der Durcharbeitung in der Integrationsphase zugeführt werden, damit in der Phase der Neuorientierung Veränderungen eingeleitet und erprobt werden können. Im unstrukturierten Hier-und-Jetzt der Gruppensituation oder durch gezielte Warm-up-Interventionen wird der ganze Mensch betrachtet. Dabei finden seine verbalen und nonverbalen Äußerungen sowie deren Inhalte Berücksichtigung; die Haltungen und Verhaltensweisen, die er anbietet, und deren situativer Kontext werden gesehen. Die Zusammenschau (Synopse) dieser Beobachtungselemente ist Ergebnis eines selbst- und fremdexplorativen Prozesses in der Gruppe und durch die Gruppe. Probleme des Einzelnen und der Gruppe als Ganzer werden als gruppales Geschehen identifizier und formuliert. Daten über den Einzelnen und die Gruppe werden durch alle Beteiligten auf der inhaltlichen und auf der emotionalen Ebene gesammelt (Petzold 1980b). Differenzierung schafft Komplexität (Petzold, Mathias 1983).

Initialsituationen in Gruppen mobilisieren aufgrund des meist hohen Fremdheitsgrades der Situation, besonders bei Anwendung des Prinzips der "Minimalstrukturierung" (Heigl-Evers, Heigl 1972), einen hohen Grad von Unsicherheit. Um diese Unsicherheit zu beheben, greift das Mitglied auf gut eingeübtes Rollenverhalten zurück und mobilisiert alte Szenen aus dem Archiv der Lebensgeschichte, und zwar häufig umso eher, je unstrukturierter die Situation ist (Schneewind, Kuchenbecker 1983), ein Vorgehen, das allerdings bei Frühgeschädigten nicht empfohlen werden kann. Der Einzelne systematisiert diese Situation, indem er seinen persönlichen Diskriminationsstil anwendet und seine sozialisationsbedingte persönliche Perspektive anlegt, um die Wahrnehmungswelt des Umfeldes "Gruppe" (Niemeyer, Merluzzi 1982) zu konstruieren und zu interpretieren. Dabei ist es die Aufgabe des Therapeuten, die Prägnanz des Dargebotenen zu fördern. Dies geschieht durch die gestalttherapeutische Zentrierung auf die im Hier-und-Jetzt wahrnehmbaren Gefühle ("Was fühlst du jetzt? Wie erlebst du das Jetzt?")

b) Aktionsphase: Ist das Geschehen in der Initialsituation dicht geworden, ist eine ausreichende Prägnanzhöhe erreicht, erfolgt der Übergang in die Aktionsphase, deren Zielsetzung psychokathartisch ist. Die Klienten kommen mit Gedanken, Gefühlen und Bildern in Kontakt, die für sie lebenswichtige Bedeutung haben. Die Gruppenmitglieder treten in die prägnant gewordene Szene aktiv ein, gestalten sie, werden zu Spielern ernsten Geschehens, wenn traumatische oder konflikthafte Inhalte prägnant sind, zu Spielern heiteren Geschehens, wenn glückliche Ereignisse gegenwärtig gesetzt werden und dadurch Freiräume für positive emotionale Erfahrung entstehen. Traumatische Situationen werden im emotionalen Wiederdurchleben alter Szenen wiederholt, in Bewegung, im psychodramatischen Rollenspiel oder auf der Ebene des Bilderlebens reinszeniert, um sie einer kathartischen Lösung zuzuführen. In der erlebnisorientierten Arbeit mit positiver Erfahrung, die Freude mobilisieren und zu intensiver emotionaler Erfahrung im Sinne von "peak experiences" führen kann (Maslow 1964), werden in Bewegung und Phantasie neue Möglichkeiten exploriert. Die in Katharsis und "peak experience" vermittelten Erfahrungen machen Erlebnis-Gestalten prägnant, ermöglichen die Schließung alter, die Öffnung neuer Gestalten. Die durch die Differenzierung in der Initialphase geschaffene Komplexität erfährt in der Aktionsphase Strukturierung und Prägnanz.

In der Aktionsphase können einzelne Gruppenmitglieder als Protagonisten im Mittelpunkt des Geschehens stehen, können aber auch mehrere oder alle Mitglieder der Gruppe als Mitspieler oder durch Identifikation mit dem oder den Protagonisten tätig werden. Katharsis und "peak experience" berühren in der Regel alle Mitglieder der Gruppe in unterschiedlichem Ausmaß und erhalten so eine für das Gruppensetting charakteristische hohe Intensität. Schon über ihre leibliche Anwesenheit werden alle Gruppenmitglieder inhaltlich und emotional Teilnehmer an der Auseinandersetzung mit dem, was im Hier-und-Jetzt aus dem Dort-und-Dann prägnant wird; sei es daß sie sich ergreifen lassen, sei es daß sie sich dem Ergriffenwerden durch Widerstand oder Abwehr wiedersetzen müssen. Das Beteiligtsein aller schafft gemeinsamen Sinn, schafft Konsens, der die Grundlage für das Bilden gemeinsamer Konzepte und Kooperation in der nun folgenden Integrationsphase darstellt (Petzold 1978c).

c) Integrationsphase. Denn das, was in der Aktionsphase geschehen ist, soll in der Integrationsphase, deren Zielsetzung analytisch-kommunikativ ist, zusammengefaßt, durchsichtig gemacht und kognitiv eingeordnet werden. Die Gruppe gelangt im "sharing" und "feedback" stärker in den Vordergrund. Das im "feedback" gesammelte Material wird gemeinsam analysiert, in den Zusammenhang des gesamten Ablaufs der Sitzung oder Sitzungsfolge gestellt und zusammen mit Fakten aus dem Lebenskontext synoptisch betrachtet. Dieses Durcharbeiten führt zu einem Zusammenwirken aller bisher im Verlauf wirksamen therapeutischen Faktoren(Synergieprinzip) und ermöglicht Integration und Stabilität, auf deren Grundlage Kreation und Überschreitung (Transgression) möglich werden (Petzold, Mathias 1983, 186).

Im Zusammenwirken bildlichen Erlebens und emotionaler Erfahrung in der Aktionsphase und kognitiver Einordnung in der Integrationsphase in einem Erlebnis von "vitaler Evidenz" vollzieht sich nicht selten bereits eine Verhaltensänderung. Ist dies nicht der Fall, müssen aus Erfahrungs- und Einsichtslernen bewußt Konsequenzen für neues Verhalten erarbeitet werden.

d) Neuorientierungsphase. In der Phase der Neuorientierung wird neues Verhalten "erfunden", ausprobiert und eingeübt, wobei die Gruppe mit dem Einzelnen auch Trainingsaufgaben für den Alltag erarbeiten kann, über deren Ausführung im weiteren Verlauf der Gruppe als Transferkontrolle berichtet wird. Erarbeitete Konzepte sollen durch die Kooperation aller Beteiligten in die Praxis umgesetzt werden. Was bisher möglich war, kann überschritten werden. Die Situation, wie sie sich bisher dargestellt hat, kann in einem Akt der Kreation verändert werden (Petzold, Lemke 1980). Aus Umsetzung und Veränderung ergeben sich neue Aspekte, tauchen neue Probleme und Inhalte auf, entwickelt sich Dynamik, die einen weiteren tetradischen Zyklus ingangsetzt (siehe Abb. 6).

In der therapeutischen Arbeit innerhalb des tetradischen Systems sind vier Ebenen therapeutischer Tiefung mit unterschiedlichem Regressionsgrad erreichbar (Petzold 1974a, 1977a). Auf eine Ebene der Reflexion folgt eine Ebene des Bilderlebens (Phantasie) und der Affekte, die

Abb. 6: Theorie-Praxis-Zyklus im Korrespondenzmodell (aus Petzold 1973/1980c, 346)

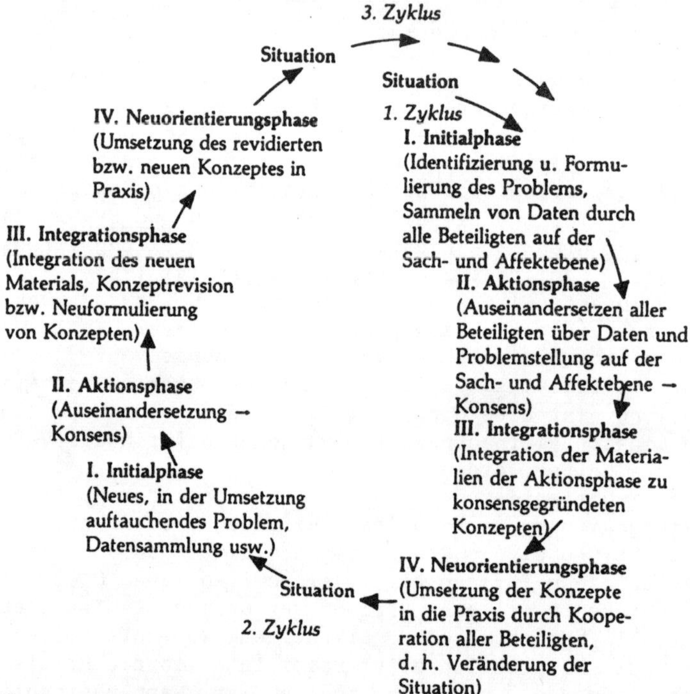

Funktionen der Phasen:

I.	Differenzierung	→	Komplexität
II.	Strukturierung	→	Prägnanz
III.	Integration	→	Stabilität
IV.	Kreation	→	Transgression

sich zu einer Involvierung vertiefen können bis hin zum Auftreten von autonomen Körperreaktionen, die in tiefen "Regressionen im Dienste des Ichs" archaisches Material verarbeitbar macht. In der regressionsorientierten Gruppentherapie, besonders bei körpertherapeuticher Arbeit, erfaßt der Verdichtungsprozeß oft mehrere Mitglieder, bisweilen die ganze Gruppe, so daß von einer Regression der Gruppe als Ganzer bis auf die Ebene der autonomen Körperreaktionen gesprochen werden kann. Die Gruppe selbst wird Szene für Erlebnismaterial oft aus frühen oder frühesten Jahren, das, weil es "präszenisch" ist, nicht als Szene gespeichert werden konnte, sondern im "Gedächtnis des Leibes" als Qualitäten und Anmutungen niedergelegt wurde.

Die therapeutische Tiefung im vertikalen Verlauf erfolgt in der Regel schrittweise, wobei jedoch nicht zwingend alle vier Ebenen berührt werden. Der Mobilisierung kognitiver, emotionaler und körperlicher Strukturen als Schmelzprozeß und Permeablitätsveränderung von Kontaktgrenzen muß schrittweise die Integration auf allen durchlaufenen Ebenen im Sinn einer Wiederstabilisierung folgen: unfreezing, change, refreezing (Lewin).

5.2.2 Vertikaler Prozeßverlauf

Der horizontale Verlauf einer Gruppe kann idealtypisch mit den aus der Ontogenese bekannten Entwicklungsschritten verglichen werden (Petzold, Berger 1978a). Kontakt, Begegnung und Beziehung auf der intersubjektiven Ebene (Frühmann 1985), Konsens, Kohäsion und solidarische Kooperation, dies sind Ziele, die für den Einzelnen und die Gruppe im Lernen und Wachsen durch den therapeutischen Prozeß erst erreicht werden müssen. Therapeutische Sozialisation beginnt mit einer Anfangsphase der Fremdheit; Ängste treten auf und können in vielfältiger Form abgewehrt werden, z.B. durch Regression der Gruppe als Ganzer, durch Agieren von Sicherheit gebendem Habitualverhalten, durch Ausflucht in Phantasiewelten usw. Werden Unsicherheit und Angst von Therapeut und Gruppe offen thematisiert, können Blockierungen durch Arbeit am Widerstand, der protektiv oder als "Sträuben gegen Veränderung" aufgefaßt wird, überwunden werden. Damit ist der Weg in eine individuelle und gruppale Regression im Dienste des Ich" offen. Das Klima in der Gruppe ist dann oft durch die Verdichtung früher Familienszenen charakterisiert, die möglich wird, weil in der sorgfältig vorbereiteten Initialphase der Gruppe ein "Plateau" geschaffen wurde, von dem aus "getieft" werden kann.

Die Teilnehmer werden dahingehend stimuliert, mit Konflikten, Traumata, Störungen und Defiziten aus dieser Zeit Kontakt aufzunehmen. Sie kommen erst im Übertragungsgeschehen, dann in der aktiven szenischen Arbeit zur Darstellung und können durchgearbeitet werden. Das Durcharbeiten setzt Wärme und Zuwendung in der Gruppe frei, durch die Grundvertrauen nachsozialisiert werden kann. Nach der frühkindlichen Phase der Gruppe findet oft ein Übergang zu einer Kleinkindphase statt, in der Neugier, Verspieltheit, Phantasie, Trotz, Zank, Geschwisterrivalität das Spiel auf der Bühne der Gruppe bestimmen. Die oft aufkommenden traumatischen Szenen entstammen häufig den ersten sieben Lebensjahren. Gegenstand der Handlung ist die Auseinandersetzung mit den Eltern und wichtigen frühen Bezugspersonen. Im weiteren Verlauf der Gruppe finden die Mitglieder über den Abbau von Projektionen in der Auseinandersetzung zu selbständigerem Arbeiten; es entstehen freundschaftliche Beziehungsqualitäten, wie sie für die Peergruppen zwischen sieben und zwölf Jahren charakteristisch sind. Die Initiative des Therapeuten tritt in den Hintergrund, das szenische Geschehen wird durch gruppendynamische Prozesse bestimmt. Kann sich diese Entwicklung konsolidieren, bereiten die Mitglieder in einer Adoleszenzphase vor allem über ihre rebellierende Auseinandersetzung mit dem Therapeuten(paar) und den als mächtig wahrgenommenen Peers die Ablösung von dem/den Therapeuten und der Gruppe als Ganzer vor. In der Phase partnerschaftlicher Erwachsenheit arbeiten die Gruppenmitglieder eigenverantwortlich, vom Therapeuten weitgehend unabhängig und selbständig miteinander. Sie sind fähig, einander und dem Therapeuten in lebendiger, vielseitiger Weise an permeablen und flexiblen Kontaktgrenzen zu begegnen und haben an Exzentrizität und Zentrierung gewonnen. Kann diese Phase von der Gruppe gelebt werden, ist das Ziel der Gruppenarbeit erreicht.

5.2.3 Konzepte der Zeit in der Gruppenarbeit

Das Phänomen der Zeit ist in der Psychotherapie bislang erheblich vernachlässigt worden. Dies gilt insbesondere für die Gruppenpsychotherapie. Mit plakativen Hinweisen auf ein "Hier-und-Jetzt" oder auf "Bearbeitung pathologischer Vergangenheit" in der Gruppe ist wenig gewonnen, wenn es um so differenzierte Vorgänge wie Gruppenprozeßverläufe - und das sind Vorgänge in der Zeit - oder die Bearbeitung von Erlebnisinhalten aus verschiedensten Teilen der Entwicklung geht oder um die Thematisierung von Ängsten,

Wünschen, Hoffnungen und Lebensplänen, also um Zukünftiges. Die psychotherapeutischen Verfahren haben unterschiedliche Schwerpunkte gewählt. Freud zentriert auf die Vergangenheit, Adler auf den Zukunftsaspekt des menschlichen Lebens, Perls und Moreno auf den Augenblick bzw. die Gegenwärtigkeit des Hier-und-Jetzt.

All diesen Ansätzen liegen seminaive Zeittheorien zugrunde. Für unseren Ansatz wurde das Konzept einer integrativen Zeittheorie entwickelt (Petzold 1981b), das versucht, der Polymorphie der Zeit Rechnung zu tragen. Zeit wird einerseits als physikalische Zeit (von 60 Minuten, 24 Stunden) gesehen, auf die man sich in der modernen Welt geeinigt hat: "governmental time": Es bildet diese Zeitvorstellung die Grundlage für die zeitliche Strukturierung von Alltagsabläufen in den modernen Industriegesellschaften. Damit wird aber auch deutlich, daß Zeit immer "social time" ist, bestimmt von gesellschaftlichen Einstellungen zur Zeit, von Zeitqualitäten, die in der Sozialisation vermittelt wurden, von Interessenlagen, Werten und Normierungen. Viele Menschen haben Schwierigkeiten mit den gesellschaftlich verfügten Zeitrhythmen, die vielfach der biologischen Zeit ihres Organismus zuwiderlaufen (etwa bei Schicht- oder Akkordarbeit). Die soziale Zeit ist gequantelt, gestückelt, in vielfacher Hinsicht entfremdete Zeit, die das Leben des Menschen diktiert und organisches Fließen verhindert. Die soziale Zeit ist von der "ökologischen Zeit" durchfiltert. Zeit ist Geld. Die Therapiestunde dauert 50 Minuten und kostet DM 90,--.

Auch das sind Qualitäten, in denen sich gesellschaftliche Entfremdungsphänomene reproduzieren und ihre Auswirkungen bis in die Gruppe hinein zeigen. Es sind Aspekte, die von klarsichtigen Physikern ausgearbeitet wurden (Müller 1978), von Psychotherapeuten aber in keiner Weise reflektiert worden sind. Am Diktat ökonomischer Zeit leiden viele Menschen. Sie wird von Interessen und Machtstrukturen bestimmt, die mit psychodynamischen Erklärungen allein nicht angegangen werden können, sondern die zu geeignetem Zeitpunkt im Diskurs der Gruppe thematisiert und als Entfremdungsphänomene offengelegt werden müssen (Petzold 1981b). Die Strukturen entfremdeter Zeit laufen den Prozessen einer am Entwicklungsmodell orientierten Gruppentherapie vielfach entgegen. Zeit darf nämlich nicht als die Struktur Vergangenheit-Gegenwart-Zukunft angenommen werden.

Das Zeit-Erleben originärer Kulturen, kleiner Kinder und regreddierter Therapiegruppen ist in anderen Zeitmatritzen gegründet. Der Säugling verfügt noch über kein komplexes Memorationsvermögen. Er kann deshalb auch nicht antizipieren. Sein Zeitbewußtsein ist durch eine Jetzt-Nichtjetzt-Struktur gekennzeichnet. Das vierjährige Kind differenziert noch nicht zwischen Zukünftigem und Vergangenem. Es lebt in einer Vorher-nachher-Struktur, wobei diese Begriffe nicht differenziert, sondern vielfach gleichgeordnet werden ("Kommt der Papi vorgestern wieder?" - "Nächste Woche, ist das übermorgen?"). Bei dem Sechs-, Acht- oder Zehnjährigen differenziert sich das Gefühl für den Zukunfts- bzw. Vergangenheitshorizont zunehmend aus, obgleich auch hier das Einschätzen weiträumiger Zeitstrecken noch nicht prägnant ist. (Wie lange dauern sechs Wochen Schulferien mit acht Jahren, wie schnell sind sechs Wochen Urlaub mit dreißig Jahren vorbei). Erst mit dem operationalen Denken (Piaget) ist die Vergangenheits-Gegenwarts-Zukunfts-Matrix des Zeitbewußtseins voll ausgebildet, obgleich sie sich weiter im Verlauf des Lebens ständig wandelt,(mit vierzig schaltet das Leben in den 4. Gang), um im Senium teilweise wieder zu archaischen Zeitformen zu kommen.

Für die gruppentherapeutische Arbeit haben zeittheoretische Überlegungen wichtige Implikationen. Gruppen, die in tiefer Regression auf der Ebene des präödipalen Milieus stehen, müssen unter einer anderen Zeitmatrix gesehen werden als die Gruppe in der ödipalen Phase, die von einer Vorher-nachher-Matrix bestimmt ist. In beiden Gruppensituationen würden Deutungen, die eine Gegenwarts-Vergangenheits-Matrix zugrunde legen, am Erleben der Gruppe und der Gruppenteilnehmer vorbeigehen. Die sprachliche Formulierung von Intervention und die Komplexität ihrer Struktur ist bei Gruppen, die am Entwicklungsmodell orientiert geführt werden, unbedingt zu beachten. Durch diese Zusammenhänge können verschiedene Gruppenphänomene geklärt werden. Eine ausschließlich am Hier-und-Jetzt-Ideal ausgerichtete Interventionstechnik, die wie in der klassischen Gruppendynamik jeden Außenbezug und jede Vergangenheits- und Zukunftsorientierung unterbindet, kann Regressionen auslösen, die bei unsachgemäßer Handhabung ausgesprochen destabilisierend sein können (Dekompensationen in gruppendynamischen Laboratorien). Die Zeit der Gruppe, die Zeit in der Gruppe ist "Erlebniszeit", die von der Regressionssituation der Gesamtgruppe oder einzelner Teilnehmer bestimmt ist. Der Umgang mit Zeit

(Unpünktlichkeit, kein Ende finden zu können, mehr Zeit brauchen, zu langsam/zu schnell sein usw.) muß deshalb differenziert betrachtet werden, so daß sich starre Deutungsschemata (Zuspätkommen ist Widerstand u.ä.) verbieten. Verletzung von Zeitstrukturen in der adoleszenten Gruppe kann z.B. eine notwendige Reaktion der Auflehnung und Befreiung gegen elterliche Verfügungen sein ("Du bist um 10.00 Uhr zu Hause!"). Für die Interventionstechnik bedeutet das, daß der Therapeut, der "über die Zeit zu wachen hat", einerseits die Erwachsenen-Zeit im Blick behält, auf der anderen Seite aber die verschiedenen Formen archaischer Zeit in der Gruppe zu erfassen vermag und in der Lage ist, auf sie mit empathischen Interventionen zu reagieren.

5.2.4 Realitätsebenen

In jeder Phase des Gruppenprozesses bieten sich vier Realitätsebenen (Petzold 1979b) für den Prozeß der Gesamtgruppe, ihrer Subsysteme und einzelner Mitglieder an. Auf der Ebene des Realen nehmen die Teilnehmer sich, einander und den Kontext wahr. Es besteht die Möglichkeit zu ganz realer, alltäglicher Auseinandersetzung durch Artikulieren emotionaler Resonanz auf Merkmale des Anderen. Indem sich die Gruppenmitglieder auseinandersetzen, sich einander mitteilen, stoßen sie oft auf offene Probleme im Sinne unvollständig gebliebener Gestalten der Lebensgeschichte oder der aktuellen Lebenssituation. Über das Hier-und-Jetzt in der Gruppe wird das Dort-und-Dann, die Ebene des Imaginären erreicht, auf der die alte Szene ins Bewußtsein gelangt; dies umso eher, je unvollständiger die so sichtbar gewordene Gestalt ist und je besser Merkmale dieser Gestalt und Merkmale des Hier-und-Jetzt übereinstimmen. Auf der Ebene der Repräsentation wird das offen Gebliebene präsent gemacht durch die Re-inszenierung bzw. Gegenwärtigsetzung der alten Szene im Gruppenspiel.

Als weitere Spielfläche steht der Gruppe die Ebene des Symbolischen, des "als ob" (Aghazarian, Peters 1981) zur Verfügung. Das Netz von Übertragungen und Gegenübertragungen in der Gruppe bietet sich dem dafür sensiblen Therapeuten in vielfältigen verbalen und nonverbalen Hinweisen symbolischer Art dar: handle es sich um die Sitzordnung in der Gruppe, um Aspekte des Agierens von Einzelnen, von Subsystemen oder der Gesamtgruppe, um Fehlleistungen im Umgang mit Sprache, Zeit- oder Raumstruktur, um Körperhaltung oder um den Einbezug von Gegenständen in das Feld der Gruppe. Immer werden Verhaltensmuster gesetzt in einer Weise, "als ob" ganz bestimmte Reaktionen oder Konsequenzen erwartet würden. Die Erwartungen entstammen der biographischen Erfahrung und sind im Sinne einer sich selbst erfüllenden Prophezeiung ein mächtiges Instrument zur Auslösung genau jener alten Szenen bzw. Reaktionsmuster in der Gruppe, die der alten Erfahrung entsprechen. Dadurch werden offene Gestalten prägnant und der Bearbeitung und Schließung zugänglich.

Ob und in welchem Ausmaß bei jedem Teilnehmer die Entwicklung von der Ein- zur Vielpersonenbezogenheit (Hartmann 1981) vollständig durchlaufen wird, hängt von der individuellen Pathologie, der Zusammensetzung der Gruppe, der zur Verfügung stehenden Zeit und der fachlichen und personalen Kompetenz des Therapeuten ab. Das Erreichen nur einzelner Phasen aus einem möglichen Verlauf, das Erleben nur einzelner Ebenen der Realität kann Ziel von Gruppenarbeit sein. Zur Förderung horizontaler und vertikaler Entwicklung, zur Ermöglichung therapeutischer Tiefung und zum konstruktiven Spiel mit den Realitätsebenen ist eine hohe Flexibilität im Wahrnehmen und Strukturieren von Figur-Hintergrund-Bewegungen notwendig. Der Therapeut, orientiert am Prinzip des Sichtbarmachens latenter Strukturen durch manifeste Phänomene, muß beweglich sein in seiner Entscheidung, welche der in der Gruppe wirksamen Faktoren er in den Bühnenvordergrund holt oder dort beläßt: z.B. Interventionsstil als leiter- und methodenbestimmter Faktor, Realitätsebene, Gruppenprozeß als horizontale oder vertikale Entwicklung oder Mitglieder in ihrer individuellen Geschichte (vgl. Frühmann, dieses Buch).

5.3 Übertragung - Gegenübertragung

Da Intersubjektivität und Vielpersonenbezogenheit ein Ziel Integrativer Gruppenarbeit ist, müssen Entstehen, Verdeutlichen und Durcharbeiten von Übertragung Schiene dieses Arbeitens sein: Wo Übertragung war, soll Beziehung werden (Petzold 1980b) als direkte, durch Übertragung und Projektion unverstellte Form des Kontaktes und der Kontaktbewahrung über die Zeit. Übertragung wird verstanden in Übereinstimmung mit Freud (1905; 1910; Freud, Breuer 1895) als Reaktualisierung archaischer Gedanken, Gefühle, Phantasien, Handlungsmuster, also "alter Szenen" in der Gegenwart, und zwar in einer Weise, daß die realitätsgerechte Wahrnehmung der aktualen Szene verstellt wird.

Übertragung wird als ein Sonderfall des projektiven Prozesses gesehen. Sie hat abhängig vom Krankheitsbild und vom Alter des Patienten unterschiedliche Charakteristik. In der Regel dient sie ihm zur Artikulation unabgeschlossener Situationen (Perls et al. 1951).

In der Rezeption der Gestalttherapie von Fritz Perls bildeten sich unterschiedliche Haltungen zur Bewertung von Übertragung und deren Gewichtung in der therapeutischen Arbeit. Simkin lehnt das Übertragungskonzept gänzlich ab. Polster (1973) hält es nicht für bedeutsam. Frech und From (1980) sehen es als Kernpunkt therapeutischen Handelns. Die Integrative Therapie (Petzold 1980b) sieht eine Hauptaufgabe in der Bearbeitung von "notorischen" Übertragungen, Übertragung im Freudschen Sinn als kontinuierliches, unbewußtes, der "awareness" zunächst nicht zugängliches Geschehen. Von der "notorischen" werden die spontane oder flüchtige und die typisierte oder Rollen-Übertragung unterschieden. Flüchtige Übertragungen werden durch besondere Konstellationen in der Gruppe, Eigenheiten eines Mitgliedes oder des Therapeuten evoziert, sind aber der Realitätsprüfung oder der Einsicht in alte Szenen leicht zugänglich und klingen deshalb rasch ab. Bei der typisierten Übertragung (vgl. den Typenbegriff von Schütz 1964) löst die Rolle des Therapeuten oder ein prägnantes Rollenverhalten eines Gruppenmitgliedes Verhaltensweisen aus, die mit den bisherigen Erfahrungen des Übertragenden mit Trägern solcher Rollen zu tun haben; es findet eine Einordnung in eine Typologie statt.

Bei der Bearbeitung notorischer Übertragung zielt die Integrative Therapie nicht darauf ab, Übertragungsneurosen bei Einzelnen oder einer ganzen Gruppe durch konsequente Abstinenz des Therapeuten oder einen speziellen Interventionsstil zu erzeugen oder zu fördern. Tritt eine Übertragungsneurose auf, wird sie, wie alle notorischen Übertragungsphänomene, prozeßorientiert im Rahmen des tetradischen Systems und unter Nutzung der therapeutischen Tiefungsebenen bearbeitet. Der Verlauf von Übertragungsprozessen in der Integrativen Gruppenarbeit ist oft dadurch gekennzeichnet, daß Einzelne, Subsysteme oder die Gesamtgruppe innerhalb einer Sitzung oder Sitzungsfolge mit unterschiedlicher Regressionstiefe an einem Übertragungsaspekt arbeiten, aus der Regression auf die Ebene des Realen zurückkehren, während über den Gesamtprozeß einer Gruppe sich ein großer Bogen von Aufbau, Durcharbeiten und Lösen von Übertragungsvernetzungen spannt. Übertragungsbeziehungen sind Haben-

Relationen: Sie machen den Partner in einer möglichen Interaktion zum Objekt meist ungestillter regressiver Besitzansprüche, indem sie die Wahrnehmung des Anderen als der, der er ist, verstellen. Therapeutische Aufgabe ist die Umwandlung verobjektivierter Relationen in Subjekt-Beziehungen, in Sein-Relationen (Petzold 1970, 1980b), in denen es möglich wird, sich einander mitzuteilen und sich als reale Wesen gegenseitig zu erfassen.

Übertragungsphänomene beim Therapeuten werden aufgegliedert in Gegenübertragung als empathische Reaktion auf das Material, das der Patient bietet, und als notorische Übertragung aufgrund seiner Pathologie. Die Gegenübertragung des Therapeuten als Reaktion auf szenische Veränderungen durch augenblickliche Befindlichkeit, Struktur und Thematik des Klienten oder der Gruppe (Kernberg 1978) ist eines der wesentlichsten Diagnostika, über die der Therapeut verfügt (Freud 1912). Ist die Übertragung des Therapeuten notorisch, bewirkt sie eine Verstellung seiner Wahrnehmungswelt und beruht auf unverarbeiteter Eigenproblematik, die durch die therapeutische Arbeit angesprochen, aktualisiert und, da der "awareness" nicht zugänglich, agiert wird (Petzold 1980b).

Die Gruppe bietet eine Vielzahl von Übertragungsmöglichkeiten, so daß Übertragung in Gruppen immer komplex und multilateral ist. Es kommt ein Übertragungsnetz oder Übertragungspanorama (Stierlin 1972) zustande. Einzelne Gruppenmitglieder oder mehrere Mitglieder als Subsystem übertragen aufeinander, auf den Therapeuten oder das Therapeutenpaar, auf Subsysteme in der Gruppe, auf die Gruppe als Ganzes oder auf Aspekte des Umfeldes, in das die Gruppe eingebettet ist. Besonders wichtig sind dabei Übertragungen aus der Gruppe oder Übertragungen des Therapeuten auf die Institution, die Rahmen oder Auftraggeber für die Gruppenarbeit ist.

Gruppenarbeit, die sich an ganzheitlichen Konzepten orientiert, muß die Übertragungsprozesse, die von der Gruppe als Ganzer ausgehen oder auf sie gerichtet sind, in besonderem Maße berücksichtigen. Wenn alle oder die Mehrzahl der Teilnehmer eine notorische Übertragungshaltung auf den Therapeuten oder das Therapeutenpaar teilen, spricht Kutter (1976) von "Gruppen-Übertragung". Sie hat ihre Wurzeln oft in den Erfahrungen der Teilnehmer aus ihrer frühen Mutter-Kind-Beziehung (Spitz 1967; Winnicott 1960; Mahler et al. 1979; Wong 1981). Einzelne Mitglieder der Subsysteme der Gruppe übertragen auch auf die Gruppe als Ganze, wobei die Qualität dieser notorischen Übertragung auch abhängig ist von Verlauf und Arbeitsziel der Gruppe. Zu Beginn eines Gruppenprozesses und in stark regressiven Gruppen wird die Gesamtgruppe in der Übertragung zur "großen Mutter" (Battegay 1979), der, je nach Struktur und Pathologie der Mehrzahl der Teilnehmer, positiv-nährende oder toxisch-veschlingende Eigenschaften zugeschrieben werden. In manchen Gruppen kommt es, besonders gegen Mitte und Ende des Gesamtprozesses, zu Übertragungen, in denen Über-Ich-Aspekte deutlich werden. Hier erscheint die Gesamtgruppe oft als "übermächtige Vaterinstanz" (Petzold 1969),die strafend vernichtend oder aufbauend-ordnend erlebt werden kann.

Objekte und Qualität von Übertragungen in Gruppen sind abhängig vom Gruppenprozeß, der Struktur der Mitglieder und der Art und Genese der in die Gruppe zur Bearbeitung eingetragenen Thematik. Der Lebensabschnitt, in dem die Hauptstörung eines Menschen gesetzt wurde, bestimmt im Sinne einer inneren Programmierung der Gefühlsentwicklung die Gestalt, in der diese Störung im Hier-und-Heute erscheint. Je früher die Schädigung, desto geringer ist die Bereitschaft des Klienten zur Ausbildung von Familienübertragungen im Sinne einer klar erkennbaren Rekonstruktion der Ursprungsfamilie im Übertragungsnetz der Gruppe. Es kommt zu Übertragungsmustern oder Übertragungsaufspaltungen auf einzelne Mitglieder, den Therapeuten oder die Gesamtgruppe ähnlich der Art, die Kohut (1974) aus den Erfahrungen in der Behandlung narzißtischer Störungen beschrieben hat oder die wir für archaische Schädigungen herausgearbeitet haben (Petzold, Maurer 1985).

Um Übertragung und Widerstand verstehen zu können, benötigt der Therapeut Konzepte zur Pathogenese, die an dieser Stelle nicht ausführlich dargestellt werden können (vgl. Petzold Bd. II). Die das szenische Geschehen in der Gruppe, die Qualität von Übertragung und Widerstand bestimmende Verdichtung der Strukturen der Teilnehmer in ihrer Lebensgeschichte und Pathologie zu einer Gestalt kann eine "Gruppenpersönlichkeit" oder Gruppen-Imago konstituieren, die sich aus den Wechselwirkungen dieser Strukturen und Geschichten untereinander und mit der Struktur und Geschichte des Therapeuten und des Umfeldes herausbildet.

5.4 Widerstand und Abwehr

Als Verstellen der realen Wahrnehmungswelt und als Barriere gegen das sich Einlassen in Intersubjektivität ist Übertragung zugleich Widerstand (Stierlin 1972) als Versuch, Angst zu bewältigen. Widerstand als Sich-wehren gegen Veränderung der Identität (Petzold 1980b, 1981c) wird in der Integrativen Therapie wertfrei gesehen als Widerstandsfähigkeit, Beharrungsvermögen, Zeichen von Kraft, Bewältigungsstil. Widerstand ist hier in erster Linie Veränderungswiderstand. Kontakt mit Defiziten, Traumata, Störungen und Konflikten löst Ängste aus und öffnet den Weg für Schmerz- und Unlusterleben. Der Einzelne und die Gruppe als Ganzes werden versuchen, sich zur Vermeidung von bewußtem Erleben, vor der "awareness" derartiger Szenen zu schützen, indem sie protektiven Widerstand mobilisieren, aus dem Gespür, durch das Aufkommen und Durcharbeiten dieser Szenen überfordert zu sein. Der Kontext für das Widerstandsgeschehen ist die Interaktion untereinander und mit dem Therapeuten als Auslöser für die Konfrontation mit ängstigenden und bedrohlichen Inhalten. Protektiver und mutativer Widerstand sind intrasystemisch, intrapersonal. Sie können als funktionaler Widerstand im Dienst der Abwehr an Kontaktgrenzen gesehen werden. Intersystemische, interpersonale Widerstände sind Sekundärgeschehen zum Veränderungswiderstand und zum protektiven Widerstand. Es wehrt sich der Einzelne, es wehrt sich die Gruppe, gegen den - Mitglied oder Therapeut -, der versucht, bestehende Strukturen zu labilisieren, wunde Stellen zu berühren.

Die Doppelseitigkeit von Widerstand ist eine Frage der Sichtweise. Vom Standpunkt dessen, der Veränderung anregt, meist des Therapeuten, ist Widerstand ein sich Wehren gegen Veränderung. Aus der Sicht des Klienten, der Gruppe, ist Widerstand Schutz vor schmerzlichen Erinnerungen, Schutz gegen Herausforderung von Veränderung (Schneider 1981). Aufgabe des Therapeuten ist es, funktionalen Widerstand zu lokalisieren. Dafür stehen das Fünfstufenmodell der Neurose (Perls 1976, 1980) und das Modell der therapeutischen Tiefung (Petzold 1974a, 1977a) zur Verfügung. Beiden Modellen gemeinsam ist der Begriff des Impass, der Blockierung. Das ist jener Ort auf dem Weg von Abwehr zu authentischem Prozeß, an dem der Klient, die Gruppe die Wahl hat zwischen dem Beibehalten von eingeschliffenen Gewohnheiten und deren Aufgabe zugunsten eines Vorstoßes in den Ausdruck von Impulsen, Emotionen, Aktionen, die bisher abgewehrt wurden. Dabei werden unter Abwehr die Operationen verstanden, die im Widerstandsgeschehen auftauchen, um Labilisierungen der Struktur durch Entlastungsstrategien zu verhindern. (vgl. weiteres Petzold Bd. II).

Es bestehen unterschiedliche Ansichten darüber, ob in Gruppen neben den aus der Einzelarbeit bekannten Widerständen gruppenspezifische Widerstände auftreten (Stierlin 1972; Battegay 1979, 1981; Bion 1971; Kutter 1976; Krüger 1980; Arnds 1980; Kellerman 1981 u.a.). Soll die Gruppe als Ganzes als therapeutischer Faktor und Grundlage Integrativer Gruppenarbeit gelten, kann auch davon ausgegangen werden, daß sich, ebenso wie im Falle von Übertragung, die individuellen Widerstände in der Gruppe interpersonal zu einer Struktur vernetzen und etwas anderes darstellen als die Widerstandskräfte Einzelner oder deren Summe (Kutter 1976; Krüger 1980). Aus den Interaktionen in der Gruppe und der Haltung der Gesamtgruppe gegenüber dem Therapeuten entsteht ein Gruppenklima, entwickeln sich Normen, bilden sich Subsysteme, soziometrische Strukturen (Kellerman 1980). Diese Prozesse und Phänomene sowie Übertragungen, die auf die Gesamtgruppe bezogen sind, können zu Widerständen werden, die als Interaktionswiderstände (Arnds 1980) den Grundkonflikt von Gruppen zwischen Ein- und Vielpersonenbezogenheit, Individualität und Pluralismus, Symbiose und Individuation ausdrücken.

Widerstände werden bewußt gemacht, verbal, aktional oder durch den Einsatz von Medien gedeutet. Jede verbal oder nonverbal angebotene Deutung ist konfrontierend, da sie der Realität des Klienten oder der Gruppe entgegengesetzt wird. Dabei ist die gezielte Deutungsarbeit mit dem Implikat wesentlich. Unter dem Implikat versteht man Ungesagtes, die "Kehrseite der Medaille" oder komplementäre Dimension, das, was im bewußten Erleben und Verhalten des Klienten oder der Gruppe nicht ausgedrückt wird, aber dennoch als Ausgespartes, Weggelassenes, als Hintergrund oder Zwischenfigur anwesend ist. In der Integrativen Therapie soll die Deutung dem Klienten, der Gruppe Einsicht in Erlebnis- und Verhaltensstrukturen bieten und stellt damit einen gezielten Labilisierungsversuch an der Kontaktgrenze dar.

Dabei werden Stimulus- und Kontextdeutungen unterschieden (Petzold 1974a). Die Kontextdeutung interpretiert indirekt und besteht im Benennen oder Aufzeigen von Phänomenen aus dem sichtbaren Geschehen in der Gruppe, das unter Verweis auf den Lebenskontext des Klienten oder der Gruppe "einsichtig" wird, ohne daß der Therapeut dabei auf die Dynamik der "unsichtbaren Gruppe" oder auf dynamische Prozesse beim Einzelnen zurückgreifen muß. Die Stimulusdeutung interpretiert direkt und gründet in einer tiefenpsychologischen Hypothese. Sie wird relativ selten verwandt und darf nur dann gegeben werden, wenn die dadurch ausgelöste Reaktion dem Entwicklungsstand und dem Eigensupport des Klienten oder der Gruppe in ihrem Prozeß angemessen ist. In jedem Fall fordert das vielperspektivische Bühnenmodell in der integrativen Gruppenarbeit mehrperspektivisches Deuten, das einen Horizont von Bedeutungen für den Teilnehmer und die Gruppe erschließt und durch die Verbindung von komplexen Zusammenhängen miteinander Sinn stiftet.

Die Deutungsarbeit liegt in erster Linie beim Therapeuten. Mit wachsender Reife der Gruppe können und sollen auch Gruppenmitglieder Kontextdeutungen - und nur diese - geben, sind sie doch Ausdruck eines differenzierten Sehens und Verstehens komplexer Situationen, eine Fähigkeit, die Patienten auch zur Bewältigung ihres Alltags brauchen. Deutungsspielchen (Perls 1969) sollen allerdings decouragiert werden.

Zur Bearbeitung von Übertragung und Widerstand können auf den Wegen integrativ-gestalttherapeutischer Methodik je nach Prozeßstadium und Pathologie verschiedene Techniken zur Anwendung kommen. In der Übertragungsbearbeitung soll dem Einzelnen und der Gruppe grundsätzlich klar werden, wo, wann und wie Übertragung die Realität verstellt. Dies geschieht meist nicht durch verbale Stimulusdeutung, sondern durch konsekutives Vorgehen (Petzold 1980b). Der Therapeut folgt dem Erleben und Verhalten der Klienten und reichert das Geschehen in der Gruppe durch Förderung von Bezogenheit dahingehend an, daß der Klient, die Gruppe, ihre Erfahrung und deren Interpretation selbst finden können. Wesentlicher als die Einsicht selbst ist der Prozeß, der Weg, durch den und auf dem diese Einsicht im Zusammenwirken von körperlichem, emotionalem und rationalem Erleben gewonnen wird. Die Übertragung wird über Evidenzerlebnisse als Ereignisse existentieller Betroffenheit (Petzold 1980b) entschlüsselt.

Der Therapeut bietet dem Klienten Entschlüsselungshilfen, indem er aus seiner eigenen "awareness" (Davis 1985) immer wieder zur bewußten, klaren, wachen Wahrnehmung dessen, was in der Realität des Hier-und-Jetzt ist, auffordert, auf die "awareness" des Klienten, der Gruppe, verweist und diese einlädt, ihre Wahrnehmung mit der des

Therapeuten und ihre Wahrnehmungen untereinander zu vergleichen. Zur Bearbeitung von Übertragungen als projektiven Prozessen eignet sich wiederum der "leere Stuhl". Der Therapeut fordert den oder die Klienten, bisweilen die ganze Gruppe, dazu auf, ihn, den Therapeuten, auf den "leeren Stuhl" zu setzen und Gefühle, Gedanken, Assoziationen zu äußern. Dies wird in der Regel weniger angstbesetzt sein als in direkter Konfrontation mit dem Therapeuten. Dabei kommt das tetradische System der Integrativen Therapie zur Anwendung. Meist erfolgt über die Stufen der therapeutischen Tiefung beim Klienten bzw. bei der Gruppe, eine Regression in eine alte Szene, in deren Bearbeitung das Bild, das die reale Wahrnehmung verstellt hat, deutlich und getrennt vom Realen wahrnehmbar und identifizierbar wird. Nach der regressiven Phase erfolgt Restabilisierung und kognitive Integration. Diese Prozesse werden immer wieder durchlaufen, um Diskrimination zwischen projektiven Tendenzen und Realitätswahrnehmung zu fördern und Flexibilität zu erhöhen.

Ist dieses Labilisieren und Restabilisieren an Kontaktgrenzen bei der Bearbeitung neurotischer Pathologie indiziert, so muß die notorische Übertragung frühdefizitärer bzw. frühgestörter Klienten zunächst meist erst mobilisiert, dann angenommen und vertieft werden, damit über das Erleben solcher regressiver Prozesse in der Beziehung zu Therapeut und Gruppe Nachsozialisation früher Defizite möglich wird. Eine schrittweise Lösung aus der zunächst stützenden und nährenden Grundhaltung des Therapeuten, aus der Gruppenregression, erfolgt durch Nutzung der gesunden Anteile der Klienten.

Die positive Bewertung von Widerstand als schützende Widerstandskraft und Bewältigungsleistung erfordert ein Arbeiten vor und mit dem Widerstand (Petzold 1980b, 1981c). Auch hier ist ein konsekutives Vorgehen notwendig, das über Anregung zu Identifikation und Dialog mit dem Widerstand Integration und dadurch Überwindung des Widerstandes fördert. So lernen Einzelner und Gruppe, daß der Sinn ihres gemeinsamen Arbeitens nicht in der Veränderung zu einem bestimmten Ziel hin liegt, sondern im therapeutischen Prozeß, im Weg selbst, im Versuch, das zu werden, was man ist; das zu leben, was bereits vorhanden ist (Petzold 1980b). Gestalttherapeutische Widerstandsarbeit bedeutet Hinführen zum Impass: indikationsspezifisch durch konsekutive Arbeit, durch Schmelzen, durch Hinführen und zuweilen durch paradoxe Interventionen und Konfrontationen (vgl. Petzold,

Abb. 7: Schema des Kontaktverhaltens
(aus Petzold 1985b)

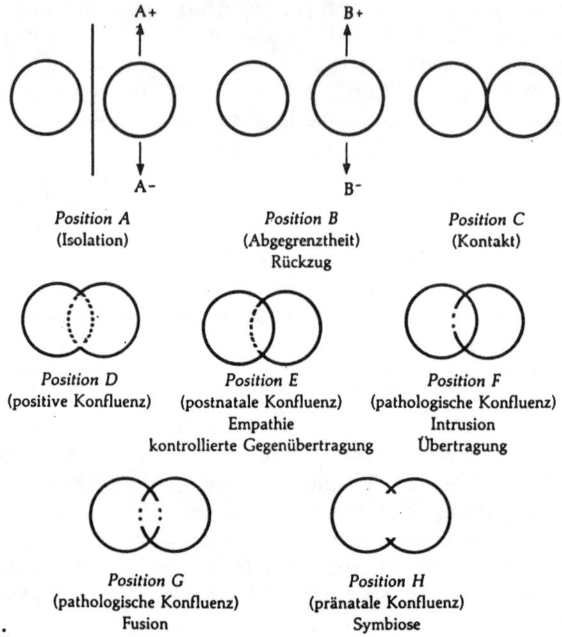

Legende:

Das Kontaktverhalten kann sich im Spektrum zwischen Isolation (Position A) und totaler, symbiotischer Konfluenz (Position H) bewegen, wie sie im pränatalen Bereich, in der Zeit der Schwangerschaft zwischen Mutter und Kind besteht. Aus der "Erinnerung" des Körpergedächtnisses an diesen Zustand ergibt sich die Möglichkeit seiner Reproduktion in der positiven Konfluenz (Position D), zu der erwachsene Menschen in Verschmelzungserfahrungen (Liebe, Tanz, Musikerleben) fähig sind, nur daß dieses "ozeanische Gefühl" zeitlich begrenzt ist und wieder Trennung in ein abgegrenztes Ich und Du möglich macht, indem die Position des Kontaktes (C) hergestellt wird. Die Paradoxie des Kontaktes besteht darin, daß er Berührung und Abgrenzung zugleich ist. In empathischen Vorgängen (Position E) ist eine einseitige positive Konfluenz gegeben, in der Weise wie eine Mutter sich auf ihr kleines Kind, ein Therapeut auf seinen Patienten (ihn in der Regression mit eigener Regression begleitend), richtet. Auch hier ist die Möglichkeit der Restabilisierung der Ich-Grenzen, des Kontaktes und Rückzuges (Perls 1980) (Position B, C) möglich. Kann im Jugend- und Erwachsenenalter die Ich-Grenze nicht mehr stabilisiert werden, so daß es zu einseitigen, bemächtigenden Bindungen kommt (schwere Übertragungsneurose, Kollusion, Beziehungswahn) finden wir eine Form pathologischer Konfluenz, in der eine Person an eine andere fixiert ist und in sie einzudringen sucht (Position F, Intrusion). In pathologischen Paarbeziehungen findet sich die Möglichkeit zu wechselseitiger pathologischer Konfluenz, d.h. zur Fusion (Position G). In der pathologischen Konfluenz des Erwachsenenalters sind Reste der Ich-Grenzen erhalten, nur daß die Prozesse der Restabilisierung hin zum Kontakt oder zur Abgrenzung (B, C) nicht vollzogen werden können. Allenfalls besteht die Gefahr der pathologisch spaltenden Trennung hin zur Isolation (Position A), die keinen Kontakt mehr möglich macht (Autismus, Katatonie, grandiose Selbstübertragung). Sowohl in Position A als auch in B sind Gefühlsreaktionen der Grandiosität (A+, B+) oder der totalen Wertlosigkeit und Vernichtung (A-, B-) möglich, bei A- in massiver, bei B- in schwächerer Form. In der Beziehung zwischen Mutter und Kind, Therapeut und Patient oder zwischen Partnern finden sich die verschiedenen Modalitäten des Kontaktverhaltens in okkasioneller, passagerer oder pathologisch fixierter Form, d.h. in verschiedenen Qualitäten und Intensitäten von Übertragungen, Widerständen und Abwehr (Position F+G), die wiederum entsprechende empathische Gegenübertragungsreaktionen (Position E) hervorrufen (Petzold 1980, 1981a). Der Handhabung der Gegenübertragung auf der Grundlage der diagnostischen Einschätzung des Übertragungs/Gegebübertragungsgeschehens als Ausdruck der Modalitäten des Kontaktverhaltens kommt deshalb in der Therapie hervorragende Bedeutung zu. Es wird damit auch gleichzeitig eine biographische Zuordnung möglich, eine Verortung der Kontakt- und Kommunikationsformen in entwicklungspsychologischer und entstehungsorientierter Sicht. Archaische Übertragungs- und Abwehrformen werden identifizierbar und es können damit angemessene Strategien der Behandlung entworfen werden, um nach und nach Übertragungen (Position F + G) in ungestörtes, nicht projektiv eingetrübtes Kontaktverhalten umzuwandeln, wie es für intersubjektive Beziehungen, für Korrespondenzprozesse kennzeichnend ist (Petzold 1980).

Schneewind 1986). Im gezielten Umgang mit gestalttherapeutischen Interventionen bei der Bearbeitung von Widerstand werden einige Hauptabwehrformen unterschieden, die allerdings selten isoliert oder in reiner Form, sondern immer mit unterschiedlicher Figur-Hintergrund-Gewichtung, je nach Situation oder Szene prägnant werden (vgl. Polster 1973; Perls 1947; Perls et al. 1951): Projektion, Introjektion, Retroflexion, Konfluenz, die in der Zeit der Ausbildung von komplexeren Sozialstrukturen, in der Zeit der Triangulation entstehen und zur Wirksamkeit kommen. Sie finden sich aber auch als archaischere Formen, die in das primäre Milieu des ersten Lebensjahres zurückgehen. Wir sprechen dann z.B. von "archaischer Retroflexion". Der Abwehrmechanismus der Konfluenz ist für dieses Milieu besonders charakteristisch. Andere archaische Abwehrmechanismen sind Spaltung, Anästhesierung, Regression (vgl. Petzold 1985b). Jede dieser Abwehrformen führt in der Gruppe zu bestimmten Manifestationen, was Interaktionen, die Symbolisierungen und insbesondere die Formen des Kontaktes ausmachen, und zwar auf der Ebene der Gesamtgruppe, die sich in Grandiosität aufbläht oder in Vernichtungsphantasien niederdrückt, die konfluente Verschmelzungswünsche auszuleben versucht oder in kontaktlose Isolation zerfällt. Diese Phänomene können auch nur in Subgruppen auftreten oder bei einzelnen Teilnehmern, die diese Stimmungslagen stellvertretend für die ganze Gruppe leben, wodurch diese sich in einer scheinbaren Stabilität halten kann. Den Formen des Kontaktes im Gruppengeschehen ist deshalb besondere Aufmerksamkeit beizumessen, da sich an ihnen die Struktur der Abwehr besonders zeigt, die uns unmittelbar in das jeweils prävalente pathogene Milieu führt, in die Zeit und die Orte, in die Szenen des Lebens, die krankheitsauslösend gewirkt haben und neben vielfältigen anderen Ursachen einen besonders gewichtigen "Herd" darstellen (siehe Abb. 7).

5. Formen der Gruppenarbeit in der Integrativen Therapie

Auf die Möglichkeit und Notwendigkeit, den Fokus im gruppengerichteten, person-, gruppen- oder themenzentrierten Stil der Gruppenarbeit als Möglichkeit der Therapie zu benutzen, wurde bereits hingewiesen. Aber auch die verschiedenen Formen integrativer Gruppenarbeit sind Mittel, mit denen unterschiedliche Zielsetzungen verfolgt werden. Zu nennen sind hier die fokaltherapeutische Gruppe, die mittelfristige Gruppe, die langfristige Gruppe, das Intensivseminar ("Workshop"), die therapeutische Gemeinschaft (Petzold, Heinl 1983; Petzold, Vormann 1981) und die Selbsthilfegruppe.

5.5.1 Fokaltherapeutische Gruppenarbeit

Die fokaltherapeutische Gruppenarbeit (Heinl, Petzold 1980) ist zeitlich und thematisch eingegrenzt und greift in personzentriertem Vorgehen individuelle Konflikte von Gruppenmitgliedern auf. Aufgrund des begrenzten zeitlichen Rahmens wird nicht auf ein Wachstumsmodell abgestellt, das nachsozialisierend Defizite auffüllt. Die Gruppe stellt vielmehr kurzfristig ein Supportsystem dar, durch das kritische Lebenssituationen (Filipp 1982)besser gemeistert werden können. Ausgangspunkt für die Behandlung bildet die aktuale Problematik und Symptomatik des Klienten, wie er sie in der Gruppe darstellt und wie sie sich in seinem Verhalten innerhalb der gruppalen Interaktion reproduziert. Die Fokussierung auf das Offensichtliche (Perls 1980) sucht zunächst Lösungen und Lebenshilfen für Aktualproblematik zu geben, ohne daß der gesamte Problemhintergrund des Klienten im biographischen Kontext aufgerollt wird. Vielmehr wird versucht, durch Rollenspiele und szenische Konkretisierungen die aktuale Konfliktsituation so darzustellen, daß pragmatische Lösungswege möglich und einsichtig werden. Wo angezeigt und erforderlich, wird der biographische Hintergrund einer solchen Konstellation als Fokus gewählt und schlaglichtartig erhellt, sei es durch verbale Deutung oder häufiger durch die gestaltdramatische Inszenierung von Szenen aus der Vergangenheit, in denen Ähnliches vorgefallen war (Petzold 1981a).

Wie im Psychodrama stellt die Gesamtgruppe für derartige Spiele Hilfsiche bereit und fungiert als Resonanzboden. Sie bringt Einfälle, Ratschläge, Alternativen. Hierbei wird es wesentlich, den Klienten vor Überflutungen zu schützen, Projektionen deutlich zu machen, um sie als Anstöße für weitere Arbeiten zu verwerten und das freigesetzte Material so eingegrenzt zu halten, daß es integrierbar bleibt. Der Konflikt soll im Fokus bleiben, das Thema soll nicht ausufern. In der fokaltherapeutischen Gruppenarbeit hat die Gruppe eine entlastende Bedeutung. Die kurzen und intensiven Arbeiten - etwa durch Gestalteinzelsitzungen in der Gruppe - erhalten durch das "sharing" der Gruppe (Petzold 1978b) einen Hintergrund. Der

Klient fühlt sich mit seinem Problem nicht allein, er sieht, daß andere ähnliche Schwierigkeiten haben oder ihn zumindest verstehen.

Ein weiteres Markmal derartiger Gruppen ist, daß laterale Übertragungen innerhalb der Gruppe, sobald sie erkennbar werden, konkretisiert, aufgedeckt und mit dem aktualen Konflikt und dem biographischen Hintergrund des Klienten verbunden werden; es wird versucht, anhand der Arbeit eines Protagonisten für möglichst viele Gruppenmitglieder Transfermöglichkeiten herzustellen. Problemlösungen werden somit paradigmatisch. Das Mitvollziehen eines individuellen Problemlöseprozesses dient als Einübung in eigenes Problemlöseverhalten. Da die Aktualkonflikte als Ausgangspunkt gewählt werden, wird der Umsetzung von gewonnenen Erfahrungen und Einsichten in das Alltagsleben besondere Aufmerksamkeit geschenkt. So wird zum Beispiel mit dem Klienten nicht nur durchgespielt, wie er in konkreten Situationen handeln könnte, er wird auch ermutigt, Erfolge und Mißerfolge wieder in die Gruppe zu bringen. Damit nimmt der Verlauf der Gruppe meist die im tetradischen System skizzierte Gestalt an. Dazu sei folgendes Beispiel genannt:

Im Rahmen einer Erziehungsberatungsstelle wird eine auf 15 Sitzungen terminierte Gruppe für Eltern angeboten, deren Kinder in Behandlung sind, ohne daß eine Familientherapie angezeigt oder durchführbar wäre. Die Gruppe besteht aus 4 Müttern - die Väter können oder wollen nicht kommen - und 2 Elternpaaren. Es findet sich zunächst bei den Gruppenmitgliedern kaum die Bereitschaft und die Möglichkeit, zu sehen, daß das Elernverhalten für die Störungen der Kinder zumindest ein wesentlicher auslösender Faktor ist. Die Kinder sind "krank", man hat "seine Last mit ihnen". Diese Belastung bildet damit thematisch einen Fokus. Sie wird ernst genommen. Die Eltern berichten über ihre Schwierigkeiten, tauschen sie aus. Es entsteht ein Klima von Solidarität und zugleich eine Negativbewertung der Kinder. Bis plötzlich eine Teilnehmerin - Frau P. - ausschert und opponiert:

Frau P.: So gefällt mir das nicht. Es wird jetzt immer nur auf den Kindern rumgehackt.

Ther.: Wie erleben Sie das?

Frau P.: Irgendwie ungerecht.

M.: Nun übertreiben Sie mal nicht! Sie haben doch selbst von den Schwierigkeiten mit Ihrer Tochter am meisten erzählt.

Frau P.: (verstummt)

Ther.: Frau P., was geht jetzt in Ihnen vor?

Frau P.: Ich fühle mich irgendwie kleingemacht. Ich kann gar nichts mehr sagen.

Ther.: (Deutung) Kleingemacht, das heißt, daß Sie sich klein, in die Position eines Kindes verwiesen fühlen, das nicht mehr reagieren kann gegen eine Über-Macht.

Frau P.: So ungefähr ist das; das stimmt.

Ther.: Wer in der Gruppe kann ihr das nachfühlen?

Es folgen einige verständnisvolle und zwei ablehnende Stellungnahmen. Das Thema fokussiert auf "Kleinmachen und Kleingemachtwerden". Frau P. fängt plötzlich zu weinen an.

Frau P.: Immer bin ich kleingemacht worden. Erst im Elternhaus und dann in der Lehre und jetzt von meinem Mann. Er sagt, ich bin schuld, daß unsere Tochter immer klaut. Das ist nur meine unfähige Erziehung. Ich weiß auch nicht, warum mir das Kind so viel Kummer und Schwierigkeiten macht.

Die Gruppe ist betroffen.

Ther.: Als Kind ist man Erwachsenen gegenüber sowieso schon "klein". Dann wird es manchmal schwer ertragbar, wenn zusätzlicher Druck entsteht. Dann kommt es zur Auflehnung oder zum Rückzug oder zu Störungen. Wie war das bei Ihnen als junges Mädchen, Frau P.?

Frau P.: Ich hab gar nichts mehr gesagt. Ich bin immer stiller geworden und hab' dann, sobald es ging, geheiratet, damit ich von zu Hause weg kam. Die waren viel zu streng mit mir.

Ther.: Und wie sind Sie heute mit Ihrer Tochter?

Frau P.: Mein Mann ist sicher zu streng mit ihr. Ich bin auch streng. Was soll man machen? Sie macht so viel Unsinn und so viel Schwierigkeiten.

F.: Wir sind sicher auch oft zu streng, aber man hat das ja nicht anders gelernt. Wir sind auch so erzogen worden.

Frau P.: Das war weiß Gott nicht immer schön.

Ther.: Viele sind jetzt von Ihnen in der Position der Kinder, die nicht verstanden worden sind. Vielleicht denken Sie einfach einmal an solche Situationen in Ihrer Kindheit, wo es besser gewesen wäre, wenn man Sie verstanden hätte.

Einige Teilnehmer berichten über konkrete Szenen. Daraus entwickelt sich die Frage: Wie kann ich mein Kind besser verstehen? Es wird deutlich, daß diese Frage nicht nur aus der Position der Erwachsenen beantwortet werden kann, sondern daß man versuchen muß, sich in das Kind hineinzuversetzen. Der Therapeut schlägt Frau P. ein Rollenspiel vor, in dem sie die Rolle ihrer Tochter übernehmen soll. Dies gelingt nach anfänglichen Schwierigkeiten. Die Identifikation mit dem Kind eröffnet einen neuen Verstehungshorizont für Frau P. und für die Gruppenmitglieder. Als Hausarbeit (Shelton, Ackermann 1978; Polster 1973) gibt der Therapeut die Anregung mit, bei Auseinandersetzungen oder schwierigen Situationen mit dem Kind einmal zu versuchen, innerlich seine Rolle einzunehmen, die Situation einmal aus der Position des Kindes zu sehen.

Der strukturelle Verlauf der Gruppe läßt eine Initialphase erkennen, in der sich aus der Diskussion das "innere Thema" der Gruppe herauskristallisiert: Dominanz und Ausgeliefertsein. In der Gruppe reproduziert sich "szenisch" der vorherrschende Erziehungsstil der anwesenden Eltern und läßt in einer Teilnehmerin eine "alte Szene" eigenen Ausgeliefertseins aufkommen. Das Problem kommt in Bewegung, wird in der Aktionsphase deutlich. Frau P. ist emotional betroffen, und sie macht die Gruppe betroffen; und das ist der Boden, wo die Deutungen des Therapeuten den Gruppenteilnehmern unmitttelbar einsichtig werden. Die Mitteilung eigener Kindheitserlebnisse und der Brückenschlag zum eigenen Erziehungsstil heute kennzeichnet die Arbeit in der Integrationsphase. Die Eltern beginnen zu verstehen, ohne daß die psychodynamischen bzw. familiendynamischen Konstellationen von Frau P. oder anderer Gruppenmitglieder im Detail ausgeleuchtet und durchgearbeitet werden müssen. Es erfolgt eine Umsetzung: In der Neuorientierungsphase setzt sich Frau P. - zum ersten Mal "wirklich", wie sie später sagt - an die Stelle ihrer Tochter, und diese Neuorientierung bleibt nicht nur auf die Gruppensituation beschränkt, sondern die Teilnehmer werden ermutigt, das Erlebte und Erkannte in ihre Erziehungspraxis umzusetzen. Die nächste Gruppensitzung nimmt das Thema auf: "Welche Erfahrungen haben Sie damit gemacht, sich einmal in die Position Ihres Kindes zu versetzen, wenn Schwierigkeiten und Auseinandersetzungen aufkommen?"

Fokaltherapeutische Gruppenarbeit folgt nicht unbedingt dem freien Fluß gruppaler Dynamik, sondern wird strukturiert. Dabei ist eine sorgfältige Diagnostik, aufgrund derer ein Fokus gewählt wird, conditio sine qua non. Ist ein Thema prägnant geworden, so wird es weiterverfolgt. Die Gruppenarbeit kann über einige Sitzungen themenzentriert verlaufen, bis "das Thema im Fokus" eine gewisse Sättigung erreicht hat. Fokaltherapeutische Gruppenarbeit zielt auf die pragmatische Umsetzung in unmittelbare Problemlösestrategien; auf dem Hintergrund der Tatsache, daß ein gewisser Verstehenshorizont erschlossen wurde, wird dadurch zu tiefe Regression verhindert und werden die gesunden Ich-Anteile gestärkt. Ihrer Kräftigung, Förderung und Entwicklung wird in der Fokaltherapie besondere Aufmerksamkeit geschenkt. Regressionen sind fokussiert, der Klient muß möglichst innerhalb einer Sitzung von der "Ebene der Involvierung" wieder auf die "Ebene der Reflexion" geführt werden.

Von der Interventionstechnik her ist der Therapeut besonders im Hinblick auf die Aktions-, Integrations- und Neuorientierungsphase häufig direktiv strukturierend. Er versucht, an die Alltagserfahrungen der Teilnehmer anzuknüpfen, "kognitive Konsonanzen" herzustellen und "kognitive Dissonanzen" (Lindgren 1973) zu vermeiden. Er berichtet, wo angezeigt, aus eigener lebenspraktischer Erfahrung und hält so durch gezieltes sich Mitteilen (Weiner 1978) die Übertragungsintensitäten "flach". In gleicher Weise wird durch die starke Orientierung der Gruppe auf ihr Umfeld hin eine Gruppenregression vermieden. Die Gruppe ist hier eine Gemeinschaft von Menschen, die sich gemeinsam um die Lösung von Problemen bemüht, und zwar vorwiegend auf der Erwachsenenebene. Das hat zur Folge, daß szenische Reproduktionen aus dem Milieu der Primärgruppe seltener auftauchen und vor allen Dingen kurzfristigen Charakter haben, denn sie werden immer wieder auf Realbezüge zurückgeführt. Die "unsichtbare Gruppe" bleibt bei der fokaltherapeutischen Arbeit im Hintergrund. Sie wird nicht gefördert und entwickelt. Wo immer Übertragungen auf die Gruppe erkennbar werden, ist deren Auflösung unbedingt angezeigt, um für den Einzelnen und die Gesamtgruppe ein Abgleiten in ein destabilisierendes, regressives Milieu zu vermeiden, das keinen guten Hintergrund für den Transfer von Erlerntem in die Alltagswirklichkeit bietet. Fokaltherapeutische Gruppen sollten aus den erwähnten Gründen von der Dauer her zwischen 10 und 20 Sitzungen liegen und diese Zahl möglichst nicht überschreiten. Sie sollten als "geschlossene Gruppe" geführt werden, um für den kurzen Zeitraum die notwendige Kohäsion und Kooperation zu gewährleisten, ohne daß durch Veränderung der Gruppenzusammensetzung ständig Störfaktoren auftreten. Fokaltherapeutische Gruppenarbeit setzt eine gewisse Ich-Stärke und Belastungsfähigkeit voraus; sind diese nicht gegeben, so besteht eine Kontraindikation (Yalom 1974).

5.5.2 Mittelfristige Gruppentherapie

Die mittelfristige Gruppentherapie in der Integrativen Therapie ist in ihrer methodischen Handhabung abhängig von der zu behandelnden Klientel und vom institutionellen Setting, das durch Vorgaben wie z.B. Einweisungs- und Aufnahmemodalitäten bestimmt, ob die Gruppe geschlossen, als "slow open group", als Turnusgruppe oder als gänzliche offene Gruppe geführt wird. Mit Neurosepatienten kann nur in der geschlossenen Gruppe oder der "slow open group" bei mittelfristiger Gruppenführung nach dem Wachstumsmodell, also mit dem Konzept der Wiederholung des Sozialisationszyklus, sinnvoll gearbeitet werden. Nur dann können die Erfordernisse des Wachstumsmodells von der Tiefung, dem Regressionsniveau und der Integrationsfähigkeit der Patienten her gewährleistet werden. Die Laufzeit solcher Gruppen beträgt ungefähr ein Jahr, die Zahl der Sitzungen 30 bis 60. Bei anderen Bedingungen als diesen müssen mittelfristige Behandlungen je nach Zielgruppe und Durchführungsmodalität spezifische Modelle für das therapeutische Vorgehen entwickeln (Foulkes 1986).

Es ist eine Fehlmeinung, zu glauben, mit einem gruppentherapeutischen Grundmodell auskommen zu können. Gruppen, in denen ständig neue Patienten hinzukommen, werfen andere Probleme auf und machen andere Strategien und Modelle notwendig als Gruppen, in denen turnusmäßig ein Drittel oder die Hälfte der Patienten entlassen und durch blockweise erfolgende Neuaufnahmen ersetzt wird, wie dies in Kurkliniken häufig der Fall ist (Mentzel et al. 1981). Diese "Turnusgruppen" haben mit dem Problem der Integration verschiedener Subgruppen genauso umzugehen wie mit dem Faktor unterschiedlicher Vorinformation und Entwicklungsplateaus. Patienten, die über vier Monate an einer Gruppe teilgenommen haben, sehen sich zum Beispiel plötzlich vor die Situation gestellt, einerseits den Weggang eines gewichtigen Teils der Gesamtgruppe verarbeiten zu müssen, gleichzeitig aber auch mit neuen Gruppenmitgliedern konfrontiert zu sein, von denen die meisten keine Vorerfahrung mit Gruppenarbeit mitbringen und die - aus der Sicht der "Alten" - in der Arbeit an sich selbst noch nicht sehr weit sind. Wie man diese Frage auch immer theoretisch konzipiert und methodisch angeht, sie stellt für die "alten" Gruppenmitglieder eine Belastung und eine Behinderung in ihren Wachstums- und Entwicklungsprozessen dar. Das Argument, daß man ja auch im Alltagsleben mit derartigen Brüchen, Verlusten und Erfordernissen sich ein- und umzustellen, umgehen müsse, ist eine Rationalisierung und der Versuch, "aus der Not eine Tugend zu machen".

Die stationäre Gruppentherapie stellt für viele Menschen mit psychischen Schwierigkeiten die - vielleicht in ihrem Leben erstmalige und vielleicht auch einmalige - Situation bereit, in einem Schonraum "etwas für sich tun zu können". Es wäre daher wünschenswert, wenn der dazu erforderliche schützende Rahmen optimal gewährleistet würde. Ist dies nicht gegeben - und man muß häufig unter solchen Bedingungen arbeiten -, gilt es, mit einem eingeschränkten Anspruch unter den jeweils gegebenen Bedingungen pragmatisch im Sinne bestmöglicher Effizienz zu arbeiten.

In der mittelfristigen Therapie mit wechselnder Klientel ist die Gruppe als konstanter Faktor nur bedingt wirksam und ist das Erleben einer Gruppenidentität nur mit Einschränkungen möglich. Diese beiden Dimensionen als therapeutische Elemente sind demnach weniger einzusetzen, ja es ist das Ausbilden einer Gruppenidentität noch nicht einmal zu fördern. Die Erhaltung der Gruppenidentität, ständig bedroht und Änderungen ausgesetzt, würde von den Teilnehmern ein zu hohes Maß an Einsatz und Energie für die erforderlichen Stabilisierungsleistungen verlangen. Daraus folgt für den Interventionsstil, daß der Therapeut oder das Therapeutenpaar als Konstante im Vordergrund stehen, Übertragungen auf die Gruppe als Ganzes von der Inteventionstechnik her eingegrenzt und aufgelöst werden. Auch die lateralen Übertragungen können aufgrund der Mitgliederfluktuation im therapeutischen Vorgehen nicht die Funktion und Bedeutung gewinnen wie in Langzeitgruppen: Im Durchleben der Übertragung wird durch das Langzeitsetting die Möglichkeit der Sättigung ungestillter Bedürfnisse, der Schließung unabgeschlossener Gestalten (Perls 1980) bereitgestellt, und diese Möglichkeit bildet die Grundlage für "korrektive Erfahrungen". Vielmehr werden in der mittelfristigen Gruppenarbeit Deutung und Einsicht den Umgang mit den lateralen Übertragungen bestimmen.

Die mittelfristige Gruppe arbeitet personzentriert, auf das Problem des Einzelnen eingehend. Die Gruppe wird als Hilfsmittel auf Lösungswegen eingesetzt. Die möglichen Übertragungsangebote dienen dazu, die individuelle Problematik prägnanter werden zu lassen. Die Reproduktion individueller Dynamik auf der gruppalen Ebene wird aufgegriffen - wenn auch eher personenbezogen als auf der Ebene der Gesamtgruppe. Dies geschicht einerseits durch personzentrierte gestalttherapeutische Einzelsitzungen im Rahmen der Gruppe (Perls 1969), andererseits durch personzentrierte Dramatisierung (Moreno 1959), durch den Umgang mit kreativen Medien oder durch Bewegungsarbeit mit der Gruppe (Petzold 1985b,e; Petzold, Orth 1985). Im Teilhaben am Problem des Einzelnen findet sich über den Weg des stellvertretenden Lernens für diejenigen Gruppenmitglieder ein heilender Effekt, die sich mit dem jeweils vorgetragenen Thema aufgrund eigener biographischer Konstellationen identifizieren konnten.

Die personzentrierte Perspektive bedeutet allerdings nicht, daß, wie in der klassischen Gestaltgruppentherapie, eine "Einzeltherapie in einem Gruppen-Setting" stattfindet (Perls 1969). Vielmehr dient die Gruppe als Feld des sozialen Lernens, indem kommunikative Fertigkeiten gefördert, Selbst- und Fremdwahrnehmung entwickelt, personale Auseinandersetzungen ermöglicht und Intersubjektivität aufgebaut werden. Die Gruppe hat damit eine existentielle und sozialpsychologische Dimension zugleich. Sie ist ein Ort, in dem Einschränkungen in der sozialen Interaktion durch die Praxis von Interaktion, durch soziales Lernen überwunden werden können, - und sie ist ein Ort der Begegnung zwischen Menschen. Nur auf dieser Grundlage wird sie sinnvoll und degeneriert nicht zum sozialtechnologischen Trainingsfeld "kommunikativer Skills".

Neben dem Aufgreifen individueller Problematik nimmt die Thematisierung der Interaktionen der Gruppenmitglieder untereinander in der mittelfristigen Gruppe einen breiten Raum ein, nicht nur, weil sich in diesen Interaktionen die individuelle Problematik aus der Biographie und dem Außenfeld des Einzelnen artikuliert, sondern weil das persönliche Schicksal in einen zwischenmenschlichen Raum gestellt wird. Der Patient/der Klient erlebt: Ich kann anderen Menschen vertrauen, mich ihnen anvertrauen. In solchen Erfahrungen wird das Klima einer positiven Primärgruppe gegenwärtig gesetzt, ohne daß eine regressive Akzentuierung in den Vordergrund tritt; denn sind auch Anteilnahme, Mitleiden und Einfühlung Fähigkeiten, die in der Primärsozialisation wurzeln, so haben sie sich doch bei vielen Menschen als "erwachsene Qualitäten" stabilisiert und werden als solche wahrgenommen. Sie gilt es zu bestärken, zu fördern, erlebbar zu machen und dem Erfahrungsschatz der Gruppenteilnehmer zuzuführen, ohne daß in umfassender Weise auf ein regressives Milieu zurückgegangen wird.

Wenn daher auf der individuellen Ebene auch in der erlebnisaktivierenden Arbeit intensive Regression kurzfristig möglich und wünschenswert ist und die einzelnen Teilnehmer in der Identifikation von solchen Regressionen miterfaßt werden können und dürfen, so ist auf der Ebene der Gruppe einem Ausgreifen regressiver Dynamik entgegenzuwirken. Die gesunden Fähigkeiten des Ich, die stabilen Elemente der Identität werden deshalb angesprochen und gestärkt. Die Realitätsorientierung der Gruppe und die biographische Ausrichtung werden in der Regel gleichrangig gehandhabt. In den Interaktionen reproduzieren sich alte Szenen der Vergangenheit, die, wenn sie konkretisiert und in szenisches Spiel überführt werden, der Einsicht und der Veränderung zugänglich werden. Dies setzt allerdings ein integrationsfähiges Ich voraus.

In der mittelfristigen Gruppe besteht also das wesentliche Problem darin, die dynamische Balance zwischen der Ebene des sozialen Rahmens und der Ebene unbewußter Dynamik aufrechtzuerhalten, zwischen regressiver Arbeit und stabilisierenden Strategien, zwischen gegenwartszentriertem, vergangenheits- und zukunftsorientiertem Vorgehen, zwischen alltagspraktischen Hilfen und biographischem Verstehen, zwischen individueller und gruppaler Dynamik. Die erlebnisaktivierenden Techniken des Integrativen Ansatzes setzen realtiv leicht unbewußtes Material frei, das in szenischen Konkretisierungen oder in der Arbeit mit kreativen Medien (Bubolz 1979) der Einsicht und Bearbeitung zugänglich wird. Es ist daher möglich und sogar indiziert, ohne Aufbau einer "Übertragungsneurose" zum Therapeuten oder Therapeutenpaar oder zur Gesamtgruppe hin zu arbeiten. Übertragungen und Widerstände werden vom Therapeuten relativ aktiv angegangen: durch verbale Interpretationen und Anregungen an die Gruppe, sich im szenischen

Spiel selbst die Deutung zu geben. Gleichzeitig wird durch die Betonung "alltäglichen" Kommunikationsverhaltens der Therapeut als Modell gefordert. Er kann nicht in einer neutralen, zurückgezogenen Abstinenz verharren. Er strukturiert, fokussiert, gibt sich zu erkennen, denn es ist erforderlich, daß der Therapeut in dieser Form der Gruppenarbeit als Person deutlich wird, damit den Klienten die Möglichkeit zur Differenzierung ihrer Wahrnehmung gegeben wird. Die Unterscheidung des Eigenen und des Anderen als Leistung des Ich stellt die Grundlage für eine prägnante Identität dar (Petzold, Schneewind 1986).

In diesem Sinn ist die mittelfristige Gruppenarbeit in der Integrativen Therapie in ihrem Globalziel - wie schon ausgeführt wurde - Identitätstherapie, wenn auch die Modalitäten, wie Identität gefördert, erhalten oder wiederhergestellt werden soll, im Hinblick auf die jeweilige Zielgruppe unterschiedlich gestaltet werden müssen. Die mittelfristige Gruppenarbeit fordert vom Therapeuten ein großes Maß an Flexibilität und Strukturierungsfähigkeit, genau die Qualitäten, die es bei den Gruppenmitgliedern zu fördern und zu entwickeln gilt.

Die Darstellung mittelfristiger Gruppenarbeit an einem Beispiel stößt auf die Schwierigkeit, daß dieses kaum jemals repräsentativ sein könnte, da für jede Zielgruppe und für jedes Setting sich wesentliche Unterschiede ergeben würden. Charakteristisch indes ist, daß gruppenzentrierte Sitzungen mit personzentrierten abwechseln, daß biographische Themen und Fragen aktueller Lebensbewältigung miteinander einhergehen, daß Probleme aus dem Außenfeld der Teilnehmer und aus dem Binnenraum der Gruppe gleichermaßen Raum einnehmen. Thematische Kontinuitäten ergeben sich aus der jeweiligen Problemlage der Gruppe und der Teilnehmer, nicht aber aufgrund festgefügter gruppaler Phasenverläufe. Treten solche auf, so ist in diesem Fall zu prüfen, ob es sich hier nicht um Artefakte handelt, die durch spezifische Interventionstechnik ausgelöst werden. Thematische Entwicklungen folgen einer inhärenten Logik, die im Thema und in der Teilnehmerkonstellation selbst liegt. Aus dem "inneren" Thema müssen jeweils neue Arbeiten abgeleitet werden (Schneewind, Kuchenbecker 1983).

5.5.2.1 Bimodale Gruppentherapie

Als besonders intensive Form mittelfristiger Gruppenarbeit im Integrativen Ansatz sei auf das "bimodale Modell" (Petzold 1970) verwiesen: Die Gruppe arbeitet wöchentlich mit zwei Sitzungen zwischen zwei und drei Stunden Dauer. Davon ist eine Sitzung konfliktzentriert bei vorwiegend verbaler und psycho- bzw. gestaltdramatischer Orientierung; die andere Sitzung ist übungs- und erlebniszentriert ausgerichtet, wobei vorwiegend nonverbale Verfahren und kreative Medien Verwendung finden. Das eine Mal steht stärker das Verstehen der eigenen Psychodynamik, des eigenen biographischen Hintergrundes, sowie das Umgehen mit den gruppendynamischen Interaktionen im Vordergrund; das andere Mal geht es mehr um das Experimentieren und Üben von Fähigkeiten und Fertigkeiten mit dem Ziel, Expressivität, Kreativität, Sensibilität und Flexibilität zu entwickeln. Hierzu dienen Übungen aus dem Improvisationstraining des Therapeutischen Theaters (Iljine 1978; Petzold 1980a), aus der Integrativen Bewegungstherapie (Petzold 1974a) und der Sensory Awareness (Brooks 1979). Weiterhin werden intermediäre Objekte zum Einsatz gebracht: das Spiel mit Puppen (Petzold 1983a), die Arbeit mit Ton, Farben, Kollagen und Musik (Petzold 1977b; Petzold et al. 1983). Die übungs- und erlebniszentrierte Gruppenarbeit entwickelt die kreativen Potentiale des Klienten, vermittelt ihm die positive Erfahrung, etwas gestalten zu können, erschließt ihm Fähigkeiten, die bisher ungenutzt und brach lagen. Die ludische Charakteristik, die oftmals das Gruppenklima bestimmt, setzt einen Kontrapunkt zu einer einseitigen Auseinandersetzung mit den traumatischen Seiten des Lebens, wie sie vielfach für die konfliktzentrierten Formen der Gruppenpsychotherapie kennzeichnend ist (Petzold, Orth 1985).

Die "heilende Kraft des Lachens" (vgl. Moreno 1953) und "die befreiende Kraft des Spiels" (Iljine 1942; Moreno 1946), das heilende Potential der Heiterkeit und des Humors (Kohut 1971) spielen in dieser Form der Gruppenarbeit eine bedeutende Rolle. Die Aneignung abgespaltener Leiblichkeit, das Vertrautwerden mit intensiver Emotionalität, das Erleben und Vollziehen direkter, spontaner Kommunikation erweisen sich als wesentliche therapeutische Faktoren. Es kann in dieser Form des Vorgehens durchaus auch konfliktzentiert gearbeitet werden, um spontan aufkommende traumatische Inhalte anzusehen. In der Regel aber werden derartige Materialien in die konfliktzentrierte Sitzung hinübergenommen. So wird die reiche projektive Produktion der erlebniszentrierten Gruppe eine wichtige Quelle für jeden anderen Fokus der bimodalen therapeutischen Arbeit.

In unseren Gruppen werden die beiden Elemente bimodaler Gruppenarbeit in der Regel integriert gehandhabt, wobei die konfliktzentierte Ausrichtung dominiert. Durch die zweigleisige Arbeit mit zwei Sitzungen pro Woche wird der erlebnis- und übungszentrierten Seite größerer Raum gegeben, was sich insgesamt auf das Klima der Gruppe und die Entwicklung ihrer Mitglieder sehr positiv auswirkt (Petzold 1985f).

5.5.3 Langfristige Gruppentherapie

Gruppentherapie im Integrativen Ansatz wird als "langfristig" bezeichnet, wenn sie bei wöchentlicher Sitzungsfrequenz länger als ein Jahr durchgeführt wird. Je nach Entwicklung der Gruppe und abhängig von den Krankheitsbildern der Mitglieder kann sich die Dauer der Gruppentherapie bis zu drei Jahren und mehr erstrecken. Die Gruppe wird als geschlossene Gruppe geführt, in die bei Ausscheiden von Gruppenmitgliedern im Einzelfall Patienten aufgenommen werden können, die entsprechend vorbereitet sind, so daß sie sich in die Dynamik des gruppalen Entwicklungsprozesses ohne Schwierigkeiten einfügen.

Die langfristige Arbeit im Integrativen Ansatz will in der Gruppe und durch die Gruppe ein Milieu schaffen, in dem die ontogenetische Entwicklung nachgebildet wird. Emotionale Qualitäten, wie sie sich im frühen Milieu der Mutter-Kind-Beziehung und der Primärgruppe finden, sollen entstehen und internalisiert werden, so daß die Mitglieder stabilie Innenwelten aufbauen können. Mit der Entwicklung der Beziehungen innerhalb der Gruppe und dem persönlichen Wachstum der einzelnen Mitglieder verändert sich die Charakteristik der Gruppe den einzelnen ontogenetischen Entwicklungsphasen entsprechend. Die Dauer der einzelnen Phasen variiert sehr stark je nach den Bedürfnissen und der Struktur der Teilnehmer und der Gesamtgruppe.

Die Arbeit beginnt zunächst auf einem Plateau, das von der Abwehrstruktur der Gruppenmitglieder geprägt ist. Regressive Tiefung ist zunächst kaum möglich, weil sie zu angstauslösend wäre. Erst unter Rückgriff auf die gesunden Anteile des Ichs und der Identität kann ein Klima des Vertrauens und der Sicherheit geschaffen werden, in dem heilsame Regression möglich wird. Sofern die Gruppen nicht im klinischen Setting sondern ambulant durchgeführt werden, muß ja gewährleistet sein, daß die Patienten noch genügend Valenzen behalten, um ihren Alltag soweit wie möglich zu bewältigen. Das heißt nicht, daß unter der Behandlung nicht auch vorübergehend Krisensituationen eintreten können, durch die dieses Maß an Selbstregulation nicht mehr gegeben ist, und daß auch vorübergehende stationäre Behandlungen ins Auge gefaßt werden müssen, und zwar abhängig von der Art der Erkrankung des Einzelnen und den Ressourcen seines sozialen Netzwerkes (vgl. Petzold, Heinl 1983; Petzold 1985e).

In der langfristigen Behandlung kommt der "unsichtbaren Gruppe" besondere Bedeutung zu. Als "große Mutter" (Battegay 1979) stellt sie Geborgenheit und Wärme bereit, als "ordnende, sichernde Vaterinstanz" (Petzold 1969) gewährleistet sie einen beschützenden und strukturierten Raum. Die Gruppe übernimmt damit defizitäre oder geminderte Ich-Leistungen für den Einzelnen und stabilisiert so seine Identität. Diese Funktion zu fördern und zu entwickeln, ist Ziel der therapeutischen Interventionstechnik. Wesentlich ist, daß der Therapeut oder das Therapeutenpaar und die Gruppe als Ganze homologe Übertragungen erhalten.

Wird das initiale Plateau verlassen, kündigt sich Regression einzelner Gruppenmitglieder in Form tiefer Einzelsitzungen in der Gruppe, durch Symptomverschärfung oder weitere Labilisierung im Außenfeld an. Dieses Destabilisieren pathologischer Strukturen muß durch das Klima der Gesamtgruppe aufgefangen werden. Das aber ist nur möglich, wenn eine maligne Gruppenregression in diesem Stadium vermieden wird. Regressive Tendenzen der Gesamtgruppe können und müssen zugelassen werden - aber nur so weit, wie eine Restabilisierung der "erwachsenen" und der "elterlichen" Stützkräfte der Gruppe möglich ist. Die Arbeit mit kreativen Medien (Ton- oder Fingerfarben) oder mit Intermediärobjekten (Puppen und Kuscheltieren) ermöglicht für die meisten Patienten angstfreie Regressionen, Integration auf der symbolischen Ebene (vgl. Petzold 1973c; Aghazarian, Peters 1981) und kann in diesem Stadium geschehen, in dem auch regressive Arbeiten auf der Ebene der "autonomen Körperreaktion" (vgl. Petzold 1974a, 1977a) möglich sind. Darum muß die Belastbarkeit der Gesamtgruppe und ihrer schwächsten Mitglieder im Auge behalten werden.

Körperbezogene Arbeit kann zur negativen Destabilisierung führen, wenn sie - wie in der klassischen Primärtherapie - vorwiegend auf negativen Erfahrungen, primären Schmerzpools, zentriert. Vielmehr müssen auch Erfahrungen oraler Bemächtigung gemacht werden, so durch Rituale oder gemeinsames Essen (vgl. Derbolowsky 1978). Weiterhin müssen Erlebnisse körperlichen Angenommenseins möglich werden, etwa durch wechselseitiges Halten und Wiegen (vgl. Freundlich 1980). Derartige positive Erfahrungen im vorprädikativen Bereich kräftigen das Grundvertrauen, wo es erschüttert oder verschüttet war. Es soll an das Milieu vorgeburtlicher Geborgenheit angeknüpft werden, indem die Patienten erfahren können: Es gibt diese Sicherheit - auch für mich. Auf dieser Basis können frühe Defizite, Störungen und Traumata angesehen, durchgearbeitet und integriert werden, ohne daß die Gefahr der "emotionalen Verödung" durch Phänomene des "Ausbrennens" entsteht, wie wir sie in verschiedenen Formen verweigernder und frustrierender Primärtherapie finden.

Das nonverbale Geschehen der frühen Lebenszeit kann durch verbale Methoden allein nicht oder nur unzureichend behandelt werden. Auf jeden Fall nicht im Sinne einer Nachsozialisation. Hier liegt eine Schwäche der psychoanalytischen Behandlungsansätze in der Therapie"früher Störungen"(Kohut 1971; Kernberg 1978; Masterson 1972, 1976). Da die mnestischen Funktionen des Frühbereiches eingegrenzt sind und noch keine sprachlichen, begrifflichen, ja noch nicht einmal szenischen Speicherungen zur Verfügung stehen, geht es um den Umgang mit emotionalen Qualitäten aus dem propriozeptiven Bereich, um für eine digitale Sprache kaum faßbare Atmosphären, Gestimmtheiten, Emotionen und Empfindungen. Die Beschreibung dieser emotionalen Zustände trifft auf größte Schwierigkeiten. Dies zeigen die Versuche der ungarischen Schule Sandor Ferenczis (1964) und des Kreises um Melanie Klein (1973). Die zuweilen abstrus anmutenden Spekulationen und Ausführungen dieser Autoren gewinnen an Aussagekraft, wenn man sie wie einen mythologischen Text liest; wenn man sich von den Begrifflichkeiten der "zerfetzten Brust", des "verschluckten Penis" nicht konkretistisch ablenken läßt, sondern bei der emotionalen Resonanz bleibt, bei den durch diese Sprache aufkommenden Anmutungen, die durchaus etwas von der basalen Emotionalität der Frühphase eingefangen haben.

Deshalb versagt hier auch das Instrument der Deutung. Was jenseits von Sprache liegt oder vor ihr, wird durch die verbale Explikation nur unzulänglich erfaßt. Die Einsicht als Verstehenshilfe hat bei frühen Defiziten eher sekundär-kompensatorische Heilkraft. Sie hilft nicht gegen die "Not der Leere", die unendliche Ohnmächtigkeit, das Ausgeliefertsein an die Umwelt und die eigene Innenwelt, die Hilflosigkeit durch die fehlenden Möglichkeiten somatomotorischer Kontrolle und kognitiver Lösungen. Es wird deshalb notwendig, daß die vitale Erfahrung für sich selbst spricht, daß das Erleben von Aufgehoben- und Gehaltensein neben die frühen Erfahrungen des Verlassenseins oder der Mißhandlung gestellt werden, und zwar in körperlicher Konkretheit.

Die Methoden der Sensory Awareness und der Körpertherapie (Brooks 1979; Petzold 1977a, 1985b) bieten hier ein entsprechendes Instrumentarium. So wird mit dem Herstellen einer positiven symbiotischen Konfluenz, die die Patienten leben dürfen, ohne von Deutungen zu früh in eine Ebene des rationalen Durchdringens und Verstehens gezwungen zu werden, ein Entwicklungsprozeß eingeleitet, der die Ichfunktionen "von Grund auf" bestärkt, aufbaut und es ermöglicht, ein defizitäres "Körper-Ich" nachzusozialisieren.

Die Erfahrungen des Miteinanders "im Schoße der Gruppe" führen weiter zum Erleben des Nebeneinanders, zu ersten Grenzziehungen, Akten der Abgrenzung von Gruppenteilnehmern und vom Therapeuten, ähnlich jenen, durch die sich das Kind als Person zu finden beginnt (Mahler et al. 1979). Der Prozeß der Lösung aus der Bindung, ohne daß dabei die Verbundenheit verloren geht, setzt von seiten des oder der Therapeuten auch Schritte des Loslassens voraus. Der Therapeut muß die einzelnen Patienten, die Gruppe als Ganzes, loslassen können, ohne sie zu verlassen. Es geht in der Gruppe in diesem Stadium, wie in jedem gelingenden Erziehungsprozeß, um "ein Handeln um Grenzen", ohne daß Repressionen, Überforderungen, Ausstoßung oder Liebesentzug als Maßnahmen der Disziplizierung eingesetzt werden. Das Aushandeln der Grenzen als wechselseitiger Prozeß schafft Identität, die nicht in solipsistischer Abschottung besteht, sondern die in Verbundenheit gründet.

Hier kommt ein weiteres kardinales Element der Langzeitgruppentherapie zum Tragen: Die Gruppe wird zu einer Matrix der Identität (Moreno, Moreno 1944; Petzold, Mathias 1983). In ihr kann sich der Patient so erfahren, wie er ist, denn er wird als solcher angenommen. Er wird gesehen und vermag sich in den wohlwollenden, erkennenden Augen der Gruppenmitglieder und des Therapeuten oder Therapeutenpaares zu spiegeln. Es ist das Wesen der Identität, daß sie nicht nur im Selbst ruht: Es bedarf nicht nur des "Ich erkenne mich selbst", der Identifikationen, sondern auch des Erkennens durch die anderen, der Identifizierungen. Der Säugling "will" angeschaut werden. Das evolutionäre Programm hat mit der reflektorischen Fixierung der Blicke auf das Gesicht, auf die Augen der Mutter das Menschsein im Erkennen und Erkanntwerden verwurzelt. Die Arbeit mit den Augen und über die Augen, wechselseitiges Sich-Ansehen, zu sehen, wie man gesehen wird, zu erfassen, daß man liebevoll betrachtet wird, gehört zu den intensivsten Erfahrungen in dieser Phase der Gruppenarbeit; denn hier wird Identität als die höchste Ich-Leistung begründet: Sich selbst sehen (Identifikation), von anderen gesehen werden (Identifizierung), sehen, wie mich andere sehen (Identifikation der Identifizierung als Vorgang der Verinnerlichung des Erkanntwerdens, vgl. Petzold 1984a). Dieser beständige Prozeß der Identitätsentwicklung auf den verschiedenen Niveaus des Sozialisationsprozesses muß als einer der wichtigsten therapeutischen Faktoren langfristiger Gruppenarbeit angesehen werden.

Die Identität ist an ein soziales Netzwerk gebunden, aus dem Rollenzuschreibungen, Identitätsattributionen gegeben werden. Sie weisen zunächst eine starke Bestimmtheit "von außen" auf, die jedoch eine fortschreitende Tendenz zum "self support" (Perls 1969) zeigt, wenn die Identitätsentwicklung gelingt. Der Phase der Adoleszenz in der Gruppenentwicklung kommt in diesem Zusammenhang besondere Bedeutung zu (Bloss 1978; Döbert, Nunner-Winkler 1975; Döbert, Habermas, Nunner-Winkler 1980). Diese Phase im Gruppenprozeß soll deshalb kurz angesprochen werden, ohne daß die zwischenliegenden Stadien der Entwicklung an dieser Stelle nachgezeichnet werden können.

In der langfristig angelegten integrativen Gruppentherapie wird die Phase der Adoleszenz in der Regel frühestens mit dem zweiten Jahr einsetzen, oftmals später. Sie ist gekennzeichnet durch Auseinandersetzung mit dem Therapeuten oder dem Therapeutenpaar, mit der Infragestellung ihrer Autorität, allerdings - sofern die Gruppenentwicklung gut verlaufen ist - in einer konstruktiven Art und Weise. Aggressionen können ausgedrückt werden, ohne daß sie eine destruktive Charakteristik aufweisen oder Gefühle unangemessener Angst, Vernichtungs- und

Bestrafungsphantasien im Gefolge haben. Die Auseinandersetzung in der Gruppe während früherer Entwicklungsphasen hat den Mitgliedern ermöglicht, auf frühe Alles-oder-nichts-Schemata, Phantasien der Allmacht und Grandiosität oder der Ohnmacht und Vernichtung zu verzichten. Sie sind in der Gruppe und durch die Gruppe in schwierigen Situationen des Versagens, des Scheiterns, ja zuweilen der Bösartigkeit angenommen worden, und dies hat in ihnen die Möglichkeit aufgebaut, Erlebnis- und Verhaltensmuster "mittlerer Lage" zu entwickeln. Auseinandersetzungen wurden nicht destruktiv, sondern wachstumsfördernd geführt. In der Gruppe sind immer wieder Situation als szenische Wiederholungen ins Spiel gebracht worden, auf die in der Herkunftsfamilie mit physischer Bestrafung, Liebesentzug oder Entwertung reagiert worden wäre; hier hingegen konnten "negative" Gefühle geäußert und gezeigt werden, ohne daß derartige Sanktionen erfolgten; allenfalls kam es zu Abgrenzungen, nicht aber zu Ausgrenzungen.

Dies alles bildet eine Grundlage dafür, daß die "Krise der Adoleszenz" (Bloss 1978; Muuss 1971) gemeistert werden kann ohne den Rückfall in archaische, destruktive Verhaltensmuster, zerstörerische Impulse gegen sich selbst oder gegen andere. Es kann damit auch eine Auseinandersetzung mit der Gruppe als Ganzer in ihrer Personifizierung als Vater oder Mutter erfolgen. Die Bedeutung der Gruppe kann relativiert werden, ohne daß sie negiert werden muß. Die Gruppe bleibt wichtig, aber sie bekommt einen anderen Stellenwert. Eine Lösung wird gefunden, die kein Abschneiden beinhaltet, keine Flucht, keinen Rückzug in die Vereinzelung; denn es sind nun Vorgänge der Trennung durch Abschied-Nehmen, die in der frühen Biographie die Qualität von Verlusten hatten. Das Leben ist eine Kette von Trennungen; Trennungen aber müssen nicht mit Verlust gleichbedeutend sein (Petzold, Lückel, 1985). Seinen Abschied nehmen, "prendre congé", der Abschlied von den Eltern (Halpern 1979), von den unterschiedlichen Bindungen an die Mutter in unterschiedlichen Entwicklungsstadien führt zu einer Aneignung auf einer qualitativ anderen Ebene und nicht zum Verlust des "Objektes" oder einem Verlust der Bindung.

Archaische Formen der Bindung (Konfluenz, Symbiose) dienen als Grundlage der Entwicklung anderer Beziehungsformen: der Intersubjektivität, der Partnerschaft. Umwandlung archaischer Relationsformen in Kontakt (Perls et al. 1951; vgl. Abb. 7), Begegnung, Beziehung (Frühmann 1985) bedeutet, bei sich und mit dem anderen zu sein; denn Kontakt ist Abgrenzung und Berührung in einem, die die Chancen zu Begegnungsintensität und Beziehungstiefe bildet. Die Adoleszenz führt hier in die vielleicht nicht letzte, jedoch entscheidende Krise, um sich selbst zu finden, ohne Kontinuitäten abzubrechen. Der Weg ins "eigene Leben", der beginnende Aufbau eigener Gruppen und Bindungen in Unabhängigkeit vom Elternhaus mit dem Ziel der eigenen Familie erfolgt über das Hineinnehmen und Hinübernehmen von nährenden und konstruktiven Elementen aus der Vergangenheit (dem "Glanz" der Eltern) und über die durchlebten Distanzierungen von abträglichen oder gar toxischen Elementen (dem "Schatten" der Eltern).

Die adoleszente Gruppe ist charakterisiert durch Ablösung, das Prägnantwerden der Eigenidentität der einzelnen Gruppenmitglieder einerseits, aber auch durch die Suche nach neuen Formen des Zusammenlebens andererseits. Gemeinsames Tun im Außenfeld, außerhalb der Gruppensitzungen, wird häufig gewünscht, und es kommt zu gemeinsamen Aktionen ohne Therapeuten, zuweilen aber auch mit ihnen.

Der Interventions- und Interaktionsstil des oder der Therapeuten wird zunehmend von "self-disclosure" (Weiner 1979) geprägt. Der Therapeut wird durch das Einbringen eigener Erfahrungen und Regungen als Person transparenter und greifbarer als im abstinenten Interventionsstil, wie er in der Anfangsphase langfristiger Gruppenarbeit stärker zum Tragen kommt. Die Auflösung von Übertragungen im Verlauf des gruppentherapeutischen Prozesses macht zwischen Gruppenmitglied und Therapeut und zwischen Gesamtgruppe und Therapeut zunehmend Begegnung von Mensch zu Mensch möglich, die nicht von Qualitäten der Eltern-Kind-Beziehung gefärbt sind. In der adoleszenten Gruppe kommt es zu letzten Versuchen des Festhaltens an den Eltern, zu einem letzten "Einklagen" von Zuwendung, die nicht oder nicht ausreichend gegeben wurde, zu letzten Vorwürfen für Verletzungen und Demütigungen und - in Überwindung dieser Dynamik - zu wirklichem Abschied von Vergangenem und zu Akten der Versöhnung. Es gelingt dies um so besser, je mehr es in der Gruppenarbeit gelungen ist, Fehlendes bereitzustellen, den Hunger frühkindlicher Entbehrungserfahrungen zu stillen. Da dies nie ganz möglich ist, werden auch noch Verzichtleistungen notwendig, aber sie wiegen nicht mehr so schwer, weil hinter ihnen die Erfahrung steht, in der Gruppe und von der Gruppe und von den oder dem Therapeuten etwas von dem bekommen zu haben, was unwiederbringlich, unersetzlich, unerreichbar schien.

Dies ist der Grund, auf dem sich das endgültige Abschiednehmen von der Gruppe und vom Therapeuten vollziehen kann, ohne daß in der Reaktualisierung aller alten Trennungen und Verluste diese Trennung als bedrohlicher Verlust erlebt werden muß. Vielmehr wird die Gruppe im Abschiednehmen hineingenommen in den Binnenraum der Erfahrung und des Erlebens als einem sicheren Boden, auf dem man stehen kann, und als ein Weg, auf dem man selbständig weiter voranzuschreiten vermag.

Die Verlaufsdynamik der langfristigen integrativen Gruppe konnte nur skizziert werden. Dabei ist wesentlich, daß das Wachstumskonzept als idealtypischer Hintergrund gesehen wird. Es darf in keinem Fall als eine linear fortschreitende Entwicklung verstanden werden, denn es gibt Phasen des Fortschreitens und der Rückschritte, der Wiederholungen und der Stagnation, wobei insgesamt die Tendenz eine progreddierende ist, ein oszillierendes oder spiralförmiges Voranschreiten, von Kontinuität und Diskontinuität gekennzeichnet, wie das Leben selbst.

Die integrative Gruppenarbeit hat sich an einer signifikanten Stelle des Lebens, einer Krisen- oder Notsituation, in der die Therapie begonnen wurde, "eingeklinkt" in das Kontinuum des individuellen Lebensverlaufes, für eine Zeitlang. Diese "Anlagerung" an die biographische Dynamik läßt den therapeutischen Prozeß sich organisch mit dem Lebensgeschehen verbinden; er bleibt nichts Fremdes und läßt den Patienten, wenn die Therapie ausklingt, nicht entblößt oder verarmt zurück, sondern im Voranschreiten: "There is no end to integration and there is no end to creation" (Petzold 1975).

5.5.4 Die therapeutische Gemeinschaft und Wohngemeinschaft

Die therapeutische Gemeinschaft, wie sie in der Hudson School von J.L. Moreno (1934) eingeführt und als "therapeutic community" charakterisiert wurde (Moreno 1936), gründet auf der Aussage, "that one man becomes the therapeutic agent of the other" (Moreno 1932). Die klinischen Formen der therapeutischen Gemeinschaft haben hier ihre Wurzeln (Vormann, Heckmann 1980). Fritz Perls hat gegen Ende seines Lebens eine andere Form ganzheitlicher therapeutischer Arbeit gefunden, die Lebens-, Lern- und Therapiegemeinschaft am Lake Cowichan, den "Gestaltkibbuz", der den Gedanken anarchistischer Kommunen und der israelischen Kibbuzim aufnimmt, wie ihn Perls durch Landauer und bei seinem Aufenthalt in Elat kennengelernt hatte (Perls 1969; Stevens 1970; vgl. Petzold 1970, 1984b). Ein weiterer Einfluß kommt von Paul Goodman (1975), der auf der Grundlage anarchistischer Lebensgemeinschaftsprojekte alternative Schul- und Gemeinschaftsformen, wie z.B. die Free-School-Bewegung, angeregt hat (Blankertz 1975, 1983).

Es handelt sich hier um genuine Konzepte gestalttherapeutischer Gemeinschaft, in der über den reparativen Aspekt der Heilung von Krankheit hinaus der Zielgedanke der Persönlichkeitsentwicklung durch experientielles Lernen und des persönlichen Wachstums durch Begegnung und Dialog in einer gesunden sozialen Struktur die Arbeit leitet. Wechselseitige Hilfeleistung ("exchange helping") und wechselseitiges Lernen ("exchange learning") kennzeichnen dieses Modell (Petzold 1965, 1985e; Laschinsky, Petzold, Rinast 1979). Das heilende und das wachstumsfördernde Element lassen den Gestaltkibbuz Therapie und Lerngemeinschaft zugleich werden.

Auch Moreno geht es in seinem Modell der therapeutischen Gemeinschaft in erster Linie darum, ein gesundes soziales Netzwerk bereitzustellen, in dem die sozialen Atome der einzelnen Gruppenmitglieder sich regenerieren können. Ausgehend von dem Gedanken, daß zerstörte Zwischenmenschlichkeit, entfremdete Kommunikation, fehlende Intersubjektivität auslösend für seelische Erkrankung sind, soll die therapeutische Gemeinschaft oder Wohngemeinschaft ein nicht entfremdetes zwischenmenschliches Milieu bereitstellen. Die Potentiale der Gemeinschaft werden also nicht nur in klinischer, restitutiver Weise genutzt, sondern auch in ihrer Entwicklungsdynamik, wobei die Kreativität der Gruppe als Ganzes die Kreativität der Einzelnen bündelt und zugleich entfaltet.

Es werden damit die Selbsthilfepotentiale der Gemeinschaft angesprochen, ohne daß unbedingt die Strukturierung durch Experten erforderlich ist. Im Rahmen der Gestaltbewegung und Integrativen Therapie haben sich unterschiedliche Modelle von therapeutischen Gemeinschaften, therapeutischen Wohngemeinschaften oder Lebensgemeinschaften gebildet, die für die Bedürfnisse spezifischer Klientele geeignet sind (vgl. Petzold, Vormann 1980). Neben am Familienmodell orientierten Kinderhäusern, die gestörten, verhaltensauffälligen Kindern eine Ersatzfamilie bereitstellen sollen (Witt 1980), neben Modellen für psychiatrische Patienten gibt es therapeutische Wohngemeinschaften in der Arbeit mit Nichtseßhaften (Baumann

1980), im Strafvollzug (Keil 1980), in der Drogentherapie (Saake, Stichtenoth 1980), in der Arbeit mit alten Menschen (Petzold 1980, 1985e). Es sind konzeptuelle und sprachliche Differenzierungen zwischen therapeutischer Gemeinschaft, therapeutischer Wohngemeinschaft, Wohngruppe und Lebensgemeinschaft vorgenommen worden (Petzold, Vormann 1980), die an dieser Stelle nicht weiter entfaltet werden können.

Ein besonders differenzierter Ansatz aus der Integrativen Therapie, der weite Verbreitung gefunden hat, stellt das "Four-Steps-Modell" der therapeutischen Wohngemeinschaft für die Behandlung von drogenabhängigen Jugendlichen von Petzold (1968, 1974b, 1980c) dar, das auch in andere Bereiche Eingang gefunden hat. Es stellt auf der Grundlage des Familienmodells ein Setting bereit, das in strukturierter Form nachsozialisierend wirken soll, da der drogenabhängige oder dissoziale Jugendliche einerseits oftmals aufgrund von Verlusterlebnissen familiär entwurzelt ist, aktualiter also eine Familie braucht, und zum anderen in seiner familiären Sozialisation erhebliche Defizite hat hinnehmen müssen. Das Vierstufenmodell baut sich aus folgenden Schritten auf: Entscheidung - es ist wichtig, sich in die Regression und auf die Gruppe einzulassen; Begegnung - nur in der personalen Begegnung mit dem anderen kann ich zu mir finden; Verwandlung - aus der Begegnung wird die Veränderung und Verwandlung der eigenen Persönlichkeit möglich; Verantwortung - sie führt in die Beziehung und soll in der letzten Phase des therapeutischen Prozesses übernommen werden. Das Vierstufenmodell stellt Interaktionsformen und therapeutische Interventionen bereit, die eine Restrukturierung der Persönlichkeit ermöglichen.

Die Dynamik des Prozesses ist in mancher Hinsicht dem der integrativtherapeutischen Langzeitgruppe ähnlich. In den ersten Monaten überwiegt das regressive Moment. In manchen Drogenwohngemeinschaften wird zu Beginn des Behandlungsprozesses durch symbolische Handlungen Geburt oder Neugeburt inszeniert. Darauf folgt die "Babyphase" (Bauer 1980). Dabei bleibt selbst in dieser initialen Regression (Bahr 1981) durch die gemeinsame Gestaltung des Alltags, die Arbeit in Haus, Küche und Garten das Realitätsprinzip in Kraft. Diese Arbeit steht unter der verantwortlichen Anleitung von Klienten aus der dritten und vierten Stufe; entsprechend dem Entwicklungs- und Wachstumsprozeß der Klienten werden ihnen mit jeder Stufe mehr Eigenständigkeit und Verantwortlichkeit zugetraut und übergeben.

Das Vierstufen-Modell der therapeutischen Wohngemeinschaft oder das gestalttherapeutische Kinderhaus betrachten sich als Alternative zu herkömmlichen klinischen Einrichtungen, insbesondere da sie den Lebensalltag der Patienten und Mitarbeiter organisch einbeziehen, um den artifiziellen Kontext der Klinik zu meiden.

Die therapeutischen Gemeinschaften und Wohngemeinschaften haben also neben der Wurzel im soziotherapeutischen Bereich bei Moreno, neben den von ihm inspizierten Modellen wie jenem von Jones (1973) im klinischen Bereich, neben den Selbsthilfemodellen wie SYNANON und DAYTOP, die speziell in der Drogentherapie entwickelt wurden, noch eine weitere, eigenständige Quelle, die gestalttherapeutische Lern- und Lebensgemeinschaft, den Gestalt-Kibbuz. Heute haben sich die verschiedenen Einflüsse zu Modellen verschmolzen, die zielgruppen-spezifisch und an den jeweiligen situativen Erfordernissen ausgerichtet entwikkelt werden; denn für psychiatrische Patienten im stationären Bereich (Ploeger 1972) gelten andere Bedingungen als für psychiatrische Langzeit-Patienten (Thiemann 1980), dissoziale Jugendliche (Fischer 1976), Drogenabhängige in Europa und - um transkulturelle Zusammenhänge einzubeziehen - "junkies" in den USA oder in Asien (Yablonsky 1978; Petzold 1974b, 1982e). So gibt es gänzlich am Selbsthilfe-Konzept orientierte Modelle ohne Mitwirkung professioneller Therapeuten, Modelle unter teilweiser Mitarbeit von Therapeuten und schließlich solche, in denen die Leitung und Strukturierung bei den Therapeuten liegt.

Die Berücksichtigung klinischer Therapievariablen (wie Übertragung, Gegenübertragung, Widerstand, unbewußte Inszenierung) und die Anwendung klinisch-therapeutischer Methodik variieren damit von Modell zu Modell. Therapeutische Gemeinschaften oder Wohngemeinschaften, die ohne Mitwirkung von Therapeuten ausschließlich dem Selbsthilfe-Modell verpflichtet sind, nehmen stärkeren Bezug auf die direkte Auseinandersetzung der Klienten untereinander im Sinne der Herstellung gesunder Alltagskommunikation, wohingegen bei der Mitwirkung von klinischem Personal gezielt gruppendynamische und psychodynamische Prozesse initiiert und aufgegriffen werden und klinische Behandlungstechniken wie Psychodrama und personzentrierte Gestalt-, Körper- und Bewegungsarbeit eingesetzt werden. Sofern die genannten Modelle an der Integrativen Therapie bzw. dem Gestaltansatz orientiert sind, eignen ihnen aber bestimmte Merkmale: die Orientierung am Modell der Familie und der Lerngemeinschaft, die Ausrichtung auf erlebnisaktivierende Prozesse, das Aufgreifen von Körpersprache, körperzentrierte Interventionen, Auseinandersetzung in direkter Kommunikation. Betonung des Hier-und-Jetzt-Prinzips, der "awareness", der persönlichen Verantwortlichkeit und der personalen Begegnung und Beziehung (Perls 1980; Stevens 1970, Petzold, Vormann 1980).

Neben diesen Anwendungsbereichen wird die therapeutische Gemeinschaft integrativer und gestalttherapeutischer Prägung auch im stationären oder teilstationären klinischen Kontext praktiziert. Sie ist dort gekennzeichnet durch die gemeinsame Arbeit von Klienten, deren Angehörigen und allen Staffmitgliedern der Einrichtung mit dem Ziel der Wiederherstellung, Erhaltung und Förderung sozialer und psychophysischer Kompetenz und Performanz (Jones 1973; Pohl 1978; Cumming, Cumming 1979; Strotzka 1982). Die therapeutische Gemeinschaft als klinisches Behandlungskonzept bietet sich jder Form stationärer oder teilstationärer Behandlung und Rehabilitation von Patienten und Klienten an.

Alle Mitarbeiter jeder therapeutischen Einrichtung sind der Dynamik der Institution und ihrer Subsysteme ausgesetzt und haben an ihr teil; andererseits unterliegen sie der ständigen Gegenübertragungsevokation ihrer Klientel. Jeder Klient, jeder Patient rekonstruiert in der Klienten- und Mitarbeitergruppe zumindest Rudimente seiner Primärgruppe. Diese individuellen Rekonstruktionen ergeben in der Klientengruppe einer Behandlungseinheit ein Flechtwerk, das auf das Netz der Übertragungen und Gegenübertragungen des Mitarbeiterteams trifft. So entsteht eine komplexe Dynamik, die wiederum im Konzept von Intergruppenprozessen dieser Gesamtinstitution gesehen werden muß. Die Institution, ihr Mitarbeiterstaff und die einzelnen Behandlungsteams sowie die Dynamik ihrer wechselseitigen Beziehungen sind Rahmen und Boden für den individuellen therapeutischen Prozeß in der stationären Psychotherapie und Rehabilitation.

Wenn psychische Störung als Identitätsstörung, als Ausdruck internalisierter defizitärer, gestörter, traumatischer oder konflikthafter Primärgruppendynamik gesehen werden kann und wenn Integrative Therapie als Identitätstherapie verstanden wird, kommt der Herstellung von Bindungen, die den nachholenden Gewinn an Identität und die Entfaltung schlummernder Identitätsanteile ermöglichen, ausschlaggebende Bedeutung zu. Die therapeutische Gemeinschaft, auch im stationär-klinischen Bereich, kann ein Miteinander sein, eine Chance zur Erfahrung von Grundvertrauen, von Gehaltenwerden und Intersubjektivität als nachsozialisierende Alternativerlebnisse. Will sie dieses sein, müssen die Mitarbeiter ein Klima von Lebendigkeit herstellen, das Eigenschaften einer gewährenden und auf ihre Grenzen bedachten Primärgruppe verkörpert, in der Identitätswachstum erlaubt und möglich ist.

Die Mitarbeitergruppe muß ihre therapeutische Identität in der Konfrontation mit Patienten und Klienten als Einzelne und Gruppe immer wieder neue erarbeiten. Voraussetzung dafür bei den Behandlungen sind starke und flexible Gruppengrenzen nach innen und außen, sind "awareness" und Abgrenzungsfähigkeit gegenüber eigener Dynamik in der Auseinandersetzung mit der Dynamik (Pohl 1978) der Behandelten, d.h. ein hohes Maß an Zentriertheit und zugleich an Exzentrizität. Je schwerer die Beeinträchtigung oder der defizitäre Charakter der Identität, desto indizierter ist die Hereinnahme aller Identitätsbereiche in das therapeutische Milieu durch die Aufnahme in die stationäre oder teilstationäre Behandlung, sei dies nun im Suchtbereich, in der stationären psychotherapeutischen Arbeit mit Erwachsenen, Kindern oder Jugendlichen oder in der Behandlung psychosomatischer Erkrankungen.

5.5.5 Die Selbsthilfegruppe

Der Selbsthilfegedanke ist in der Gestalttherapie fest verwurzelt. Paul Goodman, neben Fritz und Lore Perls der Begründer des Verfahrens, ist einer der Initiatoren des Selbsthilfekonzeptes (Goodman 1975; Blankertz, Goodman 1980; Blankertz 1983). In alternativen Schulprojekten und Lebensgemeinschaften, in Problemlösegruppen für Kriegsdienstverweigerer und Homosexuelle hat Goodman immer wieder betont: "Wenn du nirgendwo Hilfe erwarten kannst, dann hilf dir selbst. Such' dir Leute, die in der gleichen Situation stehen. Helft euch wechselseitig." Goodman, der als einer der profiliertesten Vertreter des Anarchismus in den Vereinigten Staaten gilt und als einer der Initiatoren der Gegenkultur (Roszak 1971), steht in einer Tradition, in der die wechselseitige Hilfeleistung einen zentralen Platz einnimmt (Kropotkin 1977). Die grundsätzliche Fähigkeit der Menschen, sich wechselseitig zu helfen und gemeinsam miteinander zu lernen, bildet denn auch die Basis des integrativen Konzeptes der Selbsthilfegruppe. Die Selbsthilfegruppe in der Integrativen Therapie gründet damit nicht im von Katz und Bender (1976) entworfenen Konzept der "defizitären Versorgung", auf das die meisten Veröffentlichungen zu Selbsthilfegruppen zurückgreifen und wonach Selbsthilfegruppen die Möglichkeit bieten, "ein gemeinsames Bedürfnis zu befriedigen, das von oder über soziale Institutionen nicht befriedigt werden kann" (Katz, Bender 1976).

In dem von Petzold (1965, 1983e) inaugurierten Konzept der"integrativen Selbsthilfegruppe"wird das Prinzip des exchange learning und exchange helping als anthropologisches Grundaxiom gesehen. Menschen können insgesamt nur existieren, wenn sie wechselseitig voneinander lernen und sich wechselseitig helfen. Wo immer die wechselseitige Hilfeleistung zerstört ist, muß dieses Phänomen als Resultat von Entfremdungsprozessen gesehen werden. Damit ist eine Erklärungsgrundlage gegeben, die umfassender ist als der Rückgriff auf den Zustand der Unterversorgung (Gartner, Riessman 1977) und den damit zusammenhängenden Vertrauensschwund in die Experten; umfassender auch als der Rückgriff auf einen Zustand der Überversorgung (Illich 1978), der eine Entmündigung der Bevölkerung beinhaltet und auf den die Selbsthilfegruppe eine gegenläufige Reaktion und Initiative darstellt.

Bei der Bildung von Selbsthilfegruppen sind in der Regel ganz konkrete Notlagen oder - nicht notbedingte - Bedürfnisse und Interessen einer spezifischen Population und ihre Fähigkeit, sich zu solidarisieren und zu kooperieren, ausschlaggebend. Die Charakteristik derartiger Gruppen variiert nach der Ausrichtung, den Problemen der Interessenlage und den Ideologien der jeweiligen Populationen. Selbsthilfegruppen mit psychiatrischen Patienten (Dörner 1977; Moeller 1978) weisen andere Merkmale auf als feministische Selbsthilfegruppen (Kickbusch 1978), die "Anonymen Alkoholiker" (Messing 1979), Krebs-Selbsthilfegruppen (Schafft 1981) oder Initiativgruppen zur Friedensarbeit (Petzold 1986), zur Initiierung eines alternativen Schulprojektes oder in der Bildungsarbeit (idem 1985e).

Das Exchange-learning- und Exchange-helping-Modell, das letztlich an das Korrespondenzmodell zurückgebunden ist (idem 1978c), bietet die Voraussetzung für jedwede Selbsthilfeaktivität.

Wenn Menschen auf der Grundlage ihrer Fähigkeit, voneinander und miteinander zu lernen und sich gegenseitig zu helfen, sich zusammenschließen mit dem Ziel, ihre Situation auf der Grundlage eigener Ressourcen kooperierend und solidarisch zu verändern, können wir von einer Selbsthilfegruppe sprechen.

Es wird in dieser Definition nicht nur auf das Lösen von Problemen oder das Verändern pathogener Situationen abgestellt, sondern auch die Gründung einer alternativen Schule oder einer Öko-Kooperative kann hier eingeordnet werden. Es ist eine unnötige und nicht nützliche Begrenzung, Selbsthilfegruppen alleinig unter dem Aspekt einer "Notlösung" zu sehen (Binder, Halves 1980). Mit dieser Definition wird weiterhin vermieden, daß Selbsthilfegruppen anhand starrer Regelkataloge beurteilt werden, die sehr ideologieträchtig sein können (z.B. bei Moeller 1979). Die Mitarbeit von Experten in Selbsthilfegruppen oder die Professionalisierung von Teilnehmern an solchen Gruppen durch Weiterbildung zu Gruppenleitern müssen durchaus nicht als "schräge Entwicklungen" (Moeller 1978) gesehen werden, sondern können auch Ausdruck dafür sein, daß eine Selbsthilfegruppe ihre Ressourcen zu gebrauchen weiß oder sich neue Ressourcen zu erschließen vermag.

Für die große Vielfalt der Selbsthilfegruppen in den verschiedensten Bereichen (Itzwerth, Winkelvoss 1980) bietet daher das Exchange-learning-/Exchange-helping-Konzept (Petzold 1965; Laschinsky, Petzold, Rinast 1979) eine gute Grundlage. Exchange-learning geht davon aus, daß jeder Mensch einen Fundus an Wahrnehmungsfähigkeit, Lebenserfahrung und Wissen hat, den er in Begegnung und Auseinandersetzung, in Korrespondenzprozessen also, einbringen und fruchtbar machen kann. Voraussetzung hierfür ist allerdings, daß ein "Basiskonsens" vorhanden ist: Der Interaktionspartner wird in seiner Würde und Integrität als Subjekt ernst genommen (idem 1978c). Damit ist die Grundlage zu Konsensfindung und Kooperation bereitgestellt. Der anthropologische, ideologische Hintergrund einer "Philosophie der Koexistenz" (idem 1980b) findet in den konkreten Interaktionsformen und Interaktionsregeln von integrativen Selbsthilfegruppen seinen Niederschlag. Diese Gruppen haben zum Ziel, Entfremdung aufzuheben durch die Herstellung dialogischer Situationen, die Intersubjektivität bekräftigen und die "vier großen W's" der anarchistischen Tradition zu verwirklichen suchen: Wachheit, Wertschätzung, Würde, Wurzeln.

Exchange-learning-/Exchange-helping-Projekte werden in der Regel von "professionellen" Helfern angestiftet oder von Menschen, die mit den Ideen der Integrativen Therapie in Kontakt gekommen sind. Die Gründer vermitteln ideologische Zielvorgaben wie: Intersubjektivität/mitmenschliche Begegnung, Integrität/Würde, Verantwortung für die Gewährleistung der Integrität von Menschen, Gruppen und Lebensräumen. Sie führen Arbeitsregeln ein: Hier und Jetzt - die Gruppeninteraktionen zentrieren auf das, was zwischen den Teilnehmern tatsächlich vorgeht; direkte Kommunikation - auf jede Äußerung soll unmittelbar und offen reagiert werden unter Verdeutlichung der emotionalen Beteiligung; Konstruktiver Impuls - die Kommunikationen sollen für die Lösung anstehender Probleme konstruktive Impulse setzen ("Bringt uns diese Äußerung weiter?").

Folgende Grundregeln für wechselseitiges Lernen und Helfen werden in Selbsthilfegruppen zu Anfang vermittelt:

(1) Die Partner im Exchange-learning/Exchange-helping müssen eine wechselseitige Wertschätzung füreinander haben;
(2) sie müssen einander ernst nehmen;
(3) sie müssen sich zu Regelmäßigkeit und Beständigkeit verpflichten;
(4) sie müssen ihre Grenzen wechselseitig respektieren;
(5) Geben und Nehmen sollten ausgeglichen sein;
(6) sie müssen den Mut und die Offenheit besitzen, Schwierigkeiten anzusprechen;
(7) sie sollten sich Hilfe von anderen Exchange-Learnern oder Experten holen, wenn sie alleine nicht miteinander zurechtkommen.

Diese letzte Regel öffnet die Möglichkeit, "Netzwerke wechselseitiger Hilfe" zu bilden und "informelle Experten" (erfahrene Leute aus anderen Selbsthilfegruppen) zu Rate zu ziehen, aber auch "formelle Experten", Menschen in psychosozialen Berufen als "resource persons" einzuladen (Petzold, Zander 1983).

Selbsthilfegruppen vertreten keine ideologisierten Positionen in der Frage der Beteiligung von "professionals". Sie gehen insgesamt vom Prinzip der "joint competence" aus (Petzold, Lemke 1980): Alle an der Situation Beteiligten werfen ihre Kompetenzen zusammen, um möglichst effektive Problemlösungen zu finden. Werden Kompetenzmängel erkennbar, die nicht ohne Rückgriff auf eigene Ressourcen beseitigt werden können, wird versucht, durch Konsultationen

Kompetenzdefizite auszugleichen. Ziel der Selbsthilfegruppen nach dem Exchange-learning-/Exchange-helping-Prinzip ist das Finden von Konsens, der zu konkreten Kooperationen führt: Handeln miteinander und füreinander.

5.5.6 Das Gestaltintensivseminar

Im Gestaltintensivseminar durchlaufen sowohl Teilnehmer wie Gesamtgruppe in einem Klausursetting und über einen Zeitraum von mehreren Tagen bis zu vier Wochen einen raschen und intensiven Regressionsprozeß. Diese Gruppenform hat vor allem das Ziel der Aus- und Weiterbildung in Integrativer und Gestalttherapie auf dem Weg vertiefter Selbsterfahrung in einem zeitlich begrenzen und durch den Ausschluß von Alltagseinflüssen regressions- und kohäsionsfördernden Rahmen (Mintz 1980; Ronall 1980). Die hier besonders prägnante zeitliche Begrenzung der Gruppe verleiht Wirkfaktoren besonders Gewicht, die in anderen Gruppenformen weniger oder nur in bestimmten Phasen des Gruppenprozesses deutlich werden: Budman (1981) nennt dazu die Beschäftigung mit Tod und Endlichkeit, die Auseinandersetzung mit Verantwortlichkeit und der Frage persönlicher Freiheit sowie eine besondere Bereitschaft, den Nächsten als Resonanzkörper und Teilhabenden zu sehen und zu nutzen.

Eine für die Dauer von 14 Tagen in einem Klausursetting angekündigte geschlossene Aus- und Weiterbildungsgruppe für Integrative bzw. Gestalttherapie setzte sich aus 9 weiblichen und 3 männlichen Teilnehmern zusammen und wurde von einem Therapeutenpaar geleitet. Das Überwiegen der Frauen in der Gruppe und die Minderzahl der Männer war Teilnehmern und Therapeuten vor Beginn des Seminars bekannt und hatte in allen Beteiligten lebhafte Phantasien ausgelöst. Die Gruppe als Ganzes in dieser Zusammensetzung wurde über den gesamten Prozeß zum Thema, wobei die Dynamik durch traumatische Verlust- oder Störungserlebnisse in bezug auf die Person des leiblichen Vaters bei der Mehrzahl der weiblichen Teilnehmer als Mann- oder Vaterthema prägnant werden konnte und durch einen abstinenten Stil des in mehrfacher Hinsicht dominierenden männlichen Therapeuten gefördert wurde. Vor dem Hintergrund der Ausgangssituation und -dynamik war die Beziehung zum Vater während der ersten Woche des Seminars Figur. Die Bearbeitung des evozierten szenischen Materials erfolgte in klassisch-gestalttherapeutischer Weise unter Leitung des Therapeuten mithilfe des "leeren Stuhls" als personzentierte, stark regressive Einzelarbeiten in der Gruppe.

Erst nachdem alle Teilnehmer einmal so gearbeitet hatten, trat ein Sättigungsgrad ein, der ein gruppengerichteteres Vorgehen, ein Aktivwerden der Therapeutin und erste Ansätze zum Prägnantwerden anderer Themen gestattete. Der Therapeut setzte in diese auch vom Gesichtspunkt der Gesamtgruppenentwicklung sehr regressive Phase eine deutliche Struktur, indem er der Gruppe in der letzten Sitzung vor einer die beiden Seminarwochen teilenden Wochenendpause eine Imaginationsübung über das Thema des Schutzengels als Möglichkeit anbot, Figuren und Inhalte aus den Trauerprozessen der ersten Phasen der Gruppenarbeit zu integrieren und auf dem Weg in die zweite Seminarwoche als verinnerlichte Begleitinstanzen mitzunehmen, die Kontinuität und Neuöffnung erleichterten. Die Gruppe zeigte in der Folge mehr Neugierverhalten und öffnete sich über die kreative Arbeit mit Ton späteren ontogenetischen Entwicklungsphasen angehörenden Themen wie Geschlechtsrollenidentität und Partnerbeziehung. Höhepunkt dieses Prozesses war ein dramatisches Rollenspiel, in dem die Teilnehmer Interaktionen einer Gruppe Pubertierender darstellten und sich anschließend (symbolisches Abbild identitätsbildender Prozesse) gegenseitig verkleideten und das Territorium rund um den Tagungsort als Gruppe in einem tänzerischen Festzug eroberten. Hintergrund war in dieser Gruppe die Auseinandersetzung mit der Mutter und Aspekten der Mutter-Kind-Beziehung geblieben; die Teilnehmer konnten in einer abschließenden Gruppenprozeßanalyse herausarbeiten, daß dies vor allem aufgrund abgewehrter Konkurrenz zwischen den weiblichen Teilnehmerinnen geschehen war.

5.6 Die Rolle des Therapeuten in der Integrativen Gruppenarbeit

Neben der Gruppe ist der Therapeut oder das Therapeutenpaar das wichtigste Medium in der Gruppentherapie. Die therapeutische Beziehung wird in der Integrativen Therapie als Prozeß intersubjektiver Korrespondenz aufgefaßt, den Petzold (1978c, 1980c) wie folgt definiert:

"Ko-respondenz ist ein synergetischer Prozeß direkter und ganzheitlicher Begegnung und Auseinandersetzung zwischen Subjekten auf der Leib-, Gefühls- und Vernunftsebene über ein Thema unter Einbeziehung des jeweiligen Kontex-

tes. Ziel von Korrespondenz ist die Konstituierung von Konsens, der in Konzepten Niederschlag finden und zu kooperativem Handeln führen kann. Voraussetzung für Korrespondenzprozesse ist die wechselseitige Anerkennung subjektiver Integrität, die durch Konsens bezeugt wird, und sei es nur der Konsens darüber, miteinander auf der Subjektebene in den Prozeß der Ko-respondenz einzutreten".

Synergetisch zusammenwirkende Definitionselemente für den Korrespondenzprozeß sind das Ich und das Du in der intersubjektiven Konstellation, das Thema, die konkrete Situation und ihr historischer, ökonomischer, politischer und ökologischer Kontext (Petzold 1980b). Sinn, Identität und Intersubjektivität sind Ziele, die im Sich-miteinander-in-Beziehung-Setzen angestrebt werden.

Ko-respondenz ist immer subjektiv und schließt Objektivierung des oder der Ko-respondenzpartner aus. Der Therapeut muß sowohl in Sein-Relationen wie auch in Haben- und Machen-Relationen sicher sein (Marcel 1978; Petzold 1965, 1980b), da der Weg zur Sein-Relation über die Objekt-Relation der Übertragung und durch deren Aufarbeitung führt, hin zum Ziel der Therapie: Alltagsbewältigung, Umgang mit sachlicher Funktionalität ohne Verlust der Intersubjektivität möglich zu machen. Sein-Relationen sind Ziel therapeutischer Arbeit. Gemeint sind Kontakt, Begegnung und Beziehung "zwischen dem Ich und dem Du in wechselseitiger Wertschätzung und im Akzeptieren des Anderen als Person" (Petzold 1980b). Haben-Relationen sind Beziehungen der Bemächtigung des Einen durch den Andern. Die Haben-Beziehungen des kleinen Kindes zu seiner Umwelt, insbesondere zur Mutter, sind Ausgangspunkt für die Entwicklung von Subjektbeziehungen. Bei Machen-Relationen handelt es sich um Abläufe, die dazu dienen, einen bestimmten Zweck zu erreichen oder eine Sache herzustellen.

So wie vom Therapeuten nicht allein Sensibilität für Subjekt- und Objektbeziehungen, sondern auch Kompetenz in sachlich-funktionalen Transaktionen zu fordern ist, kann es in einer therapeutischen Arbeitsweise wie der der Integrativen Therapie nicht darum gehen, psychoanalytische Abstinenz oder den klassisch-gestalttherapeutischen experientiellen Stil und "self-disclosure" (Weiner 1978) zu einander ausschließenden Alternativen zu machen. Welche Position der Therapeut auf dem Kontinuum therapeutischer Stile einnimmt, auf dem völlige Abstinenz und völlige Offenheit zwischen Therapeut und Klient sich als Pole darstellen, ist eine Frage der Indikation, die aus einer sorgfältigen Prüfung der Persönlichkeitsstruktur und des Krankheitsbildes beim Einzelnen, der Zusammensetzung der Gruppe und des Prozeßstadiums zu beantworten ist. Abstinenz fördert in der Regel Regression und Entwicklung von Übertragungen, ruft frühkindliche Szenen und die für jene Zeit charakteristischen Verhaltensweisen (insbesondere Abwehrmechanismen) hervor. Als therapeutischer Stil eignet sich eine klassisch-psychoanalytisch abstinente Haltung des Therapeuten oder Therapeutenpaares allenfalls im Beginn und im mittleren Stadium von lang- und längerfristigen Therapieprozessen, wo die Aufarbeitung von Traumatisierungen, Störungen und Konflikten aus der sekundärem Sozialisation im Zentrum steht (ödipale/postödipale Phase). Eine derartige Haltung ist jedoch für die Behandlung früher Schädigungen, insbesondere von Defiziten aus dem Bereich der primären Sozialisation (Kohut 1974; Petzold, Maurer 1985; jedoch Kernberg 1978) ungeeignet.

Die klassische Gestalttherapie (Perls 1947, 1948, 1969, 1973, 1976, 1980) fordert eine experientielle Haltung: Der Therapeut ist niemals Helfer - und in diesem Sinne "abstinent" -, immer Facilitator; der Klient wird in die volle Verantwortlichkeit für sein Verhalten und Erleben im Hier-und-Jetzt genommen. Er wird ermutigt, sich bewußt zu werden, wie er sich durch Selbstmanipulation frustriert. Der Therapeut arbeitet nur so lange und so weit mit dem Kleinten, wie dieser bewußt kooperiert. Der Therapeut teilt dem Klienten vorbehaltlos mit, wie er ihn erlebt. Es ist Sache des Klienten, was er in welchem Umfang vom personalen Angebot des Therapeuten und den Ergebnissen therapeutischer Arbeit annimmt (Greenwald 1980). Der experientielle Stil setzt Begegnungsbereitschaft und Begegnungsfähigkeit beim Klienten voraus. Dieser Stil berücksichtigt durch die ausschließliche Zentrierung auf die konkrete Interaktion im Hier-und-Jetzt unbewußte Prozesse und Strukturen aus der Biographie nicht ausreichend und stellt für manche Patienten eine Überforderung dar. (Der Status des Patienten wird dadurch definiert, daß der Verlust an Kontrolle und Steuerung bei diesen Menschen so schwerwiegend ist, daß sie ihr eigenes Leben nicht mehr auf der Ebene verantwortlicher Erwachsenheit regulieren können; sie brauchen Hilfe; Klienten können dies noch in ausreichendem, wenn auch nicht optimalen Maße; sie brauchen Hilfestellung).

In der Integrativen Therapie praktiziert der Therapeut im Einzelkontakt und in der Gruppe einen Stil selektiver Offenheit und partiellen Egagements (Petzold

1980b), der indikationsspezifisch und prozeßorientiert Wahlmöglichkeiten für die therapeutische Haltung auf dem Kontinuum zwischen Abstinenz und "self-disclosure" offen läßt. Der Therapeut wird mit seiner jeweiligen Befindlichkeit, seinen Gedanken, Gefühlen und Verhaltensweisen, in seiner ganzen Person selbst zur Intervention (Petzold 1977a, 1980b). Die Abstinenz des Therapeuten besteht weniger in Zurückhaltung, als in der Eindeutigkeit der Kommunikation. An der Klarheit des Therapeuten gewinnt diffuse Identität Prägnanz. Verbal und im bewußt gesteuerten Verhalten teilt der Therapeut dem Einzelnen und der Gruppe nur so viel aus seiner "awareness", seiner Erfahrung und seinem Leben mit, als, gemessen an der Belastbarkeit aller Beteiligten, nötig und fruchtbar ist für den nächsten Schritt im therapeutischen Prozeß. Partielles Engagement am Prozeß des Klienten heißt für den Therapeuten, sich mit eigenem Erleben, eigenen Gefühlen, eigener Leiblichkeit so weit in die therapeutische Situation einzulassen, als Selbstregulation und Wahrung eigener Grenzen voll gewährleistet bleiben und das Maß an Nähe bzw. Distanz für den Klienten erfaßbar und förderlich ist.

Das Sich-Einlassen mit dem Doppelziel der Herstellung des jeweils indizierten Höchstmaßes an Kontakt und der Vermeidung von Konfluenz im Dienste von Identität geschieht in vierfacher Hinsicht:
(1) als Einlassen auf sich selbst, (2) auf den Klienten und die Gruppe, (3) auf die thematisierten Inhalte und (4) auf den Kontext der therapeutischen Situation (Petzold 1980b). Gelingt dies, wird ein Mitvollzug des jeweils szenisch zur Darstellung Kommenden, ein "szenisches Erfassen und Verstehen" möglich (Petzold 1965, 1970, 1975b, 1980b, 1981a). Dabei ist der Therapeut am Klienten engagiert, hat an der Szene teil, ohne involviert zu sein. Er kommt dabei in die Lage, mit dem in der Szene Dargestellten mitzuschwingen und dennoch den Überblick über das gesamte szenische Geschehen in seinem Kontext zu behalten. Welche Rolle der Therapeut in seiner Eigenschaft als Mitmensch in der szenischen Situation gerade einnimmt, hängt vom Stand und von der Standfestigkeit des Einzelnen und der Gruppe im Drama des therapeutischen Gesamtprozesses ab. Die Integrative Therapie läßt ein Rollenspektrum für den Therapeuten zu, das der Vielzahl von Begegnungs- und Beziehungsebenen in Lebenssituationen entspricht, die in einem therapeutischen Prozeß Platz finden und Raum für Bearbeitung haben sollen: Helfer, Elternfigur,

Berater, Lehrer und Partner auf der Ebene erwachsener Begegnung und Beziehung (Petzold 1980b).

Die für den Therapeuten geschilderten Rollen und Qualitäten können auf der Ebene der lateralen Beziehung auch zwischen einzelnen Gruppenmitgliedern aktualisiert werden. Es können dabei von seiten des Therapeuten und der Gruppe spezifische Verhaltens-, Interaktions- und Interventionsformen bzw. -strategien eingesetzt werden: katalysieren, fördern (facilitating), nähren, stützen (support), verselbständigen, "skillful frustration", konfrontieren, evozieren, provokatives und paradoxales Intervenieren (vgl. Petzold 1980b; Petzold, Schneewind 1986; Schneider 1979).

Die geschilderten Aspekte therapeutischer Beziehung und skizzierten Anforderungen an den Therapeuten haben in jedem therapeutischen Setting Gültigkeit. In der Gruppensituation wird der Therapeut in allen Phasen des Prozesses und auf allen Ebenen der therapeutischen Beziehungen vor allem auf die Förderung und Bearbeitung der Interaktionen der Teilnehmer untereinander bedacht sein, und zwar aus einer mehrperspektivischen Sicht, die es erlaubt, sowohl die Würde der Teile wie auch die Würde des Ganzen im Auge zu behalten. Das Bühnenmodell von Gruppe fordert vom Therapeuten den Standort auf der Bühne in Zentriertheit und Exzentrizität. Zu Beginn von Gruppenprozessen hat der Therapeut seine Position gleichsam auf dem Schnürboden des Bühnenraumes, von dem aus er das Geschehen in seinem Kontext überblickt. Alle Teilnehmer sind sichtbar, jedoch nicht alle sind einsichtig.

Im Verlauf des therapeutischen Geschehens wechselt der Therapeut nach den Erfordernissen des Gruppenprozesses und der Gruppenstruktur den Standort, wird zum Komparsen, Antagonisten, Doppel von Mitspielern, zum Regisseur, Inspizienten, Bühnenausstatter, Kulissenschieber oder zum kritischen Zuschauer (Petzold 1982a). Voraussetzung ist jenes Maß an Flexibilität und Fähigkeit zur Einnahme verschiedener Standorte und zur Schaffung verschiedener Perspektiven, das dem Einzelnen und der Gruppe als Instrumentarium zur Verfügung gestellt und modellhaft als Ziel angeboten wird: Zentriertheit im Sinne einer ruhigen Mitte und Verwurzeltheit und Exzentrizität im Sinn eines Auf-sich-Schauens, Sich-sebst-Betrachtens als spezifisch menschliche Eigenschaft (Plessner 1981) gibt dem Therapeuten die Möglichkeit, verschiedene Ebenen zu betreten, verschiedene Rahmen und

Perspektiven zu setzen, sich an verschiedene Standorte zu versetzen und zu begeben, um von dort aus zu handeln. Zugleich sind Zentriertheit und Exzentrizität (das Einnehmenkönnen der exzentrischen Position und das Ruhen in sich selbst mitten im Geschehen) Lernziele für den Einzelnen in der Gruppe, da ohne diese Fähigkeit das Aushalten der letztlichen Undurchschaubarkeit und Komplexität von Welt nicht möglich wäre. Die Fähigkeit zur Zentriertheit und Exzentrizität entbindet den Menschen aus der tragischen Position des Ausgeliefertseins an innere und äußere Kräfte und versetzt ihn in die Lage, diese Kräfte zu nutzen und sich ihnen zu stellen (Kopp 1977).

5.7 Indikationen zur integrativen Gruppenarbeit

Für die Integrative Therapie in Gruppen gibt es, wie bereits bei der Darstellung der einzelnen Formen der Gruppenarbeit deutlich wurde, ein breites Indikationsspektrum. Der Arbeitsschwerpunkt an der Kontaktgrenze, die Fokussierung auf das Hier-und-Jetzt als Struktur- und Realitätsprinzip, der Einsatz erlebnisaktivierender Techniken und die Zentrierung auf Leiblichkeit und Intersubjektivität sind Leitlinien, die integrative Gruppentherapie für alle psychischen und psychosomatischen Störungen zum sinnvollen Verfahren im Behandlungsprozeß machen. Allerdings erfordert die Vielzahl möglicher Standorte, Perspektiven, Beziehungskorrelationen und Sinnansätze der Gruppe vom Teilnehmer eine ausreichend hohe Fähigkeit zur Differenzierung, Begegnung und zum Aushalten von Komplexität, also ein ausreichendes Maß an Ichstärke und Identitätsprägnanz. Je vielfältiger das Behandlungssetting, desto höher nicht nur die Wahrscheinlichkeit für das Auftauchen alter Szenen, sondern auch für das Auftreten von Angst, die mit den vorhandenen Strukturen abgewehrt werden muß. Die Indikation zur Gruppentherapie wird nach Ichstärke und Identitätsprägnanz, also nach der Pathologie und dem Stand des Klienten oder Patienten im Behandlungsprozeß und im Lebenskontext zu stellen sein.

Langfristige Gruppen sind für Patienten indiziert, die auf dem Boden früher Störungen, Traumatisierungen und Defizite in einem belastenden Lebensverlauf so schwere Erkrankungen ausgebildet haben, daß sie durch mittelfristige Einzel- oder Gruppentherapie nicht ausreichend behandelt werden können. Im Rahmen länger- und langfristiger Therapien ist integrative Gruppenarbeit Begleitung oder Folgemaßnahme bei Einzelbehandlungen von schweren Identitätsstörungen vor allem im Bereich der Leiblichkeit und sozialen Begegnungs- und Beziehungsfähigkeit. Der Schwerpunkt liegt in der Nachsozialisation der frühen Defizite und in der Wiederherstellung sozialer Kompetenz und Performanz. Die diagnostische Zielgruppe sind Patienten mit Psychosomatosen, Charakterneurosen, narzißtischen Persönlichkeitsentwicklungsstörungen und Borderlinepersönlichkeiten sowie psychotische Patienten. Die langfristige Gruppe ist auch unverzichtbarer Bestandteil der Ausbildung künftiger Therapeuten (Petzold 1985d).

Die Indikation mittelfristiger Gruppenarbeit ist für Neuroseerkrankungen und bei Problemen in der Bewältigung des Lebensalltags gegeben. Bei frühen Störungen oder Defiziten und Traumatisierungen können deshalb nur begrenzte Ziele erreicht werden. Schwere Psychosomatosen, Borderline-Patienten oder psychiatrische Erkrankungen und Suchten sind insoweit angehbar, als in den protagonistzentrierten Einzelsitzungen in der Gruppe Regressionen möglich sind, die durch das stabilisierende soziale Netzwerk, das die Gruppenmitglieder bereitstellen, aufgefangen werden können. Je größer die Fluktuation in der Gruppe ist, desto schwieriger wird allerdings diese Funktion von der Gruppe ausgefüllt.

Durch die höhere Sitzungsfrequenz bimodaler mittelfristiger Gruppenarbeit wird eine größere regressive Tiefe möglich, die handhabbar bleibt, weil in der übungszentrierten oder erlebniszentrierten Gruppensitzung die gesunden Ich-Anteile gekräftigt und entwickelt werden. Es können deshalb mit dieser Verfahrensweise auch Patienten behandelt werden, für die eher langfristige Gruppenarbeit angezeigt ist: Psychosomatosen, Suchtkranke, Borderline-Patienten, wobei nach Abschluß der Gruppenarbeit eine notwendige Weiterführung der Therapie durch Einzelbehandlung erfolgen kann. Auch die durchgängige Kombination einer mittelfristigen integrativen Gruppentherapie mit einer tiefenpsychologisch fundierten Einzelbehandlung oder einer psychoanalytischen Therapie hat sich bei den genannten Krankheitsbildern als eine durchaus nützliche Kombination erwiesen. Sie erfordert allerdings von seiten des oder der Therapeuten eine spezifische Handhabung, auf die an dieser Stelle nicht näher eingegangen werden kann.

Fokaltherapeutische Gruppenarbeit eignet sich zur kurz- und mittelfristigen Behandlung aktualer Konflikte, zur Intervention bei aktuellen Krisen und einfachen Konfliktreaktionen sowie zur Beratung oder Anbehandlung umschriebener neurotischer Störungen (Rahm 1985). Je nach Tragfähigkeit des sozialen Umfeldes, Stellung und Lebenskontext und Grad der Pathologie kann eine mittel- oder längerfristige Behandlung nachfolgen. Fokaltherapeutische Gruppen eignen sich nicht zur Behandlung schwerer Persönlichkeitsstörungen. Bei diesen können sie allenfalls Hilfen bei der Lösung eingegrenzter Probleme bieten, Motivationsarbeit für den Beginn einer längerfristige Therapie leisten oder Zwischenstabilisierung im Sinne einer Krisenintervention erreichen. Es ist dabei sehr darauf zu achten, daß das aufdeckende Moment nicht die Integrationsfähigkeit des Patienten überfordert und damit zu einer weiteren Labilisierung führt. Deshalb kommt der Wahl des Fokus entscheidende Bedeutung zu.

Sowohl fokaltherapeutisch wie auch mittel- und langfristig angelegte integrative Gruppenarbeit als Angebote können Bestandteil stationärer Behandlung und Rehabilitation innerhalb therapeutischer Gemeinschaften oder klinischer Institutionen sein. Die stationäre Behandlungsform ist immer eine strukturierte, einzel- und gruppentherapeutische Elemente integrierende Behandlung des Einzelnen und der Gesamtgruppe im Kontext der Institution.

Integrative Selbsthilfegruppen nach dem Exchange-learning/Exchange-helping-Konzept werden in verschiedenen Praxisbereichen eingesetzt: Im Drogenbereich, in der Arbeit mit Jugendlichen (Petzold, Heinl 1983; Petzold 1979b), in der Arbeit mit alten Menschen (Petzold 1985e), in Frauengruppen (Frühmann 1985), in Gruppen mit Homosexuellen (Kelley 1980) usw. Das Konzept eignet sich besonders als Grundlage bei der Bewältigung der schwierigen Probleme im Übergang von der stationären zur ambulanten Therapie (Hohage 1982), in Übergangseinrichtungen (Kruse 1983) und bei der Nachbetreuung stationär Behandelter.

Das Gestaltintensivseminar bietet vor allem vertiefte Selbsterfahrung und dient Ausbildungszwecken. Zielgruppen sind Klienten und Gesunde, die durch konflikt-, erlebnis- und übungszentriertes Arbeiten Anregungen zu persönlichem Wachstum, zur Entdeckung von Potentialen, zur weiteren Entwicklung und Neuorientierung bekommen wollen. Diese Form der Gruppenarbeit ist vor allem initiierend und evolutiv.

Die voranstehenden Ausführungen gewinnen ihren Sinn nur auf dem Hintergrund des theoretischen und methodischen Rahmens der Integrativen Therapie, ihrer Persönlichkeitstheorie, Therapietheorie und Krankheitslehre (Petzold 1980b, 1984a,b) und der mehrperspektivischen Gruppentheorie unseres Ansatzes (Frühmann, dieses Buch; Petzold, Schneewind 1986). Sie sind als Anregungen zu verstehen und müssen in einer umfangreicheren Arbeit zur Interventionslehre, die den Zusammenhang von Methoden, Techniken, Medien, Stilen und Formen berücksichtigt, weitergeführt und ausgearbeitet werden. Die Einbeziehung des sozialen Kontextes in die diagnostische Perspektive und in das therapeutische Handeln, das Einbeziehen der Gruppe in die therapeutische Aktion, das Wissen um ihre Bedeutung als "Kotherapeut" im gruppentherapeutischen Prozeß ist für Therapeuten ein wichtiges Regulativ, eine Dimension des Realitätsprinzips und ein Antidot gegen Selbstherrlichkeit und das Agieren von Größenphantasien; denn bei aller Schulung, Erfahrung und Kenntnis vermag ein Therapeut auf das Potential an Sensibilität, Lebenserfahrung und Menschlichkeit, das eine Gruppe zu mobilisieren vermag, nicht verzichten. Er braucht es, um gute Therapie zu machen.

Literatur

Aghazarian, Y., Peters, R., The Visible and Invisible Group. Two Perspectives of Group Psychotherapy and Group Process, Routledge, Kegan Paul, London, Boston, Henley 1981.

Apel, O., Das Leibapriori der Erkenntnis. Eine erkenntnis-anthropologische Betrachtung im Anschluß an Leibnizens Monadenlehre, in. Petzold, H., Leiblichkeit, Junfermann, Paderborn 1985, 47-71.

Arnds, H.G., Widerstandsanalyse in der Gruppenpsychotherapie, Gruppenpsychotherapie und Gruppendynamik 16 Nr. 3 (1980):

Bahr, E.E., Gedanken zur Theorie der therapeutischen Gemeinschaft, Drogenreport, Sonderheft 2 (1981).

Balint, N., Der regredierte Patient und sein Analytiker, Psyche 15 (1961/62) 253-273.

Balint, M., Die technischen Experimente Sândor Ferenczis. Psyche 20 (1966) 904-925.

-, Die Urformen der Liebe und die Technik der Psychoanalyse, Klett, Stuttgart 1966.

-, Therapeutische Aspekte der Regression. Die Theorie der Grundstörung, Klett, Stuttgart 1970.

Barande, J., Sandor Ferenczi, Payot, Paris 1972.

Bateson, G., Jackson, D.D., Haley, J., Weakland, J., Auf dem Wege zu einer Schizrophrenie-Theorie, in: Habermas, J. (Hrsg.), Schizophrenie und Familie, Suhrkamp, Frankfurt a.M. 1969.

Battegay, R., Der Mensch in der Gruppe, Bd. III, Huber, Bern, Stuttgart, Wien 1979[3].

-, Die Bearbeitung des Widerstandes in der analytischen Gruppenpsychotherapie, in: Petzold, H. (Hrsg.), Widerstand - ein strittiges Konzept in der Psychotherapie, Junfermann, Paderborn 1981, 109-121.

Bauer, E., Selbstverständnis und Praxis der Drogentherapie bei DAYTOP, in: Petzold, H., Vormann, G. (Hrsg.), Therapeutische Wohngemeinschaften, Pfeiffer, München 1980, 318-346.

Baumann, A., Versuch der Veränderung zu therapeutischen Wohngruppen in der Nichtseßhaftenarbeit im Heimatdorf Homerborn. Konsequenzen einer Mitarbeitergruppe, in: Petzold, H., Vormann, G. (Hrsg.), Therapeutische Wohngemeinschaften, Pfeiffer, München 1980, 372-391.

Benne, K.D., Bradford, L.P., Gibb, J.R., Lippitt, R.D. (Hrsg.), The Laboratory Methods of Changing and Learning, Science and Behaviour Books, Palo Alto, 1975.

Bennis, W.G., Shepard, H.A., A theory of Group Development, Human Relations 9 (1956) 415-437.
Berdjajew, N., Von des Menschen Knechtschaft und Freiheit. Versuch einer personalistischen Philosophie, Holle Verlag, Darmstadt, Genf 1954.
Berger, P.L., Luckmann, Th., The social construction of reality, Dobleday, Garden City, New York 1966; dtsch.; Die gesellschatliches Konstruktion der Wirklichkeit. Eine Theorie der Wissenssoziologie, Fischer, Frankfurt 1970.
Binder, M., Halves, E., Möglichkeiten und Grenzen von Frauenselbsthilfe im psychosozialen Bereich, Dipl.-Arb. Univ. Berlin, Berlin 1980.
Bion, W.R., Learning from experience, Heinemann, London 1962.
-, Elements of psychoanalysis, Heinemann, London 1963.
-, Erfahrungen in Gruppen und andere Schriften, Stuttgart 1971.
Blankertz, St., Nachwort und Anmerkungen, in: Goodman, P., Das Verhängnis der Schule, Fischer-Athenäum, Frankfurt a.M. 1975.
-, Goodman, P., Staatlichkeitswahn, Die Büchse der Pandora, Wetzlar 1980.
-, Kritischer Pragmatismus. Zur Soziologie Paul Goodmans, Die Büchse der Pandora, Wetzlar 1984.
Bloss, P., Adoleszenz, Klett, Stuttgart, 3. Aufl. 1983.
Bond, G.R., Norm Formation in Therapy Groups, Doct. Diss. Univ. Chicago, Chicago, Ill. 1975.
Briner, F., Integrative Tanz- und Bewegungstherapie in der Psychiatrischen Klinik. Integrative Therapie 2/3 (1981) 235-249.
Brooks, C.V.W., Erleben durch die Sinne (Sensory Awareness), Junfermann, Paderborn 1979.
Buber, M., Ich und Du,Lambert Schneider, Heidelberg 1968.
Bubolz, E., Integrative Arbeit mit alten Menschen durch kreative Medien, in: Petzold, H., Bubolz E. (Hrsg.), Psychotherapie mit alten Menschen, Junfermann, Paderborn 1979, 343-383.
-, Bildung im Alter, Lambertus, Freiburg 1983.
Budman, S.H., Significant Treatment Factors in short-term Group Psychotherapy, Group, vol. V, 4 (1981)
Burke, K., The philosophy of literary form: Studies in symbolic action, New York 1941.
-, The grammar of motives, Prentice Hall, Engewood Cliffs 1945.

Burke, K., Dramatism, in: D.L. Sills, International Encyclopedia of the social sciences, Bd. 7, 445-452, 1969.
Capra, F., The tao of Physics: Reflections of the cosmic dance, Sat. Review 5 (6) (1977) 21-28.
Claessens, D., Rolle und Verantwortung, Soziale Welt 1 (1963) 1-13.
-, Rolle und Macht, Juventa, München 1970.
Cumming, J., Cumming, E., Ich und Milieu, Göttingen, Vandenhoeck & Ruprecht 1979.
Davis, B., Ursprung und Bedeutung des Awareness-Konzeptes in der Gestalttherapie, Grad.-Arb. am Fritz Perls Institut 1985, ersch. im Jahrbuch der Europ. Gesellschaft für Gestalttherapie, Junfermann, Paderborn 1986.
Derbolowsky, G., Lambanotherapie, Integrative Therapie 2 (1977) 125-137.
Derbolowsky, U., Bemächtigungstherapie, in: Petzold, H., (Hrsg.), Psychotherapie und Körperdynamik, Junfermann, Paderborn 1974, 146-157.
Dolliver, R.H., Some Limitations in Perls' Gestalt Therapy, Psychotherapy: Theory, Res. & Pract., Vol. 18 No. 1 (1981) 38-45.
Döbert, R., Nunner-Winkler, G., Adolenszenzkrise und Identitätsbildung, Suhrkamp, Frankfurt 1975.
-, Habermas, J., Nunner-Winkler, G., (Hrsg.), Entwicklung des Ichs, Hain, Meisenheim 1980.
Dörner, K., Wege zur Selbsthilfe bei psychisch Kranken, Theorie und Methode der Sozialen Arbeit 4 (1977), 132-139.
Dreitzel, H.P., Das gesellschaftliche Leiden und das Leiden an der Gesellschaft. Vorstudien zu einer Pathologie des Rollenverhaltens, Enke, Stuttgart 1968.
-, Soziale Rolle und politische Emanzipation, Das Argument 14 (1972) 110-129.
Enright, J., A western approach to "enlightment" in psychotherapy, in: Borstein, S., Speeth, K., Explorations in transpersonal psychotherapy, Jason Aronson Inc., New York 1979.
Erikson, E., Identität und Lebenszyklus, Suhrkamp, Frankfurt 1974.
Fairbairn, W.R.D., Psychoanalytic studies of the personality, Tavistock, London 1952.
Fagan, J., Shepard I.L., Gestalt Therapy Now, Science and Behavior Books, Palo Alto 1970.
Farau, A., Cohn R.C., Die Lebensgeschichte der Psychotherapie, Klett, Stuttgart 1984.

Feder, B., A survey of Gestalt group therapy. Unveröffentlichtes Manuskript 1974.
-, Safety and Danger in the Gestalt Group, in: Feder, B., Ronall, R., Beyond the Hot Seat, Brunner, Mazel, New York 1980.
-, Ronall, R. (Hrsg.), Beyond the Hot Seat, Brunner, Mazel, New York 1980; dtsch.: Ronall, R., Feder, B., Gestaltgruppen, Klett, Stuttgart 1983.
Ferenczi, S., Zur analytischen Auffassung der Psychoneurosen (1909), in: Ferenczi, S., Populäre Vorträge über Psychoanalyse, Internationaler Psychoanalytischer Verlag, Leipzig (1922) 20-40.
-, Psychoanalyse und Kriminologie (1928), in: Ferenczi, S., Bausteine zur Psychoanalyse, Bd. III, Huber, Bern 1964, 299-321.
-, Kindernalayse mit Erwachsenen (1931), in: Ferenczi, S., Schriften zur Psychoanalyse, Fischer, Frankfurt Bd. II, 1972, 274-289.
-, Sprachverwirrung zwischen den Erwachsenen und dem Kind (1932), in: Schriften zur Psychoanalyse, Fischer, Frankfurt Bd. II, 1972, 303-313.
-, Bausteine zur Psychoanalyse, 4 Bde., Huber, Bern 1964.
Filipp, S.H., Kritische Lebensereignisse, Urban & Schwarzenberg, München 1981.
Fischer, H.G., et al.; in: b:e 11 (1976), zitiert nach Witt, G., Kinderhäuser mit gestalttherapeutischer Begleitung, in: Petzold, H., Vormann, G. (1980).
Foulkes, S.H., Gruppenanalytische Psychotherapie, Fischer, Frankfurt 1986.
Frank, L.K., Time perspectives, J. of Soc. Philosophy 4 (1939) 293-312.
Franz, G., Traumarbeit in der Gestalttherapie, Integrative Therapie 2/3 (1980) 203-221.
Franzke, E., Die Verwendung von Handpuppen in der Psychotherapie, Integrative Therapie 1/2 (1979) 119-128.
Frech, H., From, I., Gedanken zu Traum und Übertragung, Gestalt Bulletin 1 (1980) 78-87.
Freud, S., Bruchstücke einer Hysterieanalyse, G.W. 5, 163, 1905 (1901), Imago, London, 1940-52, Fischer, Frankf. 1960ff.
-, Über die Psychoanalyse, G.W. 8, 54ff, 1910, Imago, London 1940-52, Fischer, Frankfurt 1960ff.
-, Ratschläge für den Arzt bei der psychoanalytischen Behandlung, G.W. 8, 381ff, 1912, Imago, London, 1940-52, Fischer, Frankfurt 1960ff.
-. Breuer, J., Studien über Hysterie, G.W. 1, 77, 1985, Imago, London, 1940-52, Fischer, Frankfurt 1960ff.

Freundlich, D., Geburtstrauma und die "Geburtstherapien", Gestalt Bulletin III 1/2 (1981), 69-82.
Friedemann, A., Gruppenpsychotherapie mit Kindern: therapeutische Anwendung von Aktivität und Spielbereitschaft, in: Preuss, H.G. (Hrsg.), Analytische Gruppenpsychotherapie, Rowohlt, Reinbek 1972.
-, Gruppenpsychotherapie, in: Handbuch der Neurosenlehre und Psychotherapie, Bd. IV, Urban & Schwarzenberg, München-Wien 1958.
Frohne, I., Musiktherapie als Form kreativer Therapie, in: Petzold, H.G., Frohne, I., et al. (1983) 66-84.
Frostholm, B., Leib und Unbewußtes, Bouvier, Grundmann, Bonn 1978.
Frühmann, R., Frauen und Therapie, Junfermann, Paderborn 1985.
-, Kontakt, Begegnung und Beziehung in der Psychotherapie, Vortrag auf dem Symposion für Psychosomatik, Geras, Österreich, 1.-2. Juni 1985; Kurzfassung: Möglichkeiten therapeutischer Begegnung, Ärztliche Praxis und Psychotherapie 4 (1985), 19-24.
Gaines, J., Fritz Perls - Here and Now, Celestial Arts, Millbrae 1979.
Gartner, A., Riessman, F., Self-Help in human services, San Francisco 1977.
Goffman, E., Rahmenanalyse, Suhrkamp, Frankfurt a.M. 1977.
-, Wir alle spielen Theater, Piper, München 1973.
-, Asyle, Suhrkamp, Frankfurt 1974.
-, Stigma, Suhrkamp, Frankfurt 1967.
Goldstein, K., The organism, American Book, New York 1939.
Goodman, P., The may pamphlet, in: Art and social nature, Vinco Publ. Company, New York 1946.
-, Speaking and Language: Defence of Poetry, Random House, New York 1971.
-, Collected Poems, Random House, New York 1972.
-, Das Verhängnis der Schule, Fischer-Athenäum, Frankfurt 1975.
-, Creator spirit come. Literary essays, Free Life Editions, New York 1977.
Greenwald, J.A., Rolle und Funktionen des Gestalttherapeuten in der klassischen Gestalttherapie, in: Petzold, H., (Hrsg.), Die Rolle des Therapeuten und die therapeutische Beziehung, Junfermann, Paderborn 1980, 121-133.
Grof, St., Jenseits des Todes. An den Toren des Bewußtseins, Kösel, München 1984.

Grotjahn, M., Group Cohesion as a Factor in the Therapeutic process, in: Kellermann, H. (Hrsg.), Group Cohesion, Grune, Stratton, New York 1981.
Guntrip, H., Schizoid Phenomena, Object relations and the Self, Hogarth, London 1968.
Haan, N., Coping and Defending, Academic Press, New York 1977.
Habermas, J., Erkenntnis und Interesse, Suhrkamp, Frankfurt 1968.
-, Technik und Wissenschaft als "Ideologie", Suhrkamp, Frankfurt 1968.
-, Theorie und Praxis, Suhrkamp, Frankfurt 1971, 4. Aufl.
-, Kultur und Kritik, Suhrkamp, Frankfurt 1973.
-, Luhmann, M., Theorie der Gesellschaft oder Sozialtechnologie. Was leistet die Systemforschung, Suhrkamp, Frankfurt 1971.
Halpern, H.M., Abschied von den Eltern, Isko Press, Hamburg 1978.
Hartmann, J.J., Group Cohesion and the Regulation of Self-Esteem, in: Kellerman, H., (Hrsg.), Group Cohesion, Grune, Stratton, New York 1981.
Hartmann-Kottek-Schröder, L., Gestalttherapie, in: Corsini, R., Handbuch der Psychotherapie, Beltz Verlag, Weinheim 1983.
Haug, F., Kritik der Rollentheorie, Fischer, Frankfurt 1977.
Heekerens, H.-P., Aspekte der Berufstätigkeit von Gestalttherapeuten, Integrative Therapie 1/2 (1984) 162-170.
-, Dimensionen therapeutischen Handelns. Evaluation eines von H. Petzold vorgeschlagenen Modells, in: Petzold, Schmidt (Hrsg.) (1985).
-, Gestalttherapie im Zerrspiegel. - Eine Reaktion auf E. Giese, in: Gestalt Bulletin 1 (1985) 17-35.
Heigl-Evers, A., Die Gruppe unter soziodynamischem und antriebs-psychologischem Aspekt, in: Preuss, H.-G. (Hrsg.), Analytische Gruppenpsychotherapie, Rowohlt, Reinbek 1972.
-, Heigl, F., Rolle und Interpretationsstile, Gruppenpsychotherapie und Gruppendynamik 5 (1972) 152-171.
Heinl, H., Petzold, H., Gestalttherapeutische Fokaldiagnose und Fokaltherapie bei Störungen aus der Arbeitswelt, Integrative Therapie 1 (1980), 20-57: repr. in: Petzold, H., Heinl, H., Psychotherapie und Arbeitswelt, Junfermann, Paderborn 1983, 178-219.

Hoffmann, J., Das Theater mit der Rollentheorie, Das Argument 85 (1973) 927-937.
Hohage, R., Probleme beim Übergang von der stationären zur ambulanten Psychotherapie, Praxis der Psychotherapie und Psychosomatik 27/2 (1982) 57-64.
Iljine, V.N., Improvisiertes Theaterspiel zur Behandlung von Gemütsleiden, Theatralny Kurier, Beil., Kiew (russ.) 1909.
-, Therapeutisches Theaterspiel, Sobor, Paris 1942 (russ.).
-, Das therapeutische Theater, in: Petzold, H. (Hrsg.), Angewandtes Psychodrama, Junfermann, Paderborn 1978[2], 238-247.
Illich, I., Fortschrittsmythen, Rowohlt, Hamburg 1978.
Issacharoff, A., The Convergence of Group Cohesion and Group Death. The process of a time-limited Group, in: Kellermann, H. (Hrsg.), Group Cohesion, Grune, Stratton, New York 1981.
Itzwerth, R., Winkelvoss, H., Selbsthilfegruppen im Gesundheitsbereich. Eine Übersicht über den Stand der Gesundheitsselbsthilfe - "Bewegung", Forum für Medizin und Gesundheitspolitik 14 (1980) 34-42.
Joas, H., Praktische Intersubjektivität. Die Entwicklung des Werkes von G.H. Mead, Suhrkamp, Frankfurt 1981.
Jones, M., Die Therapeutische Gemeinschaft, Klett, Stuttgart 1973.
-, Theorie und Praxis therapeutischer Gemeinschaften, in: Petzold, H., Vormann, G. (1980) 58-67.
Kaplan, S.R., Therapy groups and Training groups: Similarities and Differences, Intl. J. of Group Psychotherapy 17 (1967) 473-504.
Katz, A.H., Bender E.I., The Strenght in Us. Self-help groups in the modern world, New York 1976.
Keil, E., Die therapeutische Wohngruppe im Strafvollzug. Erfahrungen aus einer fünfjährigen Praxis in der Justizvollzugsanstalt Gelsenkirchen, in: Petzold, H., Vormann, G. (Hrsg.), Therapeutische Wohngemeinschaften, Pfeiffer, München 1980, 391-404.
Kellermann, H., The deep structures of Group Cohesion, in: Kellermann, H. (Hrsg.), Group Cohesion, Grune, Stratton, New York 1981.
Kelley, P., Identity House: A Gestalt Experiment for Gays, in: Feder, B., Ronall, R. (Hrsg.), Beyond the Hot Seat, Brunner, Mazel, New York 1980; dtsch. in: Ronall, Feder (1983).

Kempler, W., Experiential Psychotherapy with Families, in: Fagan, Shepard (1970) 150-161.
-, Principles of Gestalt Family Therapy, Desert Press, Salt Lake City 1974; dtsch. Gestaltfamilientherapie, Klett, Stuttgart 1975.
Kepner, E., Gestalt Group Process, in: Feder, B., Ronall, R. (Hrsg.), Beyond the Hot Seat, Brunner, Mazel, New York 1980; dtsch. in: Ronall, Feder (1983).
Kernberg, O.F., Borderline Personality Organisation, J. of the American Psychoanalytic Association 15 (1967), 641-685.
-, Borderline-Störungen und pathologischer Narzißmus, Suhrkamp, Frankfurt 1978.
Kickbusch, I., Selbsthilfe im Gesundheitswesen: Autonomie oder Partizipation? Arbeitspapier zur Tagung "Partizipation und Politik", 5.-9.6.1978, Evangelische Akademie Tutzing.
Kindermann, H., Theatergeschichte Europas, Bd. 1-9, Otto Müller-Verlag, Salzburg 1957-1970.
Kirchmann, E., Selbstdarstellung mit Ton in der Integrativen Kindertherapie - Beispiele aus der Praxis, Integrative Therapie 1 (1980) 58-69.
Kitzler, R., The Gestalt Group, in: Feder, B., Ronall, R., (Hrsg.), Beyond the Hot Seat, Brunner, Mazel, New York 1980; dtsch. in: Ronall, Feder (1983).
Klein, M., Die Psychoanalyse des Kindes, Kindler, München 1973.
Koffka, K., Principles of Gestalt Psychology, Kegan Paul, Trench, London 1935.
Kohut, H., Analysis of the Self, International Universities Press, New York 1971.
-, Narzißmus, Eine Theorie der psychoanalytischen Behandlung narzißtischer Persönlichkeitsstörungen, Suhrkamp, Frankfurt 1974.
-, Die Heilung des Selbst, Suhrkamp, Frankfurt 1981.
Kopp, S.B., If you meet the Buddha on the Road, kill him: The Pilgrimage of Psychotherapy Patients, Science and Behavior Books Inc., Palo Alto, Calif. 1972; dtsch.: Triffst Du Buddha unterwegs, Diederichs, Düsseldorf 1978.
-, This Side of Tragedy - Psychotherapy as Theater, Science and Behavior Books, Palo Alto, Calif. 1977; dtsch.: Rollenschicksal und Freiheit, Junfermann, Paderborn 1984.
Kreckel, R., Soziale Ungleichheit und "offene Gesellschaft". Vorüberlegungen zu einer theoretischen Neuorientierung der Soziologie der vertikalen Mobilität, Soziale Welt 23 (1972) 17-40.

Kropotkin, P., Gegenseitige Hilfe, Kramer, Berlin 1977[2].
Krüger, R.T., Gruppendynamik und Widerstandsbearbeitung im Psychodrama, Gruppenpsych. u. Gruppendyn. 15 (1980) 243-270.
Krüll, M., Freud und sein Vater, Beck, München 1979.
Kruse, H.-P., Gestalttherapeutische Arbeit in einem Übergangsheim für psychiatrische Patienten, Grad.Arbeit am Fritz Perls Institut, Düsseldorf 1983.
Kutter, P., Elemente der Gruppentherapie, Vandenhoeck & Ruprecht, Göttingen 1976.
-, Phasen des Gruppenprozesses: Wahrnehmungsprobleme, theoretische Orientierung, Literaturübersicht und praktische Erfahrungen, Gruppenpsych. u. Gruppendyn. 3 (1980) 200-208.
-, Methoden und Theorien der Gruppenpsychotherapie, Frommann-Holzboog, Stuttgart 1985.
Landauer, G., Aufruf zum Sozialismus (1911), Verlag Büchse der Pandora, Münster 1978a.
-, Skepsis und Mystik (1923), Verlag Büchse der Pandora, Münster 1978b.
Lang, A., Vom Nachteil und Nutzen der Gestaltpsychologie, für eine Theorie der psychischen Entwicklung, in: Foppa, A., Groner, R. (Hrsg.), Kognitive Strukturen und ihre Entwicklung, Huber, Bern 1981.
Laschinsky, D., Petzold, H., Rinast, M., Exchange Learning - Ein Konzept für die Arbeit mit alten Menschen, Integrative Therapie 3 (1979), 224-245; repr. in: Petzold, H. (1985a) 69-92.
Latner, J., The Gestalt Therapy Book, Julian Press, New York 1973.
Leedy, J.J. (Hrsg.), Poetry Therapy. The Use of Poetry in the treatment of Emotional Disorders, Lippincott, Philadelphia 1969.
Lemke, J., Gestalt-Supervision in therapeutischen Wohngemeinschaften für Drogenabhängige durch Kompetenzgruppen, in: Petzold, H., Vormann, G., (1980) 129-145.
Leutz, G.A., Psychodrama - Theorie und Praxis, Bd. 1 Springer, Heidelberg 1974.
Lewin, K., Feldtheorie in den Sozialwissenschaften, Huber, Bern, Stuttgart 1963.
-, Grundzüge der totologischen Psychologie, Huber, Bern 1969.
-, Feldtheorie, Werkausgabe (D.-F. Graumann, Hrsg.), Huber, Bern, Klett-Cotta, Stuttgart 1982.
Libermann, N.J., An Organismic Formulation of the Gestalt Group, in: Feder, B., Ronall, R. (Hrsg.), Beyond the Hot Seat, Brunner, Mazel, New York 1980.

Lindgren, H.C., Einführung in die Sozialpsychologie, Beltz, Weinheim, Basel 1973.
Lorenzer, A., Zur Begründung einer materialistischen Sozialisationstheorie, Suhrkamp, Frankfurt 1972.
-, Sprachzerstörung und Rekonstruktion, Suhrkamp, Frankf. 1970.
Lückel, R., Integrative Arbeit mit Märchen, Beiheft zur Integrativen Therapie 1, Junfermann, Paderborn 1979.
Lückert, R., Konfliktpsychologie, Reinhardt, München 1958.
Luhmann, N., Zweckbegriff und Systemrationalität. Über die Funktion von Zwecken in sozialen Systemen, Mohr, Tübingen 1968.
-, Vertrauen - ein Mechanismus zur Reduktion sozialer Komplexität, Enke, Stuttgart 1968.
-, Soziologische Aufklärung. Aufsätze zur Theorie sozialer Systeme, Westdeutscher Verlag, Köln/Opladen 1969.
Mahler, M.S., On Child Psychoses and Schizophrenia, Psychoanalytic Studies of the Child 7 (1952) 286-305.
-, Gosliner, B.J., On Symbolic Child Psychosis: genetic dynamic and restitutive aspects, The Psychoanalytic Study of the Child 10 (1955) 195-212.
-, et al., Die psychische Geburt des Menschen, Fischer, Frankfurt 1979.
Marcel, G., Sein und Haben, Schöningh, Paderborn 1968.
-, Leibliche Begegnung, in: Kraus, A. (Hrsg.), Leib, Geist, Geschichte, Hüthig, Heidelberg 1978; repr. in: Petzold (1985b) 15-46.
Martin, K., Kreativitätstraining in der Erwachsenenbildung, in: Petzold, H. (1973a) 223-244.
Maslow, A., Religions, Values and Peak Experiences, Ohio State Univ. Press, Ohio 1964.
Masterson, J.F., Treatment of the borderline adolescent: A developmental approach, Wiley, New York 1972.
-, Psychotherapy of the borderline adult, Brunner & Mazel, New York 1976.
Mead, G.H., Geist, Identität, Gesellschaft, Suhrkamp, Frankfurt 1975.
Mentzel, G., v. Harrach A., Kurtz, C., Seeger, U., Die Psychosomatische Kurklinik, Vandenhoeck & Ruprecht, Göttingen 1981.
Merleau-Ponty, M., Le visible et l'invisible, Gallimard, Paris 1964.
-, Phénoménologie de la perception, Gallimard, Paris 1945; dtsch.: Phänomenologie der Wahrnehmung, de Gruyter, Berlin 1966.

Merleau-Ponty, M., La prose du monde, Gallimard, Paris 1969, dtsch.: Die Prosa der Welt, Fink, München 1984.
Messing, C., Anonyme Alkoholiker - Beispiel einer Selbsthilfegruppe, Dipl.Arb., Univ. Konstanz 1979.
Metzger, W., Psychologie. Die Entwicklung ihrer Grundannahmen seit der Einführung des Experiments, Steinkopff, Darmstadt 1963.
-, Gestalttheorie und Gruppendynamik, Gruppendynamik - Praxis und Forschung 6 (1975) 311-331.
Metzmacher, B., Integrative Bewegungstherapie in der Behandlung von Kindern und Jugendlichen, in: Petzold, Ramin (1986).
Mey, H., Studien zur Anwendung des Feldbegriffs in den Sozialwissenschaften, Piper, München 1965.
Mills, T.M., Group transformation: an analysis of a learning group, Prentice Hall, Englewood Cliffs, N.Y. 1964.
Mintz, E.E., The Gestalt Therapy Marathon, in: Feder, B., Ronall, R. (Hrsg.), Beyond the Hot Seat, Brunner & Mazel, New York 1980, dtsch. in: Ronall, Feder (1983).
Moeller, M.L., Selbsthilfegruppen, Rowohlt, Hamburg 1978.
-, Das demokratische Arbeitsbündnis in Selbsthilfegruppen: Einige Folgen der Deprofessionalisierung für die therapeutischen Beziehungen, Psychosozial 2 (1979) 36-66.
Moreno, J.L., Stegreif-Theater-Modell, in: Almanach, Würthel & Sohn, Wien 1924.
-, Das Stegreiftheater, Kipenheuer, Potsdam 1924, 2. Aufl. Beacon House, Beacon, New York 1970.
-, The application of the group method to the classification of prisoners, National Committee on Prisons and Prison Labor, New York 1932.
-, Who shall survive? A new approach to the problem of human interrelations, Nervous and mental Disease Publ. Co.,Washington 1934; erw. Ausg. Beacon House, Beacon 1953.
-, Psychodrama, Vol. I, Beacon House, Beacon 1946.
-, Psychodramatic Frustration, Group Psychotherapy IV, 3/4 (1953) 137-167.
-, The Sociometry Reader, Free Press, Glencoe 1960.
-, The Role Concept, a Bridge between Psychiatry and Sociology, American Journal of Psychiatry 118 (1961), 518-523; dtsch.: Integrative Therapie 1/2 (1979) 14-23 und Petzold, Mathias (1983), 267-276.
-, Role Theory and the emergence of the self, Group Psychotherapy 2 (1962) 114-117; dtsch. in: Petzold, Mathias (1983) 291-294.

Moreno, J.L., Die Grundlagen der Soziometrie, Westdeutscher Verlag, Köln/Opladen 1967[2].
-, Die Psychiatrie des 20. Jahrhundert als Funktion ihrer Universalia Zeit, Raum, Realität und Kosmos, Ref. 2 Intern. Kongreß Psychodr., Barcelona, 1966 in: Petzold, H. (Hrsg.), Angewandtes Psychodrama, Junfermann, Paderborn 1978[2], 101-112.
-, Psychodrama, Junfermann, Paderborn 1986.
-, Moreno F.B., Spontaneity theory of child development, Sociometry VII, 2 (1944) 89-128.
Müller, A.M.K., Die präparierte Zeit. Der Mensch in der Krise seiner eigenen Zielsetzungen, Stuttgart 1972.
-, Wende der Wahrnehmung. Erwägungen zur Grundlagenkrise in Physik, Medizin, Pädagogik und Theologie, München 1978.
Muuss,R.E., Adoleszenz, Klett, Cotta, Stuttgart 1971.
Nacht, S., Securative factors in psychoanalysis: Intern. J. Psychoanal. 43 (1962) 206-211, 233.
Naranjo, C., Present-centeredness: Technique, prescription and ideal in: Fagan, J., Shepherd, I.L. (Hrsg.), Gestalt Therapy Now, Science and Behaviour Books, Palo Alto 1970; dtsch. in: Petzold (1983d) 215-244.
Nash, H., The role of metaphor in psychological theory, Behavioral Science 8 (1963) 336-347.
Niemeyer, G.J., Merluzzi, T.V., Group Structure and Group Process: Personal Construct Theory and Group Development. Small Group Behavior 2 (1982) 150-164.
Pages, M., Das affektive Leben der Gruppen, Klett, Stuttgart 1974.
Passons, W., Gestalt approaches in councelling, Holt, Rinehart and Winston, New York 1975.
Perls, F.S., Ego, Hunger and Aggression, Durban 1942; Allen & Unwin, London 1947[2], Random House Inc., New York 1969[3]; dtsch.: Das Ich, der Hunger und die Aggression, Klett-Cotta, Stuttgart 1978.
-, Theory and Technique of Personality Integration, Am. J. of Psychotherapy 4 (1948), 565-586; dtsch.: Integrative Therapie 1 (1978) 2-21 und in: Perls (1980), 27-50.
-, Group vs. Individual Therapy, Review of General Sematics 3 (1967), 306-312; dtsch. in: Perls, F.S., (1980) 175-182.
-, Gestalt Therapy Verbatim, Real People Press, Lafayette, Calif. 1969; dtsch.: Gestalttherapie in Aktion, Klett-Cotta, Stuttgart 1974.

Perls, F.S., Cowichan lecture on Gestalt Therapy and Integration, Lake Cowichan 1969a.
-, In and out the garbage pail, Real People Press, Lafayette 1969b, dtsch.: Perls, F.S., Gestalt-Wahrnehmung, Verlag für Humanistische Psychologie W. Flach, Frankf. 1981.
-, The Gestalt Approach and Eye Witness to Therapy, Science and Behavior Books, Palo Alto, Calif. 1973; dtsch.: Grundlagen der Gestalt-Therapie, Pfeiffer, München 1976.
-, Gestalt, Wachstum, Integration, Aufsätze, Vorträge, Sitzungen (Petzold, H., Hrsg.), Junfermann, Paderborn 1980.
-, Hefferline, R., Goodman, P., Gestalt Therapy, Excitement and Growth in the Human Personality, Julian Press, New York 1951; dtsch.: Gestalttherapie, Wiederbelebung des Selbst (Teil 1). Lebensfreude und Persönlichkeitsentfaltung (Teil 2), Klett-Cotta, Stuttgart 1979.
Levitsky, A., Rules and games of gestalt therapy, 1969; dtsch.: Regeln und Spiele in der Gestalttherapie, in: Perls, F.S. (1980) 193-204.
Perls, L., Nachwort zu E. Smith, The growing edge of Gestalt Therapy, Brunner & Mazel, New York 1976.
-, Interviews, in: Wysong, Rosenfeld (1982).
-, Begriffe und Fehlbegriffe der Gestalttherapie, in: Perls, F.S. (1980) 255-261.
Peseschkian, V., Der Kaufmann und der Papagei. Orientalische Geschichten als Medien in der Psychotherapie, Fischer, Frankfurt 1979.
Petzold, H., Géragogie - nouvelle approche de l'éducation pour la vieillese et dans la vieillesse, Publications de l'Institut St. Denis I (1965) 4-16; dtsch. in: Petzold (1985e) 11-30.
-, Les quatre pas, concept d'une communauté thérapeutique, mimeogr., Paris 1968.
-, L'analyse progressive en psychodrame psychoanalytique, mimeogr., Paris 1969.
-, Thérapie du mouvement, training relaxatif, thymopratique et éducation corporelle comme integration, mimeogr., Paris 1970.
-, Le Gestaltkibbouz modèle et méthode thérapeutique, mimeogr., Paris 1970.
-, Komplexes Kreativitätstraining mit Vorschulkindern, Schule und Psychologie 3 (1972) 146-157.
-, Kreativität und Konflikte, Junfermann, Paderborn 1973a.
-, Gestalttherapie und direkte Kommunikation in der Arbeit mit Elterngruppen 1973b, in: Petzold (1973a), 271-289.

Petzold, H.G., Gruppendynamik, analytische Gruppenpsychotherapie und szenisches Spiel als "triadisches psychodrama" in der Ausbildung von Studenten (1973c), in: Petzold (1973a) 167-203.

-, Gestalttherapie und Psychodrama, Nicol, Kassel 1973d.

-, Integrative Bewegungstherapie, in: Petzold, H. (Hrsg.), Psychotherapie und Körperdynamik, Junfermann, Paderborn 1974a, 289-406.

-, Drogentherapie, Junfermann, Paderborn 1974b, Klotz, Frankfurt 1980[2].

-, Die Arbeit mit Puppen und Großpuppen in der Integrativen Therapie, Integrative Therapie 4 (1975a) 197-207; erw. in: Petzold (1983a) 32-57.

-, Integrative Therapie ist kreative Therapie, Fritz Perls Institut, Düsseldorf (mimeogr.), 1975b.

-, Thymopraktik als Verfahren Integrativer Therapie, in: Petzold, H.G. (Hrsg.), Die neuen Körpertherapien, Junfermann, Paderborn 1977a, 253-312.

-, Die Medien in der Integrativen Agogik, in: Petzold, H., Brown, G.I. (Hrsg.), Gestaltpädagogik, Pfeiffer, München 1977b.

-, Integrative Arbeit mit Träumen, Integrative Therapie 3/4 (1977c) 147-175.

-, Angewandtes Psychodrama, Junfermann, Paderborn 1978, (1. Aufl. 1972).

-, Das "therapeutische Theater" Vladimir N. Iljines 1978a, in: Petzold, H.G. (1978) 228-237.

-, Das Psychodrama als Methode der psychologischen Gruppenarbeit (1978b), in: Petzold (1978) 62-100.

-, Das Ko-respondenzmodell in der Integrativen Agogik, Integrative Therapie 1 (1978c) 21-58.

-, Zur Veränderung der sozialen Mikrostruktur im Alter - eine Untersuchung von 40 "sozialen Atomen" alter Menschen, Integrative Therapie 1/2 (1979a) 51-78.

-, Psychodrama-Therapie, Dissertation, Philos. Fak. Univ. Frankfurt, Institut für Heil- und Sonderpädagogik, in: Beihefte zur Integrativen Therapie 3, Junfermann, Paderborn 1979b, 1985[2].

-, Die Rolle des Therapeuten und die therapeutische Beziehung, Junfermann, Paderborn 1980a.

-, Die Rolle des Therapeuten und die therapeutische Beziehung in der Integrativen Therapie (1980b), in: Petzold, H.G., (1980a) 223-290.

-, Ablösung und Trauerarbeit im Four-Steps-Modell der gestalttherapeutischen Wohngemeinschaft für Drogenabhängige (1980c), in: Petzold, H.G., Vormann, G., (1980) 250-282.

Petzold, H.G., Wohnkollektive - eine Alternative für die Arbeit mit alten Menschen 1980a, in: Petzold, Vormann (1980) 423-462, repr. in: Petzold (1985e) 202-236.

-, Integrative Dramatherapie; Überlegungen und Konzepte zu einem integrativen Ansatz erlebnisaktivierender Therapie, Integrative Therapie 1 (1981a) 46-61, auch in: Petzold (1982a) 166-187.

-, Das Hier-und-Jetzt-Prinzip und die Dimension der Zeit in der psychologischen Gruppenarbeit, in: Bachmann, C.H. (Hrsg.), Kritik der Gruppendynamik, Fischer, Frankfurt 1981b, 214-299.

-, Konzepte des Widerstandes in der Psychotherapie, in: Petzold, H.G. (Hrsg.), Widerstand, ein strittges Konzept in der Psychotherapie, Junfermann, Paderborn 1981c 339-348.

-, Theater oder das Spiel des Lebens, Verlag für humanist. Psychologie, W. Flach, Frankfurt 1982a.

-, Rollentheoretische Entwicklungen in der argentinischen Schule des Psychodramas, Integrative Therapie 1/2 (1982b) 4-12.

-, Puppenspiel in der therapeutischen und geragogischen Arbeit mit alten Menschen, Integrative Therapie 1/2 (1982c) 74-112; repr. in: Petzold (1983a) 285-328.

-, Poesie- und Bibliotherapie in der Arbeit mit alten Menschen und Sterbenden, Integrative Therapie 4 (1982d) 286-324; repr. in: Petzold, Orth (1985) 249-392.

-, Integrative Intervention in the Treatment of the Drug Addict, Int. Council Alc. Addict., 22.-26.3.1982, Bangkok, Proceedings ICAA, Lausanne/Genf, 1982e, 48-80.

-, Dramatische Therapie, Hippokrates, Stuttgart 1982f.

-, Welttheater (1982g), in: Petzold (1982f) 22-37.

-, Geheimnisse der Puppe, 1983, in: Petzold (1983a) 19-32.

-, Puppen und Puppenspiel in der Psychotherapie, Pfeiffer, München 1983a.

-, Der Verlust der Arbeit durch die Pensionierung als Ursache von Störungen und Erkrankungen, in: Petzold, H.G., Heinl, H. (Hrsg.), Psychotherapie und Arbeitswelt, Junfermann, paderborn 1983b, 409-446; repr. in: Petzold (1985e) 123-158.

-, Zur Ausbildung dynamisch orientierter Leib- und Bewegungstherapeuten, Gruppendynamik 1 (1983c) 63-84.

-, Psychotherapie, Meditation, Gestalt, Junfermann, Paderborn 1983d.

-, Vorüberlegungen und Konzepte zu einer integrativen Persönlichkeitstheorie, Integrative Therapie 1/2 (1984a) 73-116.

Petzold, H.G., Die Gestalt-Therapie von Fritz Perls, Lore Perls und Paul Goodman, Integrative Therapie 1/2 (1984) 5-72.
-, Neue Körpertherapien für den bedrohten Körper, in: Petzold, H.G., Scharfe, H. (Hrsg.), Kreative Aggression, Junfermann, Paderborn 1985.
-, Gestalttherapie, Wege und Horizonte, in: Petzold, H.G., Schmidt, Ch. (Hrsg.), Gestalttherapie, Wege und Horizonte, Junfermann, Paderborn 1985a.
-, Leiblichkeit, Junfermann, Paderborn 1985b.
-, Psychotherapie und Friedensarbeit, Junfermann, Paderborn 1985c (erscheint 1986).
-, Zur Ausbildung von dynamisch orientierten Leib- und Bewegungstherapeuten (1985d), in: Petzold (1985b) 587-604.
-, Mit alten Menschen arbeiten, Pfeiffer, München 1985e.
-, Bewegung ist Leben - körperliche Gesundheit, Wohlbefinden und Lebensfreude im Alter durch Integrative Bewegungstherapie, Tanztherapie und Isodynamik 1985f in: Petzold (1985e) 428-466.
-, Bubolz, E., Bildungsarbeit mit alten Menschen, Klett, Stuttgart 1976.
-, Berger, A., Integrative Bewegungstherapie und Bewegungserziehung in der Arbeit mit alten Menschen, Integrative Therapie 3/4 (1978b) 249-271; erw. repr. in: Petzold, Bubolz (1979) 397-426.
-, Lemke, J., Gestaltsupervision als Kompetenzgruppe, Gestalt-Bulletin 1/2 (1980) 88-94.
-, Bubolz, E., Psychotherapie mit alten Menschen, Junfermann, Paderborn 1979.
-, Frohne, I., et al., Poesie- und Musiktherapie, Junfermann, Paderborn 1983.
-, Heinl, H., Psychotherapie und Arbeitswelt, Junfermann, Paderborn 1983.
-, Mathias, U., Rollenentwicklung und Identität, Junfermann, Paderborn 1983.
-, Lückel, K., Die Methode der Lebensbilanz und des Lebenspanoramas in der Arbeit mit alten Menschen, Kranken und Sterbenden, in: Petzold (1985e) 467-499.
-, Maurer, Y., Integrative Gestaltpsychotherapie,in: Maurer, Y., Bedeutende Psychotherapieformen der Gegenwart, Hippokrates, Stuttgart 1985, 61-87.
-, Orth, I., Poesie und Therapie. Über die Heilkraft der Sprache - Poesietherapie, Bibliotherapie, Literarische Werkstätten, Junfermann, Paderborn 1985.

Petzold, H.G., Orth, I., Überlegungen zur Eigenständigkeit kunsttherapeutischer Methoden und Medien. Ausbildung in Poesie- und Bibliotherapie, in: Petzold, Orth (1985) 413-431.
-, Ramin, G., Schulen der Kinderpsychotherapie, Junfermann, Paderborn 1986.
-, Schmidt, I., Psychodrama und Theater, in: Petzold, (1978) 13-44.
-, Schulwitz, I., Tetradisches Psychodrama in der Arbeit mit Schulkindern, in: Petzold (1978) 394-413.
-, Vormann, G., Therapeutische Wohngemeinschaften, Pfeiffer, München 1980.
-, Zander, B., Stadtteilarbeit mit alten Menschen - ein integratives Modell, in: Petzold (1985e) 159-201.
-, Schneewind, U., Interventionsstile in der Integrativen Gruppenarbeit, Gestalt-Bulletin 1 (1986).
Piaget, J., Die Bildung des Zeitbegriffes beim Kinde, Zürich 1955.
-, Nachahmung, Spiel, Traum, Klett, Stuttgart 1969.
-, Das Moralische Urteil beim Kinde, Fischer, Frankfurt 1973.
-, Die Äquilibration der kognitiven Strukturen, Klett, Stuttgart 1976.
Plessner, H., Die Stufen des Organischen und der Mensch (1928) Gesammelte Schriften (v. Dux, G. Marquard, O., Ströker, E. (Hrsg.), Suhrkamp, Frankfurt 1981.
-, Zwischen Philosophie und Gesellschaft, Franke, Bern, 1953.
-, Diesseits der Utopie, Ausgewählte Beiträge zur Kultursoziologie, Düsseldorf 1966.
Ploeger, A., Die therapeutische Gemeinschaft in der Psychotherapie und Sozialpsychiatrie, Kohlhammer, Stuttgart 1972.
Pohl, J., Die Klinik als interpersonelles Feld dynamisch-psychiatrischer Behandlungswissenschaft, Dynamische Psychiatrie 2/3 (1978) 212-231.
Polster, E., Polster, M., Gestalt Therapy Integrated, Contours of Theory and Practice, Brunner & Mazel, New York 1973; dtsch.: Gestalttherapie, Kindler, München 1975.
Pribram, K.H., Hologramme im Gehirn, Psychologie Heute 10 (1979) 32-42.

Pribram, K.H., Nuwer, M., Baron, R., The holographic hypothesis of memory structure in brain function and perception, in: Atkinson, R.C., Krantz, D.H., Luce, R.C., Suppes, P., Contemporary developments in mathematical psychology, W.H. Freeman & Co., San Francisco 1974, 416-467.

Rachmann, A.W., Humanistic Analysis in Groups, Psychotherapy : Theory Research and Practice, Vol 18, 4 (1981) 457-477.

Rahm, D., Gestaltberatung, Junfermann, Paderborn 1979; 2. Aufl. 1985.

Rapp, E., Gestalt Art Therapy in Groups, in: Feder, B., Ronall, R. (Hrsg.), Beyond the Hot Seat, Brunner & Mazel, New York 1980; dtsch. in: Ronall, Feder (1983).

Read, H., Icon and Idea, Schocken Books, New York 1965.

Reich, A., Bemerkungen zum Problem der Gegenübertragung, Jahrbuch der Psychoanalyse I (1960) 183-195.

-, On Countertransference, Intern. J. Psychoanal. 32 (1951) 25-31.

Ricoeur, P., De l'interprétation. Essay sur Freud, Paris 1965; dtsch.: Die Interpretation, Suhrkamp Frankfurt 1969.

Rogers, C., Carl Rogers on Encounter Groups, Harper, New York 1970; dtsch.: Encounter-Gruppen, Kindler, München 1974.

Rojas-Bermudez, J.G., Die Puppe und Medien als Intermediärobjekte, Integrative Therapie 1/2 (1982) 38-57.

-, Nucleo del Yo, Ediciones Genitor, Buenos Aires 1979.

Ronall, R., Intensive Gestalt-Workshops: Experiences in Community, in: Feder, B., Ronall, R.: Beyond the Hot Seat, Brunner & Mazel, New York 1980; dtsch. in: Ronall, Feder (1983).

-, Feder, B., Gestaltgruppen, Klett-Cotta, Stuttgart 1983.

Roszak, Th., Gegenkultur, Econ, Düsseldorf 1971.

Saake, E.-K., Stichtenoth, H., Das "Take-it-Haus". Anmerkungen zur Virstufentherapie bei Drogenabhängigen, in: Petzold, Vormann (1980) 283-317.

Shelton, J.L., Ackermann, J.M., Verhaltensanweisungen. Hausaufgaben in Beratung und Psychotherapie, Pfeiffer, München 1978.

Simkin, J.S., Gestalt Therapy Mini-Lectures, Celestial Arts, Milbrae, Calif. 1976.

Slater, P., Microcosm, New York 1966; dtsch.: Mikrokosmos, Suhrkamp, Frankfurt 1970.

Smuts, J., Holism and evolution, Macmillan, New York 1926.
Southern, R., The Seven Ages of the Theatre, Hill, Wang, New York 1964[3].
Sperber, M., Der andere Sozialismus - Der Weg Gustav Landauers, in: Petzold (1985c).
Spiegel-Rösing, I., Petzold, H.G., Die Begleitung Sterbender. Theorie und Praxis der Thanatotherapie, Junfermann, Paderborn 1984.
Spitz, R., Vom Säugling zum Kleinkind, Klett-Cotta, Stuttgart 1967.
Schafft, S., Selbsthilfe und chronische Krankheit. Unterstützung und Belastung in einer Selbsthilfegruppe krebskranker Frauen, in: Bandura, B. (Hrsg.), Soziale Unterstützung und chronische Krankheit, Suhrkamp, Frankfurt 1981.
Schindler, R., Das Verhältnis von Soziometrie und Rangordnungsdynamik, Gruppenpsychotherapie und Gruppendynamik 1 (1969) 31-37.
-, Grundprinzipien der Psychodynamik in der Gruppe, Psyche IX (1957/58).
Schneewind, U.-J., Kuchenbecker, A., "Familientherapie" - zum Einsatz von Methoden aus der Integrativen Therapie in der analytisch-systemischen Familientherapie, Referat gehalten bei der XVIII Wiss. Tagung der Deutschen Ges. für Kinder- und Jugendpsychiatrie, Marburg, 1983.
Schneider, H.-D., Ressourcen im Alter, Zeitschr. f. Gerontologie 8 (1979) 426-438.
Schneider, K., Das Experiment in der Gestalttherapie, Integrative Therapie 3 (1979) 192-207.
-, Widerstand in der Gestalttherapie, in: Petzold, H. (Hrsg.), Widerstand - ein strittiges Konzept in der Psychotherapie, Junfermann, Paderborn 1981, 227-254.
Schütz, A., Der sinnhafte Aufbau der sozialen Welt, Springer, Wien 1932.
-, Collected papers, Nijhoff, Den Haag, Bd. I 1962, Bd. II 1964, Bd. III 1966.
Schwarzat, S., Scheidung und Therapie. Dipl.Arb., Univ. Hamburg, Hamburg 1985.
Shibutani, T., Reference groups as perspectives, Amer. J. of Sociology 60 81955) 562-568.
Stevens, J.O., Awareness, Real People Press, Lafayette 1971; dtsch.: Die Kunst der Wahrnehmung, Kaiser, München 1975.
Stierlin, H., Gruppendynamische Prozesse I: Übertragung und Widerstand, in: Preuss, H.G. (Hrsg.), Analytische Gruppenpsychotherapie - Grundlagen und Praxis, Rowohlt, Reinbek 1972.

Strauss, A., A social world perspectives, in: Denzin, N.K., Studies in symbolic interaction, JAI Press, Greenwich 1978, 190-228.
-, Social world and spatial processes: An analytic perspective, Department of Social and Behavior Sciences, University of California, California 1979 (mimeogr.).
-, Social world and legitimation processes, in: Denzin, N.K., Sudies in symbolic interaction, Vol. IV, JAI Press, Greenwich 1982.
Strotzka, H., Psychotherapie und Tiefenpsychologie, Springer, Wien, New York 1982.
Thamm, A., Poesie und Integrative Therapie - Linguistische Überlegungen zu einem besonderen Sprachspiel, Integrative Therapie 4 (1982) 267-285; erw. in: Petzold, Orth (1985) 135-158.
Thiemann, E., Leben lernen in Wohngemeinschaftn? Wege für psychisch Kranke, Realität zu erfahren und ihr standzuhalten, in: Petzold, Vormann (1980) 68-87.
Tuckman, B., Developmental sequence in small groups, Psychol. Bull. 63 (1965) 384-399.
Unruh, D., The social organisation of older people: A social world perspective, in: Denzin, N.K., Studies in symbolic interaction, Vol III, JAI Press, Greenwich 1980.
Unruh, D., Invisible lifes. Social worlds of the aged, Sage, Beverly Hills 1983.
Vormann, G., Heckmann, W., Zur Geschichte der therapeutischen Wohngemeinschaften in Deutschland, in: Petzold, Vormann (1980), 24-57.
Walter, H.J., Gestalttherapie und Psychotherapie, Steinkopff, Darmstadt 1978; 2. erw. Aufl. 1985.
Warehime, R.G., Interactional Gestalt Therapy, Small Group Behaviour 1 (1981) 37-54.
Weiner, M.S., Therapist Disclosure. The use of self in psychotherapy, Butterworth, Boston 1978.
Winnicott, D.H., The maturational process and the faciliatory environment, Int. Univ. Press, New York 1960.
-, Ich-Verzerrung in Form des wahren und falschen Selbsts (1960), in: Winnicott, D.W., Reifungsprozeß und fördernde Umwelt, Kindler, München 1974, 182-199.
Witt, G., Kinderhäuser mit gestalttherapeutischer Begleitung, in: Petzold, Vormann (1980) 404-422.
Wong, N., The Application of Object-Relations theory to an Understanding of Group Cohesion, in: Kellermann, H. (Hrsg.), Group Cohesion, Grene, Stratton, New York 1981.
Wysong, J., Rosenfeld, B., An Oral History of Gestalt Therapy, Gestalt Journal Publ., New York 1982.

Yablonsky, L., Synanon, Klett-Cotta, Stuttgart 1978.
Yalom, I., Gruppenpsychotherapy, Kindler, München 1974.
Zinker, J., Das phänomenologische Hier-und-Jetzt als Grundlage der Gestalttherapie, Integrative Therapie 1 (1975) 13-24.
-, The Developmental Process of a Gestalt Therapy Group, in: Feder, B., Ronall, R. (Hrsg.), Beyond the Hot Seat, Brunner & Mazel, New York 1980; dtsch. in: Ronall, Feder (1983).
-, Dream work as theatre: An innovation in Gestalt therapy, Voices 2 (1971) 18-21.
-, Gestalttherapie als kreativer Prozess, Junfermann, Paderborn 1981.

Renate Frühmann, Salzburg

DAS MEHRPERSPEKTIVISCHE GRUPPENMODELL IM „INTEGRATIVEN ANSATZ" DER GESTALTTHERAPIE

"All world's a stage
And all the men and women merely players"
(W. Shakespeare)

Es gibt kaum einen Satz, der unmittelbarer mit der ganzheitlichen Sichtweise des "integrativen Ansatzes" der Gestalttherapie (Petzold 1970, dieses Buch; Bünte-Ludwig 1984) in Kontakt bringen kann, wie diese Dichterworte. Wir sind "dressiert", stückweise zu denken, haben gelernt, die Welt in immer kleinere Elemente zu zerlegen, mechanistisch wie in Medizin und Technik. Wie in der älteren Physik und Chemie sind wir gewohnt, mit einzelnen Teilen umzugehen, und meinen, die Welt zu verstehen, wenn wir diese Bruchstücke verstanden haben.

Das Herangehen an das Phänomen "Gruppe" unter einem solch atomistischen Ansatz (Metzger 1963, S.48) hat eine Fülle von Partialerkenntnissen verschiedener Gruppentheorien zur Folge. Diese verwirren den aktuell im Gruppengeschehen Lernenden häufig durch die Unverbundenheit von Wissen aus verschiedenen Disziplinen, die sich mit Gruppen befassen. Möglichkeiten der Neuorientierung und des Transfers auf das alltägliche Erleben, Erkennen und Handeln werden dadurch erschwert. Das Zusammenleben von Menschen in seiner Fülle, Vielfalt und Gesetzmäßigkeit durch eine einzige Theorie erklärbar machen zu wollen, ist gegenüber der Vielgestaltigkeit von Wirklichkeit eine Anmaßung (vgl. Merleau-Ponty 1964). In dem Bild Shakespeares wäre dies der Versuch, sämtliche denkbaren Stücke an einem Abend, mit der ganzen Welt als Kulisse aufführen zu wollen.

Umso wichtiger ist es jedoch, sich über die Wirkungskraft von Gruppentheorien im Klaren zu sein: Theorien über Gruppen sind bereits Drehbücher von Wirklichkeit, die sich in ihnen darstellen wird. Theorien von Gruppen werden im Handeln von Menschen konkret. Soziale Wirklichkeit per se gibt es für die Menschen nicht. Perls sagt: "Sie ist für jedes Individuum, für jede Gruppe, für jede Kultur etwas Verschiedenes" (1980, S.33). Es gibt keine soziale Realität außer der, die wir produzieren. Unsere Theorien vom Menschen in seinem sozialen Verhalten schaffen bereits Fakten.

Beispiel: Durch Zufall trafen 1974, in den Anfängen der Gruppenbewegung in Österreich, an zwei aufeinanderfolgenden Abenden zwei Arbeitskreise zu ihrem Abschlußfest von Gruppentagungen zusammen; in beiden war ich Gast und teilnehmender Beobachter: Am Abend des ersten Festes der "Gruppenanalytiker" bot sich folgendes Bild: In einem großen Saal spielte eine Band vor einer nahezu gähnend leeren Tanzfläche. Ein einsam tanzendes Paar unterstrich die Abstinenz von solch direkter körperlicher Lustbarkeit markant. An den vollbesetzten Tischen waren hartnäckige Diskussionen im Gange, die sich stundenlang hinzogen und deren Kernthema um Freuds "Theorie des Todestriebes" und deren Bedeutung für die Gruppe kreiste... Am darauffolgenden Abend trafen "Gestalttherapeuten" im selben Saal zusammen: Die Tanzfläche war in kurzer Zeit übervoll, die Band in die hinterste Ecke gedrängt, kaum mehr sichtbar. Die Menschen bewegten sich expressiv und körpernah zu den Klängen der Musik - die Tische waren fast verwaist, und zum Theoretisieren gab es wenig Möglichkeiten.

Kann man die Theorie und Praxis der Psychoanalyse vereinfachend als "talking cure" (Freud) beschreiben und die Theorie und Handlungspraxis der Gestalttherapie (ebenso vereinfachend) als "talking with the whole body" (Perls), so wird aus diesen beiden Beispielen deutlich, wie die Theorien die ihnen anhängenden Gruppen bereits in ihren sozialen Umgangsformen beeinflußte, wie sehr sie faktenschaffende Wirklichkeiten sind. Sie prägen die Umgangsformen des Menschen innerhalb seiner Bezugsgruppe sowie die Kommunikation in den Gruppen und der Gruppen untereinander ebenso wie die Vorstellung von angestrebten Veränderungen.

Einer Theorie der therapeutischen Gruppe sollte jedoch - bei aller Verschiedenheit der Menschen, welche im Gruppengeschehen interagieren - abzuverlangen sein, daß sie real beobachtetes, physisch wahrnehmbares Verhalten von Menschen auf darin verborgene Strukturen zu klären vermag. Mit Banet (1983, S.299) dient uns die Theorie "als eine begriffliche Linse, die den Blick des Beobachters für natürliche Phänomene bündelt und schärft".

Gruppentheorien sollen

a) die Fähigkeit des Beobachters fördern, Vorgänge des Verhaltens von Menschen in Gruppen wahrzunehmen, die ihm sonst entgehen können (Schulung der Beobachtung und Erfassung von Phänomenen);

b) Sichtweisen ermöglichen, welche begreifbar machen, aus welchem zeitlichen und räumlichen und auch aus welchen Bewußtseinslagen als Hintergrund sich das Verhalten von Menschen ableitet im Sinne einer Erklärung gegenwärtiger und vergangener Ereignisse (strukturelles Verstehen);

c) fernerhin auch eine Vorausschau auf künftiges Geschehen ermöglichen.

Aus diesen Blickrichtungen können letztlich Interventionen abgeleitet werden, die zur gezielten und im Sinne des Zieles erwünschten Beeinflussung von Gruppenprozessen führen. Jede Gruppentheorie steht im Spannungsfeld zwischen einer solchen theoretischen, notwendigerweise begrenzten Optik und der Gesamtheit der vorfindbaren Phänomene bzw. einer entsprechenden Perspektivenvielfalt. Damit gewinnt der Begriff der "Mehrperspektivität" (Petzold 1965, 1970) zentrale Bedeutung.

Durch den Austausch über verschiedene Gruppentheorien kann man sich über die Vielfalt von Erkenntnisebenen und deren Rückwirkungen auf Gruppen informieren. Auch das vorliegende Buch soll einem solchen Informationsaustausch dienen. Theorie und Modelle für integrative Gruppenarbeit (vgl. Petzold, Schneewind, dieses Buch) müssen mehrperspektivisch sein, um eine Vielfalt von Einstellungen und Standorten zuzulassen und so der Komplexität therapeutischen Gruppengeschehens annähernd gerecht zu werden. Darüberhinaus meinen wir, daß das vielfältige soziale Geschehen in seiner Fülle an Perspektiven noch am ehesten durch Geschichten, Bilder und Metaphern erfaßt werden kann (vgl. Nash 1969; Kopp 1977). Das Wahrnehmungstraining integrativ arbeitender Therapeuten, speziell im Bereich der Gruppenarbeit, erfordert daher eine langzeitige Schulung im "szenischen Sehen, Erfassen und Betrachten" von sozialen Situationen. Wir nennen diesen Vorgang "szenisches Wahrnehmen und Erfassen" (Petzold 1965), weil er sich nicht allein auf das Sehen begrenzt (Szenen können auch "gehört", "gerochen", "ertastet" werden. Theorie sollte für den Therapeuten wie ein "Fernglas" sein, mittels dessen er aus dem "Zuschauerraum", aus Momenten innerer Distanz, aus "exzentrischer Position" (Plessner) seinen Blick auf das Gesamt des Gruppengeschehens, auf die sich ihm auftuende Szene richtet.

Mehrperspektivisches Gruppenmodell (MPG-Modell)

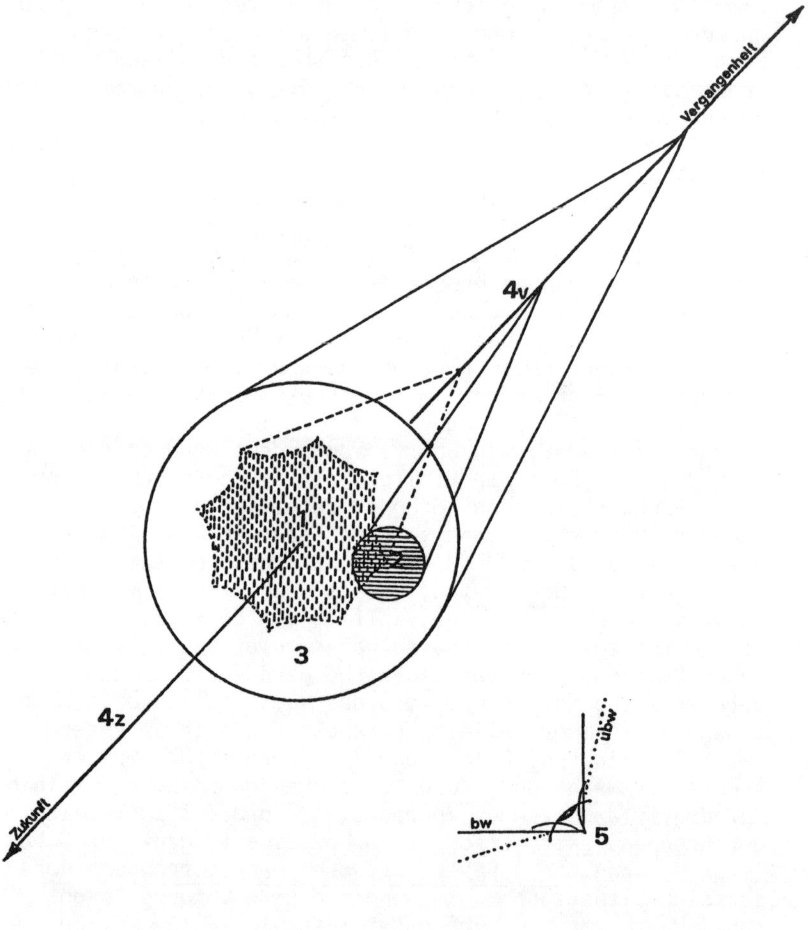

1 Perspektive Gruppe
2 Perspektive Individuum
3 Perspektive Szene (Kontext)
4 Perspektive Zeit (Vergangenheit, Gegenwart, Zukunft)
5 Perspektive Beobachter (aus exzentrischer Position)

Nach der anthropologischen Grundformel der Integrativen Therapie (Petzold 1965, 1979) ist der Mensch ein ganzheitlich funktionierender Organismus, einer Körper-Seele-Geist-Einheit, 

unlösbar verbunden mit einem ökologischen und sozialen Umfeld, 

Er ist als Mensch auf den/die Mitmenschen bezogen 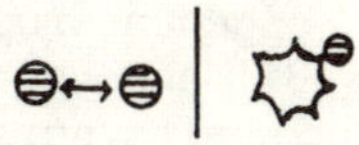
und eingebettet in die Gesellschaft 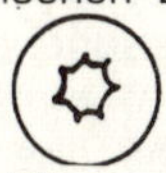

Diese wird nur als entfremdete bedrohlich und schädigend. 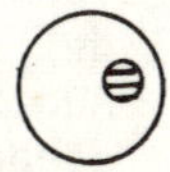

"Ich und Du, das sind Grundlagen zum wir, und nur gemeinsam können wir das Leben menschlicher machen" (Perls 1969).

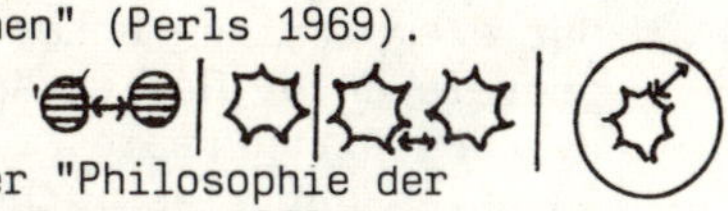

Das therapeutische Geschen ist in einer "Philosophie der Koexistenz"  fundiert (Petzold 1980b).
Der "integrative Ansatz" der Gestalttherapie und somit auch seine Gruppentherapie gründet insgesamt auf systemischen und feldtheoretischen Betrachungsweisen (Lewin 1963; Petzold 1974; Walter 1977). Er muß in einem zeitlichen

und gesellschaftlichen Kontext gesehen werden und kann sich deshalb auch der politischen Dimension nicht entziehen.

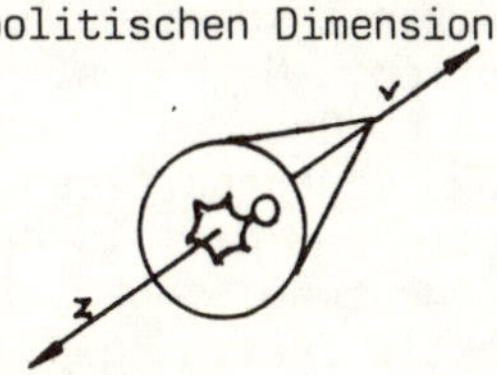

Wie aus dieser Einblendung des Modelles in die theoretischen Konzepte ersichtlich wird, können die Perspektiven, die in den Aussagen zueinander in Bezug stehen, rasch gesehen werden.

Zur Anwendung des Mehrperspektivenmodelles

as MPG-Modell kann in dreifacher Hinsicht zur Orientierung in der Gruppenarbeit verwendet werden. Es ist zumindest in 1. und 2. nicht für gestalttherapeutische Gruppen geeignet, sondern dient

(1) zur theoretischen Bündelung innerhalb des eigenen Gruppenansatzes (Theorienzuordnungsschema); (2) zur Bildung von Schwerpunkten für Phänomene, Themen, Ziele und Inhalte sozialen Geschehens, sowie für Theorien, Methoden, Techniken und Medien der Gruppenarbeit; (3) als Szenenmodell, in welchem Phänomene und Strukturen balancierend ins Auge gefaßt werden können, d.h. als Modell szenischen Verstehens bzw. holographischen Erfassens von Ereignissen. Die Verwendung der ersten beiden Möglichkeiten wird hier nur exemplarisch unter Beschreibung einiger wichtiger gruppenrelevanter Gesichtspunkte des "integrativen Ansatzes" der Gestalttherapie erläuert, d.h. des weiterentwickelten Ansatzes der klassischen Gestalttherapie von F.S. Perls zur "Integrativen Therapie" von Petzold (1965, 1970, 1974, 1980; Bünte-Ludwig 1984). Weitere Ausführungen finden sich an anderer Stelle (Frühmann 1986). Vorliegende Arbeit möchte sich schwerpunkthaft mit dem dritten Abschnitt auseinandersetzen.

Perspektive Gruppe

Dieser Fokus umfaßt die dem Gruppenleiter zugänglichen Erkenntnisse und Sichtweisen von Gruppen-Theorien, -Methoden, -Settings und -Techniken. Auch Beschreibungen von Gruppenphänomenen und Gruppenprozessen sind hier als Element zuzuordnen. Niemals hat "Gruppe" für den Menschen nur eine Bedeutung, noch ist der Einzelne für die "Gruppe" ein-deutig festzulegen. Die vorgeschlagenen fokusimmanenten Zuordnungen im komplexen Gruppenfeld bringen vorerst einmal Klärung im Rahmen des eigenen Gruppenansatzes und seiner Elemente. Alle diese Elemente bestimmen das Konzept der Vorgangsweisen im Gruppenverfahren und konstituieren die Ziele und Inhalte gruppentherapeutischen Handelns als in die Tat umgesetzte Weltanschauung und Erkenntnistheorie (vgl. Freire 1973). Die Klärung solcher Basis ist insbesonders wichtig, da gerade die Gruppenarbeit in ihrer oft verwirrenden Vielfalt dazu verleitet, zum Zweck der Reduktion von Komplexität ein Element herauszugreifen, um es zur Grundlage des gesamten

Handelns zu machen. So entsteht z.B. Gruppentechnizismus (Übungsaneinanderreihung zum Inganghalten von Gruppen) oder engmaschige Gruppenperspektiven (z.B. ausschließlich Anwendung des dyadischen Modelles des psychoanalytischen Ansatzes auf die Gruppe).

Im Einklang mit Basistheoremen des "integrativen Ansatzes" der Gestalttherapie sei im Hinblick auf therapeutische Gruppenarbeit hier nur festgestellt, daß der Mensch genuin ein soziales Wesen ist und sein Leben sich von Geburt an in Beziehungen und Bezugsgruppen abspielt. Verlust, Zerfall und Ausdünnung von Bezugsgruppen sind für die meisten Menschen verbunden mit Beziehungsverlusten. Es tritt in zwei Richtungen Entfremdung ein: das Fremdwerden des Individuums zur sozialen Mitwelt hin, aber auch das der Mitwelt zum Individuum hin. Der Einzelne identifiziert sich nicht mehr mit einer überschaubaren Anzahl von Mitmenschen, ihren Zielen, Werten, Interessen, Handlungen, auch nicht mit Geschichte und spezifischen Normen. Ebenso kann der Einzelne auch innerhalb einer Gruppe nicht als zu-gehörig erlebt noch von dem weiteren Umfeld als einer Gruppe (X) zugehörig identifiziert werden. Sich-Identifizieren und Identifiziert-Werden als mit-menschlicher Prozeß (und nicht als Nummer einer Geburtsurkunde) sind Kernelemente der Identitätsbildung und Identitätserhaltung des Menschen. Wo überall es zu solchen Identitätsverlusten kommt, sind psychische Störungen zu erwarten. Das therapeutische Moment der Gruppe ist in diesem Sinne als Angebot für die darin zu behandelnden Menschen verstehbar, sich wieder über Zeiträume miteinander zu erfahren, in Gegensteuerung zu Isolierungsprozessen, die zu psychischen Erkrankungen geführt haben bzw. mit ihnen verbunden sind. Es wäre eine Unterschlagung von Realität, zu behaupten, daß eine Gruppe für alle Gruppen des Alltags stehen könne. Wir stimmen mit H.J. Walter überein, daß aus unüberwindlich scheinenden Hindernissen durch die Erfahrung am eigenen Leibe oder am Beispiel anderer, in freier Entfaltung und im Mit-einander Lösungen entstehen. Dadurch wird die größtmögliche Chance gesehen, daß "pessimistische Überzeugungen in bezug auf das Wesen des Menschen" revidiert werden können (Walter 1977, S.142).

Da Gruppen nicht in jedem Fall "heilende Wirkung" haben im Sinne der Überwindung von Störungen und Wiederherstellung der Beziehungsfähigkeit des Einzelnen, sondern primär der Ort sind, in welchem Menschen ihre mitgebrachten Sozialisationsmuster reproduzieren, können sie ebensogut in solcher Wiederholung Austragungsort heftiger Destruktionen und Verletzungen werden. Über die Bereitstellung eines neuen sozialen Netzwerkes hinaus geht es daher in der therapeutischen Gruppenarbeit um Theorien, Methoden, Konzepte und Settings, die es den einzelnen Patienten erleichtern, sich mit ihren Störungen in vivo einzubringen. Mittels psychotherapeutischer Handlungsstrategien gilt es, unter Einbeziehung der Mitpatienten Restitution, Stabilisierung, Rehabilitation und Neuorientierung des Einzelnen und der gesamten Gruppe herbeizuführen.

Konzepte hierzu können unter dem Gruppenfokus gesammelt werden (z.B. für die "Integrative Therapie", Petzold, dieses Buch). Ebenso lassen sich Literatur über Techniken und Medien sowie eigene Übungssammlungen, welche den theoretischen Gruppenansatz in der Handlungspraxis unterstützen, hierunter subsumieren (z.B. Stevens 1975; Vopel 1978 ff), aber auch Protokolle, Fragebögen etc.

Perspektive Individuum

Diese Perspektive umfaßt alle dem Gruppenleiter verfügbaren Erkenntnisse über die einzelne Person, das Individuum. Keine Gruppenarbeit kann letztlich zu genügend Verständnis für menschliches Verhalten oder Fehlverhalten in Gruppen gelangen, ohne auf eine Persönlichkeitstheorie zu rekurrieren. Handelt es sich um Gruppenpsychotherapie, so sind ihr Vorstellungen von Gesundheit und Krankheit des Menschen implizit. Es werden Kenntnisse über die Genese von seelischen Erkrankungen des Menschen vonnöten und methodische Ansätze zum Umgang mit Defiziten, Störungen, Traumata, Konflikten und anderen krankmachenden Faktoren unabdingbar. Auch bedarf es tiefenpsychologischen und entwicklungstheoretischen Wissens über verschiedene Entwicklungs- und Lebensphasen des Menschen, um seiner spezifischen Persönlichkeitsstruktur, seinen Gefühls-, Denk- und Handlungsweisen im gegebenen Augenblick gerecht zu werden. Konzepte über das Unbewußte, Kenntnisse von Übertragungs- und Gegenübertragungs-, Abwehr- und Widerstandsphänomenen sind heute in nahezu jedem psychotherapeutischen Verfahren nicht mehr verzichtbar.

Die Vernachlässigung von personbezogenen Sichtweisen kann natürlich nicht nur in gruppentherapeutischen Settings ungerechtfertigte Vereinseitigungen nach sich ziehen und damit unnötige Krisen, Konflikte, Verletzungen und psychische Gefährdungen der Teilnehmer hervorrufen. Auch in der Gruppendynamik ist die individuelle Perspektive über lange

Zeit außer acht gelassen worden, was zur Folge hatte, daß Teilnehmer in unnötige Feindseligkeiten gerieten, da ihr Hier-und-Jetzt-Verhalten in der Kommunikation keinen personalen Verstehenshintergrund erhielt. Auf die nötige "Ich-Stärke" bzw. auf die Dekompensationsgefährdung von Teilnehmern wird in der Literatur ja immer wieder verwiesen (Bachmann 1981). Zur Frage bleibt doch wirklich: Ist eine Praxis ethisch vertretbar, die darauf hinausläuft, daß die Stärke des Einzelnen daran geprüft wird, ob er die Traumata oder Interventionsfehler, welche wir mit unseren (doch Verbesserung von Beziehung versprechenden) Gruppenansätzen verursachen, gesund zu überleben weiß.

Beispiel: Frau H. kommt wegen Schlafstörungen zu mir, sie weint und sagt, sie würde nie wieder in eine Sensitivity-Gruppe gehen. Sie wisse ja nun schon, daß sie altmodisch und unsensibel sei, im Feedback immer rigid oder eingefahren genannt werde, weil sie feste Moralvorstellungen habe, aber "man kann doch nicht von mir erwarten, daß ich mich benehme wie eine Zwanzigjährige oder mich so leicht verändere wie eine Dreißigjährige..." Frau H. war 57 Jahre alt - sie hatte recht.

Auch die Aussage einer meiner Patientinnen: "Aus der Gruppendynamikzeit habe ich noch meine besten Feinde" ist das Relikt einer Vorgehensweise in Gruppen, die dem Individuum zu wenig Raum gibt, sich in seinem persönlichen Hintergrund den anderen Gruppenteilnehmern begreifbar zu machen. (Zu den persönlichkeitstheoretischen Konzepten des "integrativen Ansatzes" der Gestalttherapie und seiner Gesundheits- und Krankheitslehre vgl. Petzold, Schneewind, dieses Buch.)

Die auf das Individuum gerichtete Perspektive kann über den Theorierahmen hinaus auch zur Sichtung der eigenen Methoden (das sind konsistente Handlungsstrategien, welche auf Theorien gründen), der verwendeten Techniken, die auf den Einzelnen in der Gruppe anwendbar sind (das sind Instrumente zur Erreichung von Zielsetzungen im Rahmen einer Methode), und Medien, welche eingesetzt werden können als Träger von Information für die Arbeit mit dem Einzelnen und der Gruppe (vgl. Petzold 1977b, S.101 ff. und dieses Buch), dienen.

Perspektive Szene (Kontext)

Der verwendete Begriff "Szene" (oder Kontext) im "integrativen Ansatz" der Gestalttherapie geht über das "szenische Verstehen" als rein personalen Interaktionsbegriff (Lorenzer 1970) hinaus. Die Szene ist die das Individuum zu jeder Zeit umgreifende Um- und Mitwelt. Sie hat ökologische und ökonomische Dimensionen - das Land mit seinem Natur-, Kultur- und Wirtschaftsrahmen, in dem der einzelne Mensch, seine Gruppen- und Subgruppenformationen leben. Daraus rekrutieren sich die Kulissen und die Requisiten zum direkten Verhalten des Menschen. Seine Ernährungs- und Kleidungsart sind dadurch ebenso bestimmt wie seine Wohnmöglichkeiten, seine täglichen Requisiten zur Lebens- und Bedürfnisbefriedigung und sein Instrumentarium zur Aufgabenbewältigung (Gebrauchs- und Einrichtungsgegenstände, Arbeitsmaterialien von der Axt bis zum Computer usw.).

Insoweit muß jeder Gruppentherapeut über breite Kenntnisse der ökologischen und ökonomischen Gegebenheiten des eigenen Kulturkreises verfügen und - wenn er transkulturell arbeitet (Gastarbeiter, ausländische Patienten) - die offene Bereitschaft haben, sich über diesen Herkunftsrahmen unter den genannten Gesichtspunkten zu orientieren und zu informieren. Es kann sonst zu Schäden für den Patienten kommen, zu verzerrenden Perspektiven, welche das Verhalten des einzelnen Menschen oft unnötig diskriminieren oder pathologisieren.

Beispiel: Nicht jeder Temperamentsausbruch einer Italienerin ist gleichzusetzen mit Hysterie - es könnte auch zu tun haben mit den verschiedenen Freiheitsgraden zu Gefühlsausdruck in unterschiedlichen Kulturkreisen. Das spanische "mañana" (morgen, bald, in näherer Zukunft) spricht nicht für Faulheit oder Unverläßlichkeit, sondern von einem anderen Verhältnis zur "Zeit".

Selbst innerhalb eines Kulturkreises ist infolge der zahlreichen sich darin befindlichen Subkulturen eine Fülle an Kenntnissen solcher Lebenskulissen und -requisiten unabdingbar. Wirkliches Schichtenverständnis läßt sich nicht ohne ein Wissen über umgebende örtliche, räumliche und praktische Lebensbedingungen, in die der Einzelne hineingeboren ist, erreichen.

Beispiel: Ob jemand im Hinterhof eines Arbeiterviertels, auf dem Bauernhof zwischen Feldern oder in der Vierzehnzimmerwohnung eines Feudalbürgerhauses sein "Welt-

bild" erhält, prägt das Verhalten des Einzelnen oft bis in Haltung und Gestik.

Ökologische und ökonomische Theorien und Kenntnisse haben hier eine wichtige Orientierungsfunktion (z.B. Bronfenbrenner 1978; Mead 1934; Negt 1978).

In der kollektiven Szene ist es nicht möglich, den Menschen ausschließlich als "privat body" zu begreifen. Er ist auch "social body" (Petzold 1970, 1985), und dies umfaßt nicht nur die Einbeziehung seiner ihn unmittelbar umgebenden Bezugspersonen und Gruppen. Eine solche Sicht macht das Ausblenden gesellschaftlicher Realitäten unmöglich. Je weniger gewachsene Strukturen (Familien, Nachbarschaften, Freundschaften) das Individuum einbergen und Vermittler von Lebenspraktiken werden können, desto unmittelbarer greifen "soziale Körperschaften" nach dem Einzelnen und werden zu Trägern von Sozialisierung (Institutionen, Vereine, Verbände usw.). Sie sind damit auch Quellen der Entfremdung, da soziale Makrosysteme dazu tendieren, das Individuum nicht als konkret einzeln Handelnden zu beachten, sondern ihm gebündelte Verhaltensweisen (Rollen) abfordern, um die Funktionalität des gesamten Systemes aufrecht erhalten zu können (vgl. Baltes 1979, S.362). Die politischen, religiösen und ethischen Systeme, die in einer kollektiven Szene wirken, sind ebenfalls von Bedeutung, weisen sie dem Einzelnen doch die Vielzahl an Rollenangeboten im bestehenden Kulturkreis zu, innerhalb derer er sich sein Leben, sein Erleben "inszeniert".

Beispiel:"Nicht jedes religiöse Evidenzerleben ist gleich Wahnvorstellung"; - Beispiele der zur kollektiven Szene zuordenbaren Theorienbildungen sind für den integrativen Ansatz Iljines Bühnenmodell, Morenos Rollentheorie, Meads Symbolvermittelte Interaktion, Goodmans politische Theorie usw.

Perspektive Zeit (Vergangenheit/Gegenwart/Zukunft)

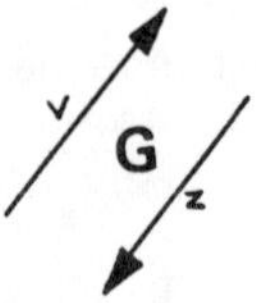

Psychotherapeutische Gruppenarbeit (und nicht nur diese) ist auch vom Umgang mit Zeit und Zeiterleben bestimmt. Dies reicht bis in die Ideologisierung von Zeitbewußtsein als Wertzuschreibung. Ob der seine Vergangenheit kennende Mensch nur zu höherer Reife gelangt (Psychoanalyse), ob der Einzelne sich im Lebens- oder Erziehungsalltag besser zurechtfindet, wenn er sich der je vorfindlichen Gegenwart anvertraut, unbekümmert um Entfernteres, um Gestern oder Morgen (Gruppendynamik nach Lewin, Gestalttherapie nach Perls, Encounter nach Rogers und Schütz), ob Menschen, sich im Horizont von Vergangenheit und Zukunft bewegend, Identität entwickeln (Iljine, Moreno, Petzold), ob Zeiterfahrung ein Lebensideal oder eine Methode bzw. Technik zur Evokation von Erlebnisdichte darstellt - all dies sind unter dem Fokus "Zeit" einzuordnende Fragestellungen und Erkenntnisse innerhalb der eigenen Gruppenmethode.

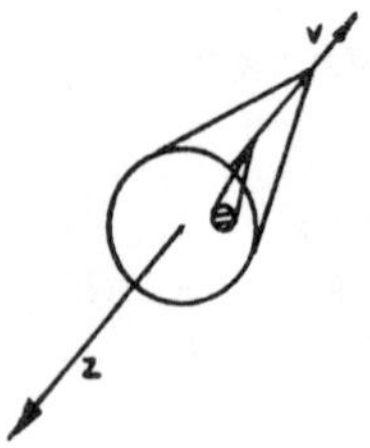

Neben der weltweiten Zeitordnung ("governmental time"), neben der "physikalischen Zeit" (Atomzeit) gilt es, das "subjektive Zeiterleben" des Einzelnen, die psychologische Zeit in der Gruppe verstehen zu lernen ("personal time", vgl. Goody 1958, 1966). Diese ist wiederum bestimmt durch das Zeiterleben des umgebenden Kulturraumes bzw. der jeweiligen sozialen Umwelt ("social time" , vgl. Sorokin 1938; Gurvich 1964) und ihrer Wirtschaftsstruktur ("ökonomische Zeit", vgl. Petzold 1981; vgl. dieses Buch).

Beispiel: Im ökonomischen Zusammenhang ist "Zeit = Geld", als psychologische Zeit kann diese "rasen" oder sich in "endlosem Warten" dehnen, als religiöses Erleben kann sie sich in Erfahrungsqualitäten von "Ewigkeit" eröffnen.

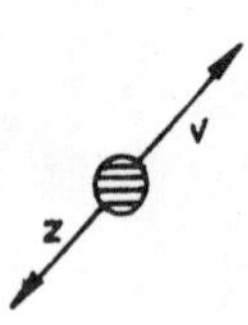

Das Zeitbewußtsein erfährt im Zuge der Lebensspanne des Individuums allein schon durch die verschiedenen Zeiterfahrungen und Zeitorientierungen unterschiedliche Ausprägungen (Baltes 1979, S.316 ff.). Von der Gegenwartszentriertheit des Kleinkindes, das mit Begriffen von "Übergestern" oder "noch einmal schlafen, dann ist morgen" operiert, über den Erwachsenen, der im Horizont von Vergangenem und Zukünftigem leben kann, bis zu dem alten Menschen, dessen "Lebensuhr langsam abläuft" und für den die

Vergangenheit um so stärker Bezugspunkt zeitlicher Orientierung wird, ergeben sich dem Erleben des Einzelnen unterschiedliche persönliche Qualitäten von Zeit. Gesundheit und Krankheit wird offensichtlich darin, ob aus dem "zeitlosen Unbewußten" (Freud) vergangene Ereignisse und darin ungelöste Konflikte gegenwärtiges Handeln wie auch Erleben in immer und immer ähnlicher Weise strukturieren (Neurosen). Überfluten Gefühle, Phantasien, Erlebnisse und Erfahrungen ohne zeitliche Orientierungs- und Eingrenzungsmöglichkeiten den Menschen, so sind wir konfrontiert mit psychotischen Erlebnisqualitäten. Regressive Phänomene bleiben unverständlich, kennen wir nicht die im Leib eingespeicherte Vergangenheit des Menschen und deren Abrufbarkeit. Antizipationen von Zukunft haben ihre praktischen Antworten in Lebensentwürfen und Therapiezielen für den Einzelnen wie auch für die Gruppe - ja für die Methode selbst.

Perspektive Beobachter (Exzentrische Position)

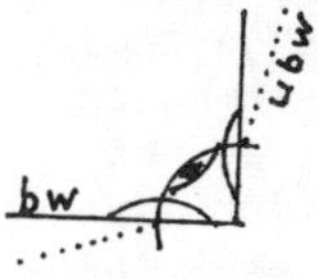

Die bisherige Beschreibung der einzelnen Foci folgte einem Zuordnungsraster, gleich der "Betriebsanleitung" einer Kamera oder der Zutatensammlung eines Rezeptes. Ebensowenig aber, wie Kamera und Film schon das Bild sind noch wie "wir die Speisekarte essen werden" (Baltes 1978), geht es uns bei "Mehrperspektivität" um die additive Zusammensetzung der einzelnen Gesichtspunkte nach alleinig theoretischen Mustern. Der Satz "Der Therapeut ist sein eigenes Instrument" ist keine übertriebene Metapher. Im Zusammenspiel seines Wissens und Wahrnehmens, seiner Gefühle und Eindrücke, seines augenblicklichen Erkennens von Prozessen gepaart mit den Erfahrungen aus der eigenen Geschichte sitzt er in der Gruppe unter gleichzeitigem Dabeisein sowie mit der Fähigkeit des inneren Abstandnehmens - der Beziehung aus der exzentrischen Position in "partiellem Engagement". Dies ermöglicht ihm nicht nur, das Geschehen in der Gruppe zusammenhängend wahrzunehmen, das von anderen noch nicht Gesehene oder Gespürte zu überblicken und zu begreifen, sondern befähigt ihn auch dazu, sich selbst als Teil des Gesamtgeschehens zu betrachten und das eigene Handeln auf darin im Augenblick verborgene unbewußte Anteile (alte Szenen) abzutasten (Gegenübertragungskontrolle). Bevor ich dieses häufig synchron verlaufende Geschehen an einer Gruppensequenz veranschaulichen will, ist es nochmals vonnöten, auf die impliziten theoretischen Annahmen des mehrperspektivischen Modells zur Beobachtung und Strukturierung von Gruppenprozessen zu rekurrieren. Hierzu sei ein Ausschnitt aus einem noch unveröffentlichten Vortrag von Petzold (1985) zitiert, in welchem er sich auf das MPG-Modell bezieht:

»*Mehrperspektivität erfordert szenisches Erfassen und Verstehen: Es ist dies eine ganzheitliche Form des Wahrnehmens und zugleich des Durchdringens, die greift, weil sie dem Wahrgenommenen entspricht. Wirklichkeit ist ihrem Wesen nach mehrperspektivisch. Das Leben ist vielfältig und komplex. Das Ganze ist im Teil, das Teil im Ganzen. So ist beides verwandt und verschieden und pluriform. Im Prozeß des wahrnehmenden Erfassens von Vielfältigem geschieht Synopse, im Vorgang des Verstehens wirkt Synergie - alles wirkt zusammen und schafft Sinn, ja mehr noch, Sinnfülle. Im Hier-und-Jetzt der Gegenwart werden bestimmende Ereignisse der Vergangenheit oder bedeutungsvolle Antizipationen durch Synchronizität szenisch verstanden, wird Bewußtes und Unbewußtes durch Permeation in wechselseitiger Durchdringung zugänglich (Petzold 1970, 1974, 1981).*

All diese Begrifflichkeiten, die die Vorgänge ganzheitlichen Begreifens zu fassen versuchen, lassen sich durch neuere Ansätze der Physik, der Bewußtseins- und der Gehirnforschung fundieren, die unter dem Stichwort "holonomisches Paradigma" (Grof 1984) zusammengefaßt werden können. Karl Pribram (1979) hat gute Gründe dafür beigebracht, daß das Gedächtnis nach holographischen Prinzipien arbeitet - ein Konzept, das schon in den Theoremen der klassischen gestaltpsychologischen Gedächtnisforschung (Koffka, Dunker, Wertheimer) impliziert war. Gedächtnisvorgänge sind nicht die summative Abspeicherung und (in der Erinnerung) die Abrufung von Einzelinformationen bzw. -ereignissen, von isolierten Gedächtnisspuren, sie sind "übersummativ". Es kommen Spurenfelder (Koffka) zum Tragen. Die Holographie des Gedächtnisses bedeutet die vieldimensionale Verbundenheit von Informationen (akustischer, optischer, taktiler Art usw.), wobei in jedem Detail auch das Ganze erscheinen kann.

Aus dem Bruchteil einer Szene - mehr steht uns vielleicht nicht zur Verfügung - entsteht durch die Fokussierung der Wahrnehmung die ganze Szene wie ein Hologramm, ja es werden uns Szenenfolgen in ihrer Verbundenheit deutlich, wie in einem Kompositionshologramm. Zuvor nicht Sichtbares, z.B. unbewußtes Material, erscheint plötzlich in der holographischen Evokation, die das mehrperspekti-

vische Erfassen möglich macht (Petzold 1982). Die Fokussierung der Awareness über die Optik des mehrperspektivischen Modells auf verschiedene Faszetten der Wirklichkeit evoziert, wie der Laserstrahl auf der Fotoplatte, Hologramme, mehrdimensionale Bilder, Szenen. Die mehrperspektivische Sichtweise durch die unterschiedlichen 'Linsen' darf aber nicht als ein fragmentierter Wahrnehmungs- und Verstehensprozeß aufgefaßt werden. Der jeweilige Fokus hat die übrige Wirklichkeit als Horizont. Mehrperspektivität steht unter dem Prinzip der Synopse: Die Dinge werden zusammengeschaut und enthüllen wie im Hologramm ihr Wesen als Ganzheit.

Damit wird die Möglichkeit gegeben, den in der Ganzheit ruhenden Sinn zu erfassen - zumindest teilweise, denn in jeder Szene liegt mehr Sinnfülle, als dem Begreifen der Betrachter zugänglich ist. Je vollständiger die Szene 'ausgeleuchtet' ist, je prägnanter ihre Kulissen hervortreten, die einzelnen Elemente sichtbar werden, je günstiger die Position des Betrachters ist und schließlich je größer der Bestand an ähnlichen Szenen und Stücken in den Archiven des Leibgedächtnisses, desto umfassender wird er den Sinn der Szene erfassen und verstehen können. Und wenn dieses hermeneutische Unterfangen gar noch von einer Gruppe gemeinsam vorangetrieben wird, wenn also mehrere erfassen, sehen, verstehen, ist die Chance, noch mehr an Sinn zu erschließen, wiederum größer.

'Die individuelle und kollektive Sinnerfassungskapazität ist abhängig von der Mehrperspektivität des Sehens und der Komplexität des Erfassens von Szenen, abhängig von den Möglichkeiten, Gesehenes und Erfaßtes synoptisch-synergetisch zu synthetisieren'(Petzold 1970; vgl. Petzold, Mathias 1983). Sinn scheint nur in Zusammenhängen auf. Zusammenhang, Verbindung, Verknüpfung ist Sinn. Ziel individuellen und gemeinschaftlichen Lebens ist, Zusammenhänge immer besser verstehen zu lernen, und das bedeutet: sich selbst, die Mitmenschen, die Welt verstehen zu lernen.
Die menschliche Entwicklung (die phylogenetische wie die ontogenetische) ist von einem zunehmenden Wachstum an Sinnerfassungskapazität gekennzeichnet, wobei hier 'Sinn' nicht nur rational, sondern auch als sinnlicher Sinn verstanden wird (Sinn erwächst aus den Sinnen, Merleau-Ponty 1966; Petzold 1978). Wo die Sinne verletzt, depraviert, gestört werden, können Sinn-verwirrung, Sinn-verlust, Sinnzerstörung, Sinn-losigkeit, Irr-sinn eintreten, und das ist immer mit einem Zerfall zeitlicher und szenischer Zu-

sammenhänge, mit einem Verlust von Mehrperspektivität verbunden und mit einer Beeinträchtigung der Möglichkeit, sich in der Beziehung zu sich selbst, zu den Mitmenschen und zur Welt zu orientieren. Dies bedeutet für den Menschen mit seelischen und psychosomatischen Erkrankungen, daß ihm in einer umfassenden Weise Sinn (sens) abhanden gekommen ist, daß er seine Sinne (Alexithymie), seine Orientierung (Uhrzeigersinn), seinen Lebens-sinn verloren hat oder daß ihm dies alles verletzt und beeinträchtigt wurde. Das Modell des mehrperspektivischen Sehens, des szenischen Verstehens und Erfassens ist damit nicht nur Orientierungshilfe für den Therapeuten, sondern im Mitvollzug seines Erfassens auch Sinnbereicherung für den Patienten, die Restitution von verlorenen Fähigkeiten, die als solche schon heilsam ist. Unsere Zielsetzung geht damit über die klassische Deutungstechnik hinaus: es geht nicht nur oder in erster Linie darum, einen Sinnzusammenhang, eine Bedeutung zu erkennen, sondern zu lernen, wie man sich mehr Sinn erschließen und eine Vielfalt an Bedeutung gewinnen kann.«

Das MPG-Modell der Gruppe und seine Sichtweise ist also, wie auch aus dem Vorangegangenen hervorgeht, nicht nur Grundlage für die Erweiterung von Sinnzusammenhängen und die Vergrößerung der Sinnerfassungskapazität des Therapeuten. Es zielt auch in gleicher Weise darauf ab, den einzelnen Patienten wie auch der ganzen Gruppe ganzheitlich Zusammenhänge einzelner Erlebnis-. Erfahrungs- und Handlungsweisen einsichtig zu machen, um nicht isoliert, fragmentiert und fremd im krankmachenden Unbegreiflichen zu verbleiben. Im Wechselspiel von Selbsterfahrung, Miteinanderleben, Austausch von Wissen und Erkenntnissen, Modellernen und Neuerfahren vollzieht sich im komplexen therapeutischen Prozeß die Übernahme und Schulung des "szenischen Verstehens und Wahrnehmens" und ein zunehmender Gewinn an Zentrierung und Exzentrizität (Petzold, Schneewind, dieses Buch). Auf diesen Aspekt kann in der vorliegenden Arbeit nur kasuistisch eingegangen werden, und es ist zu hoffen, daß er sich aus dem nachfolgenden Beispiel erschließen läßt.

Ein Gruppenprotokollausschnitt unter Hinzunahme szenischen Sehens und Wahrnehmens mittels des MPG-Modelles

Der nun geschilderte Auszug aus der Gruppenarbeit stammt aus der 20sten Sitzung einer Therapie-Jahresgruppe mit gleichviel Männern wie Frauen (7:7). Geleitet wird die Gruppe von mir und einem Kollegen ex aequo, was immer wieder auch große Vorteile hat im Bezug auf Paar- und Elternübertragung sowie für Mann- und Frauidentifikationen. Nach Durchlaufen verschiedener Phasen herrscht ein mittlerweile gutes und tragfähiges Gruppenklima, auf dessen Hintergrund unmittelbares und sehr persönliches Einbringen möglich geworden ist. Meine Interventionen sind mit Th (w), die meines Kollegen mit Th (m) gekennzeichnet. Die Teilnehmer können wählen, mit wem sie ihre Einzelarbeit machen wollen. Oft ergibt sich aber, daß wir davon unabhängig auch Sitzungen übernehmen - meist trifft dies auch passend das Thema ("die Szene ruft ihre Protagonisten..."). Wir sehen darin in der nachfolgenden Reflexion auch immer eine Quelle von Erkenntnismöglichkeiten. Vorliegendes Protokoll ist von meiner Sichtweise gekennzeichnet. Die Wahl trifft entsprechend auch einen Part, in welchem ich aktiver im Leitungsvordergrund stand. Dies ist nicht zwangsläufig nötig - man könnte auch in dieser Weise als Außenstehender Beobachtungsprotokolle verfassen. Unser Thema aber ist ja auf Bündelung von Leiterperspektiven hin gerichtet.

Es ist zu empfehlen, vorerst nur die Rubrik "Gruppengeschehen" zu lesen. Sie entspricht dem, was gewöhnlich Mitschrift oder Tonbandprotokolle aufzeichnen. Hier wird vielleicht schon deutlich, wieviel man als außenstehender Leser "mitergänzen, mitsehen, mitfühlen" muß, um Verständniszusammenhänge zu erhalten. Danach mag es von Interesse sein, mit uns "hinter die Kulissen" des offenkundig Verbalisierten zu schauen. Dies nennen wir dann "szenisches Wahrnehmen und Verstehen", aus welchem sich unsere Interventionen ableiten.

	Gruppengeschehen	Perspektivische Betrachtung	Ther. in exzentr.Position
1	Lona: Ich will hier einmal offensiv werden....jetzt will ichs mal anders versuchen...(Tränen in den Augen, ratloser Gesichtsausdruck).....	V Hat schon lange angekündigt, daß sie sich nicht mehr so angstvoll zurückziehen will. V Ihre letzte Einzelsitzung in der Gruppe war ihr Leid mit Sexualität und Männern - Biographische Ausgangssituation: Einziges Mädchen unter 6 Brüdern, die sich "an ihr ausgetobt haben". Lonas bis dahin ubw. Logik aus diesem frühen Erlebnissen: Am besten zurückziehen, dann bekomme ich nichts drauf". Ist ganz gespannt auf Lona zentriert - das "Mann/Frauthema" ist zur Zeit für alle Kernfrage.	Lona wendet sich mit den Worten, auch in hilfesuchendem Blickkontakt an mich. Ich begreife ihre stumme Wahl - noch ist ihr "männliche Hilfe zu riskant", (Th./m.), auch hat sie zu mir positive Mutterübertragung entwickelt. Ihre Angst vor mir in dem Erleben, mit den "Brüdern" in der Wiederholung allein gelassen zu werden, ist abgebaut - sie sucht noch mehr an unterstützenden Qualitäten bei mir, um neue Schritte zu wagen. Im Hintergrund sehe ich wie im kurzen Aufblitzen sie als ein kleines Mädchen, daß sich nicht in der Not nach der Mutter zu rufen traute, um diese nicht zu verstimmen oder zu belasten.
		V Das Thema schließt nahtlos an die vergangene Sitzung an: "Wieviel kann man sich hier wirklich auch trauen untereinander - auch böse sein, auch Trennendes ertragen, ohne gleich alles zu verlieren - die Liebe der Gruppe, den Sexualpartner, das Wohlwollen der Gruppenleiter etc...	Eigene Szene: Rauferei mit meinen beiden stärkeren Brüdern - Angst und Schmerz - nicht rufen, wir werden ja der Gerechtigkeit halber alle drei bestraft.
		Interventionsstrategie: Mit Lona beginnen, da sie als Hauptakteurin die allgemeine Szene hinter sich hat - jetzt die Gruppe einzuschalten, würde die Prägnanz der Situation verwischen.	
		Kurzer Blickkontakt mit meinem Kollegen - er hat sich bequem zurückgelehnt.	Spüre Einverständnis zwischen uns.
2	Ther. (w): Dein Gesicht wirkt sehr bewegt. Du sitzt auch sehr in Dich eingerollt, kannst Du spüren, was da ist?	Die Trauer ist deutlich sichtbar - emotions- und körperzentriertes Vorgehen.	Ich fühle Lona gegenüber warm und gewährend.

	Gruppengeschehen	Perspektivische Betrachtung	Therapeut in exzentr.Position
3	Lona: Ja - es ist so schwer. Ich bin traurig darüber, wieviele Jahre ich schon so verbracht habe..... (weint bitterlich)	Die Gefühle kommen nun klar zum Ausdruck, Lona macht deutlich, daß sie in die Vergangenheit schaut. Die Übertragungssituation Männer = Brüder ist noch wirksam.	Ihre zusammengekauerte Haltung ist noch die des kleinen Mädchens alleine den Brüdern gegenüber. Habe Beschützergefühle, auch Trostimpulse, was ich durch leise Armberührung kundtue. (Nonverbale Stützintervention)
4	Th (w): "Wie"? verbracht......	Intervention zielt auf Verdeutlichung hin - es gilt, das eigene Erleben für sich und die Gruppe offenzulegen.	Es geht nicht darum, daß ich deute. Lona scheint selbst Zusammenhänge zu sehen.
5	Lona: Daß ich immer angeboten habe, mir eins draufzugeben - aber bei den 6 Brüdern war ich nichts mehr anderes gewöhnt..... Nur ist es ein Witz, das andere ist ja noch viel schwerer.....	Steht an der Schwelle, ihr altes Verhalten zu sehen (Rückzug vor Männern = Brüder), sucht nach Neuorientierung.	....fühle, daß Lona mich einfach nur ermunternd zur Seite braucht.... innere Frage taucht auf: wo/wie war ihre Mutter damals? Lonas Bezugnahme stimmt mit der von mir gesehenen Szene überein.
6	Th (w): Das andere?	Klärungsintervention -Verstärkung in Richtung Neuorientierung	Von der Stimmung könnte ich auch "nur Mut"! sagen... Sehe mich in der Rolle einer liebevollen Mutter...
7	Lona: Ja - also, ich versuche es noch einmal (wendet sich an einen Mann in der Gruppe) .... ich versuche es bei Dir, Kurt. Ich möchte, daß Du für mich einmal Zeit hast (verlegen/verwirrt) - ich will gar nicht aufs Ganze gehen - einfach nur ein bischen Zeit und so - aber da muß ich erst mit Gabi und Susanne sprechen, die ihn ja belagern - ich muß Euch ja da auch fragen - möchte gar nicht, daß Kurt wochenlang neben mir hertrottelt - nur daß er sich mal mit mir trifft....	Lona beginnt die neue Erfahrung in der Gruppe zu suchen - Vergangenheitsablösung und Gruppenzentrierung setzen ein. Noch kann sie nicht direkt bleiben, spricht indirekt drei Personen an. Neues Motiv: "Gefahr von Frauen wird wieder deutlich" Die "gefährliche" Frau ist auf Gruppenteilnehmerinnen, die mit ihr rivalisieren könnten, verschoben. Noch aber ist sie im Zentrum ihres negativen Männerbildes - Fehlleistung! Gruppe schweigt verwirrt, ist angesprochen und doch wieder nicht....	Ich spüre, daß sich Lona meiner Unterstützung sicher fühlt, sich herauszutrauen wagt Höre Lona in anderen Zusammenhängen erzählen, daß sie immer schnell schöneren Frauen das Feld geräumt habe... Aufschub dieses Motives - zu viel auf einmal .....

	Gruppengeschehen	Perspektivische Betrachtung	Therapeut in exzentr. Position
8	Th (w): Für gewöhnlich sagen wir "hertrotten"	.... Intervention verbleibt am offensichtlichen....	... Lona braucht mich noch ein wenig allein - Gruppe (Geschwister) noch zu früh.....
9	Lona: Ja! was habe i c h denn gesagt?	Das Unbewußte der Fehlleistung wird deutlich	Spüre zwei Tendenzen - die Härte, die in der Fehlleistung liegt, aufzuzeigen, dennoch klarzumachen, daß es nicht um Beschämung geht.
10	Th (w): "hertrotteln"	...... konfrontierendes Aufdecken.	
11	Lona: (Schweigt verwirrt und bestürzt ....)		Doppelrolle Ther./Mutter
12	Th (w): Männer sind Trotteln?	Deutung als Angebot, um Relativierung zu ermöglichen, ihr nicht den Charakter des "Stempelns" zu verleihen.	..... Männer sind hart, fällt mir als eigenes Klischee ein.
13	Lona: (Beginnt neuerlich heftig zu weinen.....) Ja! Da ist es wieder	Weitere Übertragungsablösung - Lona spürt sichtlich, wie der Haß auf ihre Brüder und die leidvollen Männererfahrungen wieder durchgeschlagen haben ....Trauer bringt Lösung in die Verpanzerung	.....einfach Zeit und Raum geben, daß sich der Gefühlsknoten lösen kann .... ich weiß, wie mühsam das ist....
14	Th (m): Ja, da ist es wieder. Ich möchte Dir etwas erzählen: Da war ein Mensch in Afrika und ist dort gefährlichen Löwen begegnet. Er hat gelernt, sich vor ihnen hinter Zäunen zu verbergen. Dieser Mensch ist nach Salzburg gezogen, hat schnell als erstes seinen Zaun gebaut und sich seitdem darin versteckt: "es könnten ja Löwen kommen...."	Mit der Metapher zeigt mein Kollege die Sinnlosigkeit des alten Schutzmechanismus vor Gefahren in der neuen Situation auf. Konzepte von Übertragung, Wiederholungszwang, Rollenstereotyp etc. sind implizit.... als Mann und Vaterübertragungsfigur signalisiert die Erzählung auch im Ton: ich versteh Dich, aber meinst Du, daß wir (Männer) alle gleich sind?	.... bin überrascht - zuerst selbst ein wenig erschreckt über Stärke des Bildes - aber 6 Brüder und ein kleines Mädchen - der Vergleich stimmt... .... beginne mich zu freuen - sehe, daß die Gefahr zu starker Identifikation mit Lona (ist Männern ausgeliefert) in mir war.... (Gegenübertragung) ... schön zu zweit zu arbeiten - wenn einer durchträgt, kann der andere umso deutlicher konfrontieren....

	Gruppengeschehen	Perspektivische Betrachtung	Therapeut in exzentr.Position
15	Lona: (ihr Weinen klingt aus ... sie wird ruhig und sagt versonnen) Ja! Ich wittere überall Gefahr	Lona ist offen, das Erlebte und Aufgezeigte zu verarbeiten	... sehe Th (m) und mich deutlich als kooperative Eltern in der Gr. sitzen - wir lächeln uns auch gleichzeitig zu....
16	Th (w): Genau... Schau doch noch einmal, was Du in Deiner Offensive gemacht hast.	Verstärkte Verarbeitungsanregung - es geht darum, die Metapher mit dem Hier- und -jetzt-Handeln zu konkretisieren und wieder mit dem Gr.geschehen in Verbindung zu bringen.	
17	Lona: Ich habe zum ersten mal ehrlich gesagt, was ich von Kurt will - das ist ja schon ein Risiko, in so einer Gruppe, denn wenn die Männer auch mich dann abblitzen lassen und die Weiber über mich herfallen mit ihrer Rivalität....	Erkennt das Neue an ihrem Experiment Kippt zurück in alte Ängste	.... spüre, daß Lona wieder mit alten Erfahrungen zu ringen beginnt. Es ist ihr schwer, in der Gruppe zu bleiben.. - Bild: schließe den Gruppenraum mit Blick nach draussen... Afrika...
18	Th (w): "Ja, in Salzburg könnte es Löwen geben"	Übungsphase - neue Erkenntnisse brauchen auch Training.	.... Freue mich über die praktische Metapher und spüre stark die gute Verbundenheit mit meinem Kollegen, im Kontrast zu negativ besetzten Mann/Frau Bild. Guter Boden zur korrigierenden Erfahrung.
19	Lona: (Verwirrt .... am Ende ihres Latteins....) Ja, wie macht man denn das anders?	Sit. nun übertragungsentleert. Wichtiger Punkt: Altes wird aufgegeben, Neues greift noch nicht.... schöpferische Indifferenz (Perls/Friedländer)	.... Ruhe, Neugierde......
20	Kurt: Also, jetzt möchte ich auch schon mal was dazu sagen! Kannst Du mich nicht direkt ansprechen? Ich merke, daß ich mir ganz schön bescheuert vorkomme - schon die ganze Zeit - daß Du da mit Susie über mich verhandeln willst, ob ihr das auch recht ist - außerdem	Aktuelle Beziehungsauseinandersetzung beginnt. Kurt wehrt sich gegen die Verkennung durch die Übertragung, spürt deutlich auch die Elternprojektion, die er abbekommt.	

	Gruppengeschehen	Perspektivische Betrachtung	Therapeut in exzentr.Position
	mich mit ihr wie ein altes Ehepaar hinstellst. Und als Mann komme ich mir wie ein Objekt vor.	Die Anfreundung zwischen Susi und Kurt ist der Gruppe bekannt. Beide haben schon Ängste ausgedrückt, dafür bestraft oder isoliert zu werden.	.... verfolge interessiert, wie nun, nachdem die Einengung der Übertragungssituation sich lockert, die Lösung ganz lebendig aus der Gruppe entsteht.
21	Lona: (nachdenklich und betroffen) Das stimmt! Also ich versuchs nochmal.... Kurt, ich möchte Dich fragen, ob Du für mich Zeit aufbringen kannst.	.... direkte Kontaktaufnahme	Habe Zeit, die noch dunkle Stelle in der ganzen Szene anzuspüren. Das "Angstbild Frau" - Eifersucht und Rache aneinander bleibt noch offen "Königin der Nacht" fällt mir ein.... .... habe die Arie im Ohr...
22	Kurt: Ich will keine Zeit für Dich "aufbringen", ich möchte sehr gerne mit Dir zusammensein und würde mich darauf freuen!	Neuerfahrung in der Aktuellen Situation. Kurt scheint auch in der Identifikation mit Th (m) Kraft gefunden zu haben: "Nicht alle Männer sind so...."!	
23	Lona: (völlig perplex) So einfach ist das?	Aha! - Erlebnis!	
24	Susanne: (mischt sich nun lebhaft ein) Und ich möchte Dir schon noch sagen, daß mir das auch stinkt, wenn Du mich von vornherein einstufst, als ob ich Kurt belagere. Es stimmt zwar, daß ich auch eifersüchtig sein kann und das auch kenne mit dem Sauerwerden dann. Aber in dem Fall ist das gar nicht so.	Neuer Umgang mit Dreieckssituation wird für Lona angeboten. Eifersuchtsthema wird nicht negiert, aber an der konkreten Beziehung Frau: Frau überprüft.	... auch die Gruppe spürt die "böse-Eltern-Zuweisung..."
25	Lona: (hastig) dann hast Du also nichts dagegen, wenn ich	Die hohe Affektgeladenheit der Frage macht wieder die impliziten Ängste klar.... .... Entscheide, dieses Angstthema noch nicht zu verstärken... offensiv werden, ist Lonas Wunsch... .... kein "Zweifrontenkrieg...."	

Gruppengeschehen	Perspektivische Betrachtung	Therapeut in exzentr.Position
26 Th (w): Stop! Was tust Du?	Konfrontative Intervention wieder auf aktuelle Beziehungswahrnehmung hin - reduziert Komplexität.	
27 Lona: Ich sichere mich schon wieder ab.....	ist weiterhin offen zur Einsicht und Korrektur	
28 Th (w): War Susanne unfreundlich?	Realitätsüberprüfung	
29 Lona: (erstaunt) Nein gar nicht.... lacht.... ach ja Löwen!	Generalisiert nun ihre Erkenntnis.....	
30 Sylvia: Mit gehts aber da gar nicht viel anders. Ich trau mich auch an ein Paar gar nicht ran, ohne mit beiden zu taktieren, wenn ich mal was vom Mann will.	Nun beginnt die schon längst energieaufgeladene Gruppe (rege Nonverbalität), lebendig zu werden. Genügend Erkenntnis, Identifikation, partizipative Erfahrung nach allen Seiten ist gelaufen. Am Modell von Lonas Ängsten sind jedem eigene Erlebnisse deutlich geworden. Die Stimmung hat umgeschlagen. Statt einander in Übertragungszuweisungen zu bekämpfen, ist der Boden reif zum Austausch von Ängsten, Eifersüchten, Unsicherheiten und Vorlieben (sharing).....	Inneres Zurücklehnen, Bereitschaft, den vielen Facetten zu lauschen, in welchen sich ein Lebensthema bei so vielen Menschen inszeniert....
31 Kurt: Und was mir auffällt, ist, wie sehr mich das freut und verunsichert, wenn Du, Lona, so direkt von mir was willst.... das ist schön.... macht aber auch Angst. Gerade bei Frauen bin ich gewöhnt, das ganz klar von mir aus zu regulieren... (sehr weich): wer weiß, wieviel ich mir da schon genommen hab - durch das nicht ranlassen...	hier wird nochmal deutlich, daß auch Kurt sich von seiner Rolle abgelöst hat und eine Neuerfahrung wagte....	
32 Peter: Ja, auch ich hab gemerkt, wie schön und mutig das eigentlich von Dir war, Lona - auch wenns am Anfang so krumm rauskam... das mit der Angst und Freude, was Kurt sagt, kenn ich auch gut als Mann.	.... die "Einzelschicksale" werden gemeinsam geteilt. Isolierung wird überwunden.	

	Gruppengeschen	Perspektivische Betrachtung 	Therapeut in exzentr.Position
33	Lona: Ja, was meinst Du, was das für mich für ein Glatteis ist als Frau....	... in den Kommentaren klingt bereits die Geschlechtsrollenzuschreibung/Sozialisations und Kulturhintergrund durch.	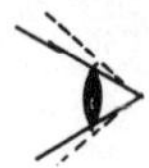
34	Th (w): Für mich als Mann - für mich als Frau.... das hat ja auch mit mitgebrachten Beziehungsregeln was zu tun.	 Bezugnahme zu kulturellem Umfeld und den Rollenvorstellungen (Kontext) 	... es ist, wie wenn die Wände um die Gruppe durchsichtig würden und Welterfahrung hinzukommt.....
35	Nun ist die ganze Gruppe lebhaft beteiligt. Bunt nacheinander schildern sie ihre Beziehungserfahrungen, teilen sich auch untereinander heimlich Wünsche, Ängste, und Kränkungen mit - ebenso auch in direkter Auseinandersetzung, wen sie als Rivalin fürchten- es gibt auch viel Erstaunen und Gelächter über falsche Selbst- und Fremdeinschätzungen. Der Vergleich mit eigener Biografie oder dem, was Sitte ist, fließt ganz von selber ein. Auch mein Kollege und ich erzählen spontan die eine oder andere Erfahrung. Lona ist mitten drin - sie braucht sich nicht mehr zurückzuhalten.	Keine Intervention mehr nötig. Die Szene schließt sich von selbst.	inter pares partielles self disclosure selektive Offenheit
36	Die Lebhaftigkeit klingt aus, weicht einer besinnlichen Stimmung.	 Abschlußphase	.... gehe wieder in Leiterposition, um die Einzelsitzung noch abzuschließen.
37	Th (w): Lona, möchtest Du nachspüren, wie es Dir jetzt geht?	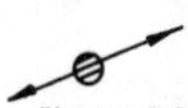 Überprüfung der Neuerfahrung und des Ausgangswunsches der Sitzung.	

	Gruppengeschehen	Perspektivische Betrachtung	Therapeut in exzentr.Position
38	Lona: Ich bin ganz erstaunt, ein wenig beschämt, wieviel Schönes ich da gekriegt habe, obwohl...nein nicht obwohl - ich war auch ganz schön mutig - ich freu mich auch! ...etwas mit Frauen ist da noch offen.	Zeigt nun gute Selbstwahrnehmung, erkennt Tendenz, sich "klein zu machen" in Situationen.	
39	Th (w): Das sehe ich auch so - hatte eine Phantasie, als Du Dich bei Susi absichern wolltest - so in Richtung "Angst vor Rache"....	Mithilfe, den offenen Rest zu markieren.	
40	Lona: Du hast ein Gespür! Heute Nacht habe ich von einer Rachegöttin geträumt.	Der Konflikt war auf der Symbolebene schon angekündigt.	.... ah ja - meine "Königin der Nachtmelodie....."
41	Gruppe lacht fröhlich.	Gemeinsame Freude, wenn etwas stimmt oder paßt.	
42	Th (w): Gut, dann schreib doch einmal ein Märchen über Deine Rachegöttin. Du kannst es ja bei Gelegenheit mitbringen.	Auf der Symbolebene kreative Medien gut als Informationsträger.	
43	Lona: (lehnt sich entspannt zurück).... ja, das tue ich gern.... (lächelt)... aber für heute reichts mir!	schließt selber ab	.... mir auch...
44	Th (m): übernimmt den Abschluß für diesen Abend - Verabschiedung.....	Gemeinsamer Ausklang.	Sehe uns wieder in guter Zusammenarbeit versus dem Mann-kontra-Frau-Thema....

Literatur

Banet, A.G. jr., Die Verwendung des I Ging in der Psychotherapie. Eine Theorie der Gruppenentwicklung auf der Grundlage des I Ging, in: Petzold, H. (Hrsg.), Psychotherapie, Meditation, Gestalt, Junfermann, Paderborn 1983, 271-301.

Bachmann, C.H., Kritik der Gruppendynamik, Fischer Taschenbuchverlag, Frankfurt 1981.

Baltes, P.B., Entwicklungspsychologie der Lebensspanne, Klett-Cotta, Stuttgart 1979.

Brandau, D., Gestalttherapie als imaginatives Verfahren, in: Singer, J., Pope, K. (Hrsg.), Imaginative Verfahren der Psychotherapie, Junfermann, Paderborn 1986.

Bronfenbrenner, U., Ökologische Sozialisationsforschung, Klett, Stuttgart 1976.

Bünte-Ludwig, Ch., Gestalttherapie - Integrative Therapie, in: Petzold, H. (Hrsg.), Wege zum Menschen, 1. Bd., Junfermann, Paderborn 1984, 217-309.

Freire, P., Pädagogik der Unterdrückten, rororo Taschenbuchverlag, Reinbek 1973.

Frühmann, R., Gestaltgruppentherapie - Theoretische Modelle und Konzepte, Salzburg 1986 (in Vorber.).

Goody, W., Time and the nervous system. Part I: The brain as a clock, in: Lancet (1958) 1139-1144; Part II, in: Lancet II (1959) 1155-1156.

Grof, St., Jenseits des Todes. An den Toren des Bewußtseins, Kösel, München 1984.

Kopp, S., Rollenschicksal und Freiheit. Psychotherapie als Theater, Junfermann, Paderborn 1982.

Lewin, K., Feldtheorie in den Sozialwissenschaften, Huber, Bern 1963.

Lorenzer, A., Sprachzerstörung und Rekonstruktion, Suhrkamp, Frankfurt 1970.

Mead, G.H., Mind, Self and Society from the Standpoint of Social Bahaviourism, University of Chicago Press, Chicago 1934.

Merleau-Ponty, M., Phänomenologie der Wahrnehmung, Walter de Gruyter & Co., Berlin 1966.

-, Le visible et l'invisible, Gallimard , Paris 1969.

Metzger, W., Psychologie, Entwicklung ihrer Grundannahmen seit der Einführung des Experimentes, Steinkopff, Darmstadt 1975.

Nash, H., The role of metaphor in psychological theory, Behavioural Science 8 (1963) 336-347.

Negt, O., Soziologische Phantasie und exemplarisches Lernen, Europäische Verlagsanstalt, Frankfurt 1971.
Perls, F.S., Gestalt, Wachstum, Integration, Junfermann, Paderborn 1980.
-, Hefferline, R., Goodman, P., Gestalt Therapy, Julian Press, New York 1951; dtsch.: Gestalt-Therapie, 2 Bde., Klett-Cotta, Stuttgart 1979.
Petzold, H., Géragogie - nouvelle approche de l'éducation pour la vieillesse et dans la vieillesse. Publications de L'Institut St. Denis 1, 1965; dtsch. in: Petzold, H., Mit alten Menschen arbeiten, Pfeiffer, München 1985, 11-31.
-, Thérapie du mouvement, training relaxatif, thymopratique et éducation corporelle comme integration, Paris 1970.
-, (Hrsg.), Psychotherapie und Körperdynamik, Junfermann, Paderborn 1974.
-, (Hrsg.), Die neuen Körpertherapien,Junfermann, Paderborn 1977
-, Die Rolle der Medien in der Integrativen Pädagogik, in: Petzold, H., Brown, G. (Hrsg.), Gestaltpädagogik, Pfeiffer, München 1977, 101-124.
-, (Hrsg.), Die Rolle des Therapeuten und die therapeutische Beziehung, Junfermann, Paderborn 1980.
-, Theater oder das Spiel des Lebens, Verlag für Humanistische Psychologie W. Flach, Frankfurt 1982.
-, (Hrsg.), Dramatische Therapie, Hippokrates, Stuttgart 1982a.
-, (Hrsg.), Leiblichkeit, Junfermann, Paderborn 1985.
-, Berger, A., Die Rolle der Gruppe in der integrativen Bewegungstherapie, Integrative Therapie 2 (1978) 79-100; repr. dieses Buch.
-, Heinl, H., Einige Gedanken zu Inhalt und Struktur der Supervision in der Psychotherapieausbildung, Gestalt-Bulletin 1/2 (1981) 38-41.
-, Mathias, U., Rollenentwicklung und Identität, Junfermann, Paderborn 1982.
Plessner, H., Die Stufen des Organischen und der Mensch. Gesammelte Schriften (v. Dux, G., Marquard, O., Ströker, E., (Hrsg.), Suhrkamp, Frankfurt 1981.
Pribram, H., Hologramme im Gehirn, Psychologie Heute 10 (1979) 32-42.
Sorokin, P.A., Merton, R.K., Social time, Amer. J. of Sociology 42 (1937) 615-625.
Stevens, J.O., Die Kunst der Wahrnehmung, Kaiser, München 1975.
Vopel, K., Zur Theorie der themenzentrierten interaktionalen Methode, Blickpunkt Hochschuldidaktik 25 (1972).
-, Interaktionsspiele, Bd. 1-8, Isko Press 1974-1977.
Walter, H.-J., Gestalttheorie und Psychotherapie, Steinkopff, Darmstadt 1977.

Mario M. Ernst, Konstanz

DAS KONZEPT DER GRUPPE IM PSYCHODRAMA

1. Einleitung und Überblick

Das Konzept der Gruppe ist ein wesentlicher Aspekt der Gruppenpsychotherapie, denn aus der ursprünglichen Dyade Therapeut-Patient werden hier multiple Beziehungen zwischen Patienten und Therapeuten. Diese heute ebenso unbestrittene wie triviale Feststellung trägt allerdings wenig zur Beantwortung der wichtigen Frage bei, worin sich die einzelnen Gruppenpsychotherapien unterscheiden und welche spezifische Funktion dabei die Gruppe hat. Von Bedeutung ist weiterhin die Frage nach der Angemessenheit der zugrundeliegenden Gruppenkonzepte, denn bekanntlich sind zahlreiche Formen der Gruppenpsychotherapie originär einzelpsychotherapeutisch konzipiert oder ihre Gruppenkonzepte anderen (Therapie-)Theorien entlehnt. Im Hinblick auf die ständig wachsende Zahl verschiedenster Gruppenpsychotherapien ist es sinnvoll, derartige Fragen zu untersuchen - Gegenstand dieses Buches.

Im vorliegenden Beitrag wird das Gruppenkonzept des Psychodramas dargestellt. Das Psychodrama ist nebst Soziometrie und Gruppenpsychotherapie integraler Teil eines umfassenden psycho- und soziotherapeutischen, nämlich des triadischen Systems, das von J.L. Moreno vor rund 50 Jahren wissenschaftlich begründet wurde (s. z.B. Moreno 1932[2], 1933, 1934, 1937b). Damit ist das Psychodrama nicht nur originär soziometrisch-gruppenpsychotherapeutisch fundiert, sondern auch die wohl älteste Form der Gruppenpsychotherapie: Sein Gruppenkonzept ist unmittelbar aus dem triadischen System - auch "Triade" genannt - abzuleiten.

Aufgrund dieser Zusammenhänge wird es notwendig, die Aussagen des triadischen Systems und seiner Teile der Reihe nach zu skizzieren und das psychodramatische Gruppenkonzept schrittweise abzuleiten. Gegenstand des Beitrags sind deshalb zunächst die Grundaussagen der Triade (Kapitel 2), wesentliche soziometrische Konzepte (Kapitel 3) und das eigenständige Gruppenpsychotherapiekonzept Morenos (Kapitel 4). Anschließend erfolgt eine Darstellung der Entwicklung und Charakteristika des Psychodramas als spezielle Form der Gruppenpsychotherapie (Kapitel 5). Auf dieser Basis werden dann die Entwicklungsdynamik, Merkmale und Funktionen der Psychodramagruppe - die Bestimmungsstücke des psychodramatischen Gruppenkonzeptes - herausgearbeitet (Kapitel 6). Mit diesem Kapitelaufbau wird der Versuch unternommen, der Eigenart und Komplexität des triadischen Systems im allgemeinen und des psychodramatischen Gruppenkonzeptes im besonderen annäherungsweise gerecht zu werden.[1]

2. Grundaussagen der Triade Psychodrama, Soziometrie und Gruppenpsychotherapie

Die Methoden des triadischen Systems sind interdependent und haben zugleich einen jeweils eigenen Stellenwert: Psychodrama, Soziometrie und Gruppenpsychotherapie stehen in einem dialektischen Verhältnis zueinander - eine Tatsache, die im gesamten Werk Morenos zum Ausdruck kommt, in neuerer Zeit jedoch erst von Leutz (1975) thematisiert wurde.

Aufgrund des integrativen und dialektischen Charakters der Triade bereitet es manchem Rezipienten Schwierigkeiten, ihre komplexen Aussagen angemessen nachzuvollziehen. Die Folge ist nicht selten, daß das Psychodrama fälschlicherweise als theoretisch nicht weiter fundierte Sammlung therapeutischer Techniken betrachtet oder seine enge theoretische und praktische Verflechtung mit der Soziometrie vernachlässigt wird. Ähnliches gilt für die Unterscheidung bzw. den Zusammenhang zwischen Psychodrama und Gruppenpsychotherapie: Während das Psychodrama eine spezielle Form der Gruppenpsychotherapie darstellt, sind mit dem Konzept der Gruppenpsychotherapie an sich, von Moreno in die Literatur eingeführt (Z. Moreno 1966; Petzold 1980), dezidierte sozialwissenschaftliche Vorstellungen verbunden (s. Moreno 1932[2], 1934; vgl. Kapitel 4).

Dementsprechend bedarf es zunächst einer Skizzierung der für die Triade insgesamt grundlegenden Aussagen:

(1) Der Mensch ist ein grundsätzlich spontanes Wesen,
(2) der Mensch ist ein grundsätzlich kreatives Wesen,
(3) der Mensch ist ein grundsätzlich handelndes Wesen,
(4) der Mensch ist ein grundsätzlich soziales Wesen.

Die korrespondierenden Konzepte - Spontaneität, Kreativität, Aktion und Begegnung - sind die Eckpfeiler des triadischen Systems und sollen deshalb kurz erläutert werden.

(1) Das Konzept der Spontaneität wurde schon früh thematisert (vgl. Moreno 1924, 1932[2], 1933, 1934). Im wesentlichen wird Spontaneität durch die situationale Angemessenheit und die Neuartigkeit des von ihr vorbereiteten bzw. geförderten Handelns bestimmt, wobei Angemessenheit und Neuartigkeit in einer Wechselbeziehung zueinander und zur gegebenen Situation stehen; sie ist als eine Energie anzusehen, die katalytisch wirkt und eine notwendige Voraussetzung für sinnvolles (z.B. kreatives) Handeln darstellt (Moreno 1953[2], S. 40, 42; 1960a, S. 8; 1974[3], S. 14, 439; Zeintlinger 1981a, S. 223, 239). Spontaneität kann pathologisch sein, etwa wenn sie zwar zu neuartigem, nicht aber situationsgemäßem Handeln führt. Ein Therapieziel der Triade ist somit die Förderung bzw. Weiterentwicklung der gesunden Spontaneität des Menschen.

2) Das Konzept der Kreativität ist eng mit demjenigen der Spontaneität verbunden (vgl. z.B. Moreno 1934). Während nämlich Spontaneität einen kreativen Akt vorbereitet bzw. fördert, kommt Kreativität in diesem Akt selbst zum Ausdruck:

"Ein Individuum kann dann als kreativ bezeichnet werden, wenn es eine (...) neue und adäquate (Handlungs-)Idee (also gesunde Spontaneität) hat und diese in eine Leistung umsetzt" (Zeitlinger 1981a, S. 242; Einschübe von M.M.E.; vgl. z.B. Moreno 1977[5], S. 35 f).

Pathologische Kreativtät ist dementsprechend durch neue, aber unangemessene (z.B. destruktive) Leistungen gekennzeichnet. Ein weiteres Therapieziel der Triade ist daher die Förderung bzw. Weiterentwicklung der gesunden Kreativität des Menschen.

3) Das Aktions-Konzept wird durch Psychodrama, Soziometrie und Gruppenpsychotherapie als Methoden der von Moreno (1932[2], 1933, 1934, 1937b, 1942a) begründeten Aktionsforschung operational definiert (vgl. Ernst, im Druck; Petzold 1980; Kapitel 4). Im Sinne einer theoretischen Definition bleibt festzuhalten, daß gesunde Aktion spontan, kreativ, im Hier und Jetzt sowie zielgerichtet erfolgt und demgemäß Erfahrung, Einsicht und Motivation beinhaltet (Zeitlinger 1981a, S. 218). Pathologische Aktion ist durch das Fehlen bzw. die zu geringe Ausprägung eines oder mehrerer der genannten Merkmale gekennzeichnet. Ein drittes Therapieziel der Triade ist deshalb die Förderung bzw. Weiterentwicklung des gesunden Handelns des Menschen.

(4) Das Konzept der Begegnung schließlich (vgl. z.B. Leutz 1974, 1982; Moreno 1924, 1932[2]; Petzold 1979) beinhaltet das Aufeinander-Bezogensein der handelnden Menschen:

"The principle underlying all forms of interpersonal and social experience is Begegnung ... It is 'in the moment' and 'in the here', 'in the now' and 'in becoming'" (Moreno 1960b, S. 15 f; Hervorhebung/deutsch im Original). "'Meeting' (Begegnung) means more than a vague inter-personal relation (zwischenmenschliche Beziehung). It means that two or more persons meet, but not only to face one another, but to live and experience each other, as actors each in his own right ... only people who meet one another can form a natural group and an actual society of human beings" (Moreno 1943, S. 310; Hervorhebung/deutsch im Original, Einschub von M.M.E.).

Begegnung kann sich allerdings in einer für alle Partner befriedigenden Weise nur dann ereignen, wenn diese über gesunde Spontaneität, Kreativität und Handlung(sfähigkeit) verfügen. Sie ist zugleich eine wesentliche Voraussetzung für das realitätsgemäße, harmonische und erfolgreiche Zusammenleben der Menschen innerhalb der verschiedenen (Lebens-)Gruppen, deren mehr oder weniger integraler Teil sie sind, sein müssen oder sein wollen. Ein viertes Therapieziel der Triade ist folglich die Förderung bzw. Weiterentwicklung der Begegnungsfähigkeit des Menschen.

3. Soziometrische Konzepte

Die Soziometrie beinhaltet im wesentlichen die "Erforschung der Entwicklung und Organisation der Gruppe und der Stellung der Individuen in ihr" (Moreno 1974[3], S. 29) und ist, im Gegensatz zur gelegentlich vertretenen Auffassung, sowohl eine Theorie als auch eine Technik (vgl. Dollase 1976[2]; Ernst 1981, im Druck; Moreno 1933, 1942a, 1942b, 1953[2]/1974[3]; Zeintlinger 1981a).

Die weiteren Ausführungen verweisen auf die grundlegende Bedeutung der Soziometrie für die Gruppenpsychotherapie, das Psychodrama und dessen Gruppenkonzept; als Voraussetzung für die anschließenden Kapitel sind sie vorwiegend deskriptiv.

Die meisten soziometrischen Konzepte finden sich bereits in einem frühen Standardwerk Morenos (1934) und den später lediglich modifiziert (vgl. z.B. Moreno 1953[2]/

1974[3]). Ihre Entwicklung erfolgte im Rahmen umfassender Forschungsarbeiten über das Zusammenleben der Menschen in verschiedenen Institutionen, vor allem des Strafvollzugs sowie des Schul- und Erziehungswesens (Sing-Sing-Gefängnis in Ossining, New York; Schulen in New York; Erziehungsanstalt in Hudson, New York). Insgesamt waren mehrere tausend Personen an den soziometrischen Untersuchungen beteiligt, die sozialpsychologische, aber auch sozialtherapeutische und sozialpsychiatrische Zielsetzungen hatten (vgl. Ernst, im Druck; Moreno 1932[2], 1933, 1934, 1953[2]/1974[3]).

(1) Wahl und Ablehnung waren als Grundkategorien zwischenmenschlicher Beziehungen ausschlaggebend für die Entwicklung sämtlicher soziometrischer Verfahren (Moreno 1934, S. 3). So ist die soziometrische Erhebungssituation immer eine Präferenzsituation, die sich operational wie folgt darstellt: Jedes Mitglied einer Lebens- oder Therapiegruppe wird aufgefordert, nach bestimmten, konkreten Kriterien (z.B. Sympathie, Vertrauen, räumliche Nähe) jeweils zu den anderen Gruppenmitgliedern Stellung zu nehmen, d.h. anzugeben, ob es diese wählt, ablehnt oder ihnen neutral gegenübersteht (hierzu ausführlich Dollase 1976[2]).

(2) Das soziale Atom kann kurz definiert werden als "die kleinste lebende, nicht weiter teilbare soziale Einheit" (Moreno 1934, S. 141; Übersetzung von M.M.E.). Präziser sind jedoch die folgenden Definitionen (Moreno 1934, S. 432 bzw. 1960d, S. 52):

"Social Atom. The smallest constellation of ... relations which can be said to make up the individual cells in the social universe. It consists of the ... relations of one individual to those other individuals to whom he is attracted or repelled and their relation to him", und

"The sum of interpersonal structures resulting from choices and rejections centered about a given individual is his social atom".

Jedes Individuum lebt in seinem sozialen Atom, das es von Geburt an nicht nur hat, sondern auch ist: Dieses umfaßt und verbindet die individuelle Persönlichkeit und ihre soziale Umgebung und wächst mit dem Individuum im Rahmen der ihm gegebenen Entwicklungsmöglichkeiten. Über die gesamte Lebensspanne hinweg weist das soziale Atom eine - mehr oder weniger - ähnliche Struktur auf, so daß Individuen einem sozialen Konstellationszwang unterliegen können (Leutz 1974, S. 53, 137; vgl. Moreno 1934, 1953[2], 1960d, 1974[3]; Petzold 1982).

Hinsichtlich der Organisation des sozialen Atoms einer Person (Moreno 1943, S. 322; 1960e, S. 55 ff) sind zu unterscheiden (a) sein innerer Kern: das sind jene Personen, zu denen realisierte sozioemotionale Beziehungen bestehen; (b) sein äußerer Kern: das sind jene Personen, zu denen erwünschte sozioemotionale Beziehungen bestehen; und (c) das Bekanntschaftsvolumen: das sind jene, dem Individuum bekannte Personen, zu denen keine sozioemotionalen Beziehungen bestehen (und die nicht mehr zum sozialen Atom im eigentlichen Sinne gehören).

Das soziale Atom kann balanciert (im Gleichgewicht) sein oder nicht. In Balance befindet es sich dann, wenn die vom Individuum ausgehenden sozioemotionalen Beziehungen von den seinem sozialen Atom angehörenden Personen erwidert werden, also auf Gegenseitigkeit beruhen. Nicht balancierte soziale Atome verweisen auf Störungen, etwa der sozialen Wahrnehmung, und die betreffenden Personen werden - in Analogie zur klassischen psychiatrischen Begriffsbildung - als "soziotisch" bezeichnet (Moreno 1934, S. 192; 1953[2], S. 379).

Die gruppenorientierte Betrachtung sozialer Atome (Moreno 1953[2], S. 69, 294 f, 618; 1974[3], S. 163, 167) ergibt, daß diese gleichsam Bindeglieder zwischen Individuen ebenso wie zwischen Individuen und dem Gruppenganzen repräsentieren. Als kleinste funktionale Einheiten sind sie für jede Gruppe konstituierend. Der "Charakter" von Gruppen - ihre spezifische Struktur und Organisation - ist demgemäß abhängig von der Anzahl, Art und Größe der in ihnen enthaltenen sozialen Atome.

(3) Das kulturelle Atom ist - in Analogie zum sozialen Atom - konzipert als "die kleinste funktionale Einheit innerhalb eines kulturellen Musters" (Moreno 1940a, S. 20; Übersetzung von M.M.E.), bestehend aus allen Rollen eines Individuums und den korrespondierenden Gegenrollen, d.h. seinen (wechselseitigen) Rollenbeziehungen (vgl. Mathias 1982; Moreno 1940b, 1953[2], 1960d; Petzold 1982). Ähnlich wie für das soziale Atom gilt auch für das kulturelle Atom jedes Menschen, daß es von Geburt an vorhanden sowie mehr oder weniger groß und ausgeglichen (balanciert) ist, mit ihm wächst, ihn mit anderen Individuen und Gruppen verbindet sowie den Gruppencharakter mitbestimmt - und zwar jeweils auf der Rollenebene.

Der nachfolgende, in Anbetracht ihrer Vielschichtigkeit knappe Exkurs zur soziometrisch-psychodramatischen Rollentheorie soll diese Ausführungen ergänzen.

"Rollen sind Systeme, die verschiedene Handlungen miteinander in Beziehung setzen und dadurch bestimmte Handlungsklassen von anderen Handlungsklassen abgrenzen (...) An jede Rolle knüpfen sich kollektive Erwartungen, (...) Normen für Handlungen (Handlunsvorschriften) (...) Rollen sind mehr oder weniger stark genormt (...) Je weniger genormt eine Rolle ist, umso größer ist der Anteil an Handlungen, die das Individuum frei gestalten kann. Eine solche Rolle kann als Teil eines Rollensystems gesehen werden. Ein Rollensystem ist dann gegeben, wenn die Einheit durch aufeinander bezogene Rollen hergestellt ist, wobei die Änderung jeder Einzelbeziehung besimmte Konsequenzen für alle anderen Rollenbeziehungen hat, so daß Einzelrollen sinnvoll lediglich durch das jeweilige Rollen-Beziehungsgefüge beschrieben werden können" (Zeintlinger, 1981a, S. 193; Einschub von M.M.E.).

Innerhalb der soziometrisch-psychodramatischen Rollentheorie wird zwischen kategorialen und aktionalen Rollen unterschieden. Zu den kategorialen gehören (in Klammern jeweils ein analoges Beispiel) somatische Rollen (der Koitierende schlechthin), psychische Rollen (der Verliebte schlechthin), soziale Rollen (der Ehegatte schlechthin) und tranzendente (oder integrative) Rollen (der Liebende schlechthin; Leutz 1974, S. 48-51; Petzold 1982, S. 139 f). Zu den aktionalen hingegen gehören psychosomatische Rollen (z.B. die konkret-leibliche Rolle des Essenden), psychodramatische Rollen (etwa die Rolle eines bestimmten Ehegatten) und soziodramatische Rollen (z.B. die konkret vollzogene Rolle eines Lehrers), wobei letztere häufig zu psychodramatischen Rollen werden (Petzold 1982, S. 76, 94 f, 110-113). Während kategoriale Rollen eher kulturell determiniert sind, werden aktionale Rollen (nicht zuletzt im Psychodrama) "als komplementäre Konfigurationen gespielt" und machen auf diese Weise kreative Entwicklungen möglich (Petzold 1982, S. 137 - Hervorhebung im Original -, 76, 91).

(4) Tele (Tele-Prozeß, Tele-Beziehung). Mit Bezug auf die am Stegreifspiel Beteiligten sprach Moreno bereits 1924 (S. 57) von einem "Feingefühl für die gegenseitigen inneren Vorgänge" und von einer "Verständigungsseele". Damit verwies er implizit auf einen wichtigen, innerhalb sozialer Atome ablaufenden Prozeß bzw. Beziehungsmodus, später "Tele" genannt (Moreno 1933, S. 239; 1934, S. 163, 432). Tele ist, faßt man die zahlreichen, in der Literatur (z.B. bei Leutz 1974; Mathias 1982; Moreno 1934,

1937b, 1953[2], 1960c, 1973[2], 1974[3]) wiedergegebenen Definitionen zusammen, die realitätsgemäße und wechselseitige, sozioemotionale Bezogenheit zweier oder mehrerer interagierender Individuen als Merkmal der Begegnung. Neben dem konativen hat Tele einen kognitiven Aspekt (Moreno 1953[2], S. 54, 325 f; 1960c, S. 18; 1974[3], S. 410): Es beinhaltet zugleich die realitätsgemäße soziale "Wahrnehmung der möglichen und tatsächlichen Reaktionen und Eigenschaften der anderen" (Zeitlinger 1981a, S. 214).

Weiterhin ist Tele "Zweifühlung im Gegensatz zu Einfühlung" (Moreno 1974[3], S. 446) und als solche entscheidend für den therapeutischen Prozeß: Einfühlung allein, etwa von Seiten des Therapeuten, gewährleistet nicht notwendig therapeutische Fortschritte, die ihrerseits in hohem Maße von der Begegnung abhängig sind (Moreno 1953[2], S. 311; vgl. Leutz 1974; Mathias 1982). Während Einfühlung immerhin als Komponente der (gesunden) Tele-Beziehung aufzufassen ist, stellt Übertragung einen pathologischen Beziehungsmodus dar, weil sie sich nicht unmittelbar auf die jeweils reale Person bezieht und somit wirkliche Begegnung unmöglich macht (Leutz 1974, S. 18 ff; Moreno 1953[2], S. 85, 316, 644; 1974[3], S. 174).

Eine große Zahl von Tele-Beziehungen kennzeichnet ein balanciertes soziales Atom. Da nun soziale Atome für jede Gruppe konstituierend sind, folgt, daß Tele-Beziehungen ihrerseits entscheidenden Anteil an der Gruppenentwicklung haben, denn je mehr Tele-Beziehungen die Individuen verbinden, desto höher ist die Kohäsion der Gruppe und mit ihr die Wahrscheinlichkeit "der kreativen Kooperation, des 'liebenden Miteinanderseins', aber auch der realitätsgerechten Auseinandersetzung" (Leutz 1974, S. 20; vgl. Moreno 1937b, 1953[2], 1960c, 1973[2], 1974[3]).

Im Zusammenhang mit dem Tele-Konzept steht das Konzept gemeinsam-unbewußter Zustände, über die miteinander interagierende Personen, wenn sie sich näher kennen, verfügen und die eine gegenseitige - unbewußte - Abstimmung ihres Handelns ermöglichen (Moreno 1961, S. 521/1979, S. 19 f; vgl. Leutz 1974; Mathias 1982; Petzold 1982). Das Konzept wurde entwickelt, um der Wechselseitigkeit auch der unbewußten Aspekte zwischenmenschlicher Beziehungen Rechnung zu tragen.

(5) Soziogenetisches Gesetz: Jede Gruppe ist vom Beginn ihrer Existenz an einer zunehmenden Differenzierung unterworfen, so daß einfachere Gruppenstrukturen von komplexeren abgelöst werden. Einfache Gruppenstrukturen sind

durch wenige gegenseitige soziometrische Wahlen (bzw. Ablehnungen) sowie Dreiecks-, Vierecks- und Kettenbeziehungen und viele isolierte Individuen gekennzeichnet. Die Ausdifferenzierung erfolgt aufgrund sozialer Interaktion der Individuen, in Abhängigkeit vom Grad ihrer sozialen Fertigkeiten und vom Gruppenalter. Da auch die sozialen Fertigkeiten mittels sozialer Interaktion zunehmen, entspricht die Entwicklung der (komplexer werdenden) Struktur der Gruppe der sozialen Reifung ihrer Mitglieder (Moreno 1933, S. 228; 1934, S. 4, 65 f, 113, 265; vgl. Leutz 1974; Moreno 1943, 1953^{2}, 1973^{2}, 1974^{3}).

(6) Das Gesetz der sozialen Gravitation bezieht sich auf Prozesse der Subgruppenbildung und -auflösung. Mit zunehmender Differenzierung der Gruppenstruktur bilden sich verschiedene, voneinander mehr und mehr abgegrenzte, sogenannte zentripetale oder introvertierte Subgruppen, die definitionsgemäß nur durch Beziehungen einiger weniger Individuen miteinander verbunden sind; die soziometrischen Wahlen fallen hier fast ausschließlich auf Mitglieder der jeweils eigenen (Sub-)Gruppe. Die Folge ist, daß sich diese Subgruppen zu einem späteren Zeitpunkt nicht mehr selbst genügen und ihre Mitglieder wieder verstärkt Beziehungen zu solchen der jeweils anderen Subgruppen aufnehmen, und diese weisen dann zunehmend eine zentrifugale, d.h. extravertierte Struktur auf. Jede entwickelte Gruppe ist somit einem Wechselspiel von Prozessen der Differenzierung (Bildung introvertierter Subgruppen) und der Integration (Auflösung extravertierter Subgruppen) unterworfen. Die Gruppenorganisation ist dann ausgeglichen, wenn sich die beiden gegenläufigen Prozesse die Waage halten (Moreno 1933, S. 233; 1934, S. 3, 97, 265 f; vgl. 1943, 1953^{2}, 1973^{2}, 1974^{3}). Daß diese Prozesse auf der Interaktion der Individuen - und der einzelnen Gruppen (Moreno 1934, S. 111) - beruhen, versteht sich von selbst.

(7) Soziodynamisches Gesetz. Mit der Entwicklung der Gruppenstruktur eng verbunden ist ein weiterer Effekt, der sich auf den Umfang der Wahlen bezieht, welche die Gruppenmitglieder während des Gruppenprozesses erhalten, d.h. auf ihren soziometrischen Status. Das soziodynamische Gesetz besagt hierzu erstens, daß es in jeder Gruppe beliebte, von vielen gewählte, also Individuen mit hohem soziometrischem Status (Stars), gibt und unbeliebte, von wenigen gewählte, also Individuen mit niedrigem soziometrischem Status (Isolierte). Das soziodynamische Gesetz besagt zweitens, daß sich diese Statusunterschiede ent-

gegen der Erwartung mit wachsender Zahl der Gruppenmitglieder und/oder Wahlmöglickeiten verstärken; ohnehin beliebte Individuen können dann überproportional mehr Wahlen auf sich vereinigen als unbeliebte (Moreno 1933, S. 232; 1934, S. 74 f; 1953[2], S. 5, 23 f, 639 f, 697 f; vgl. Leutz 1974; Moreno 1974[3]).

Weitere soziometrische Konzepte liegen vor, können aber aus Platzgründen nicht näher erläutert werden - etwa die Netzwerkhypothese (sozioemotionale Beziehungen verbinden netzwerkartig alle Teile einer Gesellschaft; vgl. z.B. Moreno 1934, S. 256-265) oder die Unterscheidung zwischen formellen (institutionell determinierten) und informellen (durch freie soziometrische Entscheidung der Betroffenen hervorgerufenen) Gruppenstrukturen (vgl. z.B. Moreno 1933, S. 224 f).

4. Soziometrie und Gruppenpsychotherapie

4.1. Soziometrie als Grundlage der Gruppenpsychotherapie

Die Soziometrie berücksichtigt mit den genannten Konzepten seit ihren Anfängen sowohl bestehende Interdependenz der Individuen und zwischen Individuum und Gruppe als auch Aktion und Interaktion in ihrer elementaren Bedeutung für das menschliche Zusammenleben. Sie ist somit originär interpersonal und interaktional konzipiert.

Darüber hinaus ist Soziometrie im Sinne Morenos Aktionsforschung par excellance, denn sie erfüllt alle hierfür notwendigen Voraussetzungen, nämlich (1) Ganzheitlichkeit, (2) Demokratisierung, (3) Aufhebung der Subjekt-Objekt-Trennung, (4) dialektisches Verhältnis zwischen Praxis/Aktion und Wissenschaft/Forschung, (5) dialektisches Verhältnis zwischen Diagnose und Intervention sowie (6) Interdisziplinarität (Ernst, im Druck; s. Moreno 1932[2], 1933, 1934, 1937a, 1937c, 1940c, 1941a, 1941b, 1942a, 1942b, 1951/1981, 1953[2]/1974[3]; Petzold 1980).

Der sozialpsychologischen, sozialtherapeutischen und sozialpsychiatrischen Zielsetzung der soziometrischen Forschung sowie der interpersonalen und interaktionalen Konzeption der Soziometrie selbst konnte ein einzelpsychotherapeutischer Ansatz naturgemäß nicht entsprechen: Die logische Folge war die Entwicklung und Anwendung der Gruppenpsychotherapie durch Moreno (1932[2], 1934).

Gemäß dem von ihm begründeten Aktionsforschungsansatz führte er zu Anfang der dreißiger Jahre eine Untersuchung durch, die den Beginn der wissenschaftlichen Entwicklung seines Gruppenpsychotherapiekonzeptes markiert und auf die deshalb näher eingegangen werden soll. Ort der Untersuchung war das Sing-Sing-Gefängnis in Ossining (New York) und ihr Ziel die Umstrukturierung des restriktiven Gefängnissystems in eine sozialisierte Gemeinschaft ("socialized community"; Moreno 1932[2]). Die Strafgefangenen wurden zunächst auf der Basis ethnologischer, soziodemographischer, kriminologischer, psychologischer und interaktional-soziometrischer Variablen umfassend klassifiziert (S. 8, 13-21, 32).[2] Anhand dieser Klassifikation erfolgte dann eine Zuordnung (assignment) von Strafgefangenen mit jeweils ähnlichen Merkmalsmustern zu entsprechend gebildeten Gruppen (S. 33-45). Zweck und Inhalt der Gruppen schließlich war die Behandlung der Verhaltens- und Beziehungsstörungen der Strafgefangenen, die längerfristig zu gegenseitigen, aktiven therapeutischen Agenten ("active therapeutic agents") werden konnten - mit anderen Worten: Gruppenpsychotherapie (S. 60 f, 104). Dabei wurde unter anderem von den folgenden - sozialpsychiatrischen und sozialtherapeutischen - Überlegungen ausgegangen:

"We find the mental condition of the prisoner expressed in individual terms: feeble-minded, borderline, psychopath, psychotic, etc., but we do not find him expressed in social terms, althoug social classification and group treatment of prisoners are equally fundamental" (S. 19); und *"Psychological treatment copies the relation of physician and patient. One is superior, the other inferior, in this relation. These roles are fixed and the situation is asymmetric. In the group situation, once the assignment is accomplished, the groups function for themselves and the therapeutic process streams through their mutual interrelationships. Every man has an equal rank. The roles are plastic and the situation is symmetric" (S. 61).*

Das Projekt war zwar nicht ausschließlich psychiatrisch-psychotherapeutisch orientiert, aber bereits hier zeichnet sich die Bedeutung der soziometrischen Perspektive ab, insbesondere im Hinblick auf das gruppenbezogene Vorgehen und die Berücksichtigung der Wechselseitigkeit der zwischenmenschlichen Beziehungen.

Der Zusammenhang zwischen Soziometrie und Gruppenpsychotherapie wird noch deutlicher, wenn Moreno schreibt:

"We were developing a therapeutic procedure which leaves the individuals ... on an level which is as near as possible to the level of their natural growth and as free as possible from indoctrination. It is based upon the

affinities among them and the patterns resulting from their spontaneous interactions. The patterns are used as guide in the classification, the construction, and (...) the reconstruction of groupings". Und:

"When the organization of a group is uncovered through the sociometric test, the contribution is revealed also which each of its members makes towards the mental or social disorder by which a particular individual is especially caught. This recognition of the community structure and of the position of each individual within it can be used for therapeutic ends (...) through group therapy (...) Group therapy treats not only the individual who is the focus of attention because of maladjustment but the whole group of individuals who are interrelated to him".

Damit wird die Soziometrie vollends zur sozialwissenschaftlichen Grundlage der Gruppenpsychotherapie, als die sie nach wie vor gilt (vgl. Engelke 1981; Leutz 1974, 1975, 1977, 1979; Moreno 1951/1981, 1973[2], 1974[3]; Z.T. Moreno 1966; Zeintlinger 1981b). Sie stellt nämlich das nötige Instrumentarium und Wissen zur Verfügung, um Gruppenpsychotherapie geplant und indiziert durchzuführen sowie die entsprechenden Prozesse und Veränderungen zu erfassen.

Im übrigen sind Soziometrie und Gruppenpsychotherapie insofern wechselseitig miteinander verknüpft, als der soziometrischen Eingangsdiagnostik (vgl. Kulenkampff, Adomeit 1981) die gruppenpsychotherapeutische Interaktion (vgl. unten) und dieser wiederum die soiometrische Prozeßdiagnostik folgt. In der Praxis werden die Verfahren allerdings nicht notwendig in der hier zu Erläuterungszwecken dargestellten Reihenfolge eingesetzt, sondern gehen mehr oder weniger fließend ineinander über, zumal der entsprechend geschulte Gruppenpsychotherapeut bei jeder Intervention die soziometrische Perspektive mitberücksichtigt.

4.2. Gruppenpsychotherapie nach Moreno: Eine Definition

Bevor eine zusammenfassende Definition vorgestellt werden kann, badarf es noch der Benennung zweier weiterer Merkmale der Gruppenpsychotherapie nach Moreno: der Unterscheidung zwischen natürlichen und synthetischen Therapiegruppen und des Prinzips der therapeutischen Interaktion.

Die Unterscheidung zwischen natürlichen und synthetischen Therapiegruppen (Moreno 1973[2], S. 12) ist aus folgenden Gründen von Bedeutung. Insbesondere im Rahmen der soziometrisch-therapeutischen Aktionsforschung wurden bereits bestehende (Lebens-)Gruppen wie etwa Heimgruppen oder Familien oft unmittelbar zu - natürlichen - Therapiegruppen, und Gruppenpsychotherapie erfolgte, übrigens nach dem Prinzip der therapeutischen Gemeinschaft, vor Ort, d.h. im konkreten Lebensraum der beteiligten Individuen (vgl. z.B. Moreno 1932 , 1933, 1934 und 1973[2], S. 54 f). Synthetisch hingegen sind eigens zum Zwick der Psychotherapie innerhalb entsprechender Institutionen, also psychiatrischer Kliniken und Praxen, gebildete Patientengruppen im heutigen, engeren Sinne. Diese Unterscheidung spiegelt die Situationsbezogenheit des triadischen Systems im allgemeinen und der Gruppenpsychotherapie im besonderen wider. Folgerichtig ist Gruppenpsychotherapie, wenn sie schon nicht im konkreten Lebensraum der Individuen eingesetzt wird oder werden kann, durch ein jenem analoges Setting gekennzeichnet (vgl. Kapitel 5, 6).

Wesentlich für Gruppenpsychotherapie ist schließlich das Prinzip der therapeutischen (freien und spontanen) Interaktion zwischen allen Gruppenmitgliedern - also den Patienten und dem/den Therapeuten sowie den Therapeuten (Moreno 1973[2], S. 12, 56). Denn neben dem/den professionellen Therapeuten fungieren alle Gruppenmitglieder wechselseitig als aktive Therapeuten (vgl. Abschnitt 4.1). Umgekehrt kann aber auch der professionelle Therapeut als Gruppenmitglied gelegentlich zum Gegenstand der Gruppenpsychotherapie werden, zumal er aufgrund seiner Doppelfunktion "die am leichtesten verwundbare Person der Gruppe" ist (Moreno 1973[2], S. 58).

Auf der Grundlage aller bisherigen und als eine Voraussetzung für die weiteren Ausführungen kann nunmehr Gruppenpsychotherapie nach Moreno zusammenfassend wie folgt definiert werden:

Gruppenpsychotherapie nach Moreno ist eine sozialwissenschaftlich begründete Methode der Psychotherapie in und mit der Gruppe zur lebensnahen Bearbeitung gestörter zwischenmenschlicher Beziehungen und Interaktionen. Ihr Ziel ist die Förderung bzw. Weiterentwicklung der gesunden Spontaneität, Kreativität, Handlungs- und Begegnungsfähigkeit sowie der psychosozialen Integration des Menschen innerhalb seiner Lebens- und Bezugsgruppen. Dabei kommt der soziometrischen Erfassung und Analyse der wechselseitigen Beziehungen zwischen Individuen, zwischen Individuum und Gruppen sowie zwischen Gruppen grundlegende psychosozio- und gruppenprozeßdiagnostische Bedeutung zu. Das Hauptprinzip der Gruppenpsychotherapie ist gemäß ihrem lebensnahen Setting die therapeutische Interaktion zwischen den Patienten, zwischen den Patienten und den Therapeuten sowie zwischen den Therapeuten. Alle Gruppenmitglieder fungieren wechselseitig als aktive Therapeuten und die professionellen Therapeuten zugleich als Gruppenmitglieder.

5. Psychodrama

Alle Teile der im vorigen Kapitel formulierten Definitionen gelten naturgemäß auch für das Psychodrama als spezielle Form der Gruppenpsychotherapie nach Moreno. Bevor sein Gruppenkonzept herausgearbeitet werden kann, sollen zwei für seine Entwicklung grundlegende Arbeiten benannt und seine Spezifika kurz dargestellt werden.

5.1. Entwicklung des Psychodramas: Zwei grundlegende Arbeiten

Die Idee der spontanen, kreativen Aktion und der Begegnungsgedanke fanden einen ersten umfassenden Ausdruck in den Theaterexperimenten Morenos zu Beginn der zwanziger Jahre (Moreno 1924): "Das Stegreiftheater" war als "Einladung zu einer Begegnung" (S. 5) das Modell für das wenig später als Therapiemethode konzipierte Psychodrama. Denn viele seiner Hauptmerkmale und Spezifika werden hier bereits - in der zu dieser Zeit expressionistischen Sprache Morenos - implizit beschrieben oder benannt, wie die folgende Zitat-Auswahl zeigt:

"Die Wandlung der Zuschauer in Zuschauspieler, des Zuschauerraumes in ein Zuschautheater versetzt die Regie in ein neues Versuchsfeld" (S. 12); "Alle schreiten aus der Bewußtseins- in die Stegreiflage" (S. 16); "Die Stegreifkunst macht vom Bewußtsein keinen Gebrauch, das Unbewußte steigt unverletzt auf" (S. 18); "Hier muß die zen-

trale Person vom Dichter selbst gespielt werden (...) Seine Erregtheit überträgt sich auf die Mitspieler" (S. 36); "An Stelle der Tiefenanalyse tritt Tiefenproduktion (...) Absicht ist, die Krankheit sichtbar zu machen (...) Der Kranke treibt selbst seine Krankheit aus (...) Das Stegreifspiel korrigiert unglückliches Schicksal (...) Der Arzt heilt nicht durch Mittel sondern durch bloße Begegnung"(S. 71); "Doch diese wahnsinnige Passion, diese Aufrollung des Lebens im Schein, wirkt nicht wie ein Leidensgang, sondern bestätigt den Satz: jedes wahre zweite Mal ist die Befreiung vom ersten" (s. 77).
(Auf eine Erläuterung verzichte ich an dieser Stelle, da eine solche im nachfolgenden Abschnitt 5.2 und im Kapitel 6 erfolgt.)

Es bleibt festzuhalten, daß das Stegreiftheater ein unmittelbarer Vorläufer des Psychodramas als gruppenpsychotherapeutische Aktionsmethode war. Der Vollständigkeit halber sei ein weiterer, direkter Vorläufer erwähnt, nämlich der sogenannte "Spontneitätstest", das Ausagieren grundlegender sozioemotionaler Reaktionen in standardisierten Lebenssituationen. Er wurde im Rahmen der bereits behandelten soziometrischen Untersuchungen eingesetzt (Moreno 1932[2], S. 13; 1933, S. 226; 1934, S. 15, 169 f).

Erstmals explizit benannt und näher beschrieben wurde das Psychodrama dann in einer - sehr lesenswerten - Arbeit Morenos (1937b) mit dem bezeichnenden Titel "Inter-personal therapy and the psychopathology of inter-personal relations". Vor dem Hintergund der bisherigen Ausführungen, insbesondere auch über sein Konzept der Gruppenpsychotherapie, wird die Eigenart des Psychodramas weiter verdeutlicht, wenn Moreno in dieser Arbeit mit Bezug auf das psychodramatische Setting z.B. schreibt:

"The new technique, if properly applied, aided the patient to actualize during the treatment that which he needed to let himself pass through in an procedure which was as close to his life itself as possible". (S. 24). Und:

"The patient is taken out of his immediate environment and is placed in a situation especially constructed for his needs. The therapeutic theatre is such a situation. It is a world in miniature. It is a place in which the world produces or may produce are enacted ... The patient is given the choice of the role and the choice of the assistent with whom as a partner he would like to act the situation out. The tele relations

of the patient are thus our first guide ... Every situation and performance is analyzed immediately after the performance in the presence of, and with the collaboration of the patient" (S. 25).

Hier werden, in Ergänzung zu den oben angedeuteten Merkmalen, unter anderem Funktionen der Psychodramagruppe implizit angesprochen: Das psychodramatische Setting ermöglicht dem Patienten die szenische Darstellung und damit Bearbeitung kritischer Lebenssituationen unter aktiver Beteiligung der von ihm in entsprechende (Gegen-)Rollen gewählten Gruppenmitglieder, an dieser Stelle Assistent(en) genannt; bei der Rollenzuweisung kommen die sozioemotionalen, gegebenenfalls die Tele-Beziehungen innerhalb der Gruppe zum Tragen, ein Vorgang von diagnostischer Bedeutung; und durch die Repräsentation sowie den konkreten und unmittelbaren Vollzug aller nur denkbaren Rollen, die vom Patienten und von den anderen Gruppenmitgliedern handelnd übernommen werden, entspricht das psychodramatische Setting in hohem Maße der Lebenswirklichkeit des Patienten und in diesem Sinne einer "Miniaturwelt". Anhand des zuletzt zitierten Satzes ist weiterhin festzuhalten, daß Psychodrama keinesfalls, wie der erste Anschein nahelegt, pures "Agieren" ist: Die szenische Darstellung wird in der Regel mittels zahlreicher Techniken sorgfältig vorbereitet, geleitet und anschließend nachbesprochen (s. Kapitel 6). - Die Arbeit enthält im übrigen innovative Ausführungen über die gewandelte Therapeut-Patient-Beziehung (S. 10 ff) und die Bedeutung der interpersonalen Sicht- und Herangehensweise für die Diagnose und Therapie neurotischer Störungen (S. 11-17), sitzungsbezogene Fallbeispiele (S. 27-64) sowie zahlreiche weitere Erläuterungen zur Technik und Theorie des Psychodramas (S. 10 f, 16 ff, 21-24, 26 f, 32, 42 f, 48, 54 ff, 66 f, 70-75).

5.2 Hauptmerkmale des Psychodramas im Überblick

Entsprechend der Indikation, der Intention des Therapeuten, der Zielgruppe (Petzold 1979, S. 74), aber auch dem aktuellen therapeutischen (psycho-, sozio- und gruppenpynamischen) Prozeß selbst kann das Psychodrama in verschiedenen Varianten eingesetzt werden (Leutz 1974, S. 106-111; Petzold 1979, S. 74 ff): Es handelt sich hierbei um

- das Monodrama, d.h. Psychodramaeinzeltherapie, vor al-

lem mit schwer gestörten, nicht gruppenfähigen Patienten (z.B. Psychotikern),
- das protagonisten- oder personenzentrierte Psychodrama, bei dem die therapeutische Arbeit einer Person unter Beteiligung der anderen Gruppenmitglieder im Vordergund steht,
- das gruppengerichtete Psychodrama, mit dem die Problematik aller Mitglieder homogener Gruppen (z.B. von Suchtkranken) wie beim protagonistenzentrierten Psychodrama stellvertretend von einer Person bearbeitet wird,
- das gruppenzentrierte Psychodrama, dessen Gegenstand die gesamte Gruppe, d.h. die Bearbeitung der Sozio- und Gruppendynamik, ist - und -
- das themenzentrierte Psychodrama mit pädagogisch-didaktischer Zielsetzung.

Als Gruppenpsychotherapie wird das Psychodrama heute alternierend protagonistenzentriert, gruppengerichtet und gruppenzentriert eingesetzt, und zwar jeweils in Abhängigkeit von den therapeutischen Erfordernissen und den Bedürfnissen der Gruppenmitglieder; dabei überwiegt häufig die protagonistenzentrierte Variante. In der Praxis jedoch gehen die drei Varianten meist fließend ineinander über, so daß sie strenggenommen nicht voneinander getrennt werden können.

Die Merkmale des Psychodramas, auf dessen protagonistenzentrierte Variante sich alle weiteren Ausführungen exemplarisch beziehen, können zusammenfassend als (1) Konsituenten und (2) Phasen des Psychodramas benannt und dargestellt werden.[3]

(1) Die Konstituenten des Psychodramas sind
- die Bühne, das ist der Handlungsraum, in dem die spontane szenische Darstellung vergangener, gegenwärtiger oder zukünftiger, wirklicher oder phantasierter (Lebens- oder Traum-)Situationen erfolgt, und zwar semireal (vgl. Leutz 1974, S. 77), d.h. einerseits im Hier und Jetzt der Therapiegruppe, andererseits als äußerst lebensnahe Reproduktion des Ereignisablaufes und des subjektiv wie situativ bedeutsamen Erlebens,
- der Protagonist (s. Kapitel 6),
- der Therapeut (s. Kapitel 6),
- die Assistenten bzw. Antagonisten bzw. Hilfs-Iche (s. Kapitel 6),
- die Gruppe (als ganze; s. Kapitel 6),
- die Techniken, und zwar, gemäß den drei Sitzungsphasen (s.u. und Kapitel 6), Erwärmungstechniken zur Förderung

spontaner Äußerungen und der Darstellungsbereitschaft (z.B. der "leere Stuhl"), Handlungtechniken zur Initiierung, Aufrechterhaltung und Lenkung der psychodramatischen Interaktionen (z.B. Rollentausch, Doppeln oder Spiegeln) sowie Integrationstechniken zur Stukturierung des Feedbacks und der (verbal oder szenisch) durchgeführten psychodramatischen Prozeßanalyse.[4]

(2) Die drei Phasen des Psychodramas bzw. der Psychodramasitzung sind:

- die Erwärmungsphase (Synonyme: Initial- oder Warming-up-Phase; s. Kapitel 6),
- die Handlungsphase (Synonyme: Aktions- oder Spielphase; s. Kapitel 6),
- die Integrationsphase (Synonyme: Gesprächs-, Durcharbeitungs-, Feedback- oder Abschlußphase, s. Kapitel 6).

Es wurde hier jeweils diejenige Bezeichnung an die erste Stelle gesetzt, welche die Hauptfunktion der entsprechenden Sitzungsphase am zutreffendsten wiedergibt. Abgesehen davon kann die Funktion der einzelnen Sitzungsphasen innerhalb des durch die angegebenen Synonyme markierten Rahmens variieren, und es versteht sich von selbst, daß die Phasen in der Regel mehr oder weniger fließend ineinander übergehen.

Naturgemäß konnten im vorliegenden Kapitel nicht alle Aspekte des Psychodramas erschöpfend dargestellt werden, und der interessierte Leser sei diesbezüglich auf die belegte Literatur verwiesen. Auf der Grundlage der bisherigen Ausführungen dürfte jedoch deutlich geworden sein, daß die Entwicklung und Eigenart des klassischen Psychodramas untrennbar mit derjenigen der Soziometrie und der Gruppenpsychotherapie verbunden ist. Psychodrama ist demgemäß als spezielle gruppenpsychotherapeutische Methode soziometrisch fundiert und lebensnah, situationsbezogen, interpersonal, aktional und interaktional konzipiert. Gerade deshalb war es erforderlich, die Entwicklungslinien und Charakteristika der drei Methoden des triadischen Systems zu skizzieren - und das Konzept der Gruppe im Psychodrama kann nunmehr entsprechend abgeleitet werden.

6. Die Gruppe im Psychodrama[5] - Entwicklungsdynamik, Merkmale und Funktionen

Gemäß dem soziogenetischen Gesetz, dem Gesetz der sozialen Gravitation und dem soziodynamischen Gesetz beruht die Entwicklung der Struktur und Organisation jeder Gruppe auf der Interaktion ihrer Mitglieder. Die Struktur der Gruppe ist dabei durch die soziometrisch erfaßten Interrelationen und ihre Organisation durch das resultierende Strukturmuster definiert (Moreno 1934, S. 103).

Im Hinblick auf die Dynamik jeder Gruppe können nun grundsätzlich drei Entwicklungsstadien voneinander unterschieden werden, nämlich ein Stadium der organischen Isolation der Individuen, ein Stadium der horizontalen Differenzierung und ein Stadium der vertikalen Differenzierung (Moreno 1934, S. 23 f, 54), Das erstgenannte Stadium ist durch eine hohe Selbst- und eine geringe Fremdbezogenheit der Individuen gekennzeichnet, so daß eine Gruppe im eigentlichen Sinne zunächst noch nicht besteht; im zweitgenannten Stadium erfolgt dann eine allgemeine Hinwendung zu den jeweils anderen Individuen, eine Erprobung physischer und psychischer Nähe bzw. Distanz und damit ein wechselseitiges Bekanntwerden; und während des letztgenannten Stadiums bilden sich spezifische, emotional bedingte und oft ungleich verteilte Personenpräferenzen. Diese Entwicklungsstadien lassen sich naturgemäß nicht streng voneinander trennen, gehen also mehr oder weniger fließend ineinander über.

Die drei Stadien können im Prinzip als ein Modell für die Entwicklungsdynamik auch der Psychodramagruppe angesehen werden, die allerdings zwei bemerkenswerte Besonderheiten aufweist. Zum einen vollziehen sich hier die Stadien im Sinne einer Endlosschleife laufend, d.h. auf allen Stufen des Gruppenalters und der zunehmenden Komplexität der Gruppenstruktur und -organisation. Zum anderen finden sie eine Entsprechung in den drei Phasen jeder einzelnen Psychodramasitzung. Das erstgenannte Merkmal der Entwicklungsdynamik der Psychodramagruppe ist dabei durch das zweitgenannte bedingt, denn mittels ihrer drei sich notwendig ergänzenden Phasen stellt in der Regel jede Psychodramasitzung eine therapeutische Einheit im Verlauf des therapeutischen Gesamtprozesses dar.

Dementsprechend lassen sich anhand dieser drei Phasen sowohl die Entwicklungsdynamik selbst als auch die Merkmale und Funktionen der Psychodramagruppe darstellen.

6.1 Erwärmungsphase

6.1.1 Entwicklungsdynamik

Am Anfang jeder Psychodramasitzung kommen die Individuen zwar als "Gruppe" zusammen, aber eine solche bilden sie hinsichtlich dieser therapeutischen Einheit streggenommen noch nicht. Sie sind nämlich noch in verhältnismäßig hohem Maße auf sich selbst, ihre eigene Lebens-, Vorstellungs- und Gefühlswelt, und in verhältnismäßig geringem Maße auf das Hier und Jetzt der Gruppe bezogen. Von diesen beiden Bezugsebenen - der Ebene der Ich-Bezogenheit und der Ebene der Gruppen-Bezogenheit - realisieren sie also vor allem die erstgenannte. Durch ihre zunehmende Interaktion, etwa die wechselseitige Mitteilung zwischenzeitlicher Erlebnisse oder der gegenwärtigen Befindlichkeit, gewinnt dann ihre Gruppen-Bezogenheit allmählich an Bedeutung, so daß beide Bezugsebenen konvergieren (jedoch als solche weiterbestehen). Aufgrund der Konvergenz der Bezugsebenen, d.h. der mehr und mehr gleichzeitigen Ich- und Gruppenbezogenheit, werden aus den Individuen Gruppenmitglieder im psychodramatischen Sinne. Ihr entspricht damit auch deren Erwärmung in dieser ersten Phase der Psychodramasitzung, also die wechselseitige emotionale und kognitive Einstimmung der Gruppenmitglieder auf die gemeinsame therapeutische Arbeit an einem umschriebenen Problem, eine Voraussetzung für die Anbahnung der in der Handlungsphase erfolgenden psychodramatischen Interaktion.[6]

6.1.2 Merkmale und Funktionen

6.1.2.1 Therapeut (und Co-Therapeut)

Der Therapeut stimuliert und strukturiert den beschriebenen Prozeß aufgrund psychodramatisch-soziometrischer Hypothesen und mittels psychodramatischer, gegebenenfalls auch soziometrischer Erwärmungstechniken und fördert so die spontane Äußerungs-, Darstllungs- und Begegnunsbereitschaft der Mitglieder sowie die Kohäsion der Gruppe. Dabei unterstützt er zum einen dasjenige Gruppenmitglied, das am meisten involviert ist, in dem Bestreben, sein Problem psychodramatisch zu bearbeiten. Zum anderen zielen seine Interventionen - gemäß seiner soziometrischen Orientierung - auf das Gruppenmitglied, das Gegenstand der Aufmerksamkeit (Sympathie und / oder Antipathie) der übrigen Gruppenmitglieder ist. Hier liegt ein Schlüssel für das weitere Gruppen- bzw. Sitzungsgeschehen,

denn es ist keineswegs der Therapeut allein, der über Person, Inhalt und Form der psychodramatischen Darstellung entscheidet (s.u.). Als Gruppenmitglied, das er zugleich ist, hat er überdies die Möglichkeit, sowohl seine Anteilnahme am Schicksal einzelner Gruppenmitglieder zu bekunden als auch aus der Gruppe kommende Vorschläge aufzugreifen. Damit wird er zu einem Katalysator der in der Psychodramagruppe wirkenden Selbstheilungskräfte.
Nimmt ein Co-Therapeut an der Sitzung teil (was, wie deutlich werden wird, sinnvoll sein kann, aber nicht unbedingt notwendig ist), so hat dieser die Aufgabe, dem Therapeuten in allen genannten Funktionen hilfreich zur Seite zu stehen und ihn durch weitere, den Erwärmungsprozeß fördernde Anregungen entsprechend zu ergänzen.

6.1.2.2 Gruppenmitglieder

Aufgrund der zunehmenden, vom Therapeuten geförderten Interaktion werden die Gruppenmitglieder allmählich zu gegenseitigen "therpeutischen Agenten": Über die Mitteilung zwischenzeitlicher Erlebnisse und / oder der gegenwärtigen Befindlichkeit wird es einzelnen, oft allen Gruppenmitgliedern möglich, problematische bzw. traumatische Situation ihres Lebens zu assoziieren und zu benennen. Dabei werden sie in der Regel nicht nur unterschiedlich stark involviert, sondern wenden sich dementsprechend auch in unterschiedlichem Maße und auf unterschieliche Art einander zu. Diese Zuwendung kann als Übertragung, Einfühlung oder Tele erfolgen.

Die Übertragung als pathologischer Beziehungsmodus wird im Sinne einer Beziehungsklärung im Hier und Jetzt mittels entsprechender Handlungstechniken, etwa des Rollentausches, und oft vor Beginn der Handlungsphase psychodramatisch bearbeitet.

Durch Einfühlung bzw. Tele und ihre diesbezüglichen Äußerungen hingegen vermitteln die Gruppenmitglieder demjenigen unter ihnen, der stark involviert ist, das Gefühl, emotional angenommen und kognitiv verstanden zu werden. Neben dem Theapeuten fördern sie so unmittelbar seine Bereitschaft zur psychodramatischen Bearbeitung seines Problems. Jedes einzelne Mitglied für sich und zugleich die ganze Gruppe entscheidet damit über Person, Inhalt und Form der anschließenden psychodramtischen Darstellung, also etwa auch darüber, ob sie protagonistenzentriert, gruppengerichtet oder gruppenzentriert erfolgen wird. (Die vorliegenden Ausführungen beziehen sich, wie bereits erwähnt, exemplatisch auf das protagonistenzentrierte Psychodrama.)

6.2. Handlungsphase

6.2.1 Entwicklungsdynamik

Struktur und Organisation der Psychodramagruppe sind zu Beginn der Handlungsphase wie folgt entwickelt: Übertragungen sind, soweit erforderlich (vgl. 6.2.2.1), bearbeitet sowie Einfühlung und Tele (als Merkmal der therapiefördernden Gruppenkohäsion) in ausreichendem Maße aufgebaut. Die zugrundeliegenden Interaktionen hatten auch zur Folge, daß ein Mitglied durch seine Involvierung und Darstellungsbereitschaft ebenso wie durch die Anteilnahme der Gruppe zu Protagonisten (vgl. 6.2.2.1) wurde; diese emotionale Anteilnahme entspricht einer soziometrischen Wahl, vorausgesetzt, der Therapeut leitet die Gruppe gemäß der aktuellen Psycho- und Soziodynamik und ihren therapeutischen Befürfnissen. Protagonist und Gruppe sind damit für die psychodramtische Handlung erwärmt.

Während der Handlungsphase kommt es zu einer erheblichen Intensivierung der ablaufenden Interaktionen, denn die an der szenischen Darstellung auf der Bühne beteiligten Gruppenmitglieder handeln wie im Leben selbst, d.h. als ob die gespielte Situation Realität wäre. Dementsprechend setzen sie nicht nur verbale Verhaltensmuster ein, sondern unwillkürlich auch non-verbale, z.B. Mimik, Gestik, Körperhaltungen und -bewegungen, die für eine angemessene soziale Interaktion und Wahnehmung bekanntlich von großer Bedeutung sind. Die Kombination des lebensnahen Settings mit den im Hier und Jetzt der Gruppe eingesetzten Handlungstechniken, also die Semi-Realität des Psychodramas, hat zur Folge, daß das Erleben der agierenden Gruppenmitglieder mehr und mehr situationsbezogen wird und daß Übertragungen rasch reduziert sowie Einfühlung und Tele weiter gefördert werden. Auf diese Weise haben die Gruppenmitglieder naturgemäß vielfältige Möglichkeiten zur Begegnung - und zwar mit der jeweils eigenen Person ebenso wie mit dem jeweils anderen - , die aufgrund der spezifisch psychodramatischen Interaktion handelnd erfahren und zugleich gefördert wird.

6.2.2 Merkmale und Funktionen

6.2.2.1 Protagonist

Als Hauptdarsteller der psychodramatischen Inszenierung benennt der Protagonist eine entsprechende Situation, also z.B. reale Begebenheiten, ein Traumbild oder bestimmte Gefühle. Zur Besetzung der für ihn wichtigen psychodramatischen Rollen (Interaktionspartner, aber auch Gefühle, Gegenstände usw.) wählt er diejenigen Gruppenmitglieder aus, von denen er annimmt, daß sie die betreffenden Personen bzw. Rollen seinen Bedürfnissen und der darzustellenden Situation entsprechend verkörpern werden. Im übrigen hat er einen nicht zu unterschätzenden Einfluß auf Inhalt und Verlauf der szenischen Darstellung, denn er ist es, der sein Problem vor dem Hintergrund seiner Erfahrung und seines Erlebens bearbeitet.

Es ist immer ein Teil seiner sozioemotionalen Lebenswelt, den er mit Unterstützung der Gruppen darstellt. Gemäß den theoretischen Implikationen des triadischen Systems besteht nun diese Lebenswelt des Menschen (1) aus seinem sozialen Atom und (2) aus seinem kulturellen Atom (vgl. Kapitel 3).

(1) An problematischen zwischenmenschlichen Beziehungen sind neben dem Protagonisten selbst definitionsgemäß immer Personen beteiligt, die seinem sozialen Atom angehören. Er wählt also deren Repräsentanten aus dem Kreis der Gruppenmitglieder, und zwar nach Kriterien der von ihm empfundenen oder wahrgenommenen Ähnlichkeiten zwischen den anwesenden und den darzustellenden Personen; nicht selten kommen bei dieser - soziometrischen - Wahl Tele-Beziehungen innerhalb der Gruppe zum Ausdruck. Etwaige Übertragungen des Protagonisten verteilen sich zunächst auf die gewählten Gruppenmitglieder, werden jedoch im Verlauf der szenischen Darstellung durch deren Realitätsgehalt schnell abgebaut. Der Protagonist kann damit nicht nur seine reale Lebenssituation angemessener erfassen, sondern auch realitätsgerechte Beziehungen innerhalb der Theapiegruppe entwickeln.

In der Semi-Realität des Psychodramas sind die Interaktionen des Protagonisten und seiner Antagonisten (vgl. 6.2.2.3) aufgrund dieser Zusammenhänge nichts anderes als Interaktionen innerhalb seines sozialen Atoms. Auf solche Weise werden Konstellationszwänge aufgedeckt und bewußt gemacht, ein Vorgang von psychosoziodiagnostischer und -therapeutischer Bedeutung.

(2) Der Protagonist wählt jedoch Gruppenmitglieder nicht nur als Repräsentanten bestimmter Personen, sondern auch als Repräsentaten bestimmter (Gegen-)Rollen, die seinem kulturellen Atom angehören, etwa für die Rolle seines Vaters, seiner Tochter, seines Vorgesetzten usw. Durch Rollentausch und andere psychodramatische Handlungstechniken wird es ihm während der szenischen Darstellung möglich, neben seinen eigenen Rollen, etwa als Sohn, Vater oder Untergebener, zugleich diese - korrespondierenden - Gegenrollen konkret zu verkörpern und die ihnen inhärenten Handlungsmuster nachzuvollziehen.

In der Semi-Realität des Psychodramas erfolgen damit neben den oben genannten Personen-Interaktionen auch Rollen-Interaktionen, d.h. Interaktionen innerhalb des kulturellen Atoms des Protagonisten. So werden Art und Ausprägung der Rollenbeziehungen und -konstellationen einschließlich entsprechender Handlungszwänge, -spielräume oder -alternativen deutlich. Folglich ist die psychodramatische Interaktion auch auf dieser Ebene diagnostisch aufschlußreich und therapeutisch wirksam, da sie zur Abklärung, Erweiterung und Integration oder Neuentwicklung verschiedener, vom Menschen in seiner realen Lebenswelt übernommener und "gespielter" Rollen beiträgt.

6.2.2.2 Therapeut

Der Theapeut steht dem Protagonisten bei dessen psychodramatischer Darstellung durch seine Einfühlung sowie mittels psychodramatischer, gegebenenfalls soziometrischer Handlungstechniken hilfreich zur Seite. Während der szenischen Darstellung läßt er sich von den Assoziationen und Vorschlägen des Protagonisten insoweit leiten, als diese zur Aufrechterhaltung der psychodramatischen Interaktion und zu Fortschritten im therpeutischen Prozeß beitragen. Je nach momentaner Indikation, d.h. in Abhängigkeit von der Persönlichkeit und Verfassung des Protagonisten sowie der dargestellten Situation - um nur die wesentlichsten Faktoren zu nennen -, wirkt er darauf hin, daß die psychodramatische Interaktion eher aufdeckend, zudeckend, konfrontierend, übend, erlebnis- oder problemzentriert ist; da jedoch seine psychodramatisch-soziometrischen Hypothesen sowohl an den genannten Indikationskriterien als auch am aktuellen Verlauf der szenischen Darstellung orientiert sind, ist er bei deren Zentrierung flexibel. Erforderlichenfalls bestimmt er Gruppenmitglieder, die neben den vom Protagonisten selbst gewählten,

Hilfs-Ich-Funktionen (vgl. 6.2.2.3) zu übernehmen haben. Schließlich trägt er die Verantwortung dafür, daß die psychodramatische Interaktion zu einem vor allem für den Protagonisten geeigneten Zeitpunkt beendet wird.

Mit diesen Merkmalen und Funktionen hat der Therapeut in der Handlungsphase insgesamt und primär die Aufgabe, die spezifisch psychodramatische Interaktion des Protagonisten zu fördern, ihn bei seiner therapeutischen Arbeit auf seinem Weg zur Gesundung verantwortungsvoll zu unterstützen und auf diese Weise allgemein Begegnung zu ermöglichen; daß er dabei das Hier und Jetzt der gesamten Gruppe im Auge behält, versteht sich von selbst.

6.2.2.3 Assistent(en) bzw. Antagonisten bzw. Hilfs-Iche

Sofern ein Co-Therapeut an der Sitzung teilnimmt, unterstützt er in der Handlungsphase zum einen den Therapeuten in dessen Leitungsfunktionen und wird von diesem gegebenenfalls zum Hilfs-Ich (s.u.) bestimmt. Zum anderen unterstützt er den Protagonisten bei seiner szenischen Darstellung; denn im Gegensatz zum Theapeuten hat der Co-Therapeut die Möglichkeit, gemäß den Interventionen des Therapeuten, dem momentanen Befinden des Protagonisten und seiner eigenen Einfühlung unmittelbar an der psychodramatischen Interaktion mitzuwirken. In diesem Sinne ist er ebenso ein Assitent des Therapeuten wie des Protagonisten.

Antagonisten sind die vom Protagonisten gewählten Mitspieler (vgl. 6.2.2.1). Erst durch ihre unmittelbare Beteiligung an der psychodramatischen Interaktion ermöglichen sie ihm den konkreten Vollzug von Personen- und Rolleninteraktionen in der Semi-Realität des Psychodramas.

Co-Therapeut und ausreichend spontane, einfühlsame sowie rollenflexible Antagonisten werden mit allen bisher genannten Merkmalen zu Hilfs-Ichen des Protagonisten: Sie repräsentieren neben Teilen seiner äußeren Lebenswelt ebenso Aspekte seines inneren Erlebens, z.B. wenn sie ihn bezüglich seiner momentanen Gefühle doppeln oder diese konkret verkörpern. Abgesehen von der Spontaneität sind es also Einfühlung und Rollenflexibilität, die geeignete Hilfs-Iche kennzeichnen; diese beiden Hilfs-Ich-Eigenschaften sind übrigens insofern komplementär, als Einfühlung auf der Ebene der Personen-Interaktion wirksam wird und Rollenflexibilität auf der Ebene der Rollen-Interaktion. Mit den genannten Hilfs-Ich-Merkmalen und -Funktionen sind die an der psychodramatischen Darstellung unmittelbar beteiligten Gruppenmitglieder also aktive "therapeutische Agenten" par excelance, und zwar solche des Protagonisten.

6.2.2.4 Zuschauer

Zuschauer sind die vom Protagonisten nicht gewählten oder von sich aus nicht spielbereiten Gruppenmitglieder. Im letztgenannten Falle lehnen sie eine soziometrische Wahl durch den Protagonisten entweder ab (was eher selten vorkommt), weil sie ihm momentan nicht genügend Einfühlung entgegenbringen können, oder sie sind zu sehr mit ihrer eigenen Problematik beschäftigt, so daß sie an dessen szenischer Darstellung zumindest nicht im Sinne der Hilfs-Ich-Funktion mitwirken könnten. In Abhängigkeit von ihrem gegenwärtigen Befinden verfolgen sie die psychodramatische Interaktion mit unterschiedlicher innerer Anteilnahme, die jedoch in deren Verlauf häufig durch die Art und Schwere des dargestellten Problems und das Schicksal des Protagonisten stimuliert wird. Darüber hinaus sind sie während der Handlungsphase nicht unmittelbar aktiv.

6.3 Integrationsphase

6.3.1 Entwicklungsdynamik

Die Integrationsphase dient - hierauf verweisen bereits die für ihre Benennung gebräuchlichen Synonyme - der Durcharbeitung sowie emotionalen und kognitiven Integration des in der Handlungsphase Erlebten, wobei den verschiedenen psychodramatischen Feedback-Formen (s. 6.3.2.3) besondere Bedeutung zukommt, und ist im übrigen prozeßanalytisch orientiert.

Die Tatsache, daß eines ihrer Mitglieder durch die psychodramatische Interaktion in - oft sehr tiefgehendes - emotionales Erleben kam und die Gruppe daran hat teilhaben lassen, führt zu einer weiteren Ausdifferenzierung ihrer Struktur und Organisation. Es erfolgt nunmehr eine Intensivierung der in der Erwärmungs- und dann in der Handlungsphase allmählich entstandenen und / oder die Entwicklung neuer Beziehungen zwischen den Gruppenmitgliedern. Deren aktive Beteiligung und / oder innere Anteilnahme am Schicksal des Protagonisten, das sie "leibhaftig" miterleben konnten, läßt sie nämlich nicht nur problematische und traumatische Situationen aus der jeweils eigenen Biographie assoziieren und wechselseitig mitteilen, sondern dabei auch gemeinsames oder ähnliches Leiden konkret erfahren - sie begegnen einander.

Dementsprechend werden etwa noch nicht aufgelöste Übertragungen minimiert sowie Einfühlung und Tele maximiert; damit erreicht auch die Gruppenkohäsion, bezogen auf diese therapeutische Einheit, d.h. diese Psychodramasitzung, ihr Maximum, Auf solche Weise erfolgt in der Integrationsphase neben einer Therapie in der Gruppe und durch die Gruppe (wie bereits in der Erwärmungs-, vor allem aber in der Handlungsphase) nun zusätzlich eine Therapie der Gruppe.

6.3.2 Merkmale und Funktionen

6.3.2.1 Protagonist

Der Protagonist steht auch zu Beginn und während eines großen Teils der Integrationsphase im Mittelpunkt der Aufmerksamkeit, denn er ist es, der sein Problem - oft stellvertretend ebenso dasjenige anderer Gruppenmitglieder - bearbeitet; als involviertes Mitglied wurde er nicht zuletzt gemäß soziometrischer Kriterien von der Gruppe zum Protagonisten gewählt (vgl. 6.2.1). Außerdem ist er derjenige, der sich emotional offenbart und dabei seine ganz persönlichen Schwächen zeigt.

Abgesehen von der heilenden Wirkung der psychodramatischen Interaktion selbst erfährt er durch das Feedback der Gruppe (s. 6.3.2.3) nunmehr deren stützende Anteilnahme sowie eine Erweiterung seines Erlebnis- und Wahrnehmungshorizontes, d.h. auch eine emotionale und kognitive Integration des ehemals problematisch oder traumatisch Erlebten und des während der Handlungsphase zum "zweiten Mal" Erlebten.

Im weiteren Verlauf der Integrationsphase verläßt der Protagonist allmählich seine exponierte Position in der Gruppe und wird, auf einem höheren Niveau als zuvor, in diese integriert.

6.3.2.2 Therapeut (und Co-Therapeut)

Indem er die Integrationsphase strukturiert, wirkt der Therapeut zunächst darauf hin, daß der Protagonist gestützt wird und ein der Art und Schwere seines Problems entsprechendes Feedback der Gruppe erhält. Erforderlichenfalls korrigiert er dabei einzelne Gruppenmitglieder, denn nicht etwa rationale Deutungen oder "gut gemeinte" Ratschläge sind es, die dem Protagonisten bei der emotionalen und kognitiven Integration des Erlebten helfen, sondern der konkrete, biographie- und situationsbezogene Gehalt der Gruppenrückmeldung. Je nach Notwendigkeit, z.B.

wenn diese Rückmeldung (was eher selten vorkommt) sehr gering oder der Protagonist besonderer Stützung bedarf, und eigenem Mitteilungsbedürfnis in seiner zweiten Funktion als Gruppenmitglied gibt der Therapeut dem Protagonisten selbst ein entsprechendes Feedback.

Den weiteren Verlauf der Integrationsphase strukturiert er in der Regel so, daß auch die sozio- und gruppendynamische Bedeutung der erfolgten psychodramatischen Interaktion und prozeßanalytische Aspekte der gesamten Sitzung durchgearbeitet werden, etwa gemäß den Fragen, wie es zur soziometrischen Wahl des Protagonisten und seiner Antagonisten kam, welchen Verlauf die psychodramatische Interaktion nahm und warum, welchen Stellenwert es im Hinblick auf die Psychosoziodynamik des Protagonisten und die Gruppendynamik hat usw. Auf diese Weise führt der Therapeut die Gruppe von der ausschließlichen Erlebniszentrierung weg, verweist sie auf das Hier und Jetzt und bereitet das Ende der betreffenden Sitzung vor.

Sofern ein Co-Therapeut an der Sitzung teilnimmt, unterstützt und ergänzt dieser nicht nur den Therapeuten, sondern kann auch für den Protagonisten von besonderer Bedeutung sein. Vorausgesetzt, er war unmittelbar an der psychodramatischen Interaktion des Protagonisten beteiligt (vgl. 6.2.2.3), ist er aufgrund seiner geschulten Einfühlung und Rollenflexibilität nämlich in der Lage, diesem ein qualifiziertes Feedback zu geben. Damit ist er auch in der Integrationsphase ebenso ein Assistent des Therapeuten wie des Protagonisten.

6.3.2.3 Gruppenmitglieder (Antagonisten und Zuschauer)

Die ganze Gruppe dient als - sozioemotionaler - Resonanzboden für die beim Protagonisten ablaufenden Erlebensprozesse, und zwar durch ihr mehrdimensionales Feedback. Bei den verschiedenen psychodramatischen Feedback-Formen handelt es sich um (1) das Sharing, (2) das Rollenfeedback und (3) das Identifikationsfeedback.

(1) Das Sharing besteht aus der Mitteilung von vergleichbar oder ähnlich leidvollen Ereignissen aus der jeweils eigenen Biographie. Wegen seiner vornehmlich stützenden Wirkung erfolgt es meist direkt im Anschluß an die Handlungsphase und vermittelt dem Protagonisten das Gefühl, mit seinem ganz persönlichen Leiden doch nicht alleine zu sein. Diese Form des Feedbacks bezieht sich im übrigen auf Personen-Interaktionen innerhalb der sozialen Atome und Rollen-Interaktionen innerhalb der kulturellen

Atome der einzelnen Gruppenmitglieder. Weil der Protagonist so erfährt, daß auch andere Menschen in ihrer Lebenswelt ähnliches erleben, wird sein Leiden im wahrsten Sinne des Wortes "geteilt" und damit relativiert. An dieser Stelle wird die Wechselwirkung zwischen Protagonist und Gruppe besonders deutlich, denn während die Gruppe ein Resonanzboden für ihn ist, fördert seine therapeutische Arbeit umgekehrt die Psychodynamik ihrer Mitglieder und die Gruppendynamik selbst - ein Vorgang, der nicht zuletzt in der soziometrischen Wahl des Protagonisten durch die Gruppe und dessen oft stellvertretender Problembearbeitung begründet ist.

(2) Das Rollenfeedback beinhaltet die Mitteilung der konkreten, in den verkörperten Rollen und Gegenrollen gemachten - emotionalen und kognitiven - Handlungserfahrungen. Die zuvor als Antagonisten an der psychodramatischen Interaktion Beteiligten verhelfen dem Protagonisten damit zu einer wesentlich erweiterten mithin intersubjektiven Sichtweise bezüglich der von ihm zunächst subjektiv verengt empfundenen und wahrgenommenen Problematik und Handlungsweisen. Diese Form des Feedbacks bezieht sich im übrigen auf die Rollen-Interaktionen innerhalb des kulturellen Atoms des Protagonisten.

(3) Hinsichtlich des Identifikationsfeedbacks sind, als Erweiterung und Präzisierung der bislang gebräuchlichen Begriffsbestimmung, folgende zwei Varianten zu unterscheiden:

(a) Personen-Identifikationsfeedback. Hierbei erfolgt die Mitteilung der während der psychodramatischen Interaktion entstandenen Identifikationen mit dargestellten Personen, auch durch an dieser nicht direkt beteiligte Zuschauer; es kann sich um Identifikationen mit dem Protagonisten selbst handeln (in diesem Sinne wird der Begriff "Identifikationsfeedback" meistens gebraucht), aber ebenso um solche mit einzelnen der dargestellten Interaktionspartner. Das Personen-Identifikationsfeedback bezieht sich dementsprechend auf Personen-Interaktion innerhalb des sozialen Atoms des Protagonisten.

(b) Rollen-Identifikationsfeedback. Diese beinhaltet, in Analogie zu (a), die Mitteilung der während der psychodramatischen Interaktion entstandenen Identifikationen mit dargestellten Rollen oder Gegenrollen, und zwar ebenfalls von Seiten der Antagonisten und / oder der Zuschauer. Damit bezieht sich das Rollen-Identifikationsfeedback auf Rollen-Interaktionen innerhalb des kulturellen Atoms des Protagonisten.

Beide Varianten des Identifikationsfeedbacks haben eine derjenigen des Sharings analoge Funktion, wenn eine Identifikation mit der Person bzw. mit einer Rolle des Protagonisten vorliegt; sie haben eine derjenigen des Rollenfeedbacks analoge Funktion, wenn eine Identifikation mit Personen seines sozialen Atoms bzw. mit Gegenrollen seines kulturellen Atoms vorliegt. Ungeachtet dessen sollten die genannten Feedback-Formen als solche jedoch nicht gleichgesetzt werden, denn jedes Identifikationsfeedback bezieht sich auf Interaktionen innerhalb des sozialen bzw. kulturellen Atoms des Protagonisten, jedes Sharing hingegen auf Interaktionen innerhalb der sozialen und / oder kulturellen Atome der anderen Gruppenmitglieder; im übrigen haben auch Identifikations- und Rollenfeedback, wie erwäht, unterschiedliche Qualitäten.

Vermittelt durch den Protagonisten, seine in der Handlungsphase unmittelbar rekonstruierte Problematik, sein Erleben und Handeln in der Semi-Realität des Psychodramas sowie die entsprechende, im Feedback zum Ausdruck kommende Resonanz also ist Psychodrama eine Therapie in der Gruppe, durch die Gruppe und der Gruppe (vgl. 6.3.1). Insofern wird in seiner Integrationsphase jeweils die Voraussetzung geschaffen für den weiteren psycho-, sozio- und gruppendynamischen sowie -therapeutischen Prozeß, und deshalb vollziehen sich die drei eingangs aufgeführten Stadien der Gruppenentwicklung nicht nur während jeder einzelnen Psychodramasitzung, sondern auch im Verlauf der gesamten Psychodramatherapie.

6.4 Fazit

Dem Modellcharakter der drei allgemeinen Gruppenentwicklungsstadien, vor allem aber der Eigenart des psychodramatischen Prozesses entsprechend gehen Erwärmungs-, Handlungs- und Integrationsphase in der Regel fließend ineinander über.

Weiterhin bleibt festzuhalten, daß die Gruppe als ganze und einzelne ihrer Mitglieder in Abhängigkeit von der jeweiligen Sitzungsphase und der entsprechenden Entwicklungsdynamik eine unterschiedliche Bedeutung und (gegebenenfalls) eine wechselnde Funktion haben. In jeder der drei Phasen des Psychodramas jedoch sind alle Gruppenmitglieder durch ihre therapeutische Interaktion gegenseitige "therapeutische Agenten".

Schließlich und vor allem fürfte deutlich geworden sein, inwiefern das Konzept der Gruppe im Psychodrama mit den Konzepten Wahl und Ablehnung, soziales Atom, kulturelles Atom und Tele sowie dem soziogenetischen Gesetz, dem Gesetz der sozialen Gravitation und dem soziodynamischen Gesetz originär ebenso soziometrisch fundiert wie interpersonal und interaktional konzipiert ist.

Anmerkungen:

1) Im Rahmen der nachfolgenden Ausführungen wird verschiedentlich auf ältere Originalarbeiten und -zitate zurückgegriffen, sofern sie für die heutige Theorie und Praxis sowie das Gruppenkonzept des Psychodramas von Bedeutung sind. Auf Vergleiche mit mehr oder weniger verwandten Gruppenkonzepten, etwa demjenigen der "Tiefenpsychologisch fundierten Psychodramtherapie" (Ploeger 1983), wird verzichtet, da solche Gruppenkonzepte sich nur teilweise auf das triadische System stützen. Der vorliegende Beitrag bezieht sich damit ausschließlich auf das "klassische" Psychodrama nach Moreno.

2) Seitenzahlen ohne weitere Literaturangabe beziehen sich jeweils auf die zuletzt belegte Arbeit.

3) Auf eine umfassende Darstellung der Konstituenten wird hier bewußt verzichtet, denn eine solche findet sich an zahlreichen Stellen in der Psychodrama-Literatur, etwa bei Engelke (1981, S. 15 f), Leutz (1974, S. 82-94), Moreno (1973[2], S. 77 ff; 1977[5], S. 252-262), Petzold (1978a, S. 2766 ff, 1978b, S. 75-78; 1979, S. 70-74), Yablonsky (1978, S. 102-108) und Zeintlinger (1981a, S. 30-39). Die Phasen des Psychodramas werden hier lediglich benannt; ausführlich erörtert werden sie z.B. von Leutz (1974, S. 94-106), Moreno (1973[2], S. 83 ff), Petzold (1978a, S. 2769-2773) und vor allem von Zeintlinger (1981a, S. 57-113). Die Skizzierung der Konstituenten und Phasen des Psychodramas im vorliegenden Kapitel ist an der hier belegten Literatur orientiert, so daß im Text selbst keine weiteren, diesbezüglichen Literaturangaben gemacht werden.

4) Der Begriff "Integrationstechniken" findet sich in der belegten Literatur (s. Fußnote 3) nicht. Er wurde in Ana-

logie zur Bezeichnung der dritten Phase des Psychodramas, aufgrund der Hauptfunktion dieser Techniken und damit auch der Konsistenz halber gewählt.
5) Das Konzept der Gruppe im Psychodrama liegt in der hier vorgestellten Form bislang nicht vor. Die nachfolgenden Ausführungen sind an der vorausgegangenen Darstellung orientiert und enthalten daher in der Regel keine weiteren Literaturangaben.
6) Weitere Merkmale der Entwicklungsdynamik ergeben sich naturgemäß aus den jeweils nachfolgenden Ausführungen.

Literatur

Dollase, R., Soziometrische Techniken. Techniken der Erfassung und Analyse zwischenmenschlicher Beziehungen in Gruppen, Beltz, Weinheim, 2. überarb. Aufl. 1976.
Engelke, E., Das Psychodrama und seine vielfältigen Möglichkeiten, In: Engelke, E. (Hrsg.), Psychodrama in der Praxis. Anwendung in Theapie, Beratung und Sozialarbeit, Pfeiffer, München 1981, S. 9-32.
Ernst, M.M., Wissenschaftstheoretische Aspekte der Soziometrie, Integrative Therapie 7, 4, 1981, S. 325-334.
-, Soziometrie als Aktionsforschung - auch in der Psychotherapie, im Druck.
Kulenkampff, M., Adomeit, J., Zusammenfassung der Ergebnisse psychodramatischer Diagnostik und Entwicklung eines einheitlichen Instrumentes. Forschungsbericht im Auftrag des Moreno Institutes Überlingen (Bodensee), Hamburg (unveröffentlicht) 1981.
Leutz, G.A., Psychodrama. Theorie und Praxis, Bd. 1, Das klassische Psychodrama nach J.L. Moreno, Springer, Berlin 1974.
-, Jakob Morenos therapeutische Triade - Gruppenpsychotherapie, Soziometrie und Psychodrama - als coincidentia oppositorum, in: Uchtenhagen, A., Battegay, R., Friedemann, A. (Hrsg.), Gruppentherapie und soziale Umwelt. Vorträge, Workshops und Diskussionen des 5. Internationalen Kongresses für Gruppenpsychotherapie (Zürich, 19. bis 24. August 1973), Huber, Bern 1975, S. 572-579.

-, Das Psychodrama als Therapie zwischenmenschlicher Beziehungsstörungen - Ein Beitrag zum Verhältnis von Psychodrama und Kommunikationstheorie, Integrative Therapie 3, 1, 1977, S. 2-10.
-, Das Triadische System von J.L. Moreno. Soziometrie, Psychodrama und Gruppenpsychotherapie, in: Heigl-Evers, A., (Hrsg.), Die Psychologie des 20. Jahrhunderts, Bd. 8, Lewin und die Folgen. Sozialpsychologie, Gruppendynamik, Gruppentherapie, Kindler, Zürich 1979, S. 830-839.
-, Was ist Psychodrama?, Praxis der Psychotherapie und Psychosomatik 27, 1982, S. 73-81.
Mathias, U., Die Entwicklungstheorie J.L. Morenos, in: Petzold, H., Mathias, U., Rollenentwicklung und Identität. Von den Anfängen der Rollentheorie zum sozialpsychiatrischen Rollenkonzept Morenos, Junfermann, Paderborn 1982, S. 191-256.
Moreno, J.L., Das Stegreiftheater, Kiepenheuer, Potsdam 1924.
-, (in collabaration with Within, E.S.), Application of the group method to classification, National Committee on Prisons and Prison Labor, New York (N.Y.) 1932 .
-, Psychological and social organizaion of groups in the community, in: American Association on Mental Deficiency (Hrsg.), 57th Yearbook of mental deficiency. Proceedings and adresses, American Association on Mental Deficiency, Albany (N.Y.) 1933, S. 224-242.
-, Who shall survive? A new approach to the problem of human interrelations, Nervous and Mental Disease Publishing, Washingtion (D.C.) 1934.
-, Editorial foreword, Sociometry 1, 1/2, 1937a, S. 5-7.
-, Inter-personal therapy and the psychopathology of inter-personal relations, Sociometry 1, 1/2, 1937b, S. 9-76.
-, Sociometry in relation to other social sciences, Sociometriy 1, 1/2, 1937c, S. 206-219.
-, Psychodramatic treatment of marriage problems, Sociometry 3, 1, 1940a, S. 1-23.
-, Psychodramatic treatment of psychoses, Sociometry 3, 2, 1940b, S. 115-132.
-, A frame of reference for testing the social investigator, Sociometry 3, 4, 1940c, S. 317-327.
-, Foundations of sociometry. An introduction, Sociometry 4, 1, 1941a, S. 15-35.

-, The philosophy of the moment and the spontaneity theatre, Sociometry 4, 2, 1941b, S. 205-226.
-, Foundation of the Sociometric Institute, Sociometry 5, 2, 1942a, S. v-ix.
-, Sociometry in action, Sociometry 5, 3, 1942b, S. 298-315.
-, Sociometry and the cultural order, Sociometry 6, 3, 1943, S. 299-344.
-, Sociometry, experimental method and the science of society. An approach to a new political orientation, Beacon House, Beacon (N.Y.) 1951; dt.: Soziometrie als experimentelle Methode, Junfermann, Paderborn 1981.
-, Who shall survive? Foundations of sociometry, group psychotherapy and sociodrama, Beacon House, Beacon (N.Y.), 2. überarb. u. stark erw. Aufl. 1953; dt.: Die Grundlagen der Soziometrie. Wege zur Neuordnung der Gesellschaft, Westdeutscher Verlag, Opladen 1954.
-, Creativity - spontaneity - cultural conserves, in: Moreno, J.L. et al. (Hrsg.), The sociometry reader, The Free Press, Glencoe (Ill.) 1960a, S. 8-14.
-, The principle of encounter, in: Moreno, J.L. et al. (Hrsg.), The sociometry reader, The Free Press, Glencoe (Ill.) 1960b, S. 15 f.
-, Tele: A definition, in: Moreno, J.L. et al. (Hrsg.), The sociometry reader, The Free Press, Glencoe (Ill.) 1960c, S. 17 f.
-, The social atom: A definition, in: Moreno, J.L. et al. (Hrsg.), The sociometry reader, The Free Press, Glencoe (Ill.) 1960d, S. 52 ff.
-, Organization of the social atom, in: Moreno, J.L. et al (Hrsg.), The sociometry reader, The Free Press, Glencoe (Ill.) 1960e, S. 55-61.
-, The role concept, a bridge between psychiatry and sociology, American Journal of Psychiatry 118, 1961, S. 518-523; dt.: Das Rollenkonzept, eine Brücke zwischen Psychiatrie und Soziologie, Integrative Therapie 5, 1/2, 1979, S. 14-23.
-, Gruppenpsychotherapie und Psychodrama, Thieme, Stuttgart 1973[2].
-, Psychodrama, Vol. 1, Beacon House, Beacon (N.Y.) 1977[5]; dt.: Das Psychodrama, Junfermann, Paderborn im Druck.
-, Das Rollenkonzept, eine Brücke zwischen Psychiatrie und Soziologie, Integrative Therapie 5, 1/2, 1979, S. 14-23.

Moreno, Z.T., Evolution and dynamics of the group psychotherapy movement, in: Moreno, J.L. et al. (Hrsg.), The international handbook of group psychotherapy, Philosophical Library, New York (N.Y.) 1966, S. 27- 125.

Petzold, H., Das Psychodrama als Methode der klinischen Psychotherapie, in: Gottschaldt, K. et al. (Hrsg.), Handbuch der Psychologie, Bd. 8, Klinische Psychologie, 2. Halbband (Hrsg. L.J. Pongratz), Hogrefe, Göttingen 1978a, S. 2751-2795.

-, Das Psychodrama als Methode der psychologischen Gruppenarbeit, in: Petzold, H. (Hrsg.), Angewandtes Psychodrama, Junfermann, Paderborn, 2. überarb. u. erw. Aufl. 1978b, S. 62-100.

-, Psychodrama-Therapie. Theorie, Methoden, Anwendung in der Arbeit mit alten Menschen, Junfermann, Paderborn 1979, 1985².

-, Moreno - nicht Lewin - der Begründer der Aktionsforschung, Gruppendynamik 11, 2, 1980, S. 142-166.

-, Die sozialpsychiatrische Rollentheorie J.L. Morenos und seiner Schule, in: Petzold, H., Mathias, U., Rollenentwicklung und Identität. Von den Anfängen der Rollentheorie zum sozialpsychiatrischen Rollenkonzept Morenos, Junfermann, Paderborn 1982, S. 13-189.

Ploeger, A., Tiefenpsychologisch fundierte Psychodramatherapie, Kohlhammer, Stuttgart 1983.

Yablonsky, L., Psychodrama. Die Lösung emotionaler Probleme durch das Rollenspiel, Klett-Cotta, Stuttgart 1978.

Zeintlinger, K., Analyse, Präzisierung und Reformulierung der Aussagen zur psychodramatischen Therapie nach J.L. Moreno, Dissertation zur Erlangung des Doktorgrades an der Naturwissenschaftlichen Fakultät der Universität Salzburg, Salzburg 1981a.

-, Bedingungsfaktoren des individuellen Änderungsprozesses im Psychodrama nach J.L. Moreno, in: Engelke, E. (Hrsg.), Psychodrama in der Praxis. Anwendung in Therapie, Beratung und Sozialarbeit, Pfeiffer, München 1081b, S. 68-83.

August Ruhs, Josef Shaked

KONZEPTE DER GRUPPE IN DER PSYCHOANALYTISCHEN GRUPPENTHERAPIE

Das Bild vom Menschen in der Psychoanalyse

Die Psychotherapie hat sich wie jede Therapie auf dem Boden einer anthropologischen Konzeption mit der Dichotomie des Normalen und des Pathologischen zu befassen. Die kulturelle Bedingtheit dessen, was als gesund und was als krank zu erachten sei, gilt zwar auch für die Organmedizin (Canguilhem 1974, Foucault 1973), erscheint aber hier weit weniger offensichtlich als in den psychopathologischen Disziplinen, deren wissenschaftlicher Aufwand zu gewissen Zeiten fast ausschließlich dieser Definitionsfrage gewidmet ist (Castel 1979, Foucault 1973a). Die politische Ökonomie in einem geographischen Raum innerhalb einer bestimmten Epoche, die ihr zugrunde liegenden Produktionsverhältnisse, herrschenden Ideologien und Ideologien der Herrschenden produzieren ein anthropologisches Dispositiv, das unter anderem ein für die therapeutischen Wissenschaften verbindliches Bild vom Menschen liefert, an dem sich die Motive, Einstellungen, Werthaltungen und schließlich die Praxis ihrer Agenten orientieren. Es gehört zum Wesen dieser Bilder, daß sie, mit einer Aura des Selbstverständlichen umgeben, Naturverbundenheit suggerieren, oft lange Zeit äußerst stabil bleiben und einer Kritik oft nur schwer zugänglich sind.

Sicherlich: Der Diskurs des Wissens gründet auf Praxis und Erfahrung, ist aber auch an der Produktion derselben beteiligt, indem er in einer Gegenbewegung das Reale, besser gesagt, das, was als das Reale zu gelten hat, strukturiert. Einen derartigen kritischen Ansatz, der auf methodische Selbstreflexion hinläuft, darf nach Habermas (1970) die Psychoanalyse, die sich mit der Frage herumzuschlagen hat, ob ihr Verfahren mit der Übertragung des Analysanden oder mit der Gegenübertragung des Analytikers beginne, für sich in Anspruch nehmen. Dieser Erkenntnisgrundsatz vorab gilt auch für die analytische Gruppenpsychotherapie, die in einer Kurzformulierung häufig als die Anwendung der Psychoanalyse in und auf Gruppen begriffen wird.

Denn die analytische Gruppenpsychotherapie, die wir in der Folge aus Bequemlichkeit (und solange dadurch nicht Verwirrung gestiftet wird) als Gruppenanalyse bezeichnen wollen, ruht mit ihren beiden Beinen der Theoriebildung und der therapeutischen Praxis auf dem Fundament der Psychoanalyse. Dies, wie sich noch zeigen wird, auch dort, wo sie auf eine sozialwissenschaftliche Disziplin rekurrieren möchte. Aufgrund dieser Verwandtschaftsbeziehung übernimmt die Gruppenanalyse auch das der Psychoanalyse inhärente Menschenbild und dessen Konzeption von Normalität und Pathologie.

Die Freudsche Entdeckung läuft auf die Inthronisation eines neuen Subjekts hinaus. Dem vernünftig denkenden Menschen mit seinem durch Descartes formulierten ontologischen Credo des "Cogito, ergo sum", jahrthundertelang das Begreifen der Welt bestimmend, setzt die Psychoanalyse in einer kopernikanischen Bewegung ein irrationales, dezentriertes, im wesentlichen begehrendes Objekt entgegen: desidero, ergo sum.

Im Triebhaften, Libidinösen und dessen psychischen Repräsentationen des Begehrens und Verlangens sieht Freud einen Seinsgrund und ein Lebensprinzip, denen er spätestens seit "Jenseits des Lustprinzips" (1924) ein Todesprinzip mit dem psychischen Korrelat der Aggressivität entgegenstellt. Dieses Postulat scheint zumindest dadurch begründet, daß das eine ohne das andere nicht denkbar ist, was uns außerhalb jener Diskussion stellt, ob es, wie Freud meint, einen Todestrieb gibt, ob Aggressivität aus Frustation libidinöser Impulse hervorgeht (ego-psychology) oder ob es sich dabei um die korrelative Spannung jener grundsätzlichen menschlichen Entfremdung, wie sie Lacan (1975) im Spiegelstadium der Subjektgenese beschreibt, handelt. "Si vis vitam, para mortem / Wenn du das Leben aushalten willst, richte dich auf den Tod ein", schreibt Freud 1915. In diesem Sinne kann gesagt werden, daß die Psychoanalyse den Menschen zu seinem Begehren und zu seinem Tod, zu seiner Liebe und seinem Haß in Beziehung setzt.

Die zweite fundamentale Kategorie des psychoanalytischen Denkens betrifft die Dezentriertheit des Subjekts. Indem Freud idealistische Tendenzen der deutschen Philosophie des 19. Jahrhunderts aufgreift, wonach "nicht wir denken, sondern daß es in uns denkt" und daß dieses "Es" im Unbewußten liegt (Bastian 1868), kann er in der dem Erkenntnisgegenstand eigenen Empirie den Nachweis erbringen, daß auch das Triebgeschehen, wo es sich im Seelischen manifestiert, zum größten Teil dem Bewußtsein entzogen ist. Da aber die unbewußten Phantasien, jene Summe von imaginären und symbolischen Vorstellungen also, in denen sich konstruktives und destruktives Begehren entsprechend den frühesten Erfahrungen Ausdruck verschafft, auch Handlungsentwürfe darstellen, weiß der Mensch im allgemeinen nicht nur nicht, was er will, sondern auch nicht, was er tut.

Dies bedeutet freilich nicht, daß dieses Handeln als chaotisch oder sinnentleert zu gelten hat. Im Gegenteil. Sein Sinn enthüllt sich allerdings nur, wenn man das Aktuelle als Niederschlag des Historischen zu begreifen anerkennt. Dann erscheint es als verstehbare Kompromißbildung, die sich aus dem Zusammenprallen infantiler Triebansprüche - entlang den Entwicklungsstadien der libidinösen Organisationen im Subjekt - mit den Begrenzungslinien des Realen, mit den Versagungen und Hemmungen durch die primären Bezugspersonen und schließlich mit den Tabus und Normen der Gesellschaft ergibt. Die Konzepte von Übertragung und Abwehr, Fixierung und Regression decken diesen Sachverhalt und bedürfen keiner weiteren Ausführung. Allerdings lenken sie das Augenmerk auf die psychoanalytische Krankheitslehre, die Normalität und Pathologie in höchstem Ausmaß relativiert. Wenn Freud von "Normalvorbildern krankhafter Affektionen" spricht (1917), situiert er Gesundheit und Neurose (und Psychose und Psychosomatose und Perversion) auf einem Kontinuum, das eine strenge Trennung nicht mehr zuläßt und die Qualität in einer Quasiquantität auflöst. Insofern ist der seelisch Kranke in Teilen seiner Persönlichkeit auf Entwicklungsstufen stehengeblieben oder zu ihnen zurückgekehrt, die der "Gesunde" je nach Abwehrvermögen mehr oder weniger unbeschädigt, jedenfalls nicht residuenlos, überwunden hat. Die Entfernung, die die Psychopathologie des Alltagslebens zur nicht alltäglichen Verrücktheit einnimmt, ist also jene, die die Fehlhandlung vom neurotischen Symptom, die Trauer von der Melancholie, den narzißtischen Rückzug im Schlaf vom psychotischen Autismus trennt.

Es soll nicht unerwähnt bleiben, daß in den letzten Jahrzehnten, vermutlich infolge einer Kontamination durch Psychiatrie und akademische Psychologie, sicherlich aber unter dem Einfluß der amerikanischen Ich-Psychologie, das psychoanalytische Krankheitsbild insofern eine gewisse Verabsolutierung erfahren hat, als durch die Einführung des Begriffes des Defizitären in die Diskussion über Ursachen und Erscheinungsweisen schwererwiegender Störungen ein grundsätzlicher Mangel sich trennend zwischen den Gesunden und den Kranken schiebt, der das analytische Konfliktmodell in seiner allgemeinen Gültigkeit für die Persönlichkeitsentwicklung jenseits des Klinischen und Nichtklinischen, die darin nur gesellschaftliche Wertungen darstellen, aufzulockern versucht. Trotz der weiteren, sicherlich nicht geringfügigen Implikationen dieser Streitfrage wollen wir uns nun einem letzten, das Pathologiekonzept ebenfalls relativierenden Aspekt der für die Psychoanalyse relevanten Anthropologie zuwenden, ein Aspekt, der uns gleichzeitig in den engeren Bereich unseres Themas hineinführt: er betrifft die gesellschaftliche Bedingtheit des Individuums.

Von der Psychoanalyse zur Gruppenanalyse

Die dialektische Verknüpfung von Subjekt und Kollektiv ist zu allen Zeiten von den Humanwissenschaften mehr oder weniger erkannt, mehr oder weniger anerkannt worden. Aristoteles hat das menschliche Individuum als "Zoon politicon" ausdrücklich in dieser Hinsicht definiert; die 6. Feuerbachthese, Grundthese der psychoanalytischen Auffassung Lorenzers (1974) und der Frankfurter Schule, formuliert den Sachverhalt in zeitgemäßerer Form: "Das menschliche Wesen ist kein dem einzelnen Individuum innewohnendes Abstractum. In seiner Wirklichkeit ist es das Ensemble der gesellschaftlichen Verhältnisse" (Marx 1958). Freuds Beitrag zu diesem Problem, das eigentlich sein ganzes Werk ausmacht, hebt sich in "Massenpsychologie und Ich-Analyse" (1921) deutlicher heraus:

"Die Individualpsychologie ist zwar auf den einzelnen Menschen eingestellt und verfolgt, auf welchen Wegen derselbe die Befriedigung seiner Triebregungen zu erreichen sucht, allein sie kommt dabei nur selten, unter bestimmten Ausnahmebestimmungen in die Lage, von den Beziehungen dieses einzelnen zu anderen Individuen abzusehen. Im Seelenleben des einzelnen kommt ganz regelmäßig der andere als Vorbild, als Objekt, als Helfer und als Gegner in Betracht, und die Individualpsychologie ist daher von

Anfang an auch gleichzeitig Sozialpsychologie in diesem erweiterten, aber durchaus berechtigten Sinne" (S. 65).

Freud stellt also weniger eine Verbindung zwischen Individuum und Sozietät her, sondern hebt eher die Trennung zwischen den beiden auf, wodurch er auch auf das Postulat eines abgeborenen Herdentriebes, wie ihn Trotter (1916) als "gregariousness" einführen will, sowie auf das Wirken eines autochthonen Gemeinschaftsgefühls verzichten kann. Letzteres sei überhaupt als Reaktionsbildung auf primäre Neid- und Rivalitätsgefühle zu verstehen.

Die Einheit von Subjekt und Gesellschaft, von Individuum und Gruppe ist vielmehr an einem Ort zu situieren, an dem der tatsächlich vorhandene Unterschied tatsächlich aufgehoben ist. In der Erkenntnis des "Ich ist ein anderer", wie es Mallarmé in einem Gedicht ausdückt, artikuliert sich die radikale These einer grundsätzlichen und ursprünglichen Entfremdung des Subjektes in die Umwelt, die jenseits der Entfremdung durch Arbeit im marxistischen Sinne liegt. Die Grenze von Innen und Außen, die auch jene zwischen Individuum und Sozietät, zwischen Subjektivem und Objektivem, Leben und Verhalten etc. darstellt, ist somit nicht primär gegeben (was möglicherweise mit der verfrühten Geburt des Menschenkindes in Verbindung steht), sondern entsteht vielmehr im Verlauf der ontogenetischen Entwicklung durch die Konstituierung eines körperhaften Ich, das aber erst durch Identifikation mit einer ihm äußeren Gestalt (im gestaltpsychologischen Sinn) in Form des eigenen Spiegelbildes und/oder der das Subjekt umgebenden Subjekte im wahrsten Sinne des Wortes gebildet wird. Lacan (1975) hat diesen komplexen Vorgang, Freuds Narzißmustheorie folgend, als Spiegelstadium eindurcksvoll herausgearbeitet; in simplifizierter Form ist er auch in "neueren" Narzißmuskonzeptionen, wie etwa bei Kohut (1976), beschrieben worden. In diesem Sinne ist auch Freuds Dictum, daß "die erste Beziehung ein Identifizierung" sei (1914), zu verstehen. Aber auch Triebhaftes hat zunächst einen entscheidenden Aspekt von Äußerlichkeit, was Freud (1926, S. 186 f.) in folgenden Sätzen streift:

"Die Intrauterinexistenz des Menschen erscheint gegen die der meisten Tiere relativ verkürzt; er wird unfertiger als diese in die Welt geschickt ... dies biologische Moment stellt also die ersten Gefahrensituationen her, schafft das Bedürfnis, geliebt zu werden, das den Menschen nie mehr verlassen wird".

Der vielzitierte Satz Lacans, daß das Begehren des Menschen das Begehren des anderen sei, drückt genau diesen Sachverhalt aus. Zu begehren, begehrt zu werden, bedeutet aber auch, sich mit jenen Vorstellungen, Phantasien, Erwartungen, Wünschen und Rollenbildern zu identifizieren, die dem Subjekt, bevor es noch das Licht der Welt erblickt hat, Generationen hindurch vorausgehen. Auf dem Boden des Idealich, jener primärnarzißtischen Bildung, das den anderen körperhaft und bedürfnisbefriedigend in das Subjekt mit einschließt, entsteht im Laufe der Entwicklung durch Introjektion jener Außenansprüche, die symbolisch, d.h. sprachlich vermittelt werden, Ich-Ideal und Über-Ich als Instanzen, die zum größten Teil unbewußt den ebenfalls hauptsächlich bewußtseinsfernen Wunschapparat regulieren.

Freud hat also durchaus erkannt, wie eine Gesellschaft und ihre Kultur durch Vermittlung über die Mikrosozietät der Familiengruppe an der Produktion ihrer Individuen beteiligt ist. Er hat auch erkannt - vor allem in "Massenpsychologie und Ich-Analyse" (1921) -, wie der für unsere abendländische Gesellschaft typische progressive Individuationsvorgang, abgesehen von der Psychose eines einzelnen, unter bestimmten Bedingungen in einer radikalen Regressionsbewegung wieder zu einem Ursprungspunkt zurückkehren kann. Im Massenphänomen kommt es zu einer individualkollektiven Amorphisierung, indem das Ich-Ideal an jenem äußeren Ort in Form eines Führers oder einer Idee wieder Gestalt annimmt, an dem es vor dem Introjektionsprozeß situiert war.

Die Masse erscheint dann wie ein Ganzes, wie ein Individuum, in dem sich nach Reintrojektion des neuen Ich-Ideals die einzelnen "in ihrem Ich miteinander identifiziert haben" (a.a.O. S. 128). Trotzdem blieb es anderen Psychoanalytikern vorbehalten, das Phänomen der Masse, das Freud ähnlich wie Le Bon pessimistisch und als gesellschaftlichen Rückschritt im Sinn eines liberalen Weltbildes betrachtet, in einer derartigen Weise zu konzeptualisieren und zu verwenden, daß es, als Phänomen der Gruppe, ein Emanzipationsinstrument und ein Psychotherapieverfahren darstellen kann, das die Erlangung gerade jenes Personalisationsprozesses, den Freud in kollektiven Phänomenen verschwinden sieht, in Aussicht stellen kann. Bisweilen findet in dieser Hinsicht insofern eine Umkehrung statt, als das psychoanalytische Dispositiv in seiner sozialen "Künstlichkeit" von einem "tiefensoziologischen" Ansatz erklärt wird (während Freud die kollektiven Phänomene psychoanalytisch deutet), indem etwa Bion die Paarbeziehung der Psychanalyse als Teil einer größeren Gruppensituation betrachtet und die dort sich entwikkelnde Übertragungsbeziehung mit der Grundannahme der Paarbildungsgruppe verbindet (1974, S. 137 ff.). Oder aber, indem die Regressionstiefe der gruppenanalytischen Situation zur Behauptung Anlaß gibt, daß dieses Setting in therapeutischer Hinsicht der psychoanalytischen Standardtechnik überlegen sei, wie dies unter anderem Grinberg, Langer und Rodrigue (1960) behaupten.

Die historische Entwicklung der Gruppenanalyse wird in den meisten umfangreicheren Publikationen, vor allem, wenn eigene gruppenanalytische Konzepte vorgestellt werden, als Einleitungskapitel nachgezeichnet, sie wird auch in Heigl-Evers' Übersichtswerk "Konzepte der analytischen Gruppenpsychotherapie" (1978) gut dargestellt, so daß sich hier eine Wiederholung erübrigt.

Wir wollen allerdings auf drei Aspekte hinweisen, die uns bedeutungsvoll erscheinen.

Es fällt auf, daß die psychoanalytische Konzeption besonders dort, wo Individual- und Sozialpsychologie miteinander dialektisch verknüpft sind, nicht unmittelbar und konsequent zu einer praktischen therapeutischen Anwendung geführt hat, und zwar obwohl andere Psychotherapeuten wie Moreno die therapeutische Nutzbarmachung der Gruppensituation vorgeführt hatten. Der Einsatz der Gruppe als psychoanalytisches Behandlungsinstrument trägt daher den Charakter einer eher zufälligen Entdeckung, nachdem die Beschäftigung mit Gruppen durch nicht primärtherapeutische Gründe motiviert war.

"So wurden die beiden englischen Psychotherapeuten Foulkes und Bion während des 2. Weltkrieges als Armeepsychiater psychotherapiebedürftigen Patienten großer Anzahl konfrontiert; die amerikanischen Psychotherapeuten Wolf und Schwartz sahen sich vor das Problem der psychotherapiebedürftigen Patienten mit geringem Einkommen gestellt" (Heigl-Evers 1972, S. 25).

Damit kommt der Gruppensituation ein dem Übertragungsphänomen ähnlicher Status zu, dessen Wert als grundlegendes therapeutisches Agens der psychoanalytischen Kur lange Zeit verkannt worden war.

Zweitens fällt auf, daß die Geschichte der Gruppenpsychotherapie genau jene Entwicklung real vollzieht, die Freud in "Massenpsychologie und Ich-Analyse" (1921) für die Uranfänge des menschlichen Gesellschaftsprozesses postuliert. So wie nach dieser Spekulation aus der ursprünglichen Vaterhorde durch (symbolische?) Tötung des Vaters eine Brüdergemeinde mit konsekutiver Kulturproduktion entsteht, sind auch die ersten Ansätze einer Behandlung von Patienten in Gruppen, wie etwa durch Pratt (1906), noch deutlich autoritär und vater- bzw. führerzentriert, woraufhin sich in den 30-er Jahren, vor allem seit Marsh (1933) eine Bruderschaftsstruktur durchsetzt, die in den ersten Selbsthilfegruppen ihre deutlichste Ausprägung erfährt. Eine historische Analyse dieses Sachverhaltes, insbesondere die Sichtbarmachung der Wechselbeziehungen dieser Wechseltherapieentwicklungen mit den damals herrschenden Gesellschaftstheorien, einschließlich jener Freuds, wäre sicherlich ein reizvolles Unterfangen.

Drittens ist festzustellen, daß in der gruppenanalytischen Diskussion von Anbeginn immer wieder dieselbe Frage auftaucht, die auch ihre Vertreter in mehrere Lager aufspaltet. Es geht dabei um die theoretischen Feststellungen mit praktischer Tragweite, die in lapidarer Form meist so ausgedrückt werden, daß die Gruppe als Ganzes oder eben nicht als Ganzes zu betrachten sei. Wir werden nach der nun folgenden Darstellung der Konzepte der wichtigsten gruppenanalytischen Schulen auf diesen Punkt zurückkommen und versuchen, ob durch die Verwendung des Begriffes der Struktur ein Beitrag zu dieser Streitfrage in der gruppenanalytischen Theoriebildung geleistet werden kann.

Das Gruppenkonzept bei Wilfried Bion

Bion geht von der theoretischen Position Melanie Kleins aus. Diese postuliert bekanntlich in der Frühentwicklung des Kindes eine paranoid-schizoide Position, die von einer depressiven Postition abgelöst wird. In der ersten Phase könne das Kind nur Teilobjekte erkennen und erst in der Trennung aus der Symbiose in der depressiven Position sei es imstande, die Mutter als ganze Person wahrzunehmen. Die frühe Phase sei durch primitive Abwehrmechamismen, insbesondere Spaltung und projektive Identifikation charakterisiert.

Bions Konzept wird im Deutschen hauptsächlich durch das Werk "Erfahrungen in Gruppen und andere Schriften" (1974) dargelegt. Neben der "Arbeitsgruppe", welche die bewußten Ziele der Gruppe auf relativ hohem intellektuellem

Niveau und ausgeprägter Kooperationsbereitschaft verfolgt, gibt es für Bion eine regressive Ebene des Gruppengeschehens, die den Anforderungen der Gruppenarbeit entgegenwirkt und von "Grundeinstellungen" geleitet wird, die emotionale Bestrebungen, die Gruppe am Leben zu erhalten, darstellen.

Diese Grundeinstellungen sind:

1. Die Abhängigkeit: Die Gruppe erwartet von einem Führer die Erfüllung ihrer passiven Erwartungen von Nahrung und Sicherheit.
2. Kampf und Flucht: Um ihren Bestand zu sichern, bekämpft die Gruppe einen inneren oder äußeren Feind oder geht einer Bedrohung aus dem Weg.
3. Paarbildung: Die Gruppe erhofft die Erfüllung ihres Fortbestandes durch die sexuelle Vereinigung zweier Mitglieder in der Phantasie, die die Geburt eines Führers sichern sollen.

In der Grundeinstellungsgruppe gibt es keine Entwicklung und keine Veränderung. Der Therapeut als Leiter der Arbeitsgruppe soll die jeweilige Grundeinstellung und die auf ihn gerichteten projektiven Identifikationen interpretieren. Dabei soll die Gruppe immer in ihrer Ganzheit angesprochen und die Gruppenmitglieder als Teilobjekte behandelt werden.

Bion sieht mit Freud und anders als Foulkes (s.u.) die Gruppe nicht mehr als die Summe ihrer Teile. Im Individuum sieht er ebenfalls Gruppenphänomene manifestiert. Schließlich geht er so weit, die klassische analytische Zweiersituation als Paarbildungsgruppe zu betrachten, wobei er den sexuellen Charakter der Freudschen Theorie darauf zurückführt, daß in dieser Gruppenbildung eben hauptsächlich genital-erotische Phantasien wirksam seien. Bion sieht die von ihm beschriebenen Grundeinstellungen von Abhängigkeit und Kampf und Flucht deckungsgleich mit den von Freud beschriebenen Massen Kirche und Heer, fügt aber noch eine dritte Kollektivbildung, nämlich die der Aristokratie, welche auf Abstammung und Prokreation größten Wert legt, hinzu, um diese der Grundeinstellung der Paarbildung unterzuordnen.

Durch die Deutungsweise auf frühkindlicher Ebene und die Sichtweise der Gruppe ausschließlich als einem Ganzen fördert Bion die Regression der Gruppe auf die Ebene der Grundeinstellung.

Foulkes' gruppenanalytische Psychotherapie

Seine Karriere begann S.H. Foulkes als klassischer Psychoanalytiker in Frankfurt; er wurde in seinem Gruppenkonzept von der Frankfurter Schule der Soziologie in den 30-er Jahren beeinflußt. Wesentliche Impulse erhielt er auch von Norbert Elias' Werk "Über den Prozeß der Zivilisation", das er 1938 im "International Journal of Psychoanalysis" rezensierte. Von seinem Lehrer, dem Neurologen Kurt Goldstein, übernahm er das Konzept des Netzwerks. Mit dem Gruppendynamiker Kurt Lewin teilt er die Überzeugung, daß das soziale Feld eine eigene Struktur und Dynamik besitzt. Anders als die klassische Psychoanalyse, für die Familie und Gesellschaft als Hintergrund des Individuums dienen, betrachtet Foulkes den einzelnen als Bestandteil seines Milieus, das nur in abstrakter Weise von ihm getrennt werden könne. Die Psychodynamik ist so für ihn nicht nur intrapsychisch, sondern auch transpersonal. Die Neurose betrachtet Foulkes als einen Bruch im Prozeß der sozialen Kommunikation, während die Therapie einen Prozeß der Transformation der autistischen, von der Kommunikation ausgeschlossenen Symptome in sozial mitteilbare Konflikte darstellt. Die Kleingruppe ist daher für Foulkes ein natürliches therapeutisches Milieu.

Die freie Kommunikation in der Gruppe entspricht der freien Assoziation in der klassischen Psychoanalyse. Alle aus der analytischen Situation bekannten psychischen Mechanismen treten auch in der Gruppe auf: Übertragung, Widerstand, Konflikte zwischen Trieb und Versagung. Die Gruppenmitglieder erleben das Geschehen und reagieren aufeinander nicht nur auf bewußter, sondern auch auf unbewußter Ebene. Das Verhalten eines Gruppenmitglieds setzt bei anderen psychische Prozesse in Gang, die mit dem Geschehen in der Gruppe, aber auch mit den individuellen Lebensgeschichten der Betroffenen in Einklang stehen. Diesen Vorgang nennt Foulkes "Resonanz". Die Resonanz bedingt nicht nur das Mitschwingen der Gruppe, sondern auch die Polarisierung, das Aufspalten einer komplexen Gruppensituation, wobei Gruppenmitglieder gegensätzliche Haltungen einnehmen können, z.B. repräsentiert ein Mitglied eine Triebregung, während ein anderes deren Abwehr verkörpert. Oder aber die Gruppe kann bestimmte Tendenzen auf ein Mitglied delegieren. Die Gruppenmitglieder stehen in einem "Interaktionsnetzwerk" zueinander in Beziehung, in dem jedes Mitglied das Netz seiner Primärgruppe zu etablieren versucht.

Die Deutungen des Analytikers beziehen sich im allgemeinen auf die Gesamtgruppe, können aber auch an einzelne gerichtet werden. Sie können Interaktionen innerhalb der Gruppe zum Gegenstand haben und eine Verbindung der Vergangenheit des Individuums oder der Gruppe herstellen. Schließlich können sie auch zum Leben des Individuums außerhalb des Gruppengeschehens in Beziehung gebracht werden.

Gruppenanalyse nach Finger (1977)

Narzißtische Interaktionsmuster sind das Thema von Urte Finger. Sie geht aus von Lorenzers Kritik des psychoanalytischen Symbolbegriffes. Lorenzer sieht im Symbol die Repräsentanz einer Interaktion zwischen Subjekt und Objekt. Dabei bezieht er sich auf die Mutter-Kind-Dyade, in der das Kind die Triebregulation erlernt. Im Austausch ihrer Bedürfnisse einigen sich Mutter und Kind auf bestimmte Interaktionsformen, die für das kindliche Objekt strukturbildend sind. Die Sprache besteht aus symbolischen Interaktionsformen. Lorenzer unterscheidet zwischen einer "niederen" Ebene präsentativer Symbole auf vorsprachlichem Entwicklungsstadium, die dem Primärvorgang entspricht, und einer "höheren" Ebene diskursiver Symbole, die verbalisierbar und dem Sekundärvorgang zuzurechnen sind. Störungen der Interaktionen in der Mutter-Kind-Dyade werden zu inneren Konflikten, die an der Symbolbildung nicht teilhaben. Wenn Symbole als bewußte Repräsentanzen verdrängt werden, entstehen Klischeees, d.h. Verkörperungen bestimmter Interaktionsformen, die durch Desymbolisierung ihre Bewußtseinsfähigkeit verloren haben. Klischees sind im Gegensatz zu Symbolen stereotyp, unterliegen dem Wiederholungszwang, ähnlich wie Symptome. Das Klischee fällt demnach aus der allgemeinen öffentlichen Sprache heraus. Es wird daraus eine Art Privatsprache, die eine "Lebenslüge" des Neurotikers darstellt, weil sie der Beobachtung entzogen ist.

In der psychoanalytischen Situation kommt es unter Wirkung des Wiederholungszwangs zu einer Reproduktion der infantilen Szenen, welche die Bildung von Klischees hervorgerufen haben. Das geschieht auf der Ebene der aktuellen Situation, der Übertragungssituation und der infantilen Situation. Der therapeutische Prozeß besteht nach Lorenzer im Verstehen der Inszenierungen der infantilen Interaktionsmuster und in der Resymbolisierung, der Wiederherstellung des Symbolgefüges anhand der Beziehung zum Analytiker.

Urte Finger sieht in der Gruppe eine ganzheitliche Gestalt, in die spontan alle desymbolisierten Repräsentanzen der einzelnen in eine unbewußte kollektive Gruppenphantasie zusammenfließen. Das therapeutische Potential der Gruppe besteht im symbolischen Gruppengefüge, das die Integrationsfähigkeit der Gruppe darstellt. Diese zwei Ebenen, die unbewußte der kollektiven Gruppenphantasien und die bewußtseinsfähige des symbolischen Gruppengefüges, entsprechen Bions Differenzierung zwischen Grundeinstellungsgruppen und Arbeitsgruppen.

Der therapeutische Prozeß begünstigt die Entstehung eines beginnenden Gruppen-"Ich" und Gruppen-"Selbst" mit gruppenspezifischen Symbolbildungsprozessen, ähnlich der Entwicklung beim Kleinkind. Es kommt zur Vorherrschaft primärer Abwehrmechanismen und zu einem präsymbolischen Umgang mit inneren und äußeren Objekten auf der Ebene des Primärprozesses. Die Deutungen des Gruppenleiters richten sich, wie bei jedem analytischen Prozeß, an die vorhandenen Anteile reifer symbolischer Funktionen der Gruppe.

Das Modell von Raoul Schindler (1957/58)

Schindler sieht in der Gruppe den Zusammenschluß von Individuen im Hinblick auf ein gemeinsames Ziel, nämlich auf die Bekämpfung eines Gegners. Die Eigendynamik der Gruppe bringt gewisse Rollen hervor, die miteinander in affektiver Beziehung stehen und eine Ranghierarchie in der Gruppe bilden. Schindler arbeitete hier verschiedene Rollen bzw. Positionen in der Gruppe aus, deren Zusammenspiel die "Soziodynamische Grundformel" ergibt: Der in Alpha-Position sich Befindliche repräsentiert die Gruppeninitiative gegenüber dem Gegner. Der Beta hingegen besitzt Sachkenntnis im Bereich der Gruppe und berät sie als Fachmann. Allerdings wird er zum Gegner des Alpha, wenn seine Distanz zu ihm zu groß wird. Jene, die in Gamma-Position stehen, identifizieren sich mit dem Alpha und bilden die anomyme Mehrheit der Gruppe. Der Omega schließlich identifiziert sich mit dem Gegner und wird von der Gruppe als dessen Vertreter bekämpft.

Die Gruppenposition übt laut Schindler einen Einfluß auf das Ich aus: So besteht eine Beziehung zwischen Alpha-Position und Ich-Stärkung, Beta-Position und Reaktionsbildungen, Gamma-Position und Ich-Schonung, Omega-Position und Ich-Schwächung.

Bei Anwendung dieses Modells auf die Gruppentherapie beziehen sich die Deutungen weniger auf Inhalte als auf die Gruppenpositionen. Der Therapeut ist bestrebt, die Positionen in der Gruppe durch Deutungen bewußt zu manipulieren. So ist das Herausmanövrieren eines oder mehrerer Individuuen aus der Omega-Position eine wichtige therapeutische Maßnahme, da sie Ich-stärkend wirkt. Durch die Anregung zur Selbstdarstellung in der Gruppe kann ein Patient in die ihn stärkende Alpha-Position gebracht werden.

Es ergeben sich demnach vier Deutungsqualitäten mit deren spezifischen Wirkungen und Gefahren. Eine Deutung des Alphas gefährdet dessen Prestige und damit auch die Gruppe. Eine Beta-Analyse ähnelt wegen dessen unabhängiger Stellung in der Gruppe einem Zwiegespräch und hat eine zersplitternde Wirkung. Die Gamma-Analyse ist die eigentliche Analyse der Gruppe und indirekt (durch Identifikation) auch die des Alpha. Eine Deutung des Omega hingegen macht diesen zum Gegner der Gruppe.

Der Therapeut kann wie jedes Mitglied der Gruppe seine Position wechseln und dadurch das Gruppengeschehen beeinflussen. Es handelt sich also bei diesem Modell um ein Interaktionsmodell des Gruppengeschehens. Die intra-psychische Ebene wird nicht einbezogen, die Inhalte der Gruppenphantasien nicht direkt gedeutet.

Walter Schindlers familienorientiertes Gruppenkonzept

Schindler nennt sein Konzept "Familienmuster in Gruppenformation und Therapie" (1980). Damit betont er, daß die Mitglieder im Gruppenprozeß die Primärgruppe der eigenen Familie wahrnehmen. Der Leiter als die Verkörperung der Autorität wird als Vaterfigur betrachtet, während die Gesamtgruppe als Mutter erlebt wird (ähnlich wie der Staat den Vater und die Gesellschaft die Mutter symbolisieren). Im multilateralen Übertragungsprozeß soll der Leiter auch die Rolle des Vaters annehmen. Damit meint W. Schindler, daß er der Gruppe Hilfe, Information und sogar Anleitung gewähren soll. Die Gruppe wird unbewußt als eine beschützende oder verschlingende Mutter erlebt, sowohl onto- als auch phylogenetisch gesehen, ebenso in Beziehung zum ödipalen wie auch zum präödipalen Entwicklungsabschnitt.

Im Rahmen der komplexen Übertragung soll eine Analyse des Individuums mit seiner gesamten Lebensgeschichte in der Gruppe stattfinden. Hierin steht Schindler im Widerspruch zu Foulkes , der das Individuum stets nur auf dem Hintergrund des Gruppengeschehens behandelt. Schindler lehnt auch die Anwendung der experimentellen Gestalt-Feld-Theorie Lewins auf die therapeutische Gruppensituation ab und meint, daß eine Interpretation der Gruppensituation erst dann stattfinden soll, wenn man die Lebensgeschichte des einzelnen Patienten kennengelernt und analysiert hat.

Infolgedessen fordert er zu Beginn alle Mitglieder auf, kurz ihre Biographie zu erzählen. Er gibt Anregungen für Interaktionen und regt die Teilnehmer dazu an, einander zu helfen. Sein Ziel ist es, aktiv den Zusammenhalt der Gruppe zu fördern, damit ein "Wir-Gefühl" entstehen kann. Als Schüler Stekels, der eine "aktive Psychoanalyse" propagiert hat, greift W. Schindler aktiver in das Gruppengeschehen ein, als dies die meisten Gruppenanalytiker tun. Er sieht in der Gruppe nichts Konkretes, sondern nur eine Konzeption, mit der man arbeitshypothetisch umgehen kann. Die Gruppe ist eine Struktur in Zeit und Raum, mit dem Leiter als einem dynamischen Zentrum. Als symbolischer Vater der Gruppe (und daher nicht an das männliche Geschlecht gebunden) verkörpert dieser kraft seiner Funktion zunächst die Autorität, die aber im Laufe des Gruppenpenprozesses zugunsten einer demokratischen Teamarbeit abgebaut werden soll. Im Ansprechen der Gruppe als einem Ganzen sieht er die Gefahr der Bildung einer konformistischen Masse.

Das Schichtenmodell (Göttinger-Modell nach Heigl-Evers & Heigl)

Die beiden Autoren (1978) wenden das erste topographische Modell Freuds auf die Gruppe an. Entsprechend den drei intrapsychischen Strukturen funktioniert auch die Gruppe gleichzeitig auf den drei topisch gegliederten Ebenen Bewußt-Vorbewußt-Unbewußt. Der Therapeut kann durch seine Interventionen den Gruppenprozeß verschiedentlich beeinflussen. Er kann strukturieren, indem er die reifen Ich-Strukturen anspricht, oder auch die Regression fördern durch die Anregung der Phantasietätigkeit.

Heigl-Evers und Heigl unterscheiden drei Formen der Gruppenpsychotherapie: die interaktionelle Gruppe, die analytisch-orientierte oder tiefenpsychologisch fundierte Gruppentherapie und die analytische Gruppenpsychotherapie.

Die interaktionelle Gruppe ist ausschließlich auf die bewußte Ebene normativen Verhaltens ausgerichtet und hat das Ziel, die habituellen Rollen der Teilnehmer zu beeinflussen. Die Gruppen werden minimal strukturiert, um das im Dienste der Abwehr stehende Sozialverhalten besser beobachten zu können. Der Therapeut spricht die sozialen Auswirkungen von Verhaltensweisen an, ohne deren unbewußten Sinn zu deuten.

Die analytisch orientierte (tiefenpsychologisch fundierte) Gruppe strebt die Bildung "psychosozialer Kompromisse" an. Der Therapeut deutet die Kompromißbildungen in der Gruppe zwischen Normen, die Sicherheit gewähren und Gefahren abwehren, einerseits und triebgesteuertem Verhalten, das zunächst abgewehrt, in abgeschwächter Form aber zugelassen wird, andererseits. Die Bewußtmachung dieser Kompromisse ermöglicht die Arbeit an den darunterliegenden pathogenen Konflikten der einzelnen im Rahmen des Gruppenprozesses. Die Regression wird daher so gesteuert, daß sie die Ebene der unbewußten Phantasien nicht erreicht.

Diese letzte Ebene hingegen ist das Ziel der therapeutischen Arbeit in der analytischen Gruppe. Unbewußte Phantasien stellen unbefriedigte und unbewußte Wünsche dar. In der Übertragung auf den Therapeuten entsteht aus den Abkömmlingen der unbewußten Phantasien ein gemeinsames Tagträumen als Gruppenleistung (ähnlich wie die normative Verhaltensregulierung und die "psychosoziale Kompromißbildung"). Die Tagträume haben als Ziel sowohl Triebbefriedigung als auch symbiotische Verschmelzung mit dem Leiter und der Gruppe.

Die drei Ebenen im Schichtenmodell, wie erwähnt dem topischen Modell der Psychoanalyse nachempfunden, können auch in der gleichen Gruppe durch Steuerung der Regressionstiefe bearbeitet werden. Nach Meinung der Autoren dieses Modells hat es den Vorteil, Persönlichkeits-, und Beziehungs- und Gesamtgruppenvariablen gleichermaßen zu erfassen.

Die Gruppe als dynamische Struktur

Es ist bereits an anderer Stelle (Ruhs 1983, S. 26-37) näher ausgeführt worden, daß es sich bei der Gruppe um eine Struktur handelt, wenn man die Struktur als eine Gesamtheit definiert, von der kein Element modifiziert werden kann, ohne eine Modifizierung aller übrigen Elemente nach sich zu ziehen.

Das Medium, in dem sich die Struktur der Gruppe realisiert, ist die Sprache - averbal und verbal -, denn ohne die Sprache hat keine Handlung einen Sinn. Konkretisierung erreicht die Gruppe in einem je spezifischen Sprechen, gleichfalls verbal und averbal, das durch jeden Informationsaustausch hindurch hauptsächlich, wenn auch größtenteils unbewußt, Beziehungen definiert.

Die Gruppe ist in ihrer räumlichen Ausdehnung so beschaffen, daß jede in ihr gemachte Äußerung von allen anwesenden Elementen, d.h. Subjekten wahrgenommen werden kann, ja wahrgenommen wird, wenn Verbalität das Ausdrucksmittel darstellt, da bekanntlich das Ohr jenes Sinnesorgan ist, das über keinen ihm eigenen Reizschutzmechanismus verfügt. Dieser Sachverhalt bedingt den System- bzw. Strukturcharakter der Gruppe.

Durch das Inzest- und das Tötungstabu wird Dynamik in die Gruppe eingeführt. Indem diese beiden Versagungen bzw. Unmöglichkeiten Triebverzicht auf libidinöser und agressiver Ebene bedeuten und entsprechende grundlegende Beziehungen in den Bereich der Phantasien verweisen, muß jede wahre Befiedigung illusionär bleiben. Für das verlorene narzißtische Paradies, für das nicht zu Ende gespielte ödipale Drama, stehen dem Subjekt nur Symbole und Substitute zur Verfügung. Durch ihren Ersatzcharakter aber kommt das Begehren nie zur Ruhe. Als Verlangen äußert es sich in einer Unzahl von Ansprüchen, ist es immer ein Verlangen nach etwas anderem, von welchem der Mensch bis zu seinem Tod nicht mehr verlassen wird.

Beides, nämlich Struktur und kontinuierliche Bewegung, bedingt, daß die Gruppe ein überaus komplexes Gebilde darstellt. Das jedem analytischen Deuten vorausgehende Erfassen des dichten Übertragungsgeflechtes, das sich in horizontalen und vertikalen Linien im Sinne von Gleichzeitigkeit und Geschichte innerhalb der und zwischen den Individuuen ausspannt, rührt an die Grenzen der menschlichen Intelligibilität, so daß die Verknüpfung von Erfahrung und Begriffsbildung zwangsläufig lose bleibt. Diese Unmöglichkeit der Abschließbarkeit hinzunehmen, erscheint wissenschaftlich redlicher als die immer wieder zu beobachtenden Versuche, aus der erkenntnistheoretischen Not heraus Konzepte zu entwickeln, die durch Verleugnung der Komplexität Überschaubarkeit suggerieren. Dies kann in unserem Fall etwa dadurch geschehen, daß gewisse Aspekte der Phänomenologie der Gruppe einem anderen Gegenstandsbereich zugeordnet werden (z.B. Trennung von Psychologie und Soziologie) oder daß Ebenen eingeführt werden, die im Beziehungsnetzwerk der Gruppe mehr oder weniger willkürlich Stämme von Wurzeln trennen (etwa die Trennung von Gruppendynamik und Gruppenanalyse). Die Psychoanalyse hat uns vor allem gezeigt, daß das menschliche Subjekt in seiner Gegenwart durch die Vergangenheit bestimmt ist. Der anthropologische Beitrag der Gruppenanalyse besteht unseres Erachtens hauptsächlich im Nachweis der dialektischen Verknüpfung von Individuum und Kollektiv. Diese Erfahrung kann die Gruppenanalyse ihren Klienten eindrücklicher vermitteln als jede analytisch-orientierte Einzelpsychotherapie. Es ist möglich, daß in dieser Hinsicht ein wesentlicher Unterschied zwischen beiden Therapieformen entsteht, was in bezug auf Therapieziel und Therapieausgang auch eine Dichotomie von einerseits mehr Selbstgenügsamkeit, anderererseits mehr soziale Kompetenz nahelegen würde.

In Anbetracht der zuletzt formulierten Erörterungen erachten wir die Diskussion, ob eine Gruppe als Ganzes betrachtet und gedeutet wird oder ob ihre spezifischen individuellen Strukturen vorranging zu berücksichtigen sind, als müßig. Es ist auch möglich, daß diese Fragen auf ein für Gruppen zu reflektierendes besonderes Abstinenzproblem hinzielen, das an anderer Stelle Anlaß für eine nähere Betrachtung geben könnte. Bei Erfassung der Gruppe als einer Struktur ergibt sich jedenfalls, daß jedes Ereignis in der Gruppe nicht nur die Wahrheit des Individuums, an dem es sich konkretisiert, birgt, sondern darüber hinaus die Realität der ganzen Gruppe. Insofern erscheint dann auch das Erfassen der Elemente und das Erfassen des Systems als ein und dieselbe Aufgabe.

Literatur

Bastian, A., in: E. von Hartmann, Philosophie des Unbewußten, Duncker, Berlin 1870.

Bion, W.R., Erfahrungen in Gruppen und andere Schriften, Klett, Stuttgart 1974.

Canguilhem, G., Das Normale und das Pathologische, Hauser, München 1974.

Castel, R., Die psychiatrische Ordnung, Suhrkamp, Frankfurt/M. 1979.

Finger, U.D., Narzißmus und Gruppe, Fachbuchhandlung für Psychologie, Verlagsabteilung, Frankfurt/M. 1977.

Foucault, M., Die Geburt der Klinik, Hauser, München 1973.

-, Wahnsinn und Gesellschaft, Suhrkamp, Frankfurt/M. 1973a.

Freud, S., Zur Einführung des Narzißmus, GW X, S. 137-170, 1914.

-, Zeitgemäßes über Krieg und Tod, GW X, S. 323-355, 1915.

-, Metapsychologische Ergänzung zur Traumlehre, GW X, S. 411-426, 1917.

-, Massenpsychologie und Ich-Analyse, GW XIII, S. 71-161, 1921.

-, Hemmung, Symptom und Angst, GW XIV, S. 111-205, 1926.

Grinberger, L., Langer, M., Rodrigue, E., Psychoanalytische Gruppentherapie, Kindler, München 1960.

Habermas, J., Erkenntnis und Interesse, Suhrkamp, Frankfurt/M. 1970, S. 262.

Heigl-Evers, A., Konzepte der analytischen Gruppenpsychotherapie, Vandenhoeck & Rupprecht, Göttingen 1978.

Kohut, H., Narzißmus, Suhrkamp, Frankfurt/M. 1976.

Lacan, J., Schriften I, Suhrkamp, Frankfurt/M. 1975, S. 61-70.

Lorenzer, A., Die Wahrheit der psychoanalytischen Erkenntnis, Suhrkamp, Frankfurt/M. 1974.

Marsh, L.C., Experiment in group treatment of patients of Worcester State Hospital, Ment. Hyg. (N.Y.) 17, S. 396-416, 1933.

Marx, K., Thesen über Feuerbach, In: MEW 3, Dietz, Berlin 1958.

Pratt, A., The Home Sanatorium. Treatment of Consuption, John Hopk. Hosp. Bull 1906.

Ruhs, A., Zur Geologie und Archäologie der kleinen Gruppe. Versuch einer strukturalen Analyse, Gruppenpsychother., Gruppendynamik, 19: S. 26-37, 1983.

Schindler, R., Grundprinzipien der Psychodynamik in der Gruppe, Psyche 11, S. 308, 1957/58.
Schindler. W., Die analytische Gruppentherapie nach dem Familienmodell, Reinhardt, München-Basel 1980.
Trotter, W., Instincts of the Heard in Peace and War, Unwin, London 1916.

Günter Heisterkamp, Düsseldorf

GRUPPENTHERAPIE ALS WIRKUNGS-ANALYSE. EINE WEITERFÜHRUNG DER ADLERSCHEN KONZEPTION

1. Dialektik der Ko-operation

Adlers Konzeption gründet in einer sozialpsychologischen Sichtweise, nach der prinzipiell alle psychischen und psychosomatischen Störungen Beziehungsstörungen darstellen. Seine Theorie könnte nach heutiger Diktion eine Beziehungstheorie genannt werden. Die seiner damaligen Zeit weit vorausgreifende Sichtweise versuchte er in vermögenspsychologische Kategorien zu fassen. Bei ihm spielen Begriffe wie Gemeinschaftsgefühl, Kooperationsfähigkeit, Vernunft (common sense), Zugehörigkeit usw. eine zentrale Rolle. Nach dieser Auffassung liegt das Ziel der Therapie in der Entwicklung des Gemeinschaftsgefühls oder der Kooperationsfähigkeit.

"Alle meine Bemühungen dienen dem einen Ziel, das Gemeinschaftsgefühl des Patienten zu steigern. Ich weiß, daß der wahre Grund seiner Krankheit ein Mangel an Kooperation ist, und ich will ihn dazu bringen, das ebenfalls zu sehen. Sobald er sich mit seinen Mitmenschen auf gleichberechtigter und kooperativer Basis verbinden kann, ist er geheilt" (Adler 1931, 1979, S. 204).

"Psychotherapie ist eine Übung in und eine Prüfung der Kooperation" (Adler nach Ansbacher und Ansbacher 1982, S. 317).

Angesichts der zentralen Bedeutung der Gemeinschaft hat die Gruppentherapie in der Individualpsychologie einen besonderen Stellenwert. So schlug Adler bereits vor, die Gruppentherapie bei Straffälligen anzuwenden:

"Während ich nicht glaube, daß es möglich sein wird, jedem Verbrecher eine individuelle Behandlung zu geben, könnten wir viel durch eine Gruppenbehandlung bewirken ... Ich bin fest davon überzeugt, daß wir mit einer solchen Gruppenbehandlung gute Ergebnisse erzielen könnten" (Adler 1931, 1979, S. 184).

Darüber hinaus leistete er in den zwanziger Jahren in den von ihm eingerichteten Wiener Erziehungsberatungsstellen wichtige Pionierarbeit, indem er die Behandlungen von Kindern und Familien vor interessierten Beobachtern demonstrierte und diese darüber hinaus am therapeutischen Geschehen beteiligte.

"Auf diese Weise war Adler mit einer Art Gruppentherapie in seinen Erziehungsberatungsstellen bahnbrechend" (Ansbacher und Ansbacher 1982, S. 363).

Nach Schneider-Düker (1981) ist Adler der erste europäische Psychotherapeut, nach Corsini (1978) der erste überhaupt, der Gruppenmethoden angewandt hat.

Die damalige Fortschrittlichkeit des sozialpsychologischen Ansatzes von Adler kontrastiert in verwunderlicher Weise mit der rückständigen Entwicklung einer individualpsychologischen Konzeption von Gruppentherapie. Das zeigt sich darin, daß viele seiner Schüler und Nachfolger bis auf den heutigen Tag nicht von dem ursprünglichen Ansatz der Demonstration von Einzeltherapie in der Gruppe unter Beteiligung einzelner Teilnehmer losgekommen sind und den Paradigmenwechsel zur Therapie durch das Gruppengeschehen nicht vollzogen haben. Ein drastisches und bekanntes Beispiel dafür ist das psychosoziale Arrangement der Rattnerschen Großgruppen (1973). Letztlich hängt die Rückständigkeit individualpsychologischer Gruppentherapie wohl mit den inadäquaten Begriffen zusammen, mit denen Adler seine dialektische Sichtweise zu logifizieren versuchte. Deswegen möchte ich seinen Versuch, Therapie als die Entwicklung von Gemeinschaftsgefühl oder Kooperationsfähigkeit zu bestimmen, problematisieren und damit eine Konzeption der Gruppentherapie vorbereiten, mit der sich sein dialektischer Ansatz zutreffender darstellen läßt:

1. Wo bleiben bei einer solchen Definition die Belange des Patienten? Es kommt sicherlich kein Patient zum Therapeuten, um sein Gemeinschaftsgefühl zu entwickeln. Er kommt, weil er leidet (s. Crowley 1982).
2. Wie kann ich bei einem solchen Ziel verhindern, daß ich mich als Therapeut in eine moralische Überlegenheitsposition bringe und der Therapieprozeß die Form einer latenten Belehrung, Beurteilung, Denunzierung usw. annimmt? (s. Miller 1979, 1981).
3. Wie kann ich das Gemeinschaftsgefühl eines anderen entwickeln oder ihn kooperationsfähiger machen wollen, ohne damit eine Beziehungsstruktur zu entwerfen, die im

Keime bereits unpartnerschaftlich und irreversibel ist? Nehme ich damit nicht bereits einen Standpunkt ein, der außerhalb der Patient-Therapeut-Beziehung liegt und damit eine kooperative oder emanzipatorische Beziehung im Ansatz verhindert? (s. Bauriedl 1980).

4. Wie lassen sich Kategorien wie Partnerschaftlichkeit, Gemeinschaftsgefühl, Kooperationsfähigkeit mit einer dialektischen Auffassung vom Seelischen verbinden? Sie weisen als Inbegriffe auf interaktive Wirkungszusammenhänge hin, ohne sie zu erklären(s. Salber 1969).

5. Impliziert eine vermögenspsychologische Definition des Therapiezieles nicht immer auch die entsprechende vermögenspsychologische Methode seiner Verwirklichung, nach der jedes einmal hypostasierte Vermögen (z.B. Kooperationsfähigkeit) durch bloße Betätigung (etwas miteinander machen) entwickelt werden könnte? Auf diesen Trugschluß der sogenannten formalen Bildung macht Schmidt aufmerksam:

"Gemeinschaftsgefühl ist also nicht schon vorhanden durch das bloße Angebot einer individualpsychologischen Gruppe. Es genügt auch nicht, durch verbale Akklamation darauf zu verweisen. Wir könnten es auch nicht tanken, so als wäre die Gruppe ein Energiespeicher. Nein, es gilt das Gefühl der Gemeinschaft in der Gruppe zu erarbeiten, und zwar von Anfang an und immer wieder neu" (1981, S. 198 f).

6. Der Hinweis auf diesen "Erarbeitungsprozeß" wirft schließlich das entscheidende Problem auf. Gruppentherapie ist eine Form psychologischer Behandlung, d.h. eine Form therapeutisch begründeten und methodisch gelenkten Handelns mit dem Zweck der Heilung seelischer Störungen. Deswegen stellt sich die zentrale Frage, wie sich die Wirkungszusammenhänge in Gruppen psychologisch verstehen lassen und wie sie für die einzelnen Gruppenmitglieder sowie für die Gesamtgruppe therapeutisch wirksam werden können.

Die genannten Fragen finden erst eine zufriedenstellende Antwort, wenn sie auf eine dialektische Konzeption des Seelischen bezogen werden, wie sie sich deutlich in der jüngsten individualpsychologischen Diskussion um das Gemeinschaftsgefühl zeigt. Adler meint damit nach Antoch (1981, S. 40 f) einen offenen, aufgeschlossenen, zugewandten, sachbezogenen Kontakt zur Welt, der frei ist von Flucht- und Vermeidungstendenzen. Seidenfuß (1981, S. 57 f) hebt hervor, daß die Entwicklung des Gemeinschaftsgefühls notwendig die Selbstverwirklichung im Sinne von Rogers, nämlich "das Selbst zu sein, das man in Wahrheit ist" umschließt, und noch prägnanter, daß das Gemeinschaftsgefühl "ein ständiger Austausch von Geben und Nehmen ist" (S. 61). Wenn er die Entwicklung des Gemeinschaftsgefühls darüber hinaus auch als einen Ausgleich zwischen aktiver und passiver Anpassung" (S. 61) versteht, übernimmt er den dialektisch verstandenen Anpassungsbegriff von Piaget (1966), in dem Akkommodation und Assimilation reversibel aufeinander bezogen sind. So läßt sich mit Hoffmüller (1978) das Gemeinschaftsgefühl interaktiv übersetzen als beweglicher Dialog zwischen Individuum und Welt, als eine Form des kreativen Umgangs mit den strukturellen Forderungen und Förderungen der jeweiligen Lebenssituation. Damit spielt er auf die vitale Dialektik Künkels an, nach der die seelischen Wirkungszusammenhänge gleichsam als ein Gespräch gesehen werden können, das zwischen Individuum und Umwelt stattfindet und sich in einem ununterbrochenen Wechsel von Wort, Antwort und Rückantwort ereignet (Künkel 1929, S. 74).

Dieser Prozeß des wechselseitigen Bestimmens und Bestimmtwerdens muß beweglich aufeinander einreguliert werden: "Sowohl die zu aktive wie auch die zu passive Einstellung, sowohl der Trotz, wie auch die Gefügigkeit, sowohl das nur Subjektseinwollen, wie auch das angebliche nur Objektseinwollen dient dem einheitlichen Zweck, das gleichzeitige Objekt- und Subjektsein, das Handeln- und das Folgentragenmüssen, und damit auch das 'stirb und werde', das Reifen und Wachsen des Lebens zu vermeiden" (Künkel 1929, S. 49 f). Neben dem Bestimmungsaspekt weist Künkel hier auch auf die Dialektik seelischer Wandlungsprozesse hin. Der bewegliche Austausch zwischen Individuum und Welt setzt voraus, daß das Individuum die Bedrohlichkeiten und Unwägbarkeiten von Veränderungen aushalten muß, um neue Formen des Halts zu gewinnen (festhalten und loslassen). Dieser Prozeß der Gestaltung und Umgestaltung der Ich-Welt-Beziehung ist auch als eine Form der Überschreitung unzulänglich erlebter Bedingungen zu verstehen: "Immer handelt es sich um Überwindung, ... immer handelt es sich darum, eine günstigere Beziehung herzustellen von Individuum und Außenwelt" (Adler 1933, 1973, S. 163 f).

Dieser Überwindungsversuch impliziert auch immer eine Ahnung von oder einen Entwurf auf bessere Beziehungsformen hin, ein "Fühlen mit der Gemeinschaft sub specie aeternitatis, ein Streben nach einer Gemeinschaftsform, die für ewig gedacht werden muß, wie sie etwa gedacht werden könnte, wenn die Menschheit das Ziel der Vollkommenheit erreicht hat" (Adler 1933, 1973, S. 261). In diesem Zusammenhang heben Ansbacher und Ansbacher hervor, daß sich das Adlersche Konzept von einer Defizit-Motivation zu einer Wachstums-Motivation gewandelt hat (1981, S. 189). Nach meiner Meinung läßt sich das eine nicht durch das andere ersetzen, sondern beide - sowohl die Insuffizienzerlebnisse als auch das Vollkommenheitsstreben - sind als dialektische Pole aufeinander bezogen: "In stetem Vergleich mit der unerreichbaren idealen Vollkommenheit ist das Individuum ständig von einem Minderwertigkeitsgefühl erfüllt und von diesem angetrieben" (Adler 1933, 1973, S. 35). Der Prozeß der Überwindung verläuft also in der Spannung zwischen aktuellen, historisch gegebenen und begrenzten Ausgangsbedingungen und dem Entwurf besserer Welten, der polaren Grundspannung zwischen Können und Wollen.

Alle diese Aspekte der dialektischen Wirkungszusammenhänge zwischen Individuum und Welt gehen mit der eigenschaftstheoretischen und vermögenspsychologischen Verdichtung in einem "Gemeinschaftsgefühl" verloren. Wenn Adler also von der Entwicklung des Gemeinschaftsgefühls spricht, dann ist dieses bezogen auf die dialogischen Wirkungszusammenhänge zwischen Individuum und Welt. Da dieser interaktive Aspekt mit dem einer vermögenspsychologischen und eigenschaftstheoretischen Zuschreibung nicht erfaßt wird, werde ich diese ersetzen durch den Begriff der Ko-operation. Damit soll nun kein neuer Erklärungsmythos eingeführt werden, sondern diese Kategorie steht hier und im folgenden als Inbegriff für den dialektischen Austausch zwischen Individuum und Welt, in dem die Grundspannungen seelischen Existierens (Festhalten - Loslassen, Geben - Nehmen, Ordnen - Auflösen, Bestimmen - Bestimmtwerden, Können und Wollen usw.) reversibel aufeinander einreguliert sind. Diese Entfaltung kooperativer Beziehungsformen kann mit Bauriedl (1980) auch als ein Vorgang der Emanzipation bezeichnet werden. Übereinstimmung besteht dann auch in dem entsprechenden Gegenbild, nämlich der Manipulation, die als wechselseitige Ausnutzung verstanden wird. Wenn das Grundprinzip einer Beziehungsstörung in der Manipulation gesehen wird, d.h. darin, "daß sich die Beziehungspartner gegenseitig zur Stabilisierung des eigenen psychischen Gleichgewichts verwenden", dann greift sie ähnlich wie auch Richter (1972) den zentralen Gedanken der Individualpsychologie auf.

2. Zur lebensstiltypischen Teilhabe

Sieht man das dialektische Wirkungsgeschehen zwischen Ich und Welt als zentralen Gegenstand an, erhält auch die Therapie in Gruppen eine besondere Bedeutung. In der Individualpsychologie läßt sich diese aus der Psycho-logik des "Lebensstils" ableiten. Nach Adler lernt der Mensch in dem Prozeß der permanenten Auseinandersetzung mit seiner Welt schon sehr früh eine individuelle Strategie, einen charakteristischen Stil des Umgangs mit der Welt, der prototypisch sein gesamtes Verhalten und Erleben durchformt. Adler nennt dieses individuelle Prinzip der Wirklichkeitsgestaltung und Erfahrungsbildung den Lebensstil. Er unterscheidet zwei typische Ausprägungsformen dieses Dialogs: die eine ist durch das Bewegungsprinzip der Ermutigung und die andere durch das Bewegungsprinzip einer Entmutigung gekennzeichnet.

Die Ermutigung ist der Inbegriff für alle entwicklungsförderlichen Ich-Welt-Beziehungen, d.h. für alle durch einen ko-operativen Austausch gekennzeichneten Wirkungszusammenhänge. Die mutigen Menschen haben gelernt, die dialektische Spannung auszuhalten, sowohl Subjekt als auch Objekt zu sein, sich sowohl einzulassen als auch abzugrenzen, sich selbst nicht verwenden zu lassen als auch andere nicht zu verwenden. Sie haben durch die förderlichen Bedingungen ihrer biherigen Identitätsentwicklung immer wieder die Gelegenheit gefunden und wahrgenommen, sich auf die jeweiligen neuen Lebessituationen einzulassen. Sie haben gelernt, die Verunsicherungen und Ängste, die mit der Aufgabe bewährter Lebensformen verbunden sind, zu ertragen und die Chance veränderter Lebensformen zu nutzen.

Die Entmutigung ist ein Inbegriff für alle belastenden oder krankmachenden Beziehungsformen, für alle Wirkungseinheiten, in denen der Dialog zwischen Individuum und Welt "entgleist" (Spitz 1976) ist. Um die Fehlkonstruktion dieser Interaktionssysteme zu erläutern, möchte ich bei typischen Ängsten - die immer Beziehungsängste sind - ansetzen. In der Auseinandersetzung mit den belastenden Bedingungen ihrer primären Umwelt haben entmutigte Menschen schreckliche Ängste vor den Unberechenbarkeiten und Unwägbarkeiten des Lebens entwickelt. Sie leiden unter besonderen Ängsten, abgelehnt und nicht angenommen zu sein; sie leiden unter besonderen Ängsten, gebunden und vereinnahmt zu werden, sie leiden unter besonderen Ängsten, unfähig und hilflos zu sein; sie leiden unter besonderen Ängsten, wertlos und schlecht zu sein; sie leiden unter besonderen Ängsten, keinen Sinn und kein Ziel in ihrem Leben zu finden usw. Derartige Gefühle lassen sich als spezifische Ausdrucksformen gesteigerter Minderwertigkeitsgefühle oder Mangellagen verstehen. Diese waren in den frühen Phasen der Identitätsentwicklung nur zu ertragen, indem sie durch die Gegenfiktion entsprechend übersteigerter Sonderansprüche abgewehrt oder verdeckt wurden. So verweist z.B. das Bemühen, sich ständig in den Mittelpunkt zu drängen, auf die latente Not, verlassen und abgelehnt zu werden. Der Lebensstil des entmutigten Menschen läßt sich also als ein Notprogramm zur Abwehr besonders belastender, in der Lebensgeschichte chronisch erlittener Beziehungserfahrungen bezeichnen.

Mit dieser Absicherung sind umfangreiche Vermeidungsstratagien verbunden, die die Bewegungsgrenzen individuellen Handelns extrem einschränken (s. Künkel 1929, S. 50 f) und den dialektischen Austausch zwischen den seelischen Grundspannungen verhindern. Solche Lebensstile sind - psychologisch gesehen - Fehlkonstrutionen, insofern mit ihnen Folgewirkungen verbunden sind, die letztlich genau die belastenden Erfahrungen wiederholen, vor denen sie gerade schützen sollten. Sie wirken wie unerledigte Probleme, die ständig auf Erledigung drängen und dabei immer wieder nur das Problem reproduzieren. In diesem Zusammenhang gewinnt die Gruppensituation eine besondere Bedeutung. Der Patient kann gar nicht anders, als das psychosoziale Seelendrama seines bisherigen Lebens wie ein unerledigtes Probelm oder ein unvollendetes Werk immer wieder in Szene zu setzen, hin und her gerissen zwischen der Angst vor einer Wiederbelebung der originären Leidenserfahrungen und der gleichzeitigen Hoffnung auf eine beglückende Wende. Dieser Zwickmühle versucht er zu entgehen, indem er durch immer neue Abwandlungen das Ende dieses Dramas hinauszuzögern versucht. Er versucht das Unmögliche möglich zu machen, nämlich das dramatische Ende ständig neu zu inszenierten und es gleichzeitig ständig neu zu vermeiden. Die Gruppe stellt gewissermaßen modellhaft die Welt dar, in der die ungelösten Probleme der Patienten wahrnehmbare, erfahrbare und bearteitbare Wirklichkeit werden können. Die Gruppe ist das Medium, in dem sich die persönliche Wirklichkeit eines jeden in Szene setzen kann.

Als Beispiel diene hier das Verhalten und Erleben einer 34jährigen schizoiden Patientin, die sich in einem solchen Maße in ihrer Herkunftsfamilie abgelehnt fühlte, daß ihre überkompensatorischen Tendenzen, mit denen sie diese unerträglichen Erfahrungen zu verleugnen und zu verdecken versuchte, sie nahe an den Rand des Wahnsinns und des Suizids getrieben hatten. Nach vielen Einzelsitzungen nimmt sie zum ersten Mal an einer Gruppentherapie teil. Mit ihrem hageren Gesicht und ihrem amimischen Ausdruck wirkt sie wie ein Asket. Ihre dürre Gestalt bleibt verdeckt in einem weiten Pullover und in einer verbeulten Hose, entweder in tiefem Schwarz oder dunklem Grau. Sie wirkt auf die übrigen Gruppenmitglieder wie von einer unsichtbaren Mauer umgeben. Über viele Sitzungen hält sie sich völlig zurück. Später beteiligt sie sich hin und wieder kurz, indem sie jemanden in Schutz nimmt oder jemanden beurteilt, immer im Zusammenhang mit sehr klugen und sehr vernünftigen Einwürfen. Kurz vor einer Gruppensitzung hat ihr eine andere Patientin von dem Suizidversuch der Schwester berichtet. Das bewegt sie so sehr, daß sie sich anschließend in die Gruppe einbringt, und zwar sehr abstrakt (ob jemand das Recht habe, sich das Leben zu nehmen) und nicht ohne ihr Anliegen vorher als "bekloppt" abgetan zu haben. Mit einem männlichen Gruppenmitglied verwickelt sie sich dabei in ein Streitgespräch, was ihr von diesem den Vorwurf des "geistigen Hochmuts" einbringt. Ein weibliches Gruppenmitglied nutzt dabei eine "Denkpause" aus, um sich mit ihrem eigenen Problem auszubreiten. Als ich anschließend die Patientin noch einmal auf ihr Problem anspreche, greift sie dieses Angebot nicht auf.

Da die Patientin regelmäßig Tagebuch über ihre Therapiesitzungen führte, das sie mir nachträglich zugänglich machte, kann ihr auf die Gruppensituation bezogenes Erleben anhand der Aufzeichnungen, die sich über vier einzeilig beschriebene Schreibmaschinenseiten erstrecken, ergänzt werden. Sie schreibt darin u.a., wie sehr sie sich von den anderen Gruppenmitgliedern unverstanden und alleingelassen fühlte und wie skeptisch sie dem Angebot des Gruppenleiters gegenüberstand. Daneben stellte sie lange und differenzierte psychologische Überlegungen an, was sie mit ihrem Verhalten und Erleben bezweckt und wie sie ihre Lage verändern könnte. Alle ihre kognitiven Anstrengungen münden schließlich in massiven Selbstvorwürfen und tiefer Resignation, wovon sie sich durch Masturbation abzulenken versucht.

Wenn sich auf diese Weise die seelische Wirklichkeit eines Menschen in der Gruppe in Szene setzt, erfährt der Therapeut über seine teilnehmende Beobachtung und Interaktion die Psycho-logik des jeweiligen Lebensstils mit seinen Strukturierungsproblemen. Über das "szenische Verstehen" (Lorenzer 1983) kann er sowohl die originären Insuffizienzerlebnisse als auch die kompensatorischen Sicherungen mitsamt den Folgewirkungen, die diese Erfahrungen re-produzieren und den Teufelskreis dieses Lebensstils schließen, wahrnehmen:

Über viele vorausgegangene Sitzungen hat sie sich zurückgehalten; ihre ohnehin sehr seltenen Beiträge beschränken sich auf theroretische oder moralische Aussagen; zum ersten Mal bringt sie sich bei dem Thema Suizid ein; ihr nonverbales Verhalten sowie ihre Kleidung legen eine Kontaktsperre um ihren Körper; sie bringt sich sehr abstrakt ein, ohne es als für sich bedeutsam zu betrachten; die Gruppe nimmt die Botschaft nicht wahr und übergeht sie; einzelne Gruppenmitglieder halten sie für überspannt oder hochmütig oder gar verrückt; das Angebot des Gruppenleiters schlägt sie aus; sie kann sich nur alleine mit dieser Enttäuschung auseinandersetzen; sie kann sich nur selbst befriedigen; sie kann ihrem Therapeuten ihre Selbstexploration nur schriftlich mitteilen; sie tut es in einer be-sonders gekonnten und be-sonders diffenrenzierten Form mit einem be-sonderen moralischen Anspruch; sie kann ihr Probelm nur durch eine rationale Analyse angehen, kann also auch noch nicht mit ihren eigenen Gefühlen in Kontakt kommen; sie spürt noch nicht die schrecklichen Minderwertigkeits- und Einsamkeitsgefühle, die sie in die Maschen dieses fiktiven Zieles (Be-sonderung) getrieben haben.

Derartige Wahrnehmungen helfen dem Therapeuten, ohne daß die Probleme überhaupt thematisiert worden sind, das originäre Leid des Patienten zu erspüren. Alle diese Züge durchzieht die Strukturlogik einer Be-sonderung. Über den dialektischen Rückschluß gelangt der Therapeut schon früh zu einer Ahnung des Leides, das durch diese eingeschränkte Form des Dialogs mit der Welt abgewendet werden soll und ständig - auch in der Gruppe - wieder re-produziert wird. Wie sehr muß sie von ihren Bezugspersonen enttäuscht worden sein, daß sie glaubt, sich in diesem Maße von ihren Mitmenschen distanzieren zu müssen und in diesem Maße glaubt, sich anstrengen zu müssen, um dennoch Beachtung zu finden! Durch das von ihr entworfene Beziehungssystem werden die Gruppenmitglieder gewissermaßen in die Rolle der primären Bezugspersonen gedrängt: sie reagieren ähnlich abweisend und abwertend wie die Eltern, die ihre Tochter einfach für versponnen oder gar verrückt erklärten, als sie z.B. täglich in die Kirche ging, als sie ein Heiliger wie Franz von Assissi werden wollte, als sie als katholisches Mädchen Priester werden wollte, als sie mit 13 Jahren Goethes Prometheus rezitierte usw. Die Eltern konnten jedoch die grenzenlose Entmutigung ihrer Tochter, die sie nur noch durch geradezu prometheische oder messianische Sonderleistungen zu kompensieren können glaubte, nicht wahrnehmen.

Die auf das einzelne Gruppenmitglied bezogene Intervention ist gekennzeichnet durch das therapeutische Paradox aus Akzeptierung und Verweigerung. Mit Akzeptierung ist gemeint, daß der Therapeut den Patienten so annimmt, wie er ist, indem er sich konstant in seine emotionale Lage einfühlt. Durch eine emphatische Begleitung verhilft er dem Patienten dazu, daß ihm seine seelische Wirklichkeit wahrnembar und erfahrbar wird. So könnte sich der Therapeut in unserem Beispiel einfühlen: in die großen Anstrengungen, die es die Patientin kostete, sich überhaupt einmal in die Gruppe einzubringen; in die quälende Angst, unverstanden zu sein und alleingelassen zu werden; in die latente Wut, von ihrem Schwesternsubstitut zurückgesetzt und von ihrem Brudersubstitut abgewertet zu werden; in die verzweifelte Not eines Menschen, der meint, daß er nur durch übermenschliche Leistungen angenommen werden könnte; usw.

Am Beispiel einer so strukturierten Patientin wird besonders deutlich, wie entmutigend eine aus dem dialektischen Zusammenhang mit der Mangellage herausgelöste Zielanalyse des Verhaltens wirken muß. Die bloße Aufdekkung eines Zieles (z.B. etwas Besonderes oder den anderen überlegen sein zu wollen) deformiert die auf Kooperation hin angelegte Patient-Therapeut-Beziehung zu dem manipulativen Interaktionsmuster der Belehrung, Verurteilung, Entlarvung, Denunzierung und dergleichen mehr und bestätigt die Ablehnungsängste des Patienten. Erst wenn die kompensatorischen Tendenzen als Absicherungen vor der Wiederbelebung unerträglicher Erfahrungen verstanden werden, bleibt der integrative Bezug zum Patienten erhalten. Mit dieser empathischen Begleitung ist immer auch eine Verweigerung verbunden. Indem der Therapeut sich in die Lage des Patienten einfühlt und nur einfühlt, verweigert er sich dem ihm angetragenen Beziehungsgefüge, nämlich die Patientin unseres Beispiels wie alle anderen als "Verrückte" in die randständige Position eines Sonderlings zu drängen. Indem sich der Therapeut durch seine akzeptierende Haltung diesem Beziehungsangebot verweigert, bricht sich der Lebensstil der Patientin zumindest in der Beziehung zu ihm, macht sie die ihren Lebensstil verändernden neuen Gefühlserfahrungen.

Die Analyse der um ein einzelnes Individuum zentrierten Wirkungszusammenhänge beginnt bereits, wenn eine bestimmte Schwierigkeit thematisiert wird. Nehmen wir an, daß ein Gruppenmitglied irgend ein gruppenexternes oder gruppeninternes Problem anspricht. Damit wirkt es bereits auf die übrigen Gruppenmitglieder ein. Wenigstens der Gruppenleiter muß in der Lage sein, die Auswirkungen der wie auch immer gearteten Beiträge bei den anderen und bei sich selber zu erspüren. Dann bemerkt er schon sehr früh das sich in der jeweiligen Form der Thematisierung ausdrückende Beziehungsangebot. Jede wie auch immer geartete Thematisierung muß als Entwurf eines Interaktionsgefüges angesehen werden. Unter beziehungsanalytischer Einstellung wird in der Formulierung des Problems bereits seine psychologische Bedeutung transparent. Bevor überhaupt eine verbale Interaktion abgelaufen ist, sind bereits bei jedem Gruppenmitglied durch die jeweilige Form des Beitrages die Konturen eines transaktionalen Wirkungsgefüges entworfen. Wenn der Therapeut merkt, daß er sich von Informationen überschüttet fühlt oder daß er gerne Konkreteres erfahren würde, daß er von der Schilderung mitgerissen wird oder immer wieder abschweifen möchte, daß er verteidigen oder entschuldigen, daß er lachen oder mitweinen möchte, daß er ärgerlich oder mutlos wird usw., dann sind das alles Hinweise auf die von dem jeweiligen Patienten ausgehenden Wirkungen, mit denen sich rückwirkend die Erfahrungen ergeben, die seinen Lebensstil immer wieder konstituieren. Die erlebten Auswirkungen bei sich sowie die erspürten bei den übrigen Gruppenmitgliedern machen dem dafür sensibilisierten Therapeuten die lebensstiltypische Form der Wirklichkeitsgestaltung und Erfahrungsbildung seines Patienten nachvollziehbar.

Die Phase der Thematisierung geht über in die der Inszenierung, wenn die übrigen Gruppenmitglieder ihrerseits in lebensstiltypischer Weise auf das thematisierte Problem eingehen und in ihrem unausdrücklichen Gesamtverhalten auf das entworfene Interaktionsmuster reagieren. Das gilt natürlich ganz besonders für komplementäre Persönlichkeitsstrukturen. Im Verlauf der mannigfaltigen Wechselwirkungen setzt sich die lebensstiltypische Wirklichkeit des Patienten allmählich immer deutlicher in Szene, erzählt sich die psychologische Wahrheit eines Patienten (Miller 1981), wird seine Urszene (Künkel 1974) wieder lebendig. An dieser Stelle zeigt sich, daß Patienten und auch Lehranalysanden lange Zeit kaum in der Lage sind, den anderen so zu akzeptieren, wie er ist, sondern fast immer das psychosoziale Arrangement durch ihr komplementäres Verhalten mitwirkend herausgestalten.

Die Wiederbelebung der lebensstiltypischen Konfliktsituation mit ihren personcharakteristischen Insuffizienzerlebnissen, den kompensatorischen Sicherungen sowie den belastenden Folgewirkungen ist oft der einzige Zugang zu den unerledigten Problemen der Identitätsentwicklung. Wer diese Situationen szenisch zu verstehen lernt, kann sich und den Patienten zu völlig neuen, oft überwältigenden Selbsterfahrungen verhelfen. Einen kleinen, aber aufschlußreichen Ausschnitt aus einem solchen Prozeß des Formenwandels eines individuellen Lebensstils möchte ich in dem folgenden Beispiel darstellen:

Eine 40jährige Lehrerin gerät immer deutlicher in ihre personencharakteristische Mangelsituation: zunehmend mehr verdichtet sich bei ihr das Gefühl, in der Gruppe zu kurz zu kommen; insbesondere fühlt sie sich einer anderen Frau gegenüber zurückgesetzt. Ähnlich fühlte sie sich von ihrer älteren Schwester, die immer im Mittelpunkt stehen wollte, aus der Familie gedrückt.

Da sie sich auch weder bei der Mutter noch vom Vater, einem wohlangesehenen Pfarrer, angenommen fühlte, entzog sie sich der Familie weitgehend bzw. versuchte die ihr fehlende Aufmerksamkeit zu provozieren (z.B. indem sie dem Vater Geld aus dem Klingelbeutel stahl). Ähnlich herausfordernd machte sie in der Gruppe nach einer längeren Zeit des Zurückgezogenseins und sich Zurückgesetztfühlens auf sich aufmerksam. Nachdem die Gruppensitzung bereits beendet war, stellte sie sehr erregt und vorwurfsvoll den "offiziellen Antrag", in der nächsten Sitzung endlich auch einmal Zeit für ihre Probleme zu erhalten. Dabei klagte sie sowohl ihr Schwesternsubstitut in der Gruppe direkt an als auch indirekt alle übrigen, die zu wenig Sorge dafür getragen hatten, daß jeder zu seinem Recht käme.

In der nächsten Sitzung hatte sie nun die Zeit und die Aufmerksamkeit, die sie reklamierte, aber natürlich nicht die, die sie sich ersehnte. Viele in der Gruppe waren wütend auf sie, und die gereizte Atmosphäre war alles andere als geeignet für einen fruchtbaren Austausch; sie schien mehr eine Analyse zu verhindern, als sie zu ermöglichen. Das wurde auch von ihr thematisiert, indem sie ihre Schwierigkeiten betonte, sich in dieser Situation auf die Gruppe einlassen zu sollen und zu können. Einige von ihnen konterten mit Finaldeutungen, um die latente Schuldzuschreibung der Frau umzudrehen, indem sie ihr nachzuweisen versuchten, daß sie die gereizte Stimmung nach der vorangegangenen Sitzung bereits initiiert habe, um beim nächsten Mal eine Rechtfertigung für den eigenen Rückzug zu erhalten. Diese und ähnliche Unterstellungen machten es ihr noch schwerer, sich zu öffnen, und sie äußerte schließlich immer deutlicher den Wunsch, sich am liebsten ganz zurückziehen zu wollen. Ich griff dieses Bedürfnis auf und schlug ihr vor, das einmal realiter zu machen, wonach ihr der Sinn stehe, und zu spüren, was dann mit ihr geschehe. Sie ging darauf ein und "versteckte" sich hinter der Rundcouch in einer Ecke. Während sie dahinter hockte, setzte die Gruppe sich weiter mit die-

ser Situation auseinander. Ein Gruppenmitglied, das zu ihr eine enge emotionale Beziehung entwicklt hatte, sagte währenddessen: "Ich finde es schade, daß Erika weg ist. Sie fehlt mir."

Kurze Zeit später kam sie aus ihrem Versteck heraus und war zutiefst betroffen. Was war passiert? Sie hatte in der Situation der Isolierung eine für sie völlig neue und unerwartete Selbsterfahrung gewonnen. Sie habe es zunächst als eine große Erleichterung empfunden, als sie sich dem Druck der Gruppensituation entziehen konnte. Dabei war ihr eine seit längerem vertraute Kindheitserinnerung, die sie auch "schriftlich festgehalten(!)" hat, wieder eingefallen: wie sie unter blauem Himmel allein im Kornfeld sitzt und ihre selbstgepflückten Brombeeren ißt. Sie war bisher immer froh, wenigstens diese angenehme Erinnerung zu haben. Als sie sich dieser Situation erinnerte und der eine Teilnehmer sagte, daß sie ihm fehle, sei diese Erinnerung gefühlsmäßig völlig gekippt. Sie spürte plötzlich, wie einsam sie in dieser Situation war und wie sehr sie sich immer gewünscht hatte, daß es den Bezugspersonen überhaupt auffallen würde, wenn sie nicht da sei. Diese scheinbar so schöne Erinnerung hatte bisher völlig verdeckt, wie unglücklich und verzweifelt sie darüber war, daß niemand zu Hause Notiz davon nahm, wenn sie nicht da war. Sie hatte sich deswegen auch immer wieder überflüssig gefühlt. Als sie ihre Trauer und Betroffenheit der Gruppe mitteilen konnte, konnte diese sich auch spontan in ihre aktuelle Gruppensituation einfühlen. Der eingeschränkte und erstarrte Dialog zwischen ihr und der Gruppe war erweitert worden und wieder in Bewegung geraten.

Wenn es auch selbstverständlich ist, so möchte ich dennoch hervorheben, daß die Überlegungen zur Wiederbelebung der lebesstiltypischen Wirklichkeit in der Gruppe für den Therapeuten genauso gelten. Da er von seinen Patienten in der Regel einen Könnensvorsprung hat, geht von der Gruppe eine unausdrückliche Verführung aus, z.B. durch die Demonstration einer vermeintlichen Omnipotenz latente Versagensänste zu bannen. Da er die Gruppe verantwortlich leitet, kann er mit einer weitestgehenden Kontrolle über das Interaktionsgeschehen seine latenten Ängste beschwichtigen, von den Unwägbarkeiten und Unberechenbarkeiten seelischer Entwicklungen überwältigt zu werden. Da der Therapeut den Patienten hilfreich beisteht, kann er über seine Hilfeleistungen versuchen, seine frustrierten Bedürfnisse nach Zuneigung wenigstens auf diese Weise notdürftig zu stillen. Da er die Patienten dabei unterstützt, weniger belastende und stärker befriedigende Fromen des Dialogs mit der Welt zu finden, kann er sich als Messias über die anderen erheben. Jedenfalls ist der Therapeut ständig in Gefahr, mit seinen Patienten eine psychosoziale Wirkungseinheit zu konstituieren, die durch eine wechselseitige Ausbeutung aller Beteiligten gekennzeichnet ist, z.B. wenn sich das unbewußte Zusammenspiel nach dem Muster des Hohen Priesters mit seinen Gläubigen fügt, des Helfers mit seinen Hilflosen, des Lehrers mit seinen Schülern, des Meisters mit seinen Lehrlingen usw. Durch derartige Arrangements verhindert er das Weiterkommen der Gruppe als auch die lebensstiltypische Wandlung der einzelnen Teilnehmer und seiner selbst. Der Gruppenleiter sollte zusammen mit seinem Coleiter immer wieder darauf achten, welches Beziehungsgefüge sie mit den Gruppenmitgliedern in Szene setzen (s. Schmidbauer 1979 und 1977). Im Rahmen seiner selbstkritischen Überlegungen zur individualpsychologischen Gruppentherapie warnt Huttanus - wenn auch in einer bewußten Überzeichnung, so doch wohl nicht von ungefähr - vor einem Leiter, der seine Gruppenmitglieder zu Komparsen seiner Selbstdarstellung macht:

Die vereinseitigende Karikatur eines Gruppenleiters stellt sich mir dar als ein solcher, der von einem Teilnehmer Informationen gemäß Schema abfragt, wobei ihm Gruppenmitglieder als Wasserträger behilflich sein dürfen, während störende Interaktionen der übrigen Gruppenmitglieder verbal oder nonverbal mißbilligt werden, und der zum guten Schluß nach einem intellektuellen Puzzle dem dankbar staunenden Publikum eine von wohlwollenden Änderungstips begleitete Lebensstilformulierung präsentiert" (1979, S. 126).

3. Die Gruppe als Wirkungseinheit

Das Interaktionsgeschehen in einer Gruppe ist ein so komplexes Geschehen, daß in einer ersten Annäherung nur die lebesstiltypische Teilhabe des einzelnen Gruppenmitgliedes bedacht wurde. Ich habe mir dabei noch erlaubt, ziemlich global von der Gruppensituation zu sprechen, die der einzelne im Sinne seines Lebesstils arrangiert. Die Analyse der Wirkungszusammenhänge blieb bisher zentriert um die Wirklichkeitsgestaltung eines einzelnen Gruppenmitgliedes. Das komplexe Transaktionsgeschehen droht sich ins Unübersehbare hinein zu verknäulen, wenn wir dem Gedanken folgen, daß die Überlegungen zur lebensstiltypischen Teilhabe für jeden gelten und daß alle Gruppenmitglieder die Gruppensituation im Sinne ihres individuellen Bildungsprinzips zu strukturieren versuchen. Dann ergibt sich eine verwirrende Vielfalt von Transaktionen, die kaum mehr überschaubar bleiben. Dennoch sind gerade solche vielfältigen Wirkungszusammenhänge angestrebt, wie die Regel der freien Interaktion - die Umformung der Assoziationsregel aus der Einzelsitzung für die Gruppentherapie von Heigl-Evers (1978) zeigt. Für dieses vielfältige und vielschichtige interpersonale Geschehen der Einwirkungen, Auswirkungen, Rückwirkungen, Nachwirkungen, Wechselwirkungen möchte ich nach Salber (1969) den Begriff der "Wirkungseinheit" herausziehen.

Das Hauptcharakteristikum dieser Gruppensituation sehen Heigl und Heigl-Evers in der Pluralität. In Anlehnung an Ahrendt heben sie als für die Gruppentherapie typische Konfiguration hervor, daß das Gruppenmitglied unter mehreren ist, als Glied einer Vielzahl einzigartig ist, nicht souverän ist und mit der relativen Unabsehbarkeit der Folgen des eigenen Tuns konfrontiert ist (1970, S. 183). Für sich reichen diese Merkmale zur strukturellen Kennzeichnung der Gruppensituation nicht aus. Sie gewinnen ihren Sinn erst durch das, was wir unausdrücklich bei solchen Feststellungen mitdenken. Sie erhalten nämlich erst ihre psychologische Bedeutung, wenn sie auf die dialektischen Grundspannungen des Seelischen bezogen werden. "Unter mehreren sein" ist dann ein globaler Hinweis auf die Strukturierungsnotwendigkeiten psycho-sozialer Wirkungseinheiten. Wo immer mehrere Personen zusammenkommen, entsteht ein System wechselseitiger Wirkungen, was immer sie auch tun oder lassen. "Als Glied einer Vielheit einzigartig sein" erhält seinen psychologischen Sinn erst dann, wenn es auf den dialektischen Austausch zwischen Einlassen und Abgrenzen bezogen wird. "Nicht souverän sein" verweist dann auf die vitale Dialektik des Bestimmens und Bestimmtwerdens. Mit der "relativen Unabsehbarkeit der Folgen des eigenen Tuns" sind die grundlegenden Wandlungsprozesse des Seelischen angesprochen, die in einer dialektischen Spannung zwischen Halten und Ändern stehen. Erst der Hinweis auf derartige Grundprobleme oder Grundgestalten seelischen Existierens (Salber 1965) macht die strukturellen Herausforderungen der Gruppensituation für den Lebensstil deutlich. Die Vielzahl der Transaktionen läßt sich dadurch ordnen, daß sie als lebesstiltypische Ausdrucksformen derartiger Grundkonflikte angesehen werden.

In vereinfachter Form möchte ich die Bearbeitung eines solchen Grundkonfliktes am Beispiel polar gegensätzlich strukturierter Gruppenmitglieder erläutern. Nehmen wir das Gruppenmitglied A, das unter großen Verlassenheitsängsten leidet und sich vor diesen durch Überanpassung abzusichern versucht. Das geht nur durch Abspaltung der damit verbundenen Vereinnahmungängste und durch Abspaltung der entsprechenden Distanzierungsmethoden (z.B. in der Versorgung nur zu nehmen und nicht zu geben). Dieses so strukturierte Gruppenmitglied bringen wir mit einem polar entgegengesetzt strukturierten Gruppenmitglied B zusammen. B hat besondere Ängste vor der Vereinnahmung durch andere entwickelt und versucht diese notdürftig durch Distanzierung abzuwehren. Das geht wiederum nur unter Verleugnung der damit psycho-logisch verbundenen Vereinsamungsängste und unter Abspaltung der entsprechenden Anlehnungstendenzen (z.B. in der Besonderung doch noch alle Aufmerksamkeit auf sich zu ziehen). Wenn diese beiden ihre Beziehungsprobleme, in welchen Ausdrucksformen auch immer, bearbeiten, bringen wir beide in den transitiven (interpsychischen) Konflikt, den sie intransitiv (intrapsychisch) verleugnen (s. Künkel 1929).

Beide haben bisher versucht, ihren Dialog mit der Welt zu "entdialektisieren" (Bauriedl 1980): Um der realen Spannung zwischen dem Subjektsein und Objektsein auszuweichen, versuchen sie vergeblich, nur eines zu sein. Indem wir nun beide in die Gruppensituation mit freier Interaktionsregel bringen, geraten sie in einen kreativen Konflikt. Die Gruppenaufgabe liegt in dem ständigen Aufruf nach Beziehungsklärung. Diese Aufgabe macht nun aus dem intransitiven Konflikt auch einen transitiven. Die Sicherung des einen stellt die Verunsicherung des anderen dar. Beide führen dem anderen jeweils den abgespaltenen Pol vor Augen. Jeder rückt dem anderen die unbewußt gehaltenen Aspekte seines Lebensstils, gewissermaßen sein Gegenbild vor Augen. Über die Regulierung des transitiven Konfliktes muß sich auch der intransitive Konflikt neu regulieren, und beides geht nur über eine stärkere Zulassung des Austausches zwischen den Spannungspolen des Einlassens und Abgrenzens. In diese Überlegungen, der Einfachheit halber an zwei extrem gegenpoligen Strukturen erläutert, können nun auch die übrigen Gruppenmitglieder miteinbezogen werden, da sie ihrerseits in dem durch die beiden Extrempole gekennzeichneten Spannungsfeld einen mehr oder weniger einregulierten Austausch für ihren Lebensstil gefunden haben. Ich möchte hier von einer lebensstiltypischen Deklination des jeweiligen Grundkonfliktes sprechen.

Was hier an der Grundspannung zwischen Binden und Lösen gezeigt wurde, gilt analog auch für den Fall, daß das Problem sich stärker unter anderen Aspekten ausformt, etwa stärker als ein Bestimmungsproblem oder Könnensproblem. In der Analyse der entdialektisierten Wirkungszusammenhänge werden die Vermeidungen und Verleugnungen deutlich, werden die unbewußten Ängste und Bedürfnisse erfahrbar. Unter intransitiven Gesichtspunkten entspricht dem eine vertiefte Selbst- und unter transitiven Gesichtspunkten eine vertiefte Fremderfahrung. Von Grundkonflikten zu reden, macht deutlich, daß in der Gruppentherapie die Gruppenmitglieder zunehmend deutlicher sowohl etwas Gemeinsames als auch etwas Trennendes erfahren. In der Bearbeitung des Grundkonfliktes entdecken sie gewissermaßen die psychologischen Gemeinsamkeiten ihres seelischen Existierens. An dieser Stelle braucht das bekannte Wir-Gefühl nicht mehr berufen zu werden, sondern es entwikkelt sich aus den gemeinsamen seelischen Grunderfahrungen heraus. Da wir diese Grundkonflikte nur in ihren individuellen Ausformungen erleben, ist die verbindende Erfahrung immer auch eine trennende Erfahrung, insofern jedes einzelne Gruppenmitglied sich selbst in seiner persönlichen Bewegung abgrenzt von der der anderen. Somit sind das Wir- und das Ich-Gefühl, die Fremd- und die Selbsterfahrung immer dialektisch aufeinander bezogen.

Die im Laufe des Gruppenprozesses thermatisierten und arrangierten Beziehungsprobleme einzelner werden nach dem obigen Verständnis zu Symbolen für die Solidarisierungsbewegungen der Gruppe, wie umgekehrt die in der Gesamtgruppe entwickelten Bedeutungskomplexe individuelle unerledigte Probleme beleben, die die Gruppe dann vor die Aufgabe einer erneuten Beziehungsklärung stellen. Auch dieser Dialog zwischen den individuellen und den gruppalen Bewegungsprinzipien kann "entgleisen". Diese Dialektik ist sowohl Aufgabe als auch Lösung. Sie ist bereits die Lösung, insofern sie sich gewissermaßen naturgesetzlich, psychologisch notwendig einstellt; allerdings wird sie zur Aufgabe, insofern die irreversiblen Kompromißbildungen mit ihren Abspaltungen und belastenden Folgewirkungen vermieden werden und stattdessen kooperative Formen des Miteinanders gefunden werden sollen, die allen Beteiligten ein Optimum an Zufriedenheit ermöglichen. Im Laufe des Gruppenprozesses lassen sich immer wieder Störungen dieser Solidarisierungsbewegung oder dieser "Kultivierungsarbeit" (Salber 1973; Seifert 1975) feststellen.

Gruppentherapie läßt sich als fortschreitender Prozeß der Auflösung wechselseitiger psychosozialer Arrangements, die die Gruppenmitglieder zur Sicherung ihrer lebensstiltypischen Identität immer wieder herausbilden, verstehen. Das unbewußte Ziel der überindividuellen Sicherungssysteme liegt in der Vermeidung seelischer Wandlungsprozesse.

Diese wechselseitigen Arrangements ergeben sich bereits unmittelbar zu Beginn einer Gruppe bei der Einrichtung des therapeutischen Settings mit seinen Regeln und Vereinbarungen. Wenn der Gruppentherapeut das Ziel der Gruppe erläutert, die freie Interaktionsregel einführt, seine Rolle kennzeichnet, die Mitglieder auf ihre Verschwiegenheit verpflichtet und von privaten Kontakten außerhalb der Gruppe abrät bzw. eventuelle Kontakte, die sich dennoch ergeben, wieder in die Gruppe einzubringen rät, wenn er die Bezahlungsmodalitäten klärt und eventuelle zusätzliche Vereinbarungen (z.B. Tonband, Bewertungsbögen usw.) trifft, dann werden bei den Gruppenmitgliedern bereits die lebensstiltypischen Ängste und die komplementären Sicherungen belebt. Sehr häufig gehen diese Regelungen in eine Gruppendiskussion über, die die Sicherheit eines eingeübten und formalisierten Interaktionsmusters bietet. Lediglich die dabei freiwerdenden Affekte verweisen darauf, daß es bereits um "mehr" geht.

Ein anderes psychosoziales Arrangement in der Anfangsphase der Gruppentherapie möchte ich als "Bekennerrunde" bezeichnen. Die einzelnen Gruppenmitglieder berichten nacheinander von persönlichen "Problemen". Es handelt sich dabei meistens um gruppenexterne und vergangene Schwierigkeiten, die sie nicht mehr zu belasten scheinen und die sie mit ihren psychologischen Erklärungen bewältigt zu haben meinen. Es fällt dabei die Bereitschaft auf, den eigenen Anteil an den Störungen zu betonen. Vorsichtige Versuche anderer Gruppenmitglieder, diese Probleme über den Rahmen des Angesprochenen hinauszuführen, werden abgebogen, bis dann ein anderer seine "Sünden bekennt". Die eigenen Unzulänglichkeiten werden wie Opfergaben zur Vermeidung schlimmerer Ängste als die, welche mit dem Einräumen eigener "Verfehlungen" zusammenhängen, dargebracht. Dieses Arrangement findet sich sehr häufig in kurzzeitigen Selbsterfahrungsgruppen auf Tagungen.

Dann sei noch auf das psychosoziale Arrangement der "Redner gegen Schweiger" erinnert, die sich auf der Inhaltsebene miteinander zu zanken scheinen, während sie auf der Beziehungsebene einmütig an der Vermeidung von Veränderungsprozessen arbeiten.

Ich denke an einen hartnäckigen Schweiger, der zu früh an einer Gruppe teilnahm und die übrigen Gruppenmitglieder zunehmend gegen sich aufbrachte, indem er einen ständig zunehmenden Forderungsdruck auf sich inszenierte, um diesem immer wieder zu trotzen. Wie ein Indianer am Marterpfahl arrangierte er in der Gruppe seine eigene wahnwitzige Unterdrückung aus der Primärfamilie. Auch die in der Individualpsychologie häufigen Finaldeutungen oder die diesbezüglichen Fragen (was er damit erreichen wolle) konnte er nur als latente Ausdrucksformen der Manipulation erleben, mit denen seine Autonomiebedürfnisse unterdrückt werden sollten. Er hat diese Unterdrückung seiner eigenen expansiven Tendenzen in einem solchen Ausmaße erlitten, daß er seine Ohnmachtsgefühle nur noch durch den ganz besonderen Beweis der Unerschütterlichkeit, Unbeeinflußbarkeit und Unberührbarkeit kompensieren konnte. Seine Abwehrhaltung provoziert bei den übrigen Gruppenmitgliedern eine komplementäre Angriffshaltung, mit der sie ihn entsprechend hartnäckig und verbissen in die Gruppe hineinzuzerren versuchen.

Dieses Beispiel zeigt: Wie das kollektive Verhaltensmuster der individuellen Abwehr, so dient das individuelle Verhaltensmuster der kollektiven Abwehr. Analog dem Muster des Tauziehens sind alle Gruppenmitglieder wechselseitig so miteinander verzerrt, daß beide Parteien an jedem Ende des Taus trotz riesiger Anstrengungen bewegungslos verharren und keiner der Beteiligten die Ängste und Unwägbarkeiten von Veränderungen auf sich nehmen muß.

Ein verbreitetes psychosoziales Arrangement, das sich nach der Überwindung derartiger Anfangsschwierigkeiten häufig einstellt, ist auch die sogenannte Einzeltherapie in der Gruppe. Vorab sei erwähnt, daß dieses Setting im Rahmen von Lehrzwecken seine Bedeutung hat, indem ein Therapeut vor einer Gruppe von Lehranalysanden seine Therapiemethode demonstriert und eventuell auch seine Schüler probeweise daran teilnehmen läßt. Das Lernen einer bestimmten Methode durch teilnehmende Interaktion hat sich für mich bei der Einübung in komplexe Formen der Therapie, wie z.B. die Familien- oder die Gruppentherapie, besonders bewährt. In einem solchen Sinne ist ja diese From auch von Adler eingeführt worden. Wenn sie jedoch als Gruppentherapie deklariert oder so aufgefaßt wird, dann wird daraus ein kollektives Sicherungssystem, das alle Beteiligten inklusive den Leiter schützen soll. Das entsprechende "Analysespiel", das wegen seiner häufigen Verbreitung in Weiterbildungsgruppen auch als "Leeranalysespiel" bezeichnet werden könnte, funktioniert folgendermaßen:

1. *Die Gruppe beginnt fast regelmäßig mit einem spannungsvollen Schweigen, das die latente Frage, die über jeder Sitzung lastet, nämlich "wer ist heute dran?" stumm zum Ausdruck bringt. Diejenigen, die schon "dran" waren, fühlen sich dabei ruhig, lassen den Blick in die Runde schweifen und kontrollieren, wer noch nicht "dran" war und wer sich eigentlich zur Verfügung stellen sollte.*
2. *Schließlich hält einer von denen, die noch nicht "dran" waren, diesem Erwartungsdruck nicht mehr stand und bringt sich mit einem meistens gruppenexternen Problem ein. Häufig bietet er der Gruppe auch projektives Material in Form von Träumen oder Kindheitserinnnerungen an. Nicht selten ist dieses Material vorbearbeitet und vorseligiert.*
3. *Unterstützt und geleitet durch den Therapeuten versuchen nun alle "mit vereinten Kräften" das angesprochene Problem des Gruppenmitgliedes zu analysieren.*
4. *Diese Analyse streckt sich so lange hin, bis die Zeitgrenze für die Gruppensitzung erreicht ist oder sich noch ein zweiter Teilnehmer "zur Verfügung stellt".*

Die starke Ritualisierung des gruppalen Beziehungsgefüges müßte eigentlich schon skeptisch machen, insofern Rituale immer der Angstabwehr dienen. Wovor sichern sich Therapeuten und Patienten ab? Das gemeinsame Spiel heißt "wasch mich, aber mach mich nicht naß". Was vermieden werden soll, weil es im ganzen bisherigen Leben verleugnet und unterdrückt wurde, das sind die schmerzlichen Leiderfahrungen und ihre chronifizierten Wiederholungen. Die Gruppe verhält sich, als hätten sich alle Beteiligten insgesamt abgesprochen, sich der gestellten Aufgabe zu entziehen (s. Bion 1971).

Die analysierenden Gruppenmitglieder können sich bis auf das eine oder andere Mal, wenn sie "dran" sind, als Therapeut fühlen. Indem sie immer wieder in die therapeutische Rolle steigen, vermeiden sie die belastende Erfahrung, wie sehr jeder von ihnen selbst leidet. Über ihr Bemühen, den anderen zu verstehen, entziehen sie sich der kontinuierlichen Bearbeitung ihrer eigenen Probleme. Diese Abwehr des eigenen Leids funktioniert umso besser, je mehr sie im Rahmen einer bloß kognitiven Aufdeckung von abstrakten Zielen bleibt. Wie die Triebdeutungen nach Freud oder die Antriebsdeutungen nach Schultz-Hencke, so können auch die Finaldeutungen nach Adler als Abwehrmechanismen dienen, um an all den Stellen, wo der Therapeut in den bewegenden Strudel eigener Verängstigungen und Verunsicherungen hineingezogen zu werden befürchtet, die "Flucht in den Kopf" einzuschlagen und "die Individualpsychologie als globales Vermeidungssystem" zu mißbrauchen (Huttanus 1981, S. 113).

Dabei entwickelt sich die gemeinsame Therapie eines einzelnen Gruppenmitglieds zu einer Wirkungseinheit, die mit einer Fuchsjagd mehr zu tun hat als mit der Entwicklung kooperativer Formen des Miteinanders. Letztlich geht es dann darum, wer die besten Deutungen abgibt und wem der Platz des Kronprinzen oder der Kronprinzessin neben der Seite des überlegenen Leiters gebührt. Das Gruppenmitglied, das gerade den Patienten spielt, ist zwar bereit, entsprechend der unausdrücklichen Gruppennorm einmal die Rolle des Patienten zu übernehmen, es denkt jedoch nicht daran, sich als Opfer für die anderen hinzugeben, und gerät dadurch in eine Zwickmühle. Einerseits beugt es sich dem Gruppendruck zur Einhaltung der gemeinsamen Spielregel, nach der jeder einmal "dran" ist, und andererseits verweigert es sich natürlich dem Anspruch, daß sich die anderen auf seine Kosten profilieren. Wenn sich z.B. angehende Therapeuten noch nicht so gut in ihre eigene emotionale Lage und die der anderen einfühlen können und noch im Sinne ihrer privatlogischen Sicherungen annehmen müssen, daß die Ausbildung in Therapie im wesentlichen in der Perfektionierung von Deutungen liegt, dann wird das Trommelfeuer von Interpretationen, die auf die Patienten wie Ermahnungen, Belehrungen, Beurteilungen, Entlarvungen usw., jedenfalls wie mehr oder weniger diffizile Formen der Manipulation wirken, so verschrecken, daß der so gejagte Fuchs sich versteckt und eine List aussinnt. Er lockt als Opfer die vielen Jäger in die Falle einer Kollusion, in das Wirkungsgefüge einer entdialektisierten Beziehung. Die hilfreichen Therapeuten dürfen nicht merken, wie hilflos sie sind, und das hilflose Opfer darf nicht merken, wie mächtig es ist. Wenn sie das täten, müßten sie ihre Sicherungen aufgeben.

Das gilt auch für den Leiter. Was würde sich ändern, wenn der Leiter dieses Beziehungsritual aufgeben würde und das Beziehungsgeschehen nicht mehr so formalisieren würde? Wenn wenigstens der Leiter in der Lage wäre, sich diesem gruppalen Beziehungssystem zu verweigern und sich stattdessen bedingungslos in die jeweilige Lage des Gruppenmitgliedes, also z.B. in die Nöte eines Opfers, einfühlen könnte, dann würden bei diesem gesamtseelische, gefühlsstarke Bewegungen in Gang gesetzt, denen sich die übrigen durch ihre interaktionelle Teilhabe nicht mehr in dem Maße wie bisher verschließen könnten. Die Erfahrung der eigenen Betroffenheit würde das rituelle Muster sprengen. Die anderen könnten gar nicht mehr anders, als ihre lebesstiltypische Teilhabe an dem jeweiligen Problem zu artikulieren. Damit würde aber das Beziehungsgeschehen auf einer ganz anderen Ebene zum Gegenstand als bisher. Das Wirkungsgeschehen in der Gruppe würde für den Leiter wesentlich unkalkulierbarer und unkontrollierbarer. Jede Beziehung zu jedem, auch die eines jeden Gruppenmitgliedes zum Leiter, würde zum möglichen und nötigen Thema mit all seinen aufwühlenden Gefühlsbewegungen. Ohne den Schutz dieses Rituals würde auch der Leiter in seiner ganzen Person und nicht nur in seiner Rolle als Therapeut gefordert. Er müßte seine eigenen Gefühle zulassen und damit therapeutisch umgehen können, wenn er bewundert, verehrt, verführt, gereizt, geliebt, gehaßt, abgelehnt, beschuldigt, provoziert, entwertet, bekämpft, beschämt usw. wird. Wenn ich Angst habe, die entsprechenden Gefühle bei mir wahrzunehmen, dann geht mir das wichtigste Instrument meines therapeutsichen Handelns verloren und ich bin peinlich um die Vermeidung der mich besonders belastenden Gefühlsentwicklungen bemüht. Wenn derartige Gefühle in einer Gruppentherapie überhaupt nicht, selten oder nur oberflächlich auftauchen, kann der Gruppenleiter sicher sein, daß er sich mit seinen Patienten in einem Sicherungsritual gefunden hat. Er wäscht sie, ohne sie naß zu machen. Sie bedanken sich dafür, indem sie ihn nicht darauf aufmerksam machen, daß er das Wasser dabei vergessen hat. Die gemeinsame Angst vor der Wiederbelebung ihrer originären Insuffizienzgefühle verbindet und verbündet sie in einem geheimen Systemwiderstand, der wechselseitig von allen stabilisiert wird.

Um den Lebensstil des Patienten zu erfahren, muß der Therapeut alle in der Gruppe beobachtbaren Wirkungszusammenhänge um das Individuum zentrieren. Um aber auch den Stil der Gruppe zu erfassen, der dem einzelnen Teilnehmer eine bestimmte Position oder Rolle zuweist, muß er seine Zentrierungen auch immer wieder wechseln und darauf achten, was die Gruppe mit dem jeweiligen Mitglied in Szene setzt und wie sie sich dabei ihrerseits kollektiv sichert vor der Wiederbelebung belastender Selbsterfahrungen. Die von Heigl und Heigl-Evers (1975, S. 244 ff) beschriebenen "psychosozialen Abwehrmanöver" können hier ebenso als Beispiel herangezogen werden wie die psychosozialen Arrangements belasteter Familien (Heisterkamp 1981a, 1982b, 1983 b). Ich spüre solche Prozesse dann, wenn ich den Eindruck gewinne, daß die Gruppe sich zu lange mit einem Gruppenmitglied oder einer Subgruppe befaßt, wenn nicht allmählich eine Weiterentwicklung einsetztz, die ich als lebensstiltypische Deklination eines Grundproblems bezeichnet habe; d.h. daß einer die abgesprochene Problematik in der Ausformung seines Lebensstils weiterführt. Um diesen Prozeß ins Bild zu rücken, greife ich oft auf einfache gruppendynamische Übungen zurück. Das soll wieder an einem Beispiel veranschaulicht werden:

In einer Lehranalysandengruppe berichtet ein Gruppenmitglied bereits sehr früh über seine sexuellen Erfahrungen. Er kann erstaunlich offen über seine Erlebnisse berichten. Er hält dabei auch nicht seine Phantasien bezüglich der übrigen Gruppenmitglieder zurück. Ich spüre, wie alle Gruppenmitglieder dem Thema interessiert folgen. Die Gruppe geht auch relativ einfühlsam mit den Problemen um und kann sehr prägnant die lebensstiltypische Problematik, die sich in dem sexuellen Verhalten ausdrückt, herausarbeiten. Als sich die Analyse für mein Erleben be-

reits längere Zeit abgerundet hatte und keine wesentlich neuen Aspekte mehr hinzukamen, wunderte ich mich, daß die Zentrierung um das besagte Gruppenmitglied nicht aufgegeben wurde und der Prozess sich zu einem relativ lockeren oberflächlichen Gespräch veränderte. Ich vermutete bei den übrigen ein eigenes Bedürfnis, über ihre sexuellen Probleme zu sprechen, und gleichzeitig eine große Angst, sich damit in die Gruppe einzulassen.

Ich wollte diese Sicherung ins Bild rücken und schlug deswegen der Gruppe eine Übung vor: Wir könnten einmal so tun, als wäre Rudi, der besagte Lehranalysand, überhaupt nicht in unserer Gruppe. Er sollte sich dann außerhalb des Gruppenkreises und abgewendet von der Gruppe hinsetzen, so daß er symbolisch draußen sei, obwohl er faktisch weiterhin drinnen blieb. Die Gruppe fing dann erst ganz allgemein an über Sexualität zu sprechen, zwischendurch wollten einige immer wieder auf Rudi zu sprechen kommen, die ich dann auf die Spielregel hinweisen mußte, bis schließlich eine Teilnehmerin feststellte, daß es ihr sehr unangenehm sei, über eigene sexuelle Verhaltensweisen zu sprechen und daß es ihr sehr entgegengekommen sei, daß dies dem Rudi offenbar so leicht falle und er ihr eine Menge Arbeit in diese Hinsicht abgenommen habe. Anschliessend wurde die Beziehung zwischen einem Mann und einer Frau aus der Gruppe thematisiert, die eine nähere Beziehung zueinander aufgenommen hatten, aus der, was beide besonders betonten, die Sexualität aber völlig ausgeschlossen sei. Damit waren die sexuellen oder erotischen Beziehungen der Gruppenmitglieder untereinander sowie die entsprechenden Sicherungen zum Thema geworden.

Um derartige Vereinseitigungen und Abspaltungen in den Wechselwirkungen zwischen den Gruppenmitgliedern zu verhindern, braucht jede Gruppe derartige Bewegungshilfen. Die Umzentrierung kann auch durch einfache Hinweise erfolgen (Beispiel: Ich habe den Eindruck, daß Rudis Thema viele angeht und anregt) oder durch eine gezielte Einfühlung in die lebensstiltypische Rückwirkung eines Gruppenmitgliedes (Beispiel: Erich, ich habe den Eindruck, daß Dir Inges Weinen besonders zugesetzt hat). Solche Umzentrierungen werden im Laufe des Gruppenprozesses zunehmend von den Teilnehmern selbst vorgenommen bzw. ganz überflüssig.

Der Verlauf einer Einzeltherapie (Heisterkamp und Zanke 1983) weist deutliche Analogien zum Therapieverlauf einer Gruppe auf, wenn die Einzeltherapie als ein dialektischer Prozeß zweier Individuen aufgefaßt wird. Die erste Phase in der Einzeltherapie läßt sich als Wiederholung des individuellen Lebensstils kennzeichnen. Ähnlich ist der Beginn der Gruppentherapie gekennzeichnet durch das Bemühen, die lebesstiltypischen Sicherungen auch im Rahmen des Gruppensettings zu halten. Die gemeinsame Angst vor den Unwägbarkeiten seelischer Wandlungen verbindet und verbündet die einzelnen Gruppenmitglieder immer wieder in psychosozialen Arrangements wie den beschriebenen. Diese sind durch das wesentliche Merkmal einer wechselseitigen Be-Nötigung (Heisterkamp 1983a und b) gekennzeichnet. Diese Kennzeichnung impliziert sowohl die individuelle Not, die abgewendet werden soll, als auch die Nötigung der anderen, die zur Abwehr dieser Not verwendet werden. Aus dem Sprengsatz dieser belastenden Beziehungsformen heraus kommt es in der Gruppe immer wieder zu Zuspitzungen im Beziehungsgeschehen, welche sowohl die Chance eines Beziehungsumbruches als auch die Gefahr eines Beziehungsbruches enthalten. So belastend diese Krisen auch sind, sie sind die fruchtbaren Momente im Therapieprozeß. Hier vollzieht sich in und über den Wandlungsprozeß der Gruppe der Formenwandel des individuellen Lebensstils (Hemmer 1983). Diese Zuspitzungen zeigen sich besonders deutlich in den Prozessen, die auf die latente oder manifest Ausstoßung eines Gruppenmitgliedes hinauslaufen:

Ich denke z.B. an eine Frau, die das schreckliche Martyrium ihrer Kindheit immer wieder in der Gruppe inszenierte und die ganze unterdrückte Wut und die ganze unsagbare Trauer immer wieder an den übrigen Gruppenmitgliedern mitsamt dem Gruppenleiter abhandelte. Sie fühle sich immer wieder in der Rolle des benachteiligten, zurückgesetzten Aschenputtels. Die übrigen wurden zu den eigennützigen und bevorzugten Stiefgeschwistern und der Leiter zur bösen Stiefmutter. Diese generalisierte Schuldanklage und der daraus resultierende kompensatorische Anspruch (das Aschenputtel beansprucht als Lastenausgleich ja den Status der Prinzessin) ist so schwer auszuhalten, daß die Gruppenmitglieder nur zu leicht bezüglich der Akzeptierung dieses Verhaltens überfordert sind und sie ihrerseits aggressiv zurückweisen, das

Gruppenmitglied ausstoßen wollen und so mitwirken an der Wiederbelebung der Urszene. Wenn der Gruppenleiter in solchen Fällen nicht in der Lage ist, dieses Wirkungsgefüge sich entwickeln zu lassen, ohne daß er sich selbst in dieses verstrickt, dann spitzt sich die Belastungssituation für diese Patientin wieder ins Unerträgliche zu, macht sie mit den übrigen Gruppenmitgliedern erneut die ihren Lebensstil konstituierenden Erfahrungen.

Ein "Aschenputtel", das sich ständig mit seinem schreienden Unrecht in die Gruppe einbringt und kompensatorisch sein Recht nach besonderer Beachtung reklamiert, kann auch für die eigene "Drecksarbeit" ausgenutzt werden. Solange es (an sich) arbeitet, braucht es kein anderer zu tun. Das Beispiel zeigt, wie das individuelle Verhaltensmuster der kollektiven Sicherung und wie das kollektive Verhaltensmuster der individuellen Sicherung dient. Das macht die Lage des Therapeuten sehr kompliziert: Er muß sich sowohl dem individuellen Arrangement des einzelnen Patienten als auch dem kollektiven der Restgruppe verweigern. Wenn er auch mit keiner der beiden Parteien eine Allianz gegen die andere eingehen darf, so muß er sich dennoch in die Lage aller Beteiligten einfühlen, d.h. selbst in den dramatischen Zuspitzungen des Interaktionskonfliktes den empathischen Bezug zu allen Beteiligten nicht verlieren. Wie für die Familientherapie, so gilt auch für die Gruppentherapie das dialektische Prinzip der alternierenden Akzeptierung und Verweigerung (Heisterkamp 1983b).

In der dramatischen Eskalation eines solchen Konfliktes ist es not-wendig, das isolierte Gruppenmitglied empathisch durch seine belastenden Gefühlserfahrungen der Ablehnung und Vereinsamung zu begleiten, ohne sich dabei im Sinne seiner Sicherungen (z.B. durch Beteiligung an seinen Schuldzuschreibungen) verwenden zu lassen. Wenn das gelingt, kann das Gruppenmitglied in der dramatischen Zuspitzung seiner Grundsituation und getragen durch die mitschwingende Anteilnahme zumindest des Therapeuten seine bisher weitgehend verleugneten Nöte und Ängste zulassen. Sein wahres Leid wird für alle wahrnehmbar und erfahrbar. Damit kommt es zum Umbruch der Beziehung in der Gruppe. Zunächst bricht sich der Lebensstil der Patientin in der Beziehung zum Therapeuten: Zum ersten Mal fühlt sich die Patientin in ihrer Not, alleingelassen und verstoßen zu sein, verstanden. So paradox es ist: Im Durchleiden ihrer tiefen Einsamkeit kann sie erst die ihren Lebensstil verändernde Gefühlserfahrung machen, doch noch gemocht und angenommen zu sein. Bei diesen kathartischen Vorgängen, in der lange unterdrückte Tendenzen wiederbelebt werden, zeigt sich auch für die anderen unmittelbar eine Auflösung des scheinbar hoffnungslos erstarrten Dialogs. Indem die Patientin ihre Distanzierung aufgibt, wird sie auch für die anderen weniger bedrohlich. Dann kann der Therapeut die Aufmerksamkeit auf die Sicherungen der übrigen richten, auf die durch das Verhalten der Patienten wachgerufenen und projektiv abgewehrten Ängste. Im Verlauf einer solchen Wirkungsanalyse erfahren die Gruppenmitglieder immer deutlicher, wie sie aufeinander einwirken und zu welchen umfassenden Arrangements sich ihre lebensstiltypischen Sicherungen in der Gruppe immer wieder fügen. Je mehr sie sich in ihren Ängsten und Nöten von den anderen verstanden und angenommen fühlen, um so mehr können sie auf die kompensatorischen Sicherungen verzichten: Die einzelnen Gruppenmitglieder erproben immer offenere Formen des zwischenmenschlichen Dialogs.

Durch solche Umzentrierungen, die im Laufe des Gruppenprozesses zunehmend mehr von den Mitgliedern selbst vorgenommen werden können, entsteht allmählich ein beweglicher Austausch, bei dem sich die Analyse der einzelnen Lebensstile immer mehr integriert und sich eine fortlaufende lebensstiltypische Deklination des jeweils angesprochenen Grundproblems ereignet. Die Gruppe ist in das Stadium einer ko-operativen Beziehung getreten. Das dauert bei einer Lehranalysandengruppe mit regelmäßigen wöchentlichen Sitzungen ungefähr ein Jahr. Alle arbeiten an einem strukturellen Problem, das jeden in individueller Weise angeht. Dieses Stadium ist nur erreichbar, wenn der größte Teil der Gruppe ein vertieftes Stadium der Selbst- und Fremderfahrung erreicht hat; wenn sie sich sehr weit in andere einfühlen können, ohne sich selbst dabei zu verlieren; und wenn sie deutlich ihre eigenen Gefühle wahrnehmen und zurückmelden können, ohne sich dabei von den anderen zu distanzieren. Die in einer solche Phase der Gruppenentwicklung frei werdenden Betroffenheiten sind so bewegend, daß sie spontan immer wieder von einzelnen Gruppenmitgliedern aufgegriffen und gemäß der eigenen Lebesstilproblematik weitergeführt werden. Um das aufwühlende Wirkungsgeschehen einigermaßen angemessen und nacherlebbar darstellen zu können, bedürfte es der literarischen Fähigkeiten eines Dramatikers. Ich versuche im folgenden einen kleinen Ausschnitt eines solchen Gruppenprozesses zu skizzieren:

Eine Lehranalysandin hat in dem anonymen Anruf eines Mannes eine zentrale Bedeutsamkeit ihres Lebens wiedergefunden. Es hat sie sehr betroffen gemacht, wie dieser "blöde Anruf" einerseits ihre latenten Sehnsüchte nach bedingungsloser Annahme und andererseits ihre Ängste, nur mißbraucht zu werden, wachrief. Die Gruppe folgt dabei ihrer leidvollen Erfahrung, nur gemocht zu werden, wenn sie im Sinne der anderen funktioniert. Das kennt sie in Bezug zu ihrer Mutter, zu ihrem verstorbenen Vater, zu ihrem Mann, zu ihren Kindern sowie zu den Gruppenmitgliedern. Sie komme immer wieder in Situationen, in denen sie sich vernachlässigt und ausgenutzt fühle. Sie machte den anderen deswegen heftige Vorwürfe. Ihrer Mutter gegenüber hat sie die Vermutung, daß diese ihr geben könne, was sie wolle, und sie dennoch immer unzufrieden sei.

Auf der Suche nach dem, was die Mutter ihr wohl genommen haben könnte, kommt sie an eine entscheidende Szene: Sie sitzt mit ihrem Vater in der Badewanne. Plötzlich kommt die Mutter ins Badezimmer und reißt sie aus der Wanne und schimpft dabei den Vater aus, der einen erigierten Penis hat. Dieser Frau ist aus späteren Erinnerungen bewußt, daß sie von ihrem Vater öfter sexuell genötigt oder benutzt worden ist. Sie hat sich darüber im Sinne der Mutter immer wieder entrüstet. Ihr ist deutlich, daß sie sich von Männern immer wieder mißbraucht fühlt. Dennoch fragt sie sich zunehmend mehr, wieso gerade sie immer in solche Situationen gerät. Sie erinnert sich an eine Situation im Schlafwagen, wo ein Ausländer immer näher an sie herangerückt ist, ohne daß sie sich in der Lage sah, sich deutlich von diesem abzugrenzen. Nur allmählich kann sie zulassen daß sie die Situation in der Badewanne mit dem Vater als kleines Kind auch als sehr wohlig und angenehm empfunden hat und daß der sonst so gewalttätige und unbeherrschte Vater vielleicht sogar zärtlich zu ihr war. Sie spürt zunehmend deutlicher ihre Sehnsucht nach Zärtlichkeit und Zuneigung, und gleichzeitig spürt sie ihre Traurigkeit, wie sehr sie doch durch ihren Vater benutzt und wie wenig sie von ihm geliebt wurde. Ebenso fühlt sie sich von der Mutter benutzt als Machtmittel im Kampf gegen den Vater. Deswegen mußte sie in der Vergangenheit sexuelle Themen in der Gruppe immer wieder abwehren, weil sich in dem Thema ihre ganze Not (nämlich benutzt zu werden) und ihre ganze Sehnsucht (nämlich geliebt zu werden) verdichtet. Erstmals brauchte sie ihre Mangellage nicht hinter der Fassade vordergründiger Vorwürfe zu verbergen, sondern konnte zunehmend mehr ihre Trauer darüber, weder von dem Vater noch von der Mutter um ihrer selbst willen akzeptiert worden zu sein, zulasssen. Die Gruppe zeigte sich dabei in der Lage, sie in ihrer jeweiligen Lage empathisch zu begleiten. Indem die einzelnen Gruppenmitglieder sich so verhielten, vermittelten sie ihr ohne Worte, daß sie, so wie sie ist, angenommen und verstanden wird.

Einem anderen Gruppenmitglied war derweil aufgefallen, wie sehr ein anderer durch diesen Bedeutungskomplex bewegt wurde. Daraufhin angesprochen, konnte dieser seine Not nicht mehr zurückhalten; er fühlte sich von einem weiblichen Gruppenmitglied in mehrfacher Form als Statist benutzt und schändlich im Stich gelassen. Eine Zuspitzung ereignete sich ganau dadurch, daß die betreffende Frau gerade an diesem Abend die Gruppe vorzeitig verließ. Er fühlte sich schrecklich alleingelassen; wie von seiner Mutter fühlte er sich von ihr betrogen und benutzt. Ihm fiel ein, wie er von seiner Mutter immer wieder als lästiges Anhängsel abgeschoben worden war, besonders in den Jahren, als die Mutter getrunken hatte, und wie sehr er gehofft hatte, daß alles anders würde, als seine Mutter mit 70 Jahren einen Schlaganfall erlitt und er sie in seiner Familie aufnahm. Sein ganzer Körper schüttelt sich vor Schluchzen als er davon erzählt, wie seine Mutter nach der Rekonvaleszenz anfing zu pokern und Spielkasinos aufzusuchen und immer mehr Spielschulden machte, für die er aufkommen mußte: "Und gleichzeitig kann ich sie gar nicht loslassen, mir geht das so nahe zur Zeit. Seit einiger Zeit ist sie hin und wieder am Sterben bei dem Hirnprozeß, den sie hat. Ich hab auch so ne Angst, überhaupt in ihr Zimmer zu gehen und zu gukken. Vor Weihnachten hatte sie den letzten starken Anfall und lag blutüberströmt und war am Ersticken ..." Er kann vor Weinen nicht weiterreden ... Dann berichtet er stokkend weiter, wie er mit einem ihm bekannten Arzt bis nachts um 2 Uhr gekämpft hatte, bis die Anfälle vorbei waren: ... "Und dann ist sie am Sonntagmorgen aufgewacht aus der Bewußtlosigkeit, und sie hatte nichts mitge-

kriegt, und ihr erster Gedanke war: 'Ich sollte ja zum Skatturnier'." Die einzelnen Gruppenmitglieder fühlten sich hier in seine schreckliche Verzweiflung ein, der Mutter weniger wert zu sein als Karten oder Alkohol. Sie begleiteten ihn empathisch durch analoge Ausformungen dieser chronischen Lebenserfahrung, immer wieder im Stich gelassen zu werden, bis seine Gefühlsbewegungen allmählich ruhiger wurden und ein Gruppenmitglied ihn in seine Arme nahm.

Währenddessen hatte ein anderes Gruppenmitglied angefangen, wortlos zu weinen. Das Bild von der Mutter, die blutüberströmt in ihrem Bett liegt, stand ihm leibhaftig vor Augen durch eine Reihe von Einfällen und Erinnerungen (Geburt der nachfolgenden Geschwister sowie Geburt des ersten Sohnes und die bevorstehende Geburt des zweiten Kindes) und nahm immer wieder Anteil an seinen Gefühlsnöten, bloß ein lästiges Übel zu sein oder die Schuld am Leid der anderen zu haben.

Eine Gruppe kann dieses Stadium des Wieder-erlebens der originären Insuffizienzerlebnisse nur erreichen, wenn die Bewegungen des individuellen Erlebens sowie die Entwicklungen des gesamten Gruppenprozesses nicht ständig durch manipulative Deutungen blockiert werden. Dieses Stadium ist, wie die übrigen Phasen des Gruppenprozesses, nicht faßbar durch das Vorherrschen bestimmter inhaltlicher Themen. Das kooperative Wirkungsgefüge einer Gruppe zeigt sich in dem fließenden Austausch von Einlassen und Abgrenzen. In der therapeutischen Situation expliziert sich das Einlassen besonders in der Einfühlung. Indem die Gruppenmitglieder sich wechselseitig empathisch begleiten können, bringen sie zum Ausdruck, daß sie sich dem anderen hingeben können, ohne sich an ihn zu verlieren. Das Abgrenzen expliziert sich besonders in den offenen Rückmeldungen. Indem die Gruppenmitglieder sich wechselseitig die Wirkungen ihres Verhaltens und Erlebens vermitteln, bringen sie zum Ausdruck, daß sie ihre eigenen Gefühle warhnehmen und sich damit von anderen abheben können, ohne sich dabei von ihnen zu distanzieren. Akzeptierung und Verweigerung in einem dialektischen Austausch zu halten, kennzeichnet eine Therapiegruppe, die das Stadium kooperativer oder emanzipatorischer Beziehungen erreicht hat.

Literatur

Adler, A., Wozu leben wir, Fischer, Frankfurt 1931/1979.

-, Über den Ursprung des Strebens nach Überlegenheit und des Gemeinschaftsgefühles, Internationale Zeitschrift für Individualpsychologie, 11, 1933, S. 257-263.

Ansbacher, H.L., Ansbacher, R., Alfred Adlers Individualpsychologie, Reinhardt, München 1982.

Ansbacher, H.L., Die Entwicklung des Begriffes "Gemeinschaftsgefühl" bei Adler, Zeitschrift für Individualpsychologie, 6, 1981, S. 177-194.

Antoch, R.F., Von der Kommunikation zur Kooperation. Studien zur individualpsychologischen Theorie und Praxis, Reinhardt, München 1981.

-, Anmerkungen zum Thema "Gemeinschaftsgefühl", Zeitschrift für Individualpsychologie, 6, 1981, S. 40-42.

Bauriedl, R., Beziehungsanalyse, Suhrkamp, Frankfurt 1980.

Bion, W.R., Erfahrungen in Gruppen und andere Schriften, Klett, Stuttgart 1971.

Corsini, v. R.J., Gruppenpsychotherapie, in: Nikelly, A.G. (Hrsg.), Neurose ist eine Fiktion, Kindler, München 1971, S. 127-131.

Crowley, P., Gruppenpsychotherapie, unveröffentlichter Vortrag am Institut für Wissenschaftliche Individualpsychologie in Düsseldorf, Sommersemester 1982.

Heigl, F., Indikation und Prognose in Psychoanalyse und Psychotherapie, Vandenhoeck & Ruprecht, Göttingen 1978².

Heigl-Evers, A., Konzepte der analytischen Gruppentherapie, Vandenhoeck & Ruprecht, Göttingen 1978².

Heigl-Evers, A., Heigl, F., Zur tiefenpsychologisch fundierten oder analytisch orientierten Gruppenpsychotherapie des Göttinger Modells, Zeitschrift für Gruppentherapie und Gruppendynamik, 9, 1975, S. 237-266.

Heisterkamp, G., Verlauf der Familientherapie mit einem alkoholkranken Vater als designiertem Patienten, Zeitschrift für Individualpsychologie, 6, 1981a, S. 71-86.

-, Das Konzept des Widerstandes in der Individualpsychologie, in: Petzold, H. (Hrsg.), Widerstand ein strittiges Konzept in der Psychotherapie, Junfermann, Paderborn 1981b, S. 121-139.

-, Individualpsychologie in der Grundschule, in: Rost, D.H. (Hrsg.), Erziehungspsychologie für die Grundschule, Klinkhardt, Bad Heilbrunn/Obb. 1982a, S. 133-164.

Heisterkamp, G., Hansi als "Lautsprecher der Familienproblematik", in: Rost, P.H.(Hrsg.), Erziehungspsychologie für die Grundschule, Klinkhardt, Bad Heilbrunn/Obb. 1982b, S. 275-284.
-, Psychotherapie als Beziehungsanalyse, Zeitschrift für Individualpsychologie, 2, 1983a.
-, Familientherapie als Wirkungsanalyse - eine Weiterführung der Adlerschen Konzeption, Bericht über die 18. Wissenschaftliche Tagung der Deutschen Gesellschaft für Kinder- und Jugendpsychiatrie 1983b in Marburg, in Druck.
Heisterkamp, G., Zanke, M., Zum Formenwandel des Lebensstiles, Zeitschrift für personenzentrierte Psychologie und Psychotherapie, 1, 1983.
Hemmer, K., Verlauf einer individualpsychologisch konzipierten Gruppentherapie. Zur Veröffentlichung vorgesehenes Manuskript.
Hoffmüller, J., Gemeinschaftsgefühl, unveröffentlichter Vortrag am Institut für Wissenschaftliche Individualpsychologie in Düsseldorf, Wintersemester 1977/78.
Huttanus, A., Selbstkritische Gedanken zu IP-Gruppentherapie, Zeitschrift für Individualpsychologie, 4, 1979, S. 126-127.
-, Aussprache, Zeitschrift für Individualpsychologie, 6, 1981, S. 113.
Künkel, F., Vitale Dialektik, Hirzel, Leipzig 1929.
-, Die Arbeit am Charakter, Bahn, Konstanz 1974.
Lehmkuhl, G., Lehmkuhl, U., Gruppenpsychotherapie mit Jugendlichen in der Individualpsychologie, Zeitschrift für Individualpsychologie, 7, 1982, S. 143-153.
Lorenzer, A., Sprache, Lebenspraxis und szenisches Verstehen in der psychoanalytischen Therapie, Psyche, 27, 1983, S. 97-128.
Miller, A., Das Drama des begabten Kindes, Suhrkamp, Frankfurt 1980.
-, Am Anfang war Erziehung, Suhrkamp, Frankfurt 1980.
-, Du sollst nicht merken, Suhrkamp, Frankfurt 1981.
Piaget, J., Psychologie der Intelligenz, Rascher, Zürich 1966².
Rattner, J., Gruppentherapie, Fischer, Frankfurt 1973.
Richter, H.E., Die Gruppe, Rowohlt, Reinbek 1972.
Salber, W., Der psychische Gegenstand, Bouvier, Bonn 1959.
-, Wirkungseinheiten, Henn, Ratingen 1969.

Salber, W., Das Unvollkommene als Kulturprinzip. Anmerkungen zur Kulturpsychologie Sigmund Freuds, Zeitschrift für Klinische Psychologie und Psychotherapie, 21, 1973, S. 140-155.
Schmidt, R., Individualpsychologische Gruppentherapie, Zeitschrift für Individualpsychologie, 6, 1981, S. 195-206.
Schmidtbauer, W., Die hilflosen Helfer, Rowohlt, Reinbek 1977.
-, Selbsterfahrung in der Gruppe, Rowohlt, Reinbek 1979.
Schneider-Düker, M., Gruppenpsychotherapie, Kösel, München 1981.
Seidenfuß, J., Die Entwicklung von Gemeinschaftsgefühl - als Selbstverwirklichung, Anpassung und soziale Evolution, Zeitschrift für Individualpsychologie, 6, 1981, S. 57-70.
Seifert, W., Gruppendynamik - Veränderung durch Selbsterfahrung, Kiepenheuer & Witsch, Köln 1975.
Spitz, R.A., Vom Dialog, Klett, Stuttgart 1976.

Horst-Dietmar Spittler, Münster

DAS KONZEPT DER GRUPPE IN DER GESPRÄCHSPSYCHOTHERAPIE

Wenn ich vermeide, mich einzumischen, sorgen
die Menschen für sich selber,
Wenn ich vermeide, Anweisungen zu geben, finden
die Menschen selbst das rechte Verhalten,
Wenn ich vermeide, zu predigen, bessern die
Menschen sich selber,
Wenn ich vermeide, sie zu beeinflussen, werden
die Menschen sie selbst.
(Laotse, zitiert nach Rogers 1975)

Im Mai 1976 veröffentlichte die Zeitschrift "psychologie heute" ein Interview von Mary Harrington Hall mit Carl R. Rogers (Rogers 1976), das für unser Thema in vielerlei Hinsicht sehr interessant ist. Rogers berichtet darin, daß er bereits 1945 einigen seiner Studenten ein Gruppentherapie-Lehrprogramm angeboten hat. "Ich erinnnere mich, daß ich 1945 einigen meiner Studenten ein Gruppentherapie-Lehrprogramm angeboten hatte. Ich sagte ihnen, daß es für mich eine neue Sache wäre und ich noch keine Erfahrung hätte." Rogers berichtet dann im weiteren des Interviews, daß er diesen Ansatz zunächst nicht weiterverfolgte und er sich erst 1950 wieder intensiv mit Gruppenerfahrungen auseinandergesetzt habe. Als Grund dafür, daß er sich damals nicht weiter mit Gruppen beschäftigte, gibt Rogers in diesem Interview an: "Allerdings habe ich diese Entwicklung damals nicht weiterverfolgt, zum Teil, weil ich glaubte, in Gruppen nicht so gut forschen zu können. Damals war ich der Meinung, daß schon eine Beziehung zwischen zwei Personen so komplex sei, daß sich der Gedanke an die Untersuchung von Beziehungen in der Gruppe verbietet."

Ein weiterer wichtiger Hinweis, der diesem Interview zu entnehmen ist, ist die Abgrenzung, die Rogers zwischen Encountergruppen und Gruppentherapie vornimmt. "Es handelt sich wirklich um zwei verschiedene Aspekte. Gruppentherapie ist etwas für Menschen, die leiden, die

Probleme haben und Hilfe brauchen. Encounter-Gruppen dagegen sind für die, die normal funktionieren, die aber ihre Fähigkeiten zum Zusammenleben mit anderen verbessern wollen. Vor allem unterscheidet sich auch die jeweilige Rolle der Gruppenleiter. Der eine muß therapeutisch wirken, der andere sollte vor allem Gruppenprozesse in Gang bringen und erleichtern können."

Weiterhin legt Rogers in diesem Interview seine wissenschaftstheoretische Position dar. "Je intensiver man versucht, die unbegreiflichen Dinge im Prozeß einer Persönlichkeitsveränderung abzuschätzen, desto weniger kann man sich auf die herkömmlichen Methoden verlassen. Gleichzeitig werden aber auch die einzigen Methoden, die mir sinnvoll erscheinen, suspekt. Ich glaube, daß uns bei der Erfassung jenes Unbegreiflichen nur der Mensch helfen kann, der das Unbegreifliche selbst erlebt hat. Wir müssen uns ein Bild davon machen, wie es in dem betreffenden Menschen aussieht, wie er die Veränderungen erlebt. ...
Wir müssen uns mit der Tatsache abfinden, daß Menschen schon immer über Dinge nachgedacht haben, schon immer Dinge beobachtet und schon immer herumexperimentiert haben, lange bevor es zu den präzisen Messungen kam, die aus der Physik eine Naturwissenschaft machten. Es kann sein, daß wir wieder von vorn anfangen müssen, mit natürlichen Beobachtungen. Wir müssen unsere Anstrengungen vergrößern, wenn wir den Menschen, sein Verhalten und die Dynamik der Dinge verstehen wollen.
Dann wird es vielleicht eines Tages zu einer echten psychologischen Wissenschaft kommen, die keine Imitation der Physik ist und die als wirkliche Humanwissenschaft den Menschen als ihren ursprünglichen Erkenntnisgegenstand hat".

1. Die Entwicklung der klientenzentrierten Gruppenpsychotherapie

Von Rogers selbst ist das Geburtsjahr für klientenzentrierte Gruppenpsychotherapie mit 1945 angegeben worden (Rogers 1976). Darüber hinaus liegen jedoch keine Informationen vor, wie Rogers' erste Versuche, Erfahrungen in Gruppenpsychotherapie zu sammeln, aussahen.
Das nächste wichtige Datum für klientenzentrierte Gruppentherapie ist das Jahr 1947. In diesem Jahr veröffentlichte Peres (1947) eine Untersuchung über nichtdirekte Gruppentherapie. Bereits vier Jahre später legte Hobbs (1951)

einen ersten Erfahrungsbericht über gruppenbezogene Psychotherapie (Group-Centered-Psychotherapy) vor. Hobbs leitet diesen Bericht mit der Bemerkung ein, daß die Gruppentherapie in vielfacher Hinsicht durchaus der Einzeltherapie entspricht, es aber auch entscheidende Unterschiede gibt. "Die Ähnlichkeiten ergeben sich aus der gleichen Absicht und aus dem gleichen Konzept vom Wesen der menschlichen Persönlichkeit und der Art, wie sie sich verändert. Die Unterschiede beruhen auf der wichtigen Tatsache, daß bei der Einzeltherapie nur zwei Leute beteiligt sind, während bei der Gruppentherapie fünf oder sechs oder sieben Personen während des Prozesses aufeinander einwirken. Diese Vervielfältigung der Zahl der Teilnehmer bedeutet mehr als nur die Ausweitung der Einzeltherapie auf mehrere Personen gleichzeitig; sie stellt eine qualitativ andere Erfahrung mit einmaligen therapeutischen Möglichkeiten dar." (Hobbs 1951). Im folgenden beschäftigt sich Hobbs mit so wichtigen Fragen wie:

- Einzel- und Gruppentherapie - Ähnlichkeiten und Unterschiede,
- der Prozeß der Gruppentherapie,
- der Gruppentherapeut,
- Gruppenmitglieder als Therapeuten,
- Auswahl von Gruppenmitgliedern,
- Wirksamkeit der Gruppentherapie.

Diese hier von Hobbs aufgezählten Themen sind immer noch aktueller Gegenstand, mit dem sich klientenzentrierte Gruppenpsychotherapie in Forschung und Praxis auseinanderzusetzen hat. Bei der Behandlung dieser Themen durch Hobbs ist immer wieder festzustellen, eine wie enge Verankerung er noch zur Einzeltherapie hat und in welchem Maße er sich bemüht, die für die Gruppentherapie eigenständigen Gesetzmäßigkeiten herauszuarbeiten.

In den sechziger Jahren erschien dann eine Flut von Einzeluntersuchungen. Von besonderem Interesse sind hier die Arbeiten von Truax (1961, 1966a, 1966b, 1968) sowie die Arbeiten von Truax und Carkhuff (1965), Truax, Carkhuff, Kodmann (1965), Truax, Carkhuff (1967), Truax, Schuld, Wargo (1968), Truax, Wargo, Volksdorf (1970). Diese Untersuchungen beschäftigen sich mit einzelnen Untersuchungsfragen zur Gruppenpsychotherapie, wie z.B. der Frage nach der Beziehung zwischen Therapeutenvariablen und Klientenvariablen sowie der Frage unterschiedlicher Therapie-Patientengruppen. Auffallend ist jedoch, daß es bei diesen Untersuchungen immer wieder um Fragen zum The-

rapeuten und dessen Verhalten sowie zu den Klienten, ihrem Verhalten und Eingangsbedingungen geht sowie der Interaktion zwischen Therapeut und Klienten, einer Interaktion zwischen den Klienten jedoch keine Untersuchung gewidmet ist.
Weitere wichtige Impulse gingen für die klientenzentrierte Gruppenpsychotherapie von Solomon und Berzon aus, die das Konzept der Self-Directed-Group in die klientenzentrierte Gruppenpsychotherapie einbrachten (Berzon, Solomon 1964, 1966).

Von besonderer Bedeutung für die Weiterentwicklung der klientenzentrierten Gruppenpsychotherapie ist das 1970 erschienene Buch "Encounter-Gruppen". Hierin sind Rogers' Erfahrungen in klientenzentrierter Gruppenarbeit zusammengefaßt. Gleichzeitig wird darin aber auch deutlich, welche Bedeutung der klientenzentrierten Gruppenarbeit nicht nur für die Arbeit mit Klienten/Patienten zukommt, sondern auch für jeden einzelnen, der seine soziale Kompetenz erhöhen will (Rogers 1970).

Erste Veröffentlichungen im deutschsprachigen Bereich zu Fragen der klientenzentrierten Gruppenpsychotherapie finden sich in den Informationsheften der Gesellschaft für wissenschaftliche Gesprächspsychotherapie (GwG) etwa ab 1973. Einen ersten zusammenfassenden Überblick über den Stand der klientenzentrierten Gruppenmethoden versuchte die Zeitschrift "Gruppendynamik" 1975, wobei jedoch der größere Teil der veröffentlichten Berichte sich mit klientenzentrierten Selbsterfahrungsgruppen beschäftigt (Pavel, Sander 1975; Teuwsen 1975; Speierer 1975) und sich nur ein Beitrag mit klientenzentrierter Gruppenpsychotherapie befaßt (Mente, Spittler 1975).

Dieser Trend setzt sich auch in der neueren Literatur über klientenzentrierte Gruppenarbeit fort. Gleichzeitig ist zu beobachten, daß die Begriffe "Encounter" und "klientenzentrierte Gruppenpsychotherapie" häufig synonym gebraucht werden.

1979 wurde von R. Tausch und A.-M. Tausch das deutsche Stardardwerk zur Gesprächspsychotherapie, das in der Zeit von 1960 bis 1974 in sechs Auflagen erschien, in einer gänzlich neugestalteten 7. Auflage vorgelegt (Tausch, Tausch 1979). Gleichzeitig hat dieses Buch einen neuen Untertitel erhalten: "Einfühlsame, hilfreiche Gruppen- und Einzelgespräche in Psychotherapie und alltäglichem Leben". Der überwiegende Teil dieses Buches beschäftigt sich mit "personenzentrierten Gruppengesprächen (sog. Encountergruppen)" (Tausch, Tausch 1979, S. 7.)

Im Gegensatz dazu ist ein 1980 erschienenes Buch zur "Erlebnisorientierten Gruppenpsychotherapie" von Mente und Spittler ausschließlich der Arbeit mit Klienten gewidmet. Ihr Bemühen geht dahin, aus ihrer Praxis und der sie begleitenden Forschung Hinweise für die Praxis der Erlebnisorientierten Gruppenpsychotherapie abzuleiten. 1982 ist von Spittler (Spittler 1983) im Rahmen eines Symposions der Versuch gemacht worden, diesen Ansatz unter dem Aspekt einer Differentiellen Gesprächspsychotherapie zu diskutieren.

2. Abgrenzung von klientenzentrierter Gruppenpsychotherapie zu Encountergruppen

In dem bereits oben zitierten Interview (Rogers 1976) nimmt Rogers eine eindeutige Abgrenzung zwischen Encountergruppen und Gruppentherapie sowohl unter dem Aspekt der angesprochenen Personen als auch der unterschiedlichen Aufgaben der Gruppenleitung vor, die eigentlich nichts an Eindeutigkeit vermissen läßt. Wir teilen diese Abgrenzung. Psychotherapiegruppen unterscheiden sich für uns von allen anderen Gruppen, wie z. B. Sensitivitytrainigs-/Selbsterfahrungsgruppen und auch Encountergruppen, inbesondere dadurch, daß sie eingerichtet wurden, um Menschen, die unter seelischen Störungen leiden, mit psychotherapeutischen Mitteln zu helfen, daß sie diese Störungen überwinden oder wenigstens vermindern. "Nur solche Gruppen sollte man Therapiegruppen nennen, bei denen alle Mitglieder von Anfang an und durchgehend eine psychotherapeutische Behandlung wollen, d.h. daß sie durch die Zusammenarbeit mit den anderen Teilnehmern die Heilung von seelischen Störungen und u.U. auch von damit zusammenhängenden körperlichen Beeinträchtigungen anstreben. Die eben genannte Aufgabe der angestrebten Heilung verbindet die Mitglieder zu einem gemeinsamen Ziel". (Mente, Spittler 1980, Band 1, S. 34 ff.).

Verhängnisvoll kann es für den werden, der Therapie sucht oder Therapie benötigt, wenn er im Wirrwarr der Gruppenabgebote nicht in eine Therapiegruppe gelangt, sondern in eine Gruppe mit anderer Zielsetzung. Dies gilt nach Rogers auch für Encountergruppen, da sie eine andere Zielsetzung haben und die Kompetenz des Leiters nicht im therapeutischen Bereich liegen muß. Wohl kann die Teilnahme an einer Encountergruppe Wegbereiter für die Teilnahme an einer Therapiegruppe sein, eine Therapiegruppe jedoch nicht ersetzen, wobei nicht bestritten werden soll, daß die Teilnahme an Encountergruppen oder personenzentrierten Gruppengesprächen zu konstruktiven seelischen Verbesserungen führen kann.

"Psychotherapiegruppen unterscheiden sich von den anderen genannten Gruppenformen (gemeint sind Selbsthilfegruppen, wie z.B. Anomyme Alkoholiker, Wachtumsgruppen, wie z.B. Sensitivitytrainingsgruppen und Encountergruppen; bewußtseinserweiternde Gruppen, die sich meist um ein bestimmtes demographisches Merkmal bilden,wie etwa Frauengruppen) dadurch, daß sie ausdrücklich einen heilenden Zweck verfolgen und von einem professionellen Therapeuten geleitet werden" (Grawe, Fiedler 1982, S. 149); oder "als Gruppenpsychotherapie bezeichnen wir den Versuch, nicht nur einzelnen Kranken, sondern einer Gruppe von Kranken gleichzeitig mit psychologischen Mitteln zu helfen, und zwar so, daß die Gruppe ein Faktor im Heilungsprozeß ist" (Guggenbühl-Craig 1956, S. 5). Dies verstärkt die Forderung danach, nur solche Gruppen als Therapiegruppen zu bezeichnen, bei denen alle Mitglieder von Anfang an und durchgehend eine therapeutische Behandlung wollen. Damit ist zugleich ausgesprochen, daß die Therapiegruppe kein gemeinsames Ziel nach außen verfolgt, wie etwa bestimmte Aktivitätsgruppen.

"Encounter ist eine Methode, persönliche Beziehungen herzustellen auf der Grundlage von Offenheit und Ehrlichkeit, Selbst-Wahrnehmung und Selbst-Verantwortlichkeit, Körperbewußtsein, Beachtung der Gefühle und der Betonung des Hier-und-Jetzt. Gewöhnlich findet Encounter im Rahmen einer Gruppe statt" (Schutz 1977, S. 9). Die Kontakte in der Encountergruppe können sehr intensiv sein. Gleichwohl handelt es sich - verglichen mit der Therapiegruppe - um eine kurzzeitige Begegnung der Mitglieder, zumal die Veranstaltungen oft nur aus Sitzungen an einem Wochenende bestehen. Auch geht der Leiter einer Encountergruppe keine länger währende feste Verpflichtung gegenüber den Mitgliedern der Gruppe ein, während der Therapeut versucht, die mühsame Arbeit einer langfristigen geduldigen Begleitung seiner Klienten zu gewährleisten. Der Klient einer Therapiegruppe hat in den rund 14 Monaten der Gesamtbehandlung eine wöchentliche Zwischenzeit für den Transfer dessen, was er in der Gruppe erlernt hat. Er wird in seiner

Umwelt außerdem zusätzliche therapeutische Erfahrungen machen. Eine Klarheit im Gebrauch der Bezeichnungen ist auch notwendig nicht zuletzt für die Information an die Interessenten, d.h. zu einer verläßlchen Orientierung aller derer, die Terapie nötig haben oder eine spezifische persönliche Selbsterfahrung suchen.

Ein anderes Vorgehen, das zwischen Encountergruppen und Gruppentherapie steht, ist "eine Mischung von Gruppenteilnehmern aus Personen mit Beeinträchtigungen und aus Personen ohne deutliche Beeinträchtigungen", so wie sie R. Tausch und A.-M. Tausch für ihre Klienten in der psychotherapeutischen Beratungsstelle und für Personen mit dem Wunsch nach größerer Selbstverwirklichung anbieten (Tausch, Tausch 1979, S. 16 ff.). Hier wird ein Bereich bestritten, der zwischen eindeutig Gruppenpsychotherapie und eindeutig Encountergruppen steht. R. Tausch und A.-M. Tausch haben in ihrer begleitenden Forschung nachweisen können, daß dieses Vorgehen für beide Gruppen hilfreich ist (Tausch, Tausch 1979, S. 282 ff.).

Darüber hinaus hat sich eine Übertragung des klientenzentrierten Ansatzes auf verschiedenste Bereiche als hilfreich erwiesen. Klientenzentriertes oder besser hier personenzentriertes Vorgehen in Gruppen hat sich als hilfreich erwiesen in Bereichen, wie z.B. Schule, Verwaltungen, Betriebsführung, besondere Konfliktgruppen und auch für Selbsthilfegruppen.

3. Praxis der klientenzentrierten Gruppenpsychotherapie

Liegt für die klientenzentrierte Einzeltherapie eine fast unüberschaubare Anzahl an zusammenfassenden Veröffentlichungen vor, so ist die Anzahl der Veröffentlichungen, die sich mit Fragen der klientenzentrierten Gruppenarbeit befassen, relativ gering. Sieht man von dem frühen Aufsatz zur gruppenbezogenen Psychotherapie von Hobbs (1951) ab, der einen Versuch darstellt, umfassender zu sein, so sind immer nur kurze Forschungs- bzw. Erfahrungsberichte, die sich mit einzelnen Fragestellungen zur klientenzentrierten Gruppenpsychotherapie befassen, veröffentlicht worden. Eine erst umfassende Dastellung, die sich mit "einfühlsamen, hilfreichen Gruppen- und Einzelgesprächen in Psychotherapie und alltäglichem Leben" beschäftigt, wurde 1979 von Tausch und Tausch vorgelegt. Die Gespräche, von denen in diesem Buch berichtet wird, sind jedoch vom Ansatz her Encountergruppen eher zuzuordnen als reiner Gruppenpsychotherapie. Auf diesen Sachverhalt weisen Tausch und Tausch bereits im Vorwort hin. So findet bei ihnen der personenzentrierte Ansatz eine Erweiterung in Richtung auf Personenzentrierte Gruppengespräche (sog. Encountergruppen), wobei sie darauf hinweisen, daß diese Gespräche nicht nur hilfreich für Klienten mit neurotischen Störungen sind, sondern für alle Menschen, die sich darum bemühen, sich selbst zu entwickeln und seelisch reicher zu leben. Gleichzeitig weisen sie auf die Bedeutung von personenzentrierten Gesprächen für Familie, in Partnerschaften, in Beruf, Schule und Freizeit hin (Tausch, Tausch 1979, S. 7 ff).

Eine umfassende Darstellung zur Durchführung von klientenzentrierten Gruppenpsychotherapien wurde 1980 von Mente und Spittler vorgelegt. Hier werden für die gruppentherapeutische Praxis bedeutsame Fragen ausführlich diskutiert und aus den Erfahrungen Vorschläge für die therapeutische Praxis abgeleitet. Bei dem Bemühen, ein Konzept für die Durchführung klientenzentrierter Gruppenpsychotherapie zu gewinnen, sahen sich Mente und Spittler vor folgende Schwierigkeiten gestellt: Ein Konzept für klientenzentrierte Gruppenpsychotherapie von Carl Rogers liegt nicht vor. Sein Buch über Encountergruppen bringt kein solches Konzept. Aus den vorliegenden Mitteilungen über die Durchführung klientenzentrierter Gruppenpsychotherapie ist zu vermuten, daß die in der Gruppe angewandten Mittel bisher lediglich solche sind, wie sie aus der Einzeltherapie bekannt sind, d.h. daß der andersartige Bezugsrahmen Gruppe kaum in die Forschung einbezogen ist. Von daher ergibt sich auch, daß die Klientenvariable Selbstexploration eine zentrale Stellung in der klientenzentrierten Gruppentherapie hat und der Interaktion der Klienten untereinander in der Forschung bisher keine Bedeutung beigemessen worden ist (Mente, Spittler 1980. S. 45 ff).

Für Mente und Spittler stellt die von ihnen vorgestellte Erlebnisorientierte Gruppenpsychotherapie eine Weiterentwicklung der gruppenpsychotherapeutischen Ansätze im klientenzentrierten Bereich dar. Dieser Ansatz ist insofern klientenzentriert, als sie den von Rogers aufgefundenen Kernvariablen bei ihrer Arbeit in der Gruppe eine wesentliche Bedeutung beimessen, wobei jedoch nicht übersehen werden darf, daß diese Variablen in der Gruppenpsychotherapie eine Veränderung in ihrer Bedeutung erfahren (vgl. Mente, Spittler 1980, Bd. 1, S. 54 ff). Dies gilt im besonderen Maße für die Variable Verbalisierung emotionaler Erlebnisinhalte (VEE), da die Gruppe ein anders Bezugssystem als das diadisch in der Einzeltherapie ist. Demgemäß gibt es also in der Gruppe Verbalisierungen, die den inneren Bezugsrahmen eines einzelnen Mitgliedes aufdecken, aber auch Verbalisierungen, die sich auf die Gruppe oder einen Teil der Gruppe und deren Zustand beziehen. Die Verbalisierung von Mitteilungen einzelner Mitglieder erhält in der Gruppe einen völlig anderen Stellenwert als in der Einzeltherapie. Wenn der Therapeut etwa, sei es auch dem Inhalt nach richtig, unbekümmert darauflosverbalisierte, würde das den Fluß einer guten Interaktion oft eher stören und die Möglichkeit der anderen Gruppenmitglieder, die sich mitfühlend einbringen, behindern. Demgemäß ist es in der Therapie der Gruppe einmal Aufgabe des Therapeuten, die von Rogers (1973, S. 53 ff) dargestellte hilfreiche Beziehung des Therapeuten zum Klineten auf einen Kreis von etwa acht Personen auszuweiten. Darüber hinaus ist es jedoch bedeutsamer, daß eine ähnliche Beziehung auch für die Klienten in ihrem Umgang miteinander zustande kommt. Von daher messen Mente und Spittler der Interaktion der Klienten untereinander für den Therapieerfolg eine hohe Bedeutung zu. "Je länger wir Therapie in Gruppen durchführten, desto mehr kamen wir dazu, die volle Sozialität der Gruppe für den therapeutischen Fortschritt als wirksam anzusehen, und wir versuchten auch, diese Sozialität wirksamer zu machen. Hierbei stießen wir auf die Tatsache und Bedeutung eines stabilen Merkmals 'Mitfühlendes Verstehen' (MV) beim Klienten. Wir rechnen diese Variable ebenfalls zum Basisverhalten in der klientenzentrierten Therapie: Die Gruppe und der Therapeut sollen MV im hohen Maße ermöglichen. Denn MV ist, in Kurzfassung, das Experiencing eines Gruppenmitglieds mit den Gefühlen und deren Bedeutungen, wie sie in ihrer Andersheit bei anderen Mitgliedern der Gruppe vorhanden und wirksam sind" (Mente, Spittler 1980, Bd. 1, S. 58).

Mitfühlendes Verstehen ist nach Mente und Spittler "... eine innere, tätige, teilnehmende Hinwendung des Klienten auf die innere Realität der anderen Person, wobei die Art und Weise des Eingehens durch den Bezugsrahmen des eigenen Erlebens mitbestimmt wird: Von daher werden die Gefühle des anderen zu den eigenen in Bezug gesetzt" (Mente, Spittler 1980, Bd. 2, S. 21).

Bei der Beschreibung des therapeutischen Basisverhaltens weisen Mente und Spittler deutlich darauf hin, daß die von Rogers aufgefundenen Kernvariablen in der Gruppenpsychotherapie eine Veränderung erfahren müssen, wenn die Gruppentherapie mehr sein soll als nur Einzeltherapie in der Gruppe. Wird aber Gruppentherapie nun so durchgeführt, daß der Interaktion der einzelnen Gruppenmitglieder eine hilfreiche Bedeutung beigemessen wird, so muß die Gruppe derart zusammengestellt sein, daß dieser Prozeß auch wirklich stattfinden kann. Eine Gruppe, die nur nach dem Zufallsprinzip zusammengestellt ist, wird dieser Anforderung aller Wahrscheinlichkeit nach nicht gerecht. Somit ist die Zusammenstellung der Gruppe wesentlicher Bestandteil des Therapiekonzeptes für Mente und Spittler. Das von ihnen vorgelegte Konzept einer Erlebnisorientierten Gruppenpsychotherapie unterscheidet sich auch ferner von anderen Konzepten dadurch, daß für Mente und Spittler die Selbstlenkung der Gruppe ein dominierendes Element der Therapie ist und sie erlebnisaktivierende/nonverbale Übungen in die Therapie miteinbezogen haben. Ferner findet bei Mente und Spittler eine Vorbereitung der Klienten auf die Gruppentherapie statt (Mente, Spittler 1980, S. 63 ff).

Wie Yalom (1974, S. 246 ff) sind auch Mente und Spittler der Ansicht, daß nur eine systematische Vorbereitung der Klienten auf die Gruppenarbeit eine erfolgreiche Gruppenpsychotherapie garantiert. Der Therapeut, der die Mitglieder der Gruppe sorgfältig aussucht und vorbereitet, hat dadurch bereits bei Beginn der Gruppenpsychotherapie fast alles erledigt, was die Erhaltung der Gruppe erfordert. Für sie hat sich die klientenzentrierte Einzeltherapie als Vorbereigung auf die Gruppe gut bewährt. Auch Tausch und Tausch geben einen entsprechenden Hinweis: "Nach spätestens 10 - 15 Einzelgesprächen erscheint eine Teilnahme an Gruppengesprächen günstig" (Tausch, Tausch 1979, S. 14). Etwa sechs Wochen vor Beginn der Gruppentherapie vereinbaren Mente und Spittler mit ihren Klienten ein Einzelübungsprogramm in die Variable Mitfühlendes Verstehen.

Im Gegensatz zu vielen anderen klientenzentrierten Gruppenpsychotherapeuten messen Mente und Spittler der Zusammensetzung der Gruppen eine besondere Bedeutung für den Therapieerfolg zu. Aufgrund ihrer langjährigen Erfahrung mit Therapiegruppen haben sie ein differenziertes

Konzept für die Zusammenstellung von Therapiegruppen erstellt. Gleichzeitig haben sie Hinweise für die Indikation von klientenzentrierter Gruppenpsychotherapie aus ihrer Erfahrung abgeleitet. Auch Tausch und Tausch haben die Erfahrung gewonnen, daß eine Mischung von Gruppenteilnehmern aus Personen mit Beeinträchtigungen und aus Personen ohne deutliche Beeinträchtigung für die Gruppenarbeit günstig ist. Gleichfalls halten auch sie eine Mischung der Gruppenmitglieder nach Alter, Schulbildung, Berufstätigkeit und der Art der Schwierigkeiten für günstig (Tausch, Tausch 1979, S. 19). Was die Anzahl der Gruppenmitglieder angeht, halten Mente und Spittler eine Gruppenstärke von sieben Mitgliedern für optimal, gehen allerdings bei der Zusammenstellung einer Gruppe von der Zahl Neun aus, um später die Zahl Sieben bei Ausscheiden einzelner Gruppenmitglieder nicht zu unterschreiten. Sie warnen davor, eine ambulante Therapiegruppe mit weniger als sieben Mitgliedern zu beginnen, weil bei dieser geringen Anzahl die Anreize zum emotionalen und sozialen Lernen zu schmal sind.

In dem Bemühen, eine gestufte Selbstlenkung in der klientenzentrierten Gruppenpsychotherapie zu verwirklichen, ist Mente ab 1970 folgenden Weg gegangen: Man kann in der Regel davon ausgehen, daß die Gruppe etwa von der siebten Sitzung an eine gewisse Identität erreicht hat, die Anfangsängste überwunden sind und die Mitglieder ein hinreichendes Maß in Mitfühlendem Verstehen realisieren. Wenn der Therapeut glaubt, daß die Gruppe diesen Stand erreicht hat, macht er ihr den Vorschlag, die Gruppe heute ohne ihn durchzuführen. Im übrigen sind alle Klienten bei den Vorgesprächen zur Therapiegruppe hinreichend darüber informiert worden. Abgelehnt hat diesen Vorschlag noch keine Gruppe, wohl waren immer einige Klienten dabei, die dies ängstlich abwehrten, dann aber von den anderen Gruppenmitgliedern ermutigt zustimmten. Der Therapeut drückt mit diesem Vorgehen aus, daß bei ihm das Vertrauen besteht, die Gruppe könne unabhängig von ihm einen Teil ihrer Gespräche führen. Die Gruppenmitglieder werden gewahr, wie sehr der Therapeut auf die Kräfte in der Gruppe setzt und vertraut. Mente und Spittler lassen sich bei diesem Konzept der gestuften Selbstlenkung von der Annahme leiten, daß auf diese Weise die helfenden Kräfte der Gruppe anders zur Geltung kommen. Weiter vermuten sie, daß den Klienten durch das Zurücktreten des Therapeuten ihr Therapiegespräch nicht zu sehr von ihrem Alltagsleben abgesondert oder gar entrückt erscheint. Das würde bedeuten, daß für die Klienten der Transfer des in den Sitzungen Erfahrenen in ihren Alltag einfacher ist. Auf diesen Sachverhalt hat zuletzt Coulson hingewiesen: "Schon die Mechanismen der Gruppe selbst garantieren es, daß sie als eine vom Alltag abgehobene Erlebniswelt wahrgenommen wird. Manchmal taucht gegen Ende einer guten klient-zentrierten Gruppe die Streitfrage auf, ob die Gruppe allein oder das, was zu Hause wartet, das wirkliche Leben sei. Dann kann man nicht selten die Teilnehmer sagen hören: 'Die Liebe und die Aufrichtigkeit, die wir hier zusammen erlebt haben, sind echter als irgendetwas draußen.' Dennoch wird der Unterschied zwischen den zwei Erlebniswelten anerkannt. Wird er vermißt, können sich Probleme ergeben und Enttäuschungen einstellen" (Coulson 1983).

Darüber hinaus weisen Mente und Spittler darauf hin, daß diesem Prinzip der gestuften Selbstlenkung der Gruppe das Vorgehen des Therapeuten entspricht, sich überall da in der Gruppe zurückzunehmen, wo dies möglich ist. Dies berührt eng die Frage nach dem Umfang des verbalen Eingreifens des Therapeuten. Nach Mente und Spittler sollte die Häufigkeit des Eingreifens des Therapeuten etwa im Durchschnitt der Klienten liegen (Mente, Spittler 1974).

Ferner beziehen Mente und Spittler in ihre Gruppensitzungen nonverbale/erlebnisaktivierende Übungen ein. Diese Übungen ermöglichen den Mitgliedern im hohen Maße, unmittelbar an den Gefühlen der anderen teilzunehmen, somit auch an den andersartigen Bedeutungsgebungen der anderen. Dadurch erhält der einzelne Klient immerfort neue Anreize, die eigenen Gefühle genauer zu differenzieren. Darüber hinaus führen diese Übungen auch weg von der Art der verbalen Kundgabe, die oft gerade dazu benutzt wird, den wahren inneren Zustand zu überspielen, die eigenen Gefühle zu verstecken. Wenn der Klient mit Hilfe der nonverbalen Übungen die eigenen Gefühle und die der anderen intensiver erfährt, erleichtert ihm dies oft ein Ausagieren seiner Gefühle und dies mindert immer innere Spannungen (Mente, Spittler 1980).

4. Forschungsergebnisse der klientenzentrierten Gruppenpsychotherapie

In sehr anschaulicher Form stellen Tausch und Tausch in ihrem neuen Buch über Gesprächspsychotherapie dar, weswegen bei aller Skepsis, die zu Forschungsverfahren in diesem Bereich gegeben ist, auf eine Forschung nicht verzichtet werden kann. "Diese empirischen Untersuchungen prüfen in genauer Weise, weitgehend unabhängig von dem Urteil der jeweiligen Psychotherapeuten, ob und unter welchen Bedingungen personenzentrierte Gruppen- und Einzelgespräche bei einem größeren Prozentsatz von Gesprächspartnern deutlich förderliche Auswirkungen haben. Erst wenn diese positiven Auswirkungen im großen Umfang nachgewiesen sind, sehen wir die wissenschaftliche und ethische Berechtigung für die Ausbildung und berufliche Tätigkeit von Psychologen, Ärzten, Sozialarbeitern gegeben. Die meisten von uns erwarten, daß die Auswirkung medizinischer Behandlungsmethoden oder Präparate sorgfältig kontrolliert wurden, ehe sie Menschen im breiten Umfang abgeboten werden. Wir halten derartige Prüfungen auch für die psychologischen Vorgehensweisen für unerläßlich" (Tausch, Tausch 1979, S. 281). In ihrer begleitenden Forschung konnten Tausch und Tausch folgende Veränderungen bei ihren Klienten finden: "Deutliche Verbesserungen in den individuellen Beeinträchtigungslisten der Klienten" (allgemeine Unsicherheit, Angst, Depressivität, soziale Kontaktstörung, Partnerprobleme, Verstimmung, Gefühlskälte, Selbstwertprobleme, Fassadenhaftigkeit, sexuelle Schwierigkeiten, Arbeitsbeeinträchtigung, psychosomatische Erkrankungen).

"Günstige Testwerte in den folgenden Tests bzw. in ihren Sdalen: Tennessee-Selbstkonzept-Skala, EPI, FPI, POI; IPK. Diese Änderungen erstrecken sich auf größere Selbstachtung, günstigeres Selbstkonzept, geringere allgemeine Ängstlichkeit, geringere Intraversionen und größere Extraversionen, weniger Psychoneurotizismus, geringere Spannungen, Niedergeschlagenheit und Minderwertigkeitsgefühle, geringere emotionale Überkontrolle. Insgesamt: Deutliche Besserung wesentlicher seelischer Funktionen im Bereich des Fühlens, der Selbstwahrnehmung und des sozialen Verhaltens" (Tausch, Tausch, S. 283).

Mit Hilfe ihrer Untersuchung konnten Mente und Spittler den Nachweis erbringen, daß die von ihnen durchge-

führte Erlebnisorienterte Gruppenpsychotherapie zu erheblichen positiven Veränderungen im Erleben und Verhalten ihrer Klienten führt.
"Die weitaus meisten Patienten sehen ihre eigenen Veränderungen am Ende der Therapie darin:
- Sie sind besser in der Lage, auf andere Menschen einzugehen.
- Sie können besser auf die Probleme und Gefühle der anderen eingehen.
- Sie erleben sich ausgeglichener, Spannungszustände haben sich reduziert, ein Abbau von Ängsten hat stattgefunden.
- Sie sind ruhiger geworden und verfügen über ein gestärktes Selbstvertrauen.
- Gegenüber ihren Mitmenschen können sie sich besser durchsetzen.
- Sie haben eine positivere Einstellung zum Leben gewonnen.

Am Ende der Therapie konnten Mente und Spittler bei ihren Klientengruppen in allen Skalen des MMPI bis auf K und Ma positive Veränderungen feststellen. Als Indikatoren für den Therapieerfolg haben sich besonders folgende Variablen bewährt:
- Einschätzung des Therapieerfolges jedes Klienten durch die Mitglieder in seiner Therapiegruppe.
- Einschätzung des Therapieerfolges durch den Therapeuten.
- Die Aussagen der Klienten am Ende der Therapie, keine Therapie mehr zu benötigen" (Mente, Spittler, Bd. 2, S. 150 ff).

Ferner konnten Mente und Spittler den Nachweis erbringen, daß Mitfühlendes Verstehen die entscheidende Prozeßvariable der Gruppenpsychotherapie ist. Klienten, die bereits zu Beginn der Therapie im hohen Maße Mitfühlendes Verstehen realisieren, erreichen den größten Therapieerfolg. Gleichzeitig entdeckten Sie: "Bestimmte eigene Gefühle zwar in die Gruppe einbringen, ohne aber daran in der Gruppe zu arbeiten, führt zu eher negativen Veränderungen während der Therapie. Erfolgversprechendes Klientenverhalten in der Gruppentherapie besteht darin, auf die Gefühle der anderen einzugehen" (Mente, Spittler 1980, Bd. 2, S. 151). Von seiten der Klienten werden Sitzungen mit nonverbalen Übungen und Sitzungen ohne Therapeuten als förderlich erlebt und tragen entscheidend zum Erreichen der Therapieziele bei.

Literatur

Berzon, B., Solomon, L.N., The self-directed therapeutic group: An exploratory study, Intern. J. group psychother., 14, 1964.

-, The self-directed group: Three studies, J. counsel. psychol., 4, 1966.

Coulson, W.R., Über therapeutische Disziplin in der Klient-zentrierten Therapie. Vortrag 1982 Berlin 1982, in: Tscheulin, D., Beziehung und Technik in der klientenzentrierten Therapie, Beltz, Weinheim 1983.

Grawe, K., Fiedler, P.A., Psychotherapie in Gruppen, in: Bastine, R. u.a. Grundbegriffe der Psychotherapie, Beltz, Weinheim, 1982.

Guggenbühl-Craig, A., Erfahrungen mit Gruppenpsychotherapie, Basel 1956.

Hobbs, N., Gruppen-bezogene Psychotherapie, in: Rogers, C. (copr. 1951), Die Klient-bezogene Gesprächstherapie, Kindler, München 1973.

Mente, A., Spittler, H.-D., Der Wann-Katalog - Ein Fragebogen zur Erfassung des Therapeuteneingreifens, Informationsblätter der Gesellschaft für wissenschaftliche Gesprächspsychotherapie, 19, 1974.

-, Ambulante klientenzentrierte Gruppentherapie - ein Konzept und seine praktische Anwendung, Gruppendynamik, 4, 1975.

-, Erlebnisorientierte Gruppenpsychotherapie, Junfermann, Paderborn,1980.

Pavel, F.-G., Sander, K., Psychotherapeutische klientenzentrierte Selbsterfahrungsgruppen, Gruppendynamik, 4, 1975.

Peres, H., An investigation of nondirective group therapy, J. consult. psychol., 11, 1947.

Rogers, C.R., Die klient-bezogene Gesprächstherapie, Kindler, München 1973; copr. 1951.

-, Encounter-Gruppen, Kindler, München 1974; copr. 1970.

-, Entwicklung und gegenwärtiger Stand meiner Ansichten über zwischenmenschliche Beziehungen, in: GwG (Hrg.): Die klientenzentrierte Gesprächspsychotherapie, Kindler, München 1975.

-, Gemeinsam alles verstehen. Interview mit Mary Harrington Hall, psychologie heute, Mai 1976, S. 23-27.

Schutz, W.C., Encounter, Hamburg 1977.

Speierer, G.-W., Einige Determinanten erpirisch validierter Prozeßmerkmale der klientenzentrierten Selbsterfahrungsgruppe, Gruppendynamik, 4, 1975.

Spittler, H.-D., Erlebnisorientierte Gruppenpsychotherapie - eine Weiterentwicklung der klientenzentrierten Gruppenpsychotherapie. Vortrag Berlin 1982, in: Tscheulin, D., Beziehung und Technik in der klientenzentrierten Therapie, Beltz, Weinheim 1983.

Tausch, R., Gesprächspsychotherapie, Hogrefe, Göttingen 1970.

Tausch, R., Tausch, A.-M., Gesprächspsychotherapie, Hogrefe, Göttingen 1979.

Teuwsen, E., Klientenzentrierte Selbsterfahrungsgruppen in der Studentenberatung, Gruppendynamik, 4, 1975.

Truax, C.B., The process of group psychotherapy, Relationship between hypothesized therapeutic conditions and intrapersonal exploration, Psychol. Monographs, 75, No. 511, 1961.

-, Therapist empathy, warmth, and genuineness and patientpersonality change in group psychotherapy: A comparison between interaction unit measures, time sample measures, patient perception measures, J. clin. psychol., 22, 1966a.

-, Reinforcement an nonreinforcement in Rogerian psychotherapie, J. abnorm. psychol., 71, 1966b.

-, Interpersonal reinforcement of client selfexploration, J. counsel psychol., 15, 1968.

Truax, C.B., Carkhuff, R.R., Personality change in hospitalized mental patients during group psychotherapy as a function of the use of alternate sessions an vicarious therapy pretraining, J. clin. psychol., 21, 1965.

Truax, C.B., Carkhuff, R.R., Kodman, F., Relationship between therapist-offered conditions and patient change in group psychotherapy, J. clin. psychol., 21, 1965.

Truax, C.B., Carkhuff, R.R., Toward effective counseling an psychotherapy: training and practice, Chicago 1967.

Truax, C.B., Schuldt, W.J., Wargo, D.G., Self-ideal concept congruende an improvement in group psychotherapy, J. consult. psychol., 32, 1968.

Truax, C.B., Wargo, D.G., Volksdorf, N.R., Antecedents to outcome in grpup counseling with institutionalized juvenile delinquents: Effects of therapeutic conditions, patient self-exploration, alternate sessions, and vicarious therapy pretraining, J. abnorm. psychol., 76, 1970.

Yalom, I.D., Gruppenpsychotherapie, München 1974.

Reihe Vergleichende Psychotherapie

Band 1: H. Petzold, E. Bubolz (Hrsg.), Psychotherapie mit alten Menschen

Band 2: H. Petzold (Hrsg.), Die Rolle des Therapeuten und die therapeutische Beziehung

Band 3: H. Petzold (Hrsg.), Widerstand - Ein strittiges Konzept in der Psychotherapie

Band 4: K. Schneider (Hrsg.), Familientherapie in der Sicht psychotherapeutischer Schulen

Band 5: H. Petzold (Hrsg.), Methodenintegration in der Psychotherapie

Band 6: I. Spiegel-Rösing, H. Petzold (Hrsg.), Die Begleitung Sterbender

Band 7: H. Petzold, R. Frühmann (Hrsg.), Modelle der Gruppe in Psychotherapie und psycho-sozialer Arbeit

Renate Frühmann (Hrsg.)

Frauen und Therapie

416 Seiten, DM 39,80
ISBN 3-87387-219-6, ISSN 0720-2385

Zu diesem Buch:
In diesem Sammelband äußern sich Frauen persönlich, theoretisch, poetisch, politisch zum Thema Frauen, Therapie und Frauentherapie. Die einzelnen Beiträge geben ein facettenreiches Bild, sowohl thematisch als auch im Hinblick auf die verschiedenen therapeutischen Schulen (Gestalttherapie, Psychoanalyse, Jungsche Tiefenpsychologie, Themenzentrierte Interaktion und Bewegungstherapie).
Es ist wichtig, daß Frauen gerade auch im Bereich der Psychotherapie ihr „Stimmrecht" realisieren und die „Notwendigkeit" erkennen, in ihrer Weise, ihrer Version, ihrer Sprache Beiträge zu Erkenntnisprozessen zu leisten, die für das menschliche Zusammenleben fruchtbar werden können. Es wird im Sinne einer gemeinschaftlichen Verantwortlichkeit der Geschlechter für das Weltgeschehen immer dringlicher, daß die Frau nicht nur im privaten, im nächsten Umkreis spricht, sondern auch öffentlich antwortet auf die Herausforderung des Umbruchs, des Wandels und der Neuorientierung, in welcher wir heute leben. Die Themen sind von Frauen aufgegriffen worden, die davon betroffen sind, sei es, daß sie therapeutisch arbeiten, sei es, daß sie sich selbst einer Therapie unterzogen haben.
Es sind Arbeiten aus vielen Lebensdimensionen: Sie sprechen von Zeugung und Geburt, von Fragen der Schwangerschaft wie auch Aspekten weiblicher Sexualität und Aggression; es geht um Fragen der Rollenbildung, der Identitätsfindung und um das Janusgesicht der Emanzipation.

Zur Herausgeberin:
Renate Frühmann, geboren 1945 in Wien. Nach dem Diplom für Sozialarbeit Tätigkeit in der psychiatrischen Rehabilitation. Geburt zweier Kinder (1968, 1972). Während (und nach) Hausfrau-und-Mutter-Jahren Ausbildung zum Trainer in Gruppendynamik im Rahmen des Österreichischen Arbeitskreises für Gruppentherapie und Gruppendynamik (ÖAGG). Mitbegründerin des Instituts für psychische Beratung und Gruppenarbeit (IPG) in Salzburg. Ausbildung in Gestalttherapie am Fritz Perls Institut (FPI). Studium der Psychologie. Lehrtrainerin am FPI und im ÖAGG.

Junfermann-Verlag · Paderborn